DER

RECHTSFRIEDEN

als besonderes Rechtsgut im modernen Strafrechtssystem und seine Stellung im geltenden Reichsstrafrecht.

Von

Dr. jur. O. GOEHRS.

STRASSBURG

VERLAG VON KARL J. TRÜBNER

1900.

Meinem treuen Freunde

Herrn Dr. med. ALBERT BRION

als bescheidenes Zeichen

aufrichtigster Zuneigung und steter Freundestreue

gewidmet.

Vorwort.

Wenn der Verfasser die vorliegende Abhandlung als erste Arbeit bedeutenderen Umfangs der Oeffentlichkeit übergibt, so wünscht er folgendes zur Erklärung wohl zu betonen: Zunächst ist er sich durchaus bewusst, dass das Gebiet, auf welches er sich begeben hat, ein sehr schwieriges und vielleicht für einen Anfänger in der strafrechtlichen Theorie recht ungeeignetes ist; worin diese vielseitigen Schwierigkeiten bestehen, ist im einzelnen ausgeführt worden. Andrerseits reizten gerade diese Schwierigkeiten, und das hohe Interesse, welches sie dem Thema verleihen, sowie insbesondere der Umstand, dass die Materie des Rechtsfriedens verhältnismässig sehr wenig beachtet wird und im Zusammenhang überhaupt keine systematische Darstellung in neuerer Zeit, auf Grund des geltenden Rechts, gefunden hat, zu einem Versuch auf diesem Gebiet, zumal er im Zusammenhang mit einer in Band XIX der Zeitschrift für die gesamte Strafrechtswissenschaft veröffentlichten kritischen Studie des Verfassers über zwei hervorragende einschlägige Bestimmungen des Strafgesetzbuchs, diese allerdings rein an sich genommen und ohne den nunmehr hier interessirenden prinzipiellen Zusammenhang einer Gesamtmaterie, erfolgte.

Vor allem aber verlegte der Verfasser das Hauptgewicht seiner Untersuchungen auf die prinzipielle Natur des Gutes des Rechtsfriedens, in abstracto, wie es uns mit seinen spezifischen Postulaten im modernen Rechtssystem entgegentritt, sowie auf die praktische Stellungnahme des geltenden Strafrechts des Reichs hierzu, verbunden mit einer diesbezüglichen Kritik des letzteren. Wenn alsdann noch deren Resultate vom negativen ins positive übersetzt worden sind, und in einem, ursprünglich als ganz kurzer Anhang gedachten dritten Teil, der sich aber alsdann wegen der zahlreichen Einzelfragen und der erforderlichen möglichst eingehenden Erörterung etwas weiter als vorgesehen ausdehnte, begründete praktische Vorschläge de lege ferenda unternommen wurden, so sollte dadurch vor allem wenigtens insofern der berechtigte Vorwurf vermieden werden:

La critique est aisée et l'art est difficile;

denn dass des weiteren dann dem Besser wissen wollen nicht auch ein Besser machen entspricht, ist eine leider wohl nur zu begründete Befürchtung.

Der Verfasser hatte von vorn herein das Bewusstsein, und fand es im Lauf der Arbeit immer mehr bestätigt, dass die auf diesem Gebiet liegenden Probleme, bei welchen schon seitens berufener und kompetenter Organe der Gesetzgebung schwere Fehler in im einzelnen besprochenen Experimenten gemacht worden sind, in ungleich höherem Grade als die bei weitem zahlreichsten anderen Materien des Strafrechts eine ganz hervorragende wissenschaftliche Befähigung und theoretische Kenntnisse, sowie insbesondere eine bedeutende praktische Erfahrung auf strafrechtlichem Gebiet erheischen. Er hegte daher auch von vorn herein nicht die Erwartung, diese Probleme wirklich befriedigend zu lösen, und hatte nur die Hoffnung, die wie gesagt den Schwerpunkt seiner Auslassungen bildenden dogmatischen und kritischen Erwägungen über die Prinzipien der Materie und ihre Stellung im geltenden Recht könnten brauchbares ergeben. Er will alsdann sein Ziel mit Freuden als erreicht ansehen, falls hierdurch, wenn auch nur als eine blose Anregung, eine geeignete Reform von berufenerer Seite angebahnt würde, mögen dabei auch im einzelnen die hier im letzten Teil gebrachten Vorschläge als noch so undurchführbar einer vernichtenden Kritik anheim fallen. Denn der Zweck dieser Arbeit ist, für die als dringend notwendig erachtete Reform des geltenden Strafrechts bezüglich des Rechtsfriedens zu wirken, nicht aber irgend welche speziellen Neuerungsvorschläge hierfür aufzudrängen. Sollte jenes Bestreben auch nur einigermassen von Erfolg gekrönt sein, so würde sich der Verfasser reichlich belohnt fühlen und auf diese Einzelvorschläge gern ohne weiteres verzichten. In diesem Sinn glaubt er auf die Zubilligung mildernder Umstände bei der Beurteilung seines Versuchs auch de lege ferenda, plädiren zu dürfen.

Schiltigheim—Strassburg, «Aux Marronniers»,

im März 1900.

Dr. jur. O. GOEHRS,

Referendar.

INHALTSVERZEICHNIS.

ANHANG.

ERSTER ABSCHNITT.

Allgemeines. Der Rechtsfrieden und seine Bedeutung im abstrakten Strafrechtssystem.

§ 1.

Einleitung. Vorbemerkungen.

«Das erste und wesentlichste Gut der Gesellschaft, das die notwendigste Voraussetzung ihres Daseins bildet, ist der Rechtsfriede und dessen Wahrung.»

Diesen sehr treffenden Satz stellt Hälschner[1]) an die Spitze seiner Betrachtungen über die Delikte gegen den öffentlichen Frieden.

Bei den vielen und so äusserst mannigfaltigen Streitfragen, welche in der Strafrechtswissenschaft im Gegensatz zu fast allen anderen rechtswissenschaftlichen Disziplinen gerade die sämtlichen Grundbegriffe und die scheinbar elementarsten Anfangspunkte des ganzen Aufbaues betreffen, dürfte eines wohl unbestritten sein, wie verschieden und widersprechend auch sonst die zahllosen «Strafrechtstheorien» und Grundbegriffskonstruktionen sein mögen: nämlich das schliessliche Endziel aller kriminalpolitischen Bestrebungen des Staates, die letzte Aufgabe jedes Strafgesetzgebers und jeder strafrechtlichen Normirung. Jeder Staat, der Gesetze strafrechtlichen Inhalts aufstellt, — und entbehren konnte solche bisher keiner und wird es auch nie können, man mag die denkbar verschiedensten sozialen und Kulturverhältnisse der menschlichen Entwicklung zu Grunde legen, — erkennt damit die Nothwendigkeit an, störende Einflüsse seitens einzelner, modern sogenannter «anti-

---

[1]) Das gemeine deutsche Strafrecht Bd. II, § 146.

sozialer» Elemente in der staatlichen Gemeinschaft in Schranken zu halten, zu verhindern, dass die geordnete und bestimmungsgemässe Entwicklung des Zusammenlebens der Volksgenossen durch ordnungswidrige — im weitesten Sinne des Wortes — Tendenzen Einzelner unmöglich gemacht oder gehemmt wird; und zwar durch ein prinzipielles und systematisches Vorgehen gegen diese Störer, durch Eingriffe in gewisse ihrer Güter, durch Erregung von Unlustempfindungen bei ihnen. Das heisst, es sollen die strafrechtlichen Normen letzlich dazu dienen, als Sanktionsmittel gegen Tendenzen zu reagiren, welche die ungestörte Durchführung der Zustände, wie sie vom Staat für ein geordnetes Zusammenleben seiner Angehörigen als notwendig empfunden und daher in den jeweiligen anderen Rechtsteilen als allgemein bindende Gesetze autoritativ niedergelegt worden sind, beeinträchtigen würden. Positiv ausgedrückt: Die oberste, stets verfolgte, aber nie vollkommen erreichte noch erreichbare Aufgabe des Strafrechts ist die strenge Aufrechterhaltung eines absoluten Ordnungs- und Friedenszustandes, und zwar eines auf die allerseits und gegenseitig bestehende Rechtslage bezüglichen Friedenszustandes. In diesem, dem weitesten Sinne, lässt sich also das ganze Strafrechtssystem als eine zum Schutz des allgemeinen Rechtsfriedens aufgestellte staatliche Ordnung charakterisiren, und jedes einzelne Delikt, mag es nun in concreto ein Mord oder eine Polizeiübertretung sein, als ein gegen das allgemeine Gut des Rechtsfriedens gerichtetes.[2]) So ist es gewiss auch kein Zufall, dass im altgermanischen Recht «Frieden» soviel wie Recht bedeutete, und zwar, während letzterer Ausdruck sich mehr auf die Verhältnisse des Einzelnen bezog, vornehmlich zur Bezeichnung für den Rechtszustand des Ganzen, der Genossenschaft gebraucht wurde, soviel bedeutete, wie geord-

---

[2]) Dies meint wohl auch Oppenheim. Die Objekte des Verbrechens, § 25 II., pag. 155, wenn er, übrigens in ganz anderem Zusammenhang, unter den zwölf Angriffsobjekten, welche nach ihm bei jedem Delikt in Betracht kommen, als 6. aufführt: «Die Rechtsordnung (als Zustand genommen)», [also nicht identisch mit «3. Das objektive Recht.»]

neter, gesicherter Zustand unter der Herrschaft des Rechts.[3]) Man denke ferner an Ausdrücke wie Friedloslegung, Friedensgeld und Aehnliches.

Besonders bezeichnend ist in dieser Beziehung der Ausdruck «Kampffrieden» zur Bezeichnung der bei dem, namentlich gerichtlichen Zweikampf, dem Gottesgericht, vorgeschriebenen — (prozessualen) — Ordnung, den Duellgesetzen jener Zeit, insbesondere auch der Nichtintervention Dritter, der um den «Ring» Stehenden, in den Kampf. Bezeichnend und interessant deswegen, weil er deutlich zeigt, wie wenig ursprünglich das Wort «Frieden» den Sinn von Abwesenheit und Gegensatz zu Kampf und Streit in sich trug, den man heute durchweg damit verbindet. «Kampfesordnung» dagegen würde man auch heute noch sagen. Und jene scheinbare Wortantinomie löst sich auch sofort, wenn man bedenkt, dass die fraglichen Kämpfe rechtlich anerkannte und geregelte Institute, im Gottesgericht Prozesshandlungen waren, die als solche ihren besonderen Frieden, d. h. Ordnung hatten.[4])

Aber nicht nur äusserlich in der Bezeichnung, sondern auch inhaltlich finden wir diesen Gedanken, wenn ursprünglich ja das einzige Verbrechen die Friedensstörung war, so dass in diesem generellen Begriff Diebstahl wie Körperverletzung, Notzucht wie Tötung aufging, weil eben jedes Unrecht ohne Rücksicht auf seinen speziellen Thatbestand unter dem einheitlichen Gesichtspunkt einer Störung des unter den Volksgenossen erforderlichen Normalzustandes geordneter Ruhe aufgefasst wurde. Erst nachträglich sonderten sich dann ganz allmählich mit fortschreitender historischer Entwicklung durch Differenzirung

---

[3]) Cf. neben vielen Anderen Weiske, Rechtslexikon Bd. VI, vb. «Landfrieden».

[4]) Als Curiosum sei erwähnt, dass auch R. Wagner in seinem «Lohengrin» jenen Ausdruck bringt (I. Aufzug 3. Szene, vor Beginn des Zweikampfes):

«Den Kampf hier Keiner stören soll!
Dem Hage bleibet abgewandt,
Denn wer nicht wahrt des Friedens Recht,
Der Freie büss' es mit der Hand,
Mit seinem Haupt büss' es der Knecht!»

der verschiedenen Thatbestände diese einzelnen Friedensstörungen zu selbständigen Delikten ab.[5]) Aber gerade in der heute allgemein herrschenden Auffassung von dem Wesen der Delikte als nicht nur gegen das speziell angegriffene und verletzte Individuum gerichtete schädigende Handlungen, sondern als Verletzungen des allgemeinen und daher staatlichen, öffentlichen Interesses, in Folge der im modernen Rechtsbewusstsein auf Grund des modernen Verkehrslebens entstandenen Idee allgemeiner Solidarität gegenüber rechtsordnungswidrigen, — weil nämlich «antisozialen» — Elementen, findet sich noch der Grundgedanke jener uralten Auffassung. Der Gesetzgeber setzt im Thatbestand jedes einzelnen Deliktes, vom schwersten bis zum leichtesten, gewissermassen die erfolgte Friedensstörung als selbstverständliches Merkmal voraus, es lässt sich zu jedem besonderen Thatbestand noch ein latentes Element, das stets präsumirte generelle Moment der Störung des unter den Staatsangehörigen bestehenden Friedenszustandes hinzudenken, oder auch als stereotype Begründung jeder Strafnorm, im ganzen genommen als Universalgrund der Aufstellung eines Strafrechtssystems überhaupt annehmen. Gerade dass eine solche jedesmalige Bestimmung expressis verbis als Trivialität empfunden werden würde, beweist, wie lebendig jener antike Gedanke noch im modernen Rechtsbewusstsein ist und wie fest er mit jedem Gedankensystem, welches Delikt, Staatsgewalt und eine Reaktion dieser gegen jenes verbindet, organisch zusammenhängt. Der beste Beweis für diese Lebendigkeit ist wohl der Umstand, wie sehr man, und zwar an massgebenden und kompetenten Stellen, vielleicht oft unbewusst, geneigt ist, in einem Deliktsthatbestand, welcher besonders geeignet ist, neben

---

[5]) Wie allmählich aus dem eben bezeichneten ganz allgemeinen Delikt des Rechtsfriedensbruchs sich der speziellere Begriff von Friedensdelikten im engeren Sinn zunächst für das Mittelalter entwickelte, und dann aus diesem die Friedensbruchsdelikte des modernen Rechts, ist hier nicht weiter zu erörtern. Cf. hierüber u. A. auch Weiske l. cit., pag. 248 ff, mit zahlreichen Belegstellen. Sehr gut und interessant z. B. auch John, Ueber Landzwang und widerrechtliche Drohungen, besonders § 2.

der in ihm liegenden eigentlichen, speziellen Verletzung, von weiteren Kreisen als störender Eingriff ideeller Art empfunden und gefürchtet zu werden, gerade eine Friedensstörung zu erblicken. So wird z. B. dieses Moment von den Gerichten sehr häufig bei dem Delikt des groben Unfugs herangezogen. Und während nun hier allerdings, obgleich bei näherem Zusehen der Begriff des Rechtsfriedens im speziellen Sinn durchaus fremd ist, jede Anlehnung streng auszuschliessen ist, — vgl. hierüber unter § 17, wo uns diese Frage noch eingehend beschäftigen wird, — wenigstens zugegeben werden kann, dass äusserlich bei oberflächlicher Betrachtung ein Anhaltspunkt dazu vorhanden zu sein scheint, ist dagegen ein solcher Gedankengang, eine Beziehung zum Rechtsfrieden im engeren Sinn, ganz undenkbar, wenn z. B. das Landgericht Strassburg in einem Urtheil vom 17. Januar 1900, (i. S. gegen B., wegen Diebstahls), gegen einen besonders gefährlichen und raffinirten Fahrraddieb als straferhöhenden Umstand — dem Vernehmen nach — hervorhebt, dass Fahrräder, welche wie üblich für kurze Zeit unbeaufsichtigt auf der Strasse u. s. w. stehen gelassen werden, dem «öffentlichen Frieden» anvertraut sind, somit das Stehlen solcher auch eine Verletzung dieses Friedens, der Verkehrssicherheit u. s. w. enthalte. Selbstverständlich ist ja ganz ausgeschlossen, dass das Gericht dabei an eine echte Rechtsfriedensverletzung im Sinne der §§ 126, 130 u. a. Rstgb. gedacht haben könnte; vielmehr kann damit nur das Moment gemeint gewesen sein, dass durch derartige, in der That sich immer mehr häufende und zu einer gewissen Spezialität mancher Verbrecher werdende Diebstähle nicht nur der jeweilige einzelne Bestohlene betroffen wird, sondern auch die Allgemeinheit sich hedroht und verletzt fühlt, aus einer Art von Solidaritätsgefühl, und sodann wohl speziell, weil ein Zusammenhang mit der Oeffentlichkeit, sei es auch nur durch die Begehung des Deliktes unter Benutzung des im öffentlichen Verkehr herrschenden Durcheinanders von Menschenmengen u. s. w., als ein Missbrauch, ein Angreifen dieser Oeffentlichkeit selbst empfunden wird. Also ein gleicher Gedanke, wie der oben angeführte, dass gewisse Delikte, — hier aber in concreto, — solcher

Natur sind, dass sie, ohne Rücksicht auf das eigentliche, spezielle Angriffsobjekt und den Verletzten, als gegen den öffentlichen «Frieden», den öffentlichen Rechts- und Gerechtigkeits-, Ordnungszustand empfunden, von der Allgemeinheit als störende Eingriffe betrachtet und gefürchtet werden. Es ist auch nicht zu verkennen, dass eine derartige Heranziehung eines generellen Elementes des öffentlichen Friedens in diesem Sinn, der allgemeinen modernen Auffassung von Recht, Staat und öffentlicher Ordnung durchaus entspricht, wie unter anderem der Umstand beweist, dass solche und ähnliche Urteile von der Tagespresse mit dem üblichen Lärm und der üblichen Verständnislosigkeit für den Kernpunkt der Sache im Triumph herumgetragen werden. — Es kann hier nicht näher auf die mehr auf rechtsphilosophischem Gebiet liegende Frage eingegangen werden, ob dieses allgemeine Rechtsgefühl in direkter Kontinuität mit jenem antiken ursprünglicher Staatsformen, etwa als jeder Auffassung von einem geordneten Rechtsverband immanent, als einfache Fortsetzung besteht, oder ob es nicht vielleicht eher als moderner Gedanke neu entstanden ist im Gefolge von Zeitströmungen, welche in der bereits angedeuteten Weise unter dem Einfluss des Solidaritätsbewusstseins, im modernen Sinn, Verbrechen und Verbrechertum als einheitliche und organisch entwickelte antisoziale Erscheinung im Leben des Staates betrachten, als eine von der Gesamtheit zu bekämpfende, weil prinzipiell gegen ihrer, der Gesamtheit Lebensbedingungen gerichtete Krankheit des normalen Staats- und Gesellschaftsorganismus, als Störung der Friedensordnung unter den Rechtsgenossen.

Es lässt sich hier wohl mit Fug eine genaue Parallele erkennen zu der Idee der Gemeingefährlichkeit der Delikte: Gerade wie in jedem einzelnen Vergehen auf Grund des oben berührten Prinzips strafrechtlichen Solidaritätsgefühls im modernen Rechtsbewusstsein ein gemeingefährliches Delikt, im weitesten Sinn, erblickt werden kann, ganz abgesehen davon, ob und in wie weit ein Strafgesetz, wie das deutsche in seinem 27. Abschnitt, daneben noch gewisse Handlungen als die gemeingefährlichen κατ'ἐξοχήν kriminalisirt, gerade so kann man in

Betreff der gegen den allgemeinen Rechtsfrieden gerichteten Delikte neben den speziell als solche bezeichneten alle anderen ausnahmslos als den Rechtsfrieden störende Thaten im weiteren Sinn bezeichnen. Ganz die analoge Gegenüberstellung liesse sich dann wohl auch noch bezüglich der «Verbrechen wider den Staat» machen, mit dem äusserlichen Unterschied, dass bei letzteren in Praxi, z. B. auch im System des Reichsstrafgesetzbuchs, die Scheidung der beiden Kreise, des generellen und des speziellen, eine schwierigere, die Grenze nichts weniger als fest ist, was wohl darin seine Erklärung findet, dass bei den einzelnen Delikten irgend welcher Natur der generelle, allen Delikten gemeinschaftliche Charakter der Auflehnung gegen den Staatswillen noch viel deutlicher zu Tage tritt und bei der Intensität des modernen Gedankens der Staatsgewalt empfunden wird, als es bei dem Begriff der Gemeingefährlichkeit und der Friedensstörung der Fall ist, sodann aber darin, dass die Delikte gegen die Staatsgewalt im engeren Sinn nicht wie diejenigen gegen den Rechtsfrieden und besonders die gemeingefährlichen im engeren Sinn, systematisch in einem Abschnitt zusammengefasst, sondern in verschiedenen zerstreut sind.

Bevor nun im folgenden des näheren der Begriff des Rechtsfriedens und der ihn verletzenden Delikte auf dem Boden des geltenden Reichsstrafrechts untersucht wird, ist zwecks Gewinnung einer festen Unterlage vorerst dieser Begriff in abstracto als rein theoretischer klar zu legen und sodann auf seine Haltbarkeit als Rechtsgut im engeren Sinn zu prüfen.

§ 2.

Die Materie des Rechtsfriedens und ihre verschiedenen Beziehungen. Der Rechtsfrieden als spezifisches Rechtsgut im Strafrecht.

1. Die objective Seite.

Es fragt sich nunmehr für unsere Untersuchung zunächst, ob der Begriff des Rechtsfriedens noch in einem engeren als dem soeben kurz dargelegten allgemeinen, dem antiken, heute äusserlich verschwundenen Sinne haltbar ist als selbständiger und einheitlicher Begriff. Denn dass jener generelle Gesichtspunkt für uns hier nicht weiter fruchtbar ist, liegt ohne weiteres auf der Hand.

Der Ausdruck «Rechtsfrieden» bedeutet bei unbefangener Betrachtung, indem wir von allem bisherigen absehen, wörtlich genommen den Frieden in Bezug auf das Recht, den Frieden im Recht, d. h. also den Zustand ungestörten, von keinerlei menschlichem ordnungswidrigen Eingriff gehemmten Sichbethätigens innerhalb der zustehenden, von der Rechtsordnung anerkannten Sphäre; dass das Rechtssubjekt, mag es nun ein bestimmtes Einzelindividuum sein oder nicht, seine subjektiven Rechte oder sonstigen staatlich anerkannten allgemeinen Befugnisse, — mögen sie auch nicht «Rechte» im juristischen Sinne sein, — voll ausüben und geniessen kann, soweit immer ihm das objektive Recht dies gestattet und gewährleistet.[1]) Denn unter dem Gesichtspunkt ihres Zweckes kann man in dieser Beziehung die gesamte objektive Rechtsordnung auffassen als ein *suum cuique tribuere,* als die Instanz, welche jedem Einzelnen die Sphäre abmisst, innerhalb deren er frei schalten und walten darf, so zwar, dass ihn die Autorität jener Rechtsordnung vor jeder Verantwortung schützt, so lange er innerhalb dieser seiner Grenzen bleibt, ihn aber ebenso zu Gunsten der Nachbarn zurückweist und mit Strafe gegen ihn reagiert, sowie er die Grenze überschreitet. Wer also, dies ist die sofortige natürliche Konsequenz, sich dieser Rechtsordnung fügt und in keiner Weise ihren Anordnungen zuwider thätig wird, der darf mit Bestimmtheit erwarten, — um nicht missverständlich von einem festen subjektiven «Recht» der Rechtsordnung gegenüber zu sprechen, — dass er den gewissermassen zugesagten Schutz auch wirklich voll geniesst: Wenn gewisse Handlungen von der Rechtsordnung mit Strafe bedroht oder auch sonst verboten werden, so bedeutet dies doch mit

---

[1]) Cf. auch Goehrs, Die Delikte der friedensstörenden Androhung und der Bedrohung im geltenden Strafrecht, Zeitschr. f. d. ges. Straf-R. Wissensch. Bd. XIX Nr. 19, S. 479ff; 480.

Sicherheit e contrario, dass alle nicht dazu gehörigen Handlungen erlaubt sind, d. h. innerhalb der freigegebenen Bethätigungssphäre des Einzelnen liegen und, wenn vorgenommen, mit der Zusicherung ausgestattet sind, einmal, zunächst, dass dem Subjekt seitens der Rechtsordnung keine Reaktion droht. Weiter aber, darüber hinaus gehend, dass ihm auch keine von ihr, der Rechtsordnung abzuwehrende Verletzung seitens Anderer zustossen wird, dass sie vielmehr, wenn solche Verletzungen eintreten sollten, auch durch Reaktion gegen deren Unternehmer, der nun seinerseits seine Grenzen überschritten und den Absichten der Rechtsordnung zuwidergehandelt hat, vorgehen, dass sie also auch positiv, zu seinem Schutze, thätig werden wird. Denn jenes erstere, das negative blose Dulden, Erlauben, Nichtbekämpfen, wäre noch keine vollständige Erfüllung der schon im Begriff der Rechtsordnung liegenden Funktionen und Aufgaben: Diese erfordern auch ein aktives Fernhalten aller rechtswidrigen, die rechtliche Ordnung störenden Verletzungen, die stetige Wiederherstellung dieser rechtlichen Ordnung, somit, was wichtig ist, ein Handeln direkt zu Gunsten des, weil rechtswidrig, verletzten Einzelnen; nicht etwa also, dass blos objektiv, als rein thatsächliche natürliche Folge, weil gegen den A, der den B bestohlen hat, mit Strafe vorgegangen wird, (und andererseits er gezwungen wird, die entwendete Sache herauszugeben oder Schadensersatz zu leisten), dadurch implicite das Eigenthumsrecht des B anerkannt, bestätigt, also in Schutz genommen wird. Nicht nur solchen indirekten an sich zufälligen Schutz ist der rechtswidrig Verletzte auf Grund dieser Rechtswidrigkeit und seiner eigenen rechtmässigen Lage zu erwarten berechtigt, sondern wie ausgeführt ein prinzipiell in seinem Interesse, unabhängig von anderem erfolgendes Vorgehen.

Mit anderen Worten: Die Rechtsordnung hat eine Garantiefunktion dem einzelnen Rechtssubjekt gegenüber. Nicht ist damit gemeint eine rechtliche Verpflichtung irgend welcher Art, der dann das Correlat eines Rechtes, eines subjektiven juristischen Anspruchs des Rechtsunterthanen gegen die Rechtsordnung, somit also gegen den Staat, ihren Träger, entsprechen müsste. Auf die verfehlte staatsrechtliche Konstruktion von angeblichen gegenseitigen Rechten und Pflichten von Staat und Unterthan, mit oder ohne Kontraktstheorie, welche ein derartiger Gedanke enthält, ist hier nicht näher einzugehen. Sondern es handelt sich vielmehr um ein begriffliches, logisch ohne weiteres resultirendes Postulat des Begriffes selbst: Da, wo jene Garantiefunktion fehlen würde, hätte man es eben, deshalb, nicht mehr mit einer Rechtsordnung, — pointiert: weder einer Rechtsordnung, noch einer Rechtsordnung, — zu thun.

Der Begriff der Garantie, welche eine prinzipielle ist, erfordert nun aber weiter, dass sie nach jeder Seite hin ausnahmslos, sowohl persönlich uneingeschränkt als sachlich absolut sei. Letzteres, das nächst liegende, beruht auf dem Gedanken, dass es hier nur auf den Delikts-, Unrechtsbegriff überhaupt, prinzipiell, ankommen kann, darauf, dass die Rechtsordnung überhaupt verletzt worden ist, ohne dass dabei irgendwie die Natur der Verletzung, ihre mehr oder minder grosse Schwere entscheiden könnte. Es würde nicht genügen, wenn etwa die Rechtsordnung blos schweren Verbrechen gegenüber durch unbedingte Reaktion sich bethätigte; nur wenn sie ebenso wie jenen auch der geringsten Uebertretung nachgeht und auf die Schuld die Sühne unfehlbar folgen lässt, kann man von einer prinzipiellen Garantie für die Rechtsunterthanen sprechen, die sonst eben nicht mit der erforderlichen Bestimmtheit darauf zählen können, in dem ganzen Umfang ihrer Rechtslage, der Totalität ihrer rechtlichen Befugnisse vor Angriffen geschützt zu sein. Ebenso ist es aber des weiteren ganz gleichgültig, wen gerade die Rechtsverletzung betroffen hat: Das einzelne Rechtssubjekt wird den Mangel einer Garantie empfinden, nicht nur, wenn eine ihm selbst gegenüber begangene Verletzung ihre entsprechende Reaktion nicht gefunden hat, sondern ebenso gut bei der Verletzung irgend eines Anderen, sowie bei Delikten, welche begrifflich keinen direkt persönlichen Verletzten betreffen, wie Meineid, Münzfälschung u. dergl.; und zwar ganz abgesehen von irgend welchen besonderen altruistischen Eigenschaften, auch ohne dass es des bei anderer Gelegenheit erwähnten

Solidaritätsgefühls verbrecherischen Elementen gegenüber bedürfte, vielmehr wieder auf Grund des blosen Umstandes, dass nur dann von einer Erwartung von Schutz, einem Vertrauen auf die Rechtsordnung die Rede sein kann, wenn sie nie versagt, in jedem Fall reagirt, wofür es ja begrifflich in der That ganz gleichgültig ist, wer gerade der materiell durch das Delikt Verletzte ist. (Dass solche Versager nicht etwa auch diejenigen Fälle sind, wo, praktisch, trotz Verfolgung und Untersuchung ein Verbrecher unentdeckt, ein Delikt ungestraft bleibt, ist selbstverständlich.)[2]) — Eine Rechtsordnung, die in irgend einem an sich noch so geringfügigen und dem direkt interessirten Rechtssubjekt zunächst fern liegenden Punkte sich nicht behaupten kann, ist in Bezug auf jene Garantiefunktion so gut wie gar keine; nur wenn sie sich ausnahmsloser Anerkennung und absoluter Herrschaft erfreut, gewissermassen mit nie versagender Präzision reagirt, hat sie überhaupt Wert.

Dies führt nun zu einer doppelten Erwägung: Einmal, wer irgend wie diese Rechtsordnung verletzt, wenn auch nur in einem ganz fernen, scheinbar die speziellen Verhältnisse des betreffenden Rechtssubjekts gar nicht berührenden Punkt, der greift auch, wenn gleich vielleicht vorläufig nur indirekt, dessen Rechtsfrieden an; mindestens indem es ihn dadurch gefährdet, weil sein Vertrauen auf den sicheren Bestand der ja auch ihm seine Rechte und Rechtsverhältnisse allein gewährenden und garantirenden Rechtsordnung in concreto getäuscht wird, sein Rechtsstand, kurz gesagt, ebenfalls bedroht ist. Dieser Gedanke führt auf den mehrfach erwähnten antiken Standpunkt zurück, dass jedes Delikt unterschiedslos vor allem dasjenige der Rechtsfriedensstörung ist; er ist also hier nicht mehr

---

2) Einige dieser Punkte berührt auch in präziser Formulirung Gerland in seiner Abhandlung im Gerichtssaal, Bd. LVII: Die verschiedenen Formen der Strafverfolgung u. s. w. § 2, Anm. 2 Abs. 2 auf S. 19. — Der weitere Hinweis auf die neben der strafrechtlichen hergehende civilrechtliche Seite der Reaktion durch die Rechtsordnung ist durchaus zutreffend, jedoch sind diese ganzen civilrechtlichen Verhältnisse hier und im folgenden absichtlich ausser Betracht geblieben, als ausserhalb des rein strafrechtlichen Rahmens unserer Untersuchung liegend.

weiter von Bedeutung. Allein es ergibt sich sodann ebenso auch der umgekehrte Satz: Wer jenen Rechtsfrieden im engeren Sinn eines einzelnen Rechtssubjekts angreift, d. h. stört oder auch nur gefährdet, der greift damit auch, indem er ihre schützende Autorität in Frage stellt, die gleichsam als Garantie dahinter stehende objektive Rechtsordnung im ganzen an, d. h. er vergeht sich schon um deswillen, abgesehen von etwaigen anderweitigen durch seine Thätigkeit entstehenden Rechtsverletzungen, er begeht also ein Delikt;[3]) und zwar rein thatsächlich, ganz ohne Rücksicht darauf, ob er mit Bewusstsein von jenem weiter ab liegenden Umstand gehandelt hat, mit der Absicht auf einen solchen Erfolg, also so zu sagen in ausdrücklicher Auflehnung gegen die bestehende Rechtsordnung, wenn man so will: als Aufrührer, — oder ohne eine derartige weitere Absicht, in bloser Richtung gegen den betreffenden Rechtsfrieden des Einzelnen. Auf alle Fälle nehmen derartige Handlungen an sich zugleich auch eine Richtung gegen den Zweck der Rechtsordnung, den staatlichen Willen, der sich die Wahrung des Rechtsfriedens, als des Ordnungszustandes zum Ziel gesetzt hat und Anspruch auf Gehorsam gegen dieses sein Friedensgebot macht.

Mit obigem ist nun aber auch gesagt, dass die Aufnahme des Rechtsfriedens im engeren Sinn unter die Rechtsgüter eines Strafrechtssystems, die Kriminalisirung gewisser Handlungen unter dem selbständigen Gesichtspunkt von Störungen des Rechtsfriedens logisch aus den allgemeinen Grundlagen des Strafrechts konsequent und mithin theoretisch für den Gesetzgeber gerechtfertigt ist. Denn mehr bedarf es in dieser Beziehung nicht zur Rechtfertigung des Begriffes des Delikts, als eines Angriffs auf die vom Gesetzgeber gewollte Rechtsordnung. Die in Praxi natürlich sehr wichtigen Fragen der Zweckmässig-

---

[3]) Von dieser Auffassung der Delikte als Verletzungen der objektiven Rechtsordnung wird hier ausgegangen. Wie etwa auf dem Boden anderer Deliktstheorien zur Rechtfertigung der Rechtsfriedensstörungen im engeren Sinn als selbständig normirter Verbrechen gelangt werden kann, ist hier nicht weiter zu erörtern.

keit, kriminalpolitischen Geschicklichkeit u. dergl. kommen ja hier, wo es sich zunächst um die rein logische Rechtfertigung eines Begriffes handelt, noch nicht in Betracht.

Uebrigens muss man sich auch vergegenwärtigen, welch ungeheures Gebiet dieser Begriff des Rechtsfriedens umfasst: Da es sich um den Schutz des Zustandes der Sicherheit bezüglich der zustehenden Rechte nicht nur, sondern auch der durch die Rechtsordnung anerkannten und gewährleisteten Rechtsverhältnisse, Befugnisse, handelt, erstreckt sich dieser Rechtsfrieden des Individuums so weit als seine normale, nicht rechtswidrige Bethätigungssphäre überhaupt. Bei dem heutigen Zustand im modernen Rechtsstaat, wo jedes noch so private und für Andere an sich gleichgültige Interesse des Einzelnen, wenn nicht als ein ihm zustehendes subjektives Recht, so doch als eine zu respektirende Befugniss von der objektiven Rechtsordnung beachtet und daher rechtlich geschützt wird, dehnt sich konsequenter Weise der Rechtsfriedenszustand, d. h. die Gesichertheit der gesamten Rechtslage, die Summe jener subjektiven Rechte wie auch rechtlich geschützten Befugnisse, auf die gesamten Lebensverhältnisse des einzelnen Rechtsgenossen aus, soweit diese nicht selbst gegen die Rechtsordnung verstossen. Also nur wenn Jemand selbst eine unrechtmässige Handlung begeht oder sich in einem solchen Verhältniss befindet, kann von einem Rechtsfriedenszustand und bei Störungen seitens Anderer von einem Eingriff in einen solchen nicht die Rede sein. Daher liegen auch die sogenannten rechtlich indifferenten Handlungen und Zustände Jemandes innerhalb seines Rechtsfriedenszustandes: auch wer einen Anderen widerrechtlich verhindert spazieren zu gehen oder zu rauchen, begeht eine Verletzung von dessen Rechtsfriedenszustand, — womit ja selbstverständlich über eine Strafbarkeit eines solchen Eingriffs noch nichts gesagt ist; bis zu einem gewissen Grad haben wir übrigens im geltenden Recht eine Parallele hierzu im Thatbestand der Nötigung nach § 240 Rstgb.

Und da nun bei weitem nicht alle solche Eingriffshandlungen, namentlich solche der letzterwähnten Art, an und für sich genommen, aus einem eigenen speziellen Gesichtspunkt strafrechtlich berücksichtigt werden, man denke nur an den begrifflich ja ganz unbeschränkten Inhalt von Nötigungshandlungen, ohne dass gerade direkte «Gewalt oder Bedrohung mit einem Verbrechen oder Vergehen» gegen den Betroffenen erfolgt ist, so füllt die Kriminalisirung der Rechtsfriedensstörung als solcher, abgesehen von anderem, auch schon eine grosse Lücke im — abstrakten — Strafrechtssystem aus, wobei dann die betreffende Strafe drohende Bestimmung so zu fassen ist, dass aus diesem Gebiete nur diejenigen Handlungen unter Strafsanktion gestellt werden, welche nicht nur widerrechtlich sind, sondern auch kriminelle Strafe verdienen. Das nähere hierüber wird in dem letzten Theil unserer Untersuchung, de lege ferenda, auszuführen sein.

Aber auch bezüglich jener praktisch gleich wichtigen Zweckmässigkeitsseite der Frage nach der Natur des Rechtsfriedens als eines selbständigen Rechtsguts gelangen wir zu einem gleichen affirmativen Resultat: Es liesse sich hier zwar scheinbar sagen, dass, wenn doch der Rechtsfrieden im Zustand ungestörten Genusses der subjektiven Rechte und sonstigen unter normalen Umständen existirenden Rechtsverhältnisse besteht, eine verselbständigende Auffassung seiner Störungen überflüssig und daher insofern ungerechtfertigt ist, da ja doch eine jede der letzteren nur möglich ist durch eine Verletzung des objektiven Rechts, also schon anderweit, als solche, ihre strafrechtliche Sanction empfängt, somit kein Anlass zur Aufstellung einer derartigen besonderen Gruppe vorhanden ist.

Dass es somit auf jeden Fall überflüssig und daher zu verwerfen ist: entweder die gleichen Thatbestände ein zweites Mal, und zwar unter einem viel entfernteren, generellen Gesichtspunkt zu criminalisiren, oder aber, soweit dies nicht zutrifft, sogar durch eine solche Art von clausula generalis, die Beziehung zum Rechtsfrieden, auch eine Menge solcher Handlungen en gros unter Strafe zu stellen, die sonst nicht strafbar sind und es eben wohl, aus diesem argumentum e contrario, nach wohlüberlegter Absicht des Gesetzgebers nicht sein sollen.

Allein diese Einwände sind keineswegs stichhaltig. Was zunächst den letzteren angeht, bezüglich des gewissermassen überschiessenden Teils von Rechtsfriedensverletzungen, deren objektiver Thatbestand nicht schon durch irgend welche andere Spezialdeliktsbestimmung gedeckt, unter Strafdrohung genommen ist, so ist doch zunächst zu bedenken und thatsächlich bedeutungsvoll, dass nicht nur das geltende Reichsstrafrecht, in der von uns noch des weiteren zu untersuchenden Weise, sondern auch jede andere vernünftige Strafgesetzgebung, wohl ohne Ausnahme, durch besondere Bestimmungen, in mehr oder minder ausgedehntem Masse, den Rechtsfrieden als spezielles Angriffsobjekt aufgestellt hat, man also allgemein überzeugt war, ganz ohne dessen Criminalisierung nicht auskommen zu können. — Es kommt eben alles darauf an, durch eine sachgemässe und wohlüberlegte Fassung der betreffenden Bestimmungen jede zu weit gehende und missbräuchliche, vor allem jede in ihrer Tragweite unübersehbare, weil zu vag begrenzte Anwendung streng auszuschliessen. Und daher wird uns diese Seite der Frage im letzten Abschnitt unserer Untersuchung, praktisch, beschäftigen, bei dem Versuch, de lege ferenda geeignete Rechtsfriedensschutzbestimmungen zu finden. Jenes Bedenken ist also im Grunde genommen nur ein solches gegen die Art und Weise, den Grad der Criminalisierung von Rechtsfriedensverletzungen, und nicht ein prinzipielles zu der Frage, ob eine solche Criminalisierung überhaupt erfolgen soll oder nicht.

Aber auch der erstere, gewichtigere Einwand, gegen die Aufnahme von Thatbeständen, welche objektiv durch andere, jeweils spezielle Normierungen, vom Standpunkt anderer Angriffsobjekte, betroffen und gedeckt werden können, gerade in Rechtsfriedensbestimmungen, ist unbegründet: Es ist eben bei genauerem Zusehen nur eine thatsächliche Deckung, eine objektive Uebereinstimmung. Denn die gegen den Rechtsfrieden gerichteten Handlungen enthalten doch, als solche, jenen so verschiedenartigen anderen Verletzungshandlungen gegenüber, welche zugleich auch Rechtsfriedensstörungen sein können, noch ein Plus, und zwar, was hier das wichtigste ist, ein begriffliches Plus, sie erhalten dadurch ein neues, rechtlich eigenartiges Gepräge: Ob, um hier gleich mit praktischen Beispielen aus später des näheren zu erörternden besonderen Rechtsgebieten vorzugreifen, ein Bauer seinem Flurnachbarn heimlich Stücke von seinem das eigene hart berührenden Feld abpflügt in der Annahme, jener werde nichts davon merken, oder aber indem er dabei laut und öffentlich verkündet, die betreffenden Stücke seien sein Eigentum, weil er ihn als einen schüchternen Menschen kennt, der um jeden Preis einen Prozess vermeiden will, um ihm auf diese Weise die Stücke abzutrotzen, ist keineswegs strafrechtlich gleich zu werthen, und der letzteren Alternative wird die nach dem jetzigen Stand des Reichsstrafgesetzbuchs allein einschlägige,[4]) gewissermassen nur die äusserliche Seite des Ereignisses wie bei der ersten Alternative, ins Auge fassende Uebertretungsbestimmung des § 370 Ziff. 1 in keiner Weise gerecht. Desgleichen, ob irgend ein Betrunkener durch unartikuliertes Johlen auf der Strasse die nächtliche Ruhe stört, oder ob ein bekannter Anarchist daselbst, ohne mehr Lärm zu veranstalten, — objektive, nicht direkt Andere zu bestimmten Thaten aufreizende — Monologe über seine Völker beglückenden Absichten des Bombenwerfens in die Versammlungen von Kapitalisten hält, ist ein gewaltiger Unterschied, und es ist überaus misslich, wenn man die zweite That mit der ersten zusammen als ungebührliche Erregung ruhestörenden Lärms, oder Verübung groben Unfugs unter den § 360 Z. 11 Rstgb., (über dessen Rolle in derartigen Verhältnissen übrigens an einer anderen Stelle eingehend zu reden sein wird,) subsumieren muss; misslich nicht nur in Ansehung des geringen Strafmasses, sondern insbesondere auch vom theoretischen Standpunkt der Unterordnung unter die verschiedenen juristischen Begriffe aus. Man braucht ferner wohl auch nur an die praktischen Fälle zu denken, welche die von den verschiedenen geltenden Strafgesetzgebungen aufgenommenen Abschnitte der «Vergehen gegen den Rechts-

---

[4]) Man vergl. z. B. auch R.-G. vom 29. Dezember 1891, Bd. XXII, pag. 286 ff.

frieden» u. ähnl. betreffen, auch soweit dabei die Verletzung anderer besonderer Rechtsgüter in Frage kommt, um ohne weiteres einzusehen, dass es sich hier um ganz speziell geartete, unter sich in ganz bestimmten und eigentümlichen Momenten übereinstimmende Delicte handelt, welchen eben ein ganz spezifisches Rechtsgut zu Grunde liegt.

In Betreff der allgemeinen Begriffsbestimmung des Rechtsfriedens im dargestellten engeren Sinn ist nun noch hervor zu heben, dass dafür vielfach, in der Litteratur wie auch der Gesetzgebung selbst, der Ausdruck «öffentlicher Frieden» als synonym gebraucht wird;[5]) (so ist auch der französische Sprachgebrauch durchweg: *la paix publique*); jedoch keineswegs mit Recht. Es scheint dem die dunkle Vorstellung zu Grunde zu liegen, dass der Rechtsfrieden, als ein rechtlich geschützter Zustand des Rechtssubjekts im Verhältnis zur Aussenwelt, dessen Verletzung vornehmlich durch Delikte gegen die öffentliche Ordnung erfolge, begrifflich auf dem Gebiet der öffentlichen Rechtsverhältnisse basirt sei. Ferner mögen zu dieser Auffassung jene willkürlich vorschwebenden Erwägungen über den Rechtsfrieden im generellen Sinne des antiken Rechtssystems beitragen, sowie dass im geltenden deutschen Strafrecht diejenigen Delicte, die am klarsten sich als Rechtsfriedensverletzungen darstellen, allerdings solche gegen den öffentlichen Rechtsfrieden sind, wie später im besonderen Teil gezeigt werden wird; sodann aber wohl auch, was hiermit zusammenhängt, die innige historische Zusammengehörigkeit des Begriffs des modernen Rechtsfriedens mit dem des mittelalterlichen Landfriedens, (Delicte des Landzwangs, Aufruhrs, Wegelagerung u. s. w.), der auch dogmatisch wohl die Mittelstufe zwischen den mehrfach erwähnten beiden Arten des Rechtsfriedens bildet, dem antiken generellen und dem hier interessirenden jetzigen speziellen Begriff. — Das Ver-

5) So titulirt z. B. auch Oppenheim a. a. O. § 47, S. 321 ff. den betreffenden Abschnitt: «Verbrechen gegen den öffentlichen Frieden», wobei allerdings zu bemerken ist, dass er nach seiner Begriffsbestimmung überhaupt keine Delicte gegen den Rechtsfrieden des Einzelnen anzuerkennen scheint.

hältnis liegt vielmehr so, dass der Rechtsfrieden als Gattungsbegriff sowohl einen öffentlichen als einen privaten Rechtsfrieden als Artbegriffe umfasst. Ueber die gegensätzliche Bedeutung beider liesse sich bei oberflächlicher Betrachtung streiten: Man könnte nämlich daran denken, den unterscheidenden Gesichtspunkt zwischen öffentlichen und privaten Rechtsfriedensstörungen darin zu suchen, ob der Einzelne in seinem, an sich identischen Rechtsfrieden in der Oeffentlichkeit oder in der Nichtöffentlichkeit gestört wird; etwa von dem Gedanken ausgehend, dass der Gesetzgeber einen Angriff auf den normalen Zustand des Rechtsfriedens, der in der Oeffentlichkeit erfolgt, anders, und zwar schwerer, auffasst, als einen im engeren Kreise der Nichtöffentlichkeit unternommenen. Allein eine solche Auffassung, nach welcher in beiden Fällen also nur das Einzelindividuum Angriffsobjekt der Friedensstörung wäre, ist nicht haltbar. Da sie merkwürdigerweise in der Litteratur vereinzelt schon Vertretung gefunden hat, z. B. von Schwarze:[6]) es könne «auch der Einzelne in Bezug auf den öffentlichen Frieden gestört werden», so seien hier die Gründe zu ihrer Widerlegung etwas ausführlicher erörtert.

Ganz abgesehen davon, dass man nach dieser Theorie ja dazu gelangen würde, eben nicht mehr dieses persönliche Schutzobjekt als das ausschlaggebende Moment zu betrachten, sondern vielmehr, mit einer vollständigen Verschiebung des Angriffsobjekts, nach mittelalterlicher, den heutigen Anschauungen ganz fremd gewordener Rechtsauffassung gewisse Oertlichkeiten privilegiren würde durch Erteilung eines besonderen Schutzes, wie es z. B. der Fall war teilweise bei dem Institut der *treuga Dei,* oder bei der Idee vom «Frieden auf des Kaisers Strassen», vom Marktfrieden, Burgfrieden, Kirchenfrieden, Deichfrieden u. s. w., würde man auch noch dazu auf einen kriminalpolitisch ganz irrationellen Gedanken kommen: Doch nicht besonders in der Offentlichkeit soll das Rechtssubjekt vor Angriffen auf seinen Rechtsfrieden geschützt sein, sondern umgekehrt läge

---

6) Kommentar zum Rstgb. (2. Aufl. 1872), zu § 126, letzt. Abs., S. 349 princ.

es viel mehr im Geiste einer vernünftigen Strafgesetzgebung, falls man überhaupt einen Unterschied in dieser Beziehung machen wollte, derartige Angriffe dann als viel schwerer zu werden, wenn sie im engen privaten, gewissermassen familiären Kreise des Einzelnen erfolgen, wo er am allerersten berechtigt ist, Ruhe und Sicherheit in seinen Rechtsverhältnissen zu erwarten; wenn sie also zugleich eine Störung seiner häuslichen Ruhe und Ordnung, des «Fürsichseins», wie es einmal Osenbrüggen[7]) mit einem treffenden Ausdruck bezeichnet, des Hausrechts bedeuten. Ein rationeller Rechtsschutz würde, wenn man z. B. jenen Unterscheidungsgesichtspunkt ganz allgemein, jedem Rechtsgut gegenüber, aufstellen wollte, doch davon ausgehen, das Rechtssubjekt in erster Linie in seinem gewissermassen intimen Dasein zu schützen, und erst dann in der Oeffentlichkeit, wo der Verkehr für den Einzelnen ungleich mehr fakultativ ist. Ein derartiger genereller Gesichtspunkt wäre nämlich bei sehr vielen Delicten durchaus haltbar, auch keineswegs ein strafrechtliches Novum: man vergleiche z. B. die bereits urgermanische allgemeine Rechtsidee des englischen «*my house, my castle*»; die gleiche römische in l. 18, 21 Dig. *de in jus voc.* (2. 4.), l. 4 § 5 Dig. *de damn. inf.* (39, 2.), l. 23 Dig. *de injur.* (47. 10.), l. 103 Dig. *de Reg. Jur.* (50. 17.); ferner die in zahlreichen alten Volksrechten festgesetzte viel schärfere Bedrohung des nämlichen Delicts, wenn es im Hause des Verletzten erfolgt ist, als sonst in der Oeffentlichkeit;[8]) auch — im modernen Recht — das ört-

7) Der Hausfrieden, Ein Beitrag zur Deutschen Rechtsgeschichte, § 1.

8) So namentlich in Weistümern; cf. u. a. bei Kaltenbaeck, Die Pan- und Bergtaidingbücher in Oesterreich unter der Enns, zwei interessante Rechtssprüche aus den Bergtaidingbüchern des Klosters Heiligenkreuz:

Für Stainbruch am Leuttaberg (a. a. O. XII, Nr. 15, S. 62), aus dem Jahre 1634:

Ob es beschäch, dass ainer dem andern gäb verpottene worth, gibt er sie Ihme in seinem eigenen Hausz, so ist er von ainem Jeden bösen Worth zue Wandl 24 ₰ in die Khirchen.

Und besonders: Für Trumau (a. a. O, XIII, Nr. 27, S. 67):

Ob das wär, dass einer dem andern geb verbottne wort, gibt Er

liche Privileg höheren Rechtsschutzes der Bundesfürsten in ihrem eigenen Staat gegen gewisse Angriffe, in den §§ 80, 94, 95, 96, 97 Rstgb. liesse sich zur Analogie heranziehen. Dagegen lässt sich umgekehrt wohl kein rationeller Grund dafür einsehen, und zumal im geltenden Strafrecht kein Anhaltspunkt finden, dass irgend ein Rechtsgut gegen Angriffe in der Oeffentlichkeit im Gegensatz zu den nämlichen im Privatkreise erfolgenden aus diesem gewissermassen lokalen Gesichtspunkt besonders geschützt sein sollte. (Den besonderen Bestimmungen über die qualifizirende Oeffentlichkeit in den §§ 185 ff., 200 Rstgb. liegen natürlich spezielle, im Wesen der Ehrenkränkung, grösserer Verbreitung der Missachtung u. s. w. gelegene Momente zu Grunde.)

Der entscheidende Gesichtspunkt zwischen öffentlicher und nichtöffentlicher Rechtsfriedensstörung ist also vielmehr darin zu suchen, dass es sich auf der einen Seite um die Störung des Rechtsfriedens Einzelner handelt, mag sie öffentlich oder nichtöffentlich erfolgen, andrerseits um eine solche des Rechtsfriedens der Oeffentlichkeit, d. h., an sich, einer mehr oder minder unbeschränkten Zahl von Personen, wobei dann alles dasjenige zu beachten wäre, was von dem Begriff der Oeffentlichkeit überhaupt gilt. — Auf die Bedeutung des Unterschieds zwischen beiden Auffassungen und die Tragweite der letzteren richtigen wird später im einzelnen noch zurückzukommen sein.

Der Begriff «öffentlich» an sich, im Strafrecht ist bekanntlich viel erörtert und viel umstritten, zumal wenn ihn ein Gesetz, wie das Reichsstrafgesetzbuch in sehr verschiedenartigen Bedeutungen gebraucht, ohne doch irgendwo eine authentische Interpretation zu geben. Weitere Erörterungen darüber erübrigen sich jedoch hier, wo zunächst nur die allgemeinste, gewöhnliche Bedeutung überhaupt in Betracht kommen kann, welche wohl unbestritten ist: Von den ge-

---

sie ihm in sein Hausz, so ist er von jedem böszen wort 72 ℌ zu wandl, geit Er sie ihm auf der Gassen, so ist Er von jedem verbottenen wort 12 ℌ zu wandl.

läufigsten und treffendsten Definitionen seien genannt: «Unbestinmt welchen und wie vielen Personen» [wahrnehmbar, zugänglich u. dgl.], (die Motive zum Rstgb.); «Bemerkbarkeit [u. dgl.] für solche Personen, deren Anwesenheit rechtlich unabhängig ist von dem Willen einer Person», (v. Holtzendorff); «nicht geschlossener Personenkreis», (v. Liszt); «unbestimmte und unbestimmt viele Personen», (v. Meyer); «nach dem natürlichen Laufe der Dinge individuell unbestimmte Personenzahl», (Schultze).

Ueber den Inhalt jenes Gesamtbegriffs des «öffentlichen Rechtsfriedens» dagegen ist nun folgendes zu bemerken: Das Moment der Oeffentlichkeit interessirt hier dahin, — also ganz abgesehen von der speziellen Interpretation des Begriffs «öffentlich» im Strafrecht überhaupt, — dass damit besondere prinzipielle Merkmale bezüglich des Rechtsfriedenszustands verbunden sind: Denn insofern liegt ja ein specieller Begriff nicht vor, als blos eine grössere Anzahl von Rechtssubjekten, beliebig Viele, in ihrem privaten Rechtsfriedenszustand, wie soeben ausgeführt, verletzt werden. Es lässt sich hier schlechterdings kein begriffliches Novum finden, kein anderer als ein quantitativer Unterschied, eine Summe von Einzelrechtsfriedensstörungen. Auch wäre selbstverständlich der Begriff subjektiver Rechte einer Oeffentlichkeit juristisch ganz undenkbar, da ja hierzu die Oeffentlichkeit korporativ organisirt sein müsste, was eben schon an sich deren Verneinung, ein begrifflicher Widerspruch wäre.

Ein qualitativer Unterschied dagegen entsteht allerdings sogleich dann, wenn man die Eigenartigkeit der Oeffentlichkeit berücksichtigt und das spezifische Bedürfnis des Rechtsfriedenszustands der Allgemeinheit als solcher zu Grunde legt. Dieses besteht nun aber in dem Zustand der Ruhe und des gewissermassen innerstaatlichen Friedens unter den Volksgenossen, in der Abwesenheit von Unruhen, Parteiungen, feindseligen Cliquenbildungen aller Art.

Allerdings kann nun streng genommen auch die zweite jener oben erwähnten Alternativen, neben den subjektiven

Rechten, bei dem öffentlichen Rechtsfriedenszustand nicht in Betracht kommen, da ja auch von irgend einem bestimmten von der Rechtsordnung garantirten Rechtsverhältnis mit der Oeffentlichkeit als ausübendem, geniessendem Subjekt nicht gesprochen werden kann; die Oeffentlichkeit lässt sich auch in dieser Weise nicht personifiziren. Dagegen greift hier jedoch ein analoger und für uns zu ganz gleichen Resultaten führender Gesichtspunkt ein. Denn in einer Beziehung kann man allerdings sagen, dass der Oeffentlichkeit als solcher, nicht der blosen Summe der betreffenden Einzelindividuen, ein von der Rechtsordnung gewolltes spezifisches Verhältnis zukommt, nämlich das bereits gekennzeichnete der internen Ruhe. Insofern ist es wohl, falls man sich nur der eigentlich darin liegenden Fiktion bewusst bleibt, Zweckmässigkeits halber zulässig, von einer Rechtssphäre, einem rechtlich relevanten Gebiet der Oeffentlichkeit, als der Gesamtheit im qualitativen Sinn, zu sprechen, als von einem besonderen Schutzobjekt in Beziehung auf den Rechtsfrieden, wenn es auch theoretisch durchaus richtig ist, dass dieser Rechtsfriedenszustand der Oeffentlichkeit schliesslich auf den der sämtlichen Einzelnen in ihrem gegenseitigen Verhältnis zu einander, Aller gegen Alle, zurückgeführt werden könnte.

Es findet somit bei der Normirung des öffentlichen Rechtsfriedenszustandes im Verhältnis zu dem des Einzelnen gewissermassen eine Verschiebung des Angriffsobjekts Statt, indem nicht etwa, was ganz unmöglich wäre, einfach das betreffende Schutzobjekt in seinen verschiedenen Beziehungen von dem Einzelnen auf die unpersönliche Oeffentlichkeit übertragen wird, sondern vielmehr nur das besondere gerade dem Begriff der Oeffentlichkeit eigentümliche Verhältnis herausgegriffen und zum Gegenstand des Rechtsschutzes gemacht wird.

In diesem Sinn ist der Begriff «öffentlicher Rechtsfrieden» zu verstehen, als besondere zweite Seite unseres Gesamtbegriffs, im Gegensatz zu dem gewöhnlichen privaten Rechtsfrieden — gleichgültig wie vieler — Mehrerer, der als ein bloses Mehrfaches, eine Summe von Einzelfällen dieses letzteren vorher erörterten Begriffs hier für uns nicht weiter in Betracht kommt.[9])

9) Speziell auch zu diesem letzteren Gedanken sei eine sehr eigenartige Bestimmung erwähnt, welche sich in zwei schweizerischen Strafgesetzgebungen als angebliche Rechtsfriedensbestimmung findet, aber richtiger wohl die öffentliche Ordnung, äusserliche Ruhe des Verkehrs schlechthin, als Angriffsobjekt enthält:

Strafgesetzbuch für den Kanton Glarus, 1867.

53. Wer bei entstehenden Streitigkeiten von einer Amts- oder Privatperson aufgefordert wird, vom Streite abzustehen, und diesem Friedgebote keine Folge leistet, ist mit einer Geldbusse bis auf 60 Fr. zu bestrafen. Sollte er sich zu diesem Ungehorsam auch noch thätlich an dem Friedgebieter vergreifen, so wird ihm dies bei Zumessung der auf körperliche Misshandlungen und Verletzungen festgesetzten Strafe als Schärfungsgrund angerechnet.

Strafgesetzbuch für den Kanton Appenzell am Rhein, vom 28. April 1878.

62. Wer bei entstehenden Streitigkeiten oder während der Begehung von Thätlichkeiten gegen Andere in förmlicher Weise zum Frieden aufgefordert wird und dieser Aufforderung keine Folge leistet, ist mit einer Geldbusse bis auf Franken 100 zu bestrafen. Sollte er sich überdiess auch noch thätlich an dem Friedgebieter vergreifen, so wird ihm dieses bei Zumessung der auf körperliche Gewaltthätigkeit gesetzlich festgesetzten Strafe als Schärfungsgrund angerechnet, sofern kein schwereres Verbrechen oder Vergehen vorliegt.

Die übereinstimmende prinzipielle Natur dieser beiden Bestimmungen dürfte allerdings nicht leicht mit Gewissheit zu bestimmen sein: Von einer Verletzung, einem Delict gegen die körperliche Integrität des «Friedgebieters» kann natürlich keine Rede sein, da ja der Fall eines thätlichen Angriffs auf denselben als besonderer Thatbestand neben dem hier allein interessirenden einfachen gefasst und als qualifizirter Fall der Körperverletzung losgetrennt und zu diesen letzteren verwiesen wird. Ebenso wenig liegt eine Beziehung zu einer Widerstandsleistung gegen die Staatsgewalt und deren Organe vor, etwa im Sinne des § 113 Rstgb., weil es ja ausdrücklich keinen Unterschied machen soll, ob der Friedgebieter eine Amts- oder Privatperson ist. (Aus diesem Grund kann auch nicht an eine Analogie zu § 116 Rstgb. gedacht werden, die sonst namentlich deshalb nahe läge, weil die besondere Behandlung eines thätlichen Angriffs, über den Ungehorsam hinaus, dort ebenfalls als besondere und unter einen anderen Gesichtspunkt gebrachte Eventualität losgetrennt wird. Die prinzipielle Natur des Thatbestands in § 116 cit. kann übrigens nicht zweifelhaft sein, auch mit Rücksicht auf seine Stellung im System, im sechsten Abschnitt.) Insofern ist also der Ausdruck «Ungehorsam» in der Glarusschen Fassung jedenfalls unangebracht, da ja von einem Gehorsams-, Subordinationsverhältnis zwischen den in Betracht kommenden Personen begrifflich eben nicht die Rede ist.

Es kann vielmehr eine solche Intervention nur als eine freiwillige, aus Interesse an der Aufrechterhaltung der Autorität der Gesetze erfolgende Erinnerung an die bestehenden strafgesetzlichen Vorschriften, eine Aufforderung, dem Gesetz unterthänig zu sein, welches ja Raufhändel und Körperverletzungen verbietet, aufgefasst werden. Nur so wird auch dann die Bezeichnung als Ungehorsam verständlich, welcher sich als solcher gegen das Gesetz selbst erklärt. — Jedoch kann die Bestimmung jedenfalls nicht als eine einfache Wiederholung der betreffenden Verbote und somit als auf dem Gebiet der Körperverletzungen, (nämlich mit Bezug auf Verletzungen der Streitenden), liegend aufgefasst werden, da dies eine ganz unverständliche und widerspruchsvolle — in den Strafen — Wiederholung wäre, und sie überdies ja auch schon «bei entstehenden Streitigkeiten» Platz greifen soll, also eine thatsächlich erfolgte Körperverletzung gar nicht voraussetzt. Es tritt vielmehr offenbar ein spezielles anderes Moment ausschlaggebend hinzu.

Als echte Rechtsfriedensbestimmung aber erscheint sie nun doch nicht konstruirbar, weil es sich bei dem fraglichen Frieden, (Friedgebot, Friedgebieter), nicht um den Rechtsfrieden, nämlich zunächst der in solchen Streitigkeiten Angegriffenen oder von einem Angriff Bedrohten, handelt, nicht um den Zustand ungestörter Sicherheit in den gewährleisteten Rechten, Rechtslage u. s. w., oder dem subjektiven Bewusstsein hiervon, sondern vielmehr um den viel konkreteren, gewissermassen materiellen, physischen Frieden im Gegensatz zu Kampf und Streit, Gewaltthätigkeiten zwischen einzelnen Individuen. Näher läge dagegen schon die Auffassung als Delict gegen den öffentlichen Rechtsfrieden, gerade in dem im Text zuletzt ausgeführten spezifischen Sinn, der Freiheit von feindlichen Parteiungen nnd Beunruhigung im Staatswesen, in der Allgemeinheit, durch Cliquenbildungen u. s. w., indem man nämlich jede Streitigkeit als den möglichen Anfang derartiger Unruhen betrachtet, somit das Friedgebieten als eine schützende Thätigkeit gegen Angriffe auf den öffentlichen Rechtsfrieden in der Form von Gefährdungen desselben auffasst, welcher daher bei Vermeidung des Vorwurfs einer solchen Gefährdung selbst Folge zu leisten ist.

Allein diese Konstruktion erschiene doch wohl zu gekünstelt oder vielmehr zu weit hergeholt, wenn sie auch zweifellos einen richtigen Gedanken enthält: Dass derartige Friedgebote eine Verwarnung gegen Gefährdungen, welche bei einer entstehenden Schlägerei immer und in nicht übersehbarem Umfang vorhanden sind, enthalten, und zwar nicht einfach Gefährdungen der unmittelbar Angegriffenen, einer Körperverletzung Ausgesetzten, ergibt sich wohl aus den vorherigen Ausführungen. Für den Charakter als bloses Gefährdungsdelict, sozusagen Uebertretung einer polizeilichen Präventivmassregel, spricht auch wohl die nach Art und Mass niedrige Strafdrohung. — Nun wäre es zu speziell und gewissermassen zu hoch gegriffen, dabei geradezu den öffentlichen Frieden als das gefährdete Gut anzusehen. Soweit erstreckt sich hauptsächlich die subjektive Seite bei Streitigkeiten, Raufhändeln u. s. w. doch regelmässig nicht. Gefährdet erscheint vielmehr in solchen Fällen, einfacher, die öffentliche Ordnung; zu befürchten sind Unordnungen, Lärm, Unannehmlichkeiten und Trubel im Verkehrsleben. Dieser im Verhältnis zum Rechtsfrieden weniger spezielle und eigentümliche Begriff, wie er etwa den §§ 360 Z. 11 und 366 Z. 10 Rstgb. zugrunde liegt, hat mit jenem höchstens die äussere Seite gemeinsam, unterscheidet sich aber vor allem stets durch die prinzipielle Tragweite: Während Angriffen oder Gefährdungen der öffentlichen blosen Ruhe und Ordnung jede weitere besondere Tendenz mangelt, enthalten solche des Rechtsfriedens notwendig, begrifflich, die früher im Text erörterte.

Die Annahme, dass diese Idee einer in jeder beginnenden Schlägerei, wobei namentlich an Raufhändel grösseren Umfangs, sowie die sich sehr häufig verwirklichende Möglichkeit des Parteiergreifens weiterer, zufällig hinzukommender und zunächst unbeteiligter Personen, u. dgl. m. gedacht worden sein mag, im Keime enthaltenen Gefährdung der öffentlichen Ordnung, Verkehrsruhe auf der Strasse, Abwesenheit von Lärm und Unruhe u. s. w. dem Gesetzgeber vorgescbwebt hat, und in diesem Sinn ein besonders wichtiger diesbezüglicher Thatbestand zur Konstruktion der fraglichen Bestimmung geführt hat, erscheint m. E. noch als das nächst liegende. — Besonders hervorzuheben aber wäre, wie bereits angedeutet, alsdann der Punkt, dass es sich um eine Gefährdung der öffentlichen Ordnung handelt, wobei das Moment der Oeffentlichkeit hier ebenso wie in dem im Text zuletzt bezüglich des öffentlichen Rechtsfriedens ausgeführten Sinn, im Gegensatz zu einer Mehrheit, beliebigen Vielheit von Einzelsubjekten, als die ganz spezifischen Rechtsverhältnisse und Bedürfnisse des öffentlichen, allgemeinen Verkehrs in Betracht kommt.

§ 3.
Fortsetzung. 2. Die subjektive Seite. Verhältnis beider Seiten zueinander. Der Rechtsfrieden als sekundäres Angriffsobjekt.

Es ist im bisherigen stets nur vom Rechtsfrieden in der nächst liegenden, objektiven Bedeutung des Wortes die Rede gewesen. Der Begriff hat jedoch noch eine zweite Seite: Der Ausdruck Frieden, ganz im allgemeinen, bedeutet nämlich, in seinem vollständigen Sinn genommen, auch noch ein intellektuelles Verhältnis, und zwar ein jenem bisher erörterten äusserlichen Zustand entsprechendes innerliches; das Bewusstsein, das subjektive Gefühl des — objektiven — Friedenszustandes. Der Rechtsfrieden in diesem Sinn dem entsprechend also das Gefühl, das subjektive Empfinden, dass man vor Angriffen auf den gesicherten Bestand und ungestörten Genuss seiner von der Rechtsordnung garantirten Rechte, sowie rechtlichen Güter und Zustände auch wirklich geschützt ist, die Zuversicht in den objekten Zustand des Rechtsfriedens.

Es steht nun naturgemäss, wie ohne weiteres aus dem eben bemerkten einleuchtet, diese subjektive Seite des Rechtsfriedensbegriffs in einem gewissen Zusammenhang zur objektiven, dem Rechtsfriedenszustand; schon durch ihren Ursprung ist dies bedingt. Allein hierbei ist sofort vor einem allerdings nahe liegenden Missverständnis zu warnen, nämlich der Betrachtung beider Seiten unter dem Gesichtspunkt eines prinzipiellen, begrifflich notwendigen Causalverhältnisses. Denn wenn z. B. Hälschner,[1]) — ähnlich übrigens viele Andere, — geradezu sagt, der subjektive Rechtsfrieden entstehe begrifflich aus dem objektiven, so ist damit die Gefahr einer schiefen Auffassung des ersteren schon gegeben. Man gelangt dann nämlich zur Konsequenz, den subjektiven Rechtsfrieden der Art als Accessorium des objektiven aufzufassen, dass er

---

[1]) a. a. O. Strafrecht Bd. II, § 151 Abs. 6.

sich als selbständiger Begriff verflüchtigt. Als typisches Beispiel für die sich alsdann ergebenden Unklarheiten und Widersprüche mögen die Ausführungen Oetkers[2]) über diesen Punkt dienen, der zwar zunächst ein selbständiges Gut des Rechtsfriedensgefühls neben dem des Rechtsfriedenszustands anerkennt, dann aber doch zweifelhaft wird, ob jenem «noch besonderer» Strafschutz zukomme, wenn «der Friedenszustand genügend sicher gestellt» ist, ja, noch präziser ausdrücklich behauptet: «Der öffentliche Friede als Friedenszuversicht ist wenig geeignet, in den Strafgesetzen als Angriffsobjekt für Delicte verwertet zu werden. Es wird in der Regel genügen, wenn der Friedenszustand gegen Verletzungen ausreichend sicher gestellt ist, ein besonderer Gefühlsschutz für die Staatsangehörigen wird daneben nicht notwendig sein. Eine starke Staatsgewalt, ein kräftiger Schutz der öffentlichen Rechtsordnung wird den Unterthanen ganz von selbst das Gefühl der Rechtssicherheit geben, unter dem Eindruck verbrecherischen Thuns vorübergehend gestörtes Vertrauen durch machtvolle Gegenwehr alsbald wieder herstellen».

Es darf nämlich nicht deshalb, weil der Friedenszustand ein Friedensgefühl hervorruft, und somit letzteres, was ja nicht bestritten wird, normaler Weise, gewissermassen historisch empirisch, aus letzterem entstanden ist, dieser Zusammenhang und Abhängigkeitsverhältnis nun auch als begrifflich, organisch notwendig angesehen und infolgedessen als in concreto stets vorhanden angenommen werden, sodass dann allerdings auch kein spezieller Schutz mehr für den subjektiven Rechtsfrieden nötig wäre, der ja durch den dem objektiven verliehenen mitgeschützt sein würde, womit also das Rechtsfriedensgefühl als besonderes strafrechtliches Angriffsobjekt entfiele.

Zunächst theoretisch bedarf es wohl keines weiteren Beweises dafür, dass der Rechtsfriedenszustand und andererseits das Bewusstsein von demselben begrifflich ganz von

---

2) «Die Vergehen gegen den öffentlichen Frieden und die Umsturzvorlage», in den Beilagen Nr. 37—40, 6. bis 9. Februar 1895, zur Allgemeinen Zeitung. (I. med., S. 3.)

einander unabhängig sind, dass sowohl die — kurz gesagt — von der Rechtsordnung garantirte Rechtslage Jemandes verletzt sein kann, namentlich auch im Grade der Gefährdung, ohne dass er deshalb in dem entsprechenden Gefühl, Bewusstsein, in seiner Zuversicht auf den geschützten Bestand dieser seiner Rechtslage gestört wird, als insbesondere andrerseits Jemand in diesem letzteren Rechtsfriedensbewustsein gestört sein kann, ohne dass in seinen materiellen Rechtsverhältnissen ein entsprechender Grund dafür gegeben, er irgendwie in der Ausübung seiner Rechte oder dem Genusse seiner Rechtsverhältnisse gestört oder auch nur gefährdet wäre. Ueber verschiedene denkbare Fälle in dieser Hinsicht wird sofort noch einiges zu bemerken sein. Es kann somit auch nicht davon die Rede sein, dass der Schutz der einen Seite des Rechtsfriedens prinzipiell, an sich, schon die andere mit umfasste.

Aber auch praktisch bei einem Versuch der Uebertragung auf das thatsächliche Gebiet, wird jene Auffassung eines absoluten Zusammenhangs im Verhältnis von Ursache und Wirkung, wie sie übrigens auch von vielen Anderen vertreten wird,[3]) bei unbefangener Betrachtung der Dinge, zu einer ganz unzutreffenden Präsumption: Auch bei noch so «starker Staatsgewalt» und «kräftigem Schutz der öffentlichen Rechtsordnung» wird es nie gelingen, Angriffe auf sie, d. h. also Verbrechen, ganz auszuschliessen, um einen sehr optimistischen Ausdruck zu wählen; und unter diesen, welche ja nach dem früher bemerkten notwendiger Weise alle auch das Rechtsfriedensgefühl im allgemeinen Sinn stören, wird es auch stets noch solche spezielle geben, welche dies in der Hauptsache, essentiell thun, unsere reinen Rechtsfriedensdelicte im engeren Sinn. Also wird auch das einzelne Rechtssubjekt, mag die betreffende Rechtsordnung im allgemeinen selbst noch so stark und gefürchtet sein, doch nie mit derartiger Sicherheit auf die Unantastbarkeit seiner Rechtsgüter und insbesondere seines Rechtsfriedenszustandes rechnen können, dass eine von dem, Ausschlag gebenden, Standpunkt eines vernünftigen Menschen

---

[3]) cf. z. B. Oppenheim a. a. O., Die Objekte, § 47.

begründete Befürchtung in dieser Hinsicht ausgeschlossen wäre; es wird vielmehr diese Furcht vor der stets nahe liegenden Möglichkeit verbrecherischer Angriffe auf seinen Rechtsfriedenszustand stets berechtigter Weise bei ihm entstehen können, und damit ist auch gesagt, dass für die praktischen kriminalpolitischen Bedürfnisse dieses Friedensbewusstsein als selbständiges Gut im strafrechtlichen Sinn neben und unabhängig von dem des objektiven Rechtsfriedens anzuerkennen ist. Das Gegenteil wäre nur möglich, wenn das Rechtssubjekt vernünftiger Weise nicht mehr daran zweifeln könnte, — und zwar ganz streng genommen, nicht nur empirisch, gewissermassen statistisch, sondern mit apodiktischer Gewissheit, — dass irgend welche Angriffe auf seinen Rechtsfriedenszustand absolut unmöglich gemacht sind. Dieser Fall wird aber nur dann eintreten, wenn es keine Verbrecher und auch keine solche mehr geben wird, die noch zu Verbrechern werden könnten, d. h. also höchstens wenn sich das betreffende Rechtssubjekt als letzter überlebender Mensch auf Erden befände.

Dass man nun aber den Charakter des selbständigen Rechtsgutes dem subjektiven Rechtsfrieden aus dem anderen Grunde absprechen dürfte, weil demselben der dem «Gut» immanente Begriff des Wertvollen, des persönlichen Interesses mangelte, das werden sogar diejenigen nicht behaupten können, (cf. z. B. Oetker l. cit.), welche die theoretische Haltbarkeit eines selbständigen subjektiven Begriffes in Zweifel ziehen. Denn wollte man sich auf den Standpunkt stellen, dass die Rechtsordnung keine rein ideellen Güter, blose Bewusstseinsinteressen mehr zu schützen hat, da, wo schon die denselben zu Grunde liegenden materiellen Güter geschützt sind, so käme man z. B. dazu, nicht mehr die Beschimpfungen der Einrichtungen und Gebräuche von Religionsgesellschaften zu bestrafen, falls nur deren freie und ungestörte Kultusausübung strafrechtlich geschützt wäre, u. ähnl.; schliesslich müssten auch die unter vier Augen gefallenen wörtlichen Beleidigungen straflos bleiben, weil ja durch dieselben das persönliche Selbstgefühl und Ehrbewusstsein des Betroffenen natürlich nicht gemindert werden kann, und seine Geltung bei Anderen in solchem Falle ja nicht in Frage kommt. Eine derartige rein mechanische Auffassung des strafrechtlichen Schutzes, welcher prinzipiell nur materiell nachweisbare Rechtsgüter und deren Verletzungen beträfe, kann einer vernünftigen modernen Gesetzgebung in keiner Weise genügen. Eine Erweiterung des Gebiets rein ideeller Rechtsgüter im Strafrecht, also eine Verfeinerung in der Auffassung von Rechtsgut und Rechtsschutz, bedeutet ja gerade immer einen Fortschritt in der Kulturentwicklung, angesichts des engen Zusammenhangs der Rechtsordnung überhaupt und des Strafrechts im besonderen, mit dem gesamten kulturellen Standpunkt der betreffenden Epoche. Dass aber das Gefühl des Rechtsfriedens, streng subjektiv genommen und unabhängig von einem etwaigen entsprechenden objektiven Zustand, keinen minder grossen Wert im täglichen Leben hat als etwa die religiösen Gefühle oder das rein innerliche Ehrgefühl, um bei den oben erwähnten Beispielen zu bleiben, lehrt ohne weiteres die Erfahrung. Man denke nur an die Wirkungen, welche «zum Scherz» geschriebene Drohbriefe, Scheinbomben u. s. w. haben können und an das Unheil, welches sie thatsächlich schon sehr häufig angerichtet haben.

Das bemerkte mag genügen zum Nachweis der Unhaltbarkeit einer Theorie, welche unter zu enger Zusammenfassung des objektiven und des subjektiven Begriffs des Rechtsfriedens den einen als mit dem andern stehend und fallend bezeichnet, und namentlich den letzteren als im ersteren organisch bereits gegeben und somit strafrechtlich durch dessen Schutz auch adäquat mitgeschützt betrachtet.

Zum Nachweis nun aber der insbesondere bestrittenen praktischen Berechtigung, vom Zweckmässigkeitsstandpunkt aus, einer selbständigen Auffassung dieses subjektiven Begriffs des Rechtsfriedens als eines besonderen Rechtsgutes im Strafrechtssystem, oder präziser: seiner abgesonderten Kriminalisirung neben der des objektiven Begriffs, sei folgendes zur Erwägung gestellt: Gerade so, wie auf der einen Seite sehr wohl einmal schon eine ganz nahe liegende Gefährdung und selbst schon Verletzung jenes Zustands normaler Ruhe in dem Rechtsgenusse der Subjekte bestehen kann, ohne dass diese sich dessen bewusst werden, oder doch ohne dass sie sich in ihrem subjektiven Friedensbewusstsein gestört, geängstigt fühlen, vielleicht weil sie den Angriff unterschätzen, man denke z. B. an eine in revolutionär kommunistischen Sinne gehaltene Agitationsrede, gegenüber einem furchtlosen und ruhig überlegenden Manne, der mit Achselzucken über derartige Utopien sich hinwegsetzend in seiner Ueberzeugung von der Sicherheit und Beständigkeit seiner Eigentumsrechte nicht im mindesten beunruhigt wird, obgleich thatsächlich jene Rede einen schwer wiegenden verderblichen Einfluss auf weite Volkskreise gehabt hat, — eine sehr gute Analogie bringt Oetker l. cit. aus dem Gebiet des politischen Friedens, im Verkehr verschiedener Völker, — so ist es andrerseits ebenso sicher möglich, dass Jemand, auch ohne besonders schreckhaft zu sein, in seinem subjektiven Rechtsfriedensgefühl gestört wird, sich über einen Angriff in dieser Hinsicht sehr ängstigt, der doch in Wirklichkeit entweder überhaupt nicht vorliegt oder wenigstens objektiv bei weitem nicht in dem Masse gefährlich ist. Jene nach anarchistischen Attentaten vielfach beliebten sogenannten Scherze, Anderen mit Sand gefüllte Scheinbomben mit brennender Lunte in den Weg zu legen, dürfte auch hier als Beispiel passen.

Auf Grund derartiger praktischer Erwägungen wird wohl die kriminalpolitische Relevanz abgesonderten und unabhängigen Strafschutzes für die subjektive Seite, das Rechtsfriedensbewusstsein, ohne weiteres einleuchten. Es würde zu ganz ungerechtfertigten Härten führen, wenn man dasselbe nur als etwaiges Korrelat des entsprechenden Rechtsfriedenszustandes anerkennend, eine Verletzung nur als Begleiterscheinung einer solchen, wenigstens im Stadium der Gefährdung, des letzteren unter Strafe stellen und demgemäss deren Eintritt davon abhängig machen wollte, dass bei einer hinterherigen durch Dritte objektiv vorgenommenen Prüfung gewissermassen vom grünen Tisch aus und bequem ex eventu, die erfolgte Zuversichtsverletzung, Befürchtungen u. s. w. nicht ungerechtfertigt erscheint. Den Erfordernissen eines nicht nur abstrakt deduzirten, sondern auch zweckmässigen und in diesem höheren Sinne gerechten und vollständigen Strafschutzes würde dies nicht genügen können, selbst wenn nicht, wie ja dargelegt, auch jene abstrakten aus dem reinen Begriff des Rechtsfriedens und seiner verschiedenen Seiten hergeleiteten Sätze überdies schon über einen derartigen Standpunkt hinausführten. Alles nähere über diese Trennung und ihre Berechtigung soll später bei Besprechung des geltenden Rechts seinen Platz finden, sowie namentlich auch das die letzterwähnten Punkte, die Verhältnisse der Gefährdung u. s. w. betreffende in dem letzten Teil unserer Abhandlung, bezüglich der Neuerungsvorschläge. Hier sollten unter Vermeidung jedes weiteren Eingehens ins einzelne vorerst nur die abstrakten Grundbegriffe festgestellt werden.

Natürlich greift nun die eben besprochene Einteilung in objektiven Rechtsfriedenszustand und subjektives Rechtsfriedensbewusstsein mit der zuvor erörterten in öffentlichen und nichtöffentlichen Rechtsfrieden durcheinander, d. h. es sind vier Arten von Rechtsfriedensverletzungen zu unterscheiden, nämlich Angriffe, — vorläufig im weitesten Sinn, die blose Gefährdung stets neben der vollendeten Störung mit umfassend, — auf den objektiven Rechtsfriedenszustand Einzelner, und solche auf denjenigen der Oeffentlichkeit, (in dem vorher erörterten Sinn); sowie Angriffe auf das subjektive Rechtsfriedensbewusstsein Einzelner, und solche auf dasjenige der Oeffentlichkeit. Bezüglich dieser letzteren vierten Seite ist noch ergänzend hinzuzufügen, dass es sich konsequenter Weise um den dem erörterten objektiven Begriff entsprechenden subjektiven handelt, also um das Bewusstsein in der Oeffentlichkeit, das allgemeine Bewusstsein, — Empfindung, Zuversicht, sosusagen die öffentliche Meinung, — von dem in der Oeffentlichkeit, unter den Volksgenossen, bestehenden Zustand der Ruhe, des Friedens.

Zur Vervollständigung dieser theoretischen Voruntersuchung sei nun noch folgendes hervorgehoben: Es wäre nicht ganz genau, wenn man, wie es vorläufig geschah, bei der Betrachtung eines abstrakten Strafrechtssystems vom

Standpunkt der Rechtsfriedensdelicte aus nach Absonderung der im obigen dargestellten, uns im weiteren allein beschäftigenden speziellen Friedensstörungen alle anderen Delicte unterschiedslos einfach als die Rechtsfriedensstörungen im allgemeinen, antiken Sinne, wie eingangs dargethan wurde, zusammenfassen wollte. Es stellt sich nämlich bei genauerer Betrachtung heraus, dass in dieser grossen allgemeinen Klasse wieder zwei Unterkategorien mit allerdings nicht immer ganz leicht zu ziehender gegenseitiger Grenze zu unterscheiden sind, von denen die zweite, sozusagen eine Uebergangsstufe von den generellen zu den speziellen Rechtsfriedensdelicten, im bisherigen Sinn dieser Ausdrücke, bildet.

Es gibt nämlich in jedem Strafrechtssystem zahlreiche Delicte, welche zwar keine speziellen Rechtsfriedensdelicte sind, deren Thatbestand vielmehr als primo loco gegen ein anderes Rechtsgut verstossend gedacht und demgemäss kriminalisirt worden ist, bei denen jedoch als «sekundäres Schutzobjekt», wie es wohl Oppenheim nennen würde, das Gut des Rechtsfriedens mitbeteiligt ist. So ist, um nur weniges herauszugreifen, die Erpressung und auch die Nötigung, welche ja begrifflich in jeder Erpressungshandlung enthalten ist, gewiss auch sehr gegen den Rechtsfriedenszustand des betreffenden Einzelrechtssubjektes gerichtet; bezüglich der Erpressung ist dies besonders deutlich erkennbar bei Beachtung der §§ 254 und 255 Rstbg., nach welchen die Qualifikation des Delicts vom Gesetzgeber gerade auch in der Erschwerung der auf den Rechtsfrieden bezüglichen Thatbestandsmerkmale gefunden wird, worüber das nähere aus den später über den Begriff der Drohung zu machenden Ausführungen deutlich erhellen wird. Ferner, schon etwas entfernter liegend, der Raub; auch das Betteln unter Drohungen oder mit Waffen, wie es das Rstgb. in seinem § 362 Abs. 2 besonders vorsieht, gehört hierher. Und doch werden diese Delicte, mit Ausnahme der gegen die persönliche Freiheit gerichteten Nötigung, von den Gesetzgebungen zu denjenigen gegen das Vermögen gerechnet, zweifellos ja mit vollem Recht. — Ein gutes Beispiel sodann von auch gegen das

Gut des Rechtsfriedens, und zwar den subjektiven, das Friedensbewusstsein in der Oeffentlichkeit, gerichteten Delicte liefert sodann die öffentliche Aufforderung zum Ungehorsam gegen die Obrigkeit und ihre Anordnungen und ähnliches, im Rstgb. § 110 ff., wobei das hauptsächlichste und für den Gesetzgeber Ausschlag gebende Angriffsobjekt das Ansehen der Staatsgewalt ist. (Eine sehr wichtige andere Frage im Anschluss an diese letzteren Bestimmungen, die Aufreizung zum Ungehorsam gegen die Gesetze und zur Begehung strafbarer Handlungen, wird uns später, insbesondere im letzten Abschnitt, bezüglich der Vorschläge de lege ferenda, noch des eingehenderen beschäftigen.)

Zu dem Fall der Nötigung ist auch noch als besonders interessirender Unterfall § 153 der Reichsgewerbeordnung hervorzuheben, der ja neuerdings bei Gelegenheit des Gesetzentwurfs zum Schutze des gewerblichen Arbeitsverhältnisses, der berüchtigten «Zuchthausvorlage» 1899, wieder besonders in den Vordergrund gerückt worden ist. Denn es ist klar, zumal unter Berücksichtigung der bei Lohnkämpfen und Streiks regelmässig herrschenden Aufregung der Gemüter und Spannung der Verhältnisse, wie sehr ein gegen ein Mitglied der einen Partei, vorzugsweise also der Arbeitnehmer, von den anderen Mitgliedern ausgeübter Druck bezüglich des in § 152 dargestellten Verhaltens zu Vereinigungen u. s. w., — um nur diese eine Seite, die Vergewaltigung durch die eigene Partei zu betrachten,[4]) — nicht nur zu einem fast unwiderstehlichen, übermächtigen Zwang zum «Mitmachen» u. s. w. wird, also das Hauptmoment der Nötigung, der Verletzung der individuellen

[4]) Die «Denkschrift betreffend die Ausschreitungen bei den Arbeitskämpfen der letzten Jahre,» Aktenstück zu Nr. 347 der Stenographischen Berichte über die Verhandlungen des Reichstages, 10. Legisl. per. I. Sess. 1898/1900, Dritter Anlageband, — nämlich zu jenem Gesetzentwurf zum Schutze des gewerblichen Arbeitsverhältnisses, — bringt unter III, auf pag. 2293 f, zahlreiche sich widersprechende Entscheidungen von Gerichtshöfen verschiedener Instanzen über die Frage, ob nicht § 153 R.-Gew.-O. überhaupt nur auf Vergewaltigungen unter auf der gleichen Seite des Lohnkampfes Stehenden anwendbar sei, also nicht auch auf einen Zwang von Arbeitgebern gegen Arbeitnehmer und umgekehrt.

Bewegungs- und Bethätigungsfreiheit, sondern auch gerade hier eine solche Handlungsweise sich daneben noch als ein schwerer Eingriff in den Rechtsfrieden, besonders das subjektive Friedensbewusstsein des Betroffenen manifestiren wird; insbesondere wenn man die unter Strafe gestellten Mittel der Begehung zur Hervorrufung jener Erfolge bedenkt, wo neben der Anwendung körperlichen Zwangs und der Drohung, über den Thatbestand des § 240 Rstgb. hinausgehend auch die «Ehrverletzung oder Verrufserklärung» einbezogen ist. In den fraglichen unruhigen Zeiten mit ihrer Verschärfung der Gegensätze und der Erbitterung gegen die Abtrünnigen der gemeinsamen Sache, Streikbrecher u. dgl., welche oft grossen Gefahren seitens ihrer früheren Parteigenossen ausgesetzt sind, drängt sich gerade dieses Moment bedeutend vor, sodass die Natur des unechten, nicht prinzipiellen Rechtsfriedensdelictes bei diesem speziellen § 153 cit. ungleich typischer zu Tage tritt, als bei der allgemeinen Nötigung.[5]) Es wird übrigens später, bezüglich des Begriffs der Drohung nochmals auf eine Bestimmung der Zuchthausvorlage nebst einem parlamentarischen Abänderungsvorschlag zurückzukommen sein, (unter § 11 princ.).

Einen interessanten hierher gehörigen Fall bildet sodann ferner das Delict des Hausfriedensbruchs, das von Manchen geradezu als Rechtsfriedensdelict, in unserem engsten Sinn, aufgefasst wird. Doch soll wegen der besonderen Lage das nähere hierüber aus Zweckmässigkeitsrücksichten im Besonderen Teil, auf dem Boden des geltenden Reichsstrafrechts, untersucht werden. Das gleiche gilt auch z. B. von den in den §§ 127—129 Rstgb. behandelten Delicten der un-

---

[5]) Gerade in dieser Beziehung ist die vorerwähnte sehr ausführliche und gründliche Denkschrift, pag. 2248—2298, welche übrigens als Plaidoyer dahin zugespitzt ist, dass die im geltenden Recht gegebenen Strafbestimmungen einschliesslich des § 153 cit. den Erscheinungen der modernen Arbeiter- und Lohnbewegung gegenüber nicht ausreichten, mit den in Unmenge mitgeteilten praktischen Fällen äusserst interessant und lehrreich, wenn auch der Begriff des Rechtsfriedens an keiner Stelle ausdrücklich genannt wird.

befugten Sammlung von Streitkräften und der Teilnahme an verbotenen Verbindungen. Ueberhaupt lassen sich sehr zahlreiche Delicte ausfindig machen, bei welchen in dieser Weise der Begriff der Rechtsfriedensstörung im objektiven oder subjektiven Sinn mit als Angriffsobjekt in Betracht kommt, natürlich in mehr oder minder hervorragender Weise, in mannigfachen Abstufungen.

Wir haben also auf Grund des bisher ausgeführten in genauerer und berichtigender Formulirung des eingangs erwähnten Gedankens von dem Gegensatz der Rechtsfriedensdelicte im weitesten und eigentlichen Sinn, bei Betrachtung des gesamten Strafrechts in abstracto vom Standpunkt des Rechtsfriedens aus, drei grosse Kategorien, gewissermassen drei konzentrische Kreise, zu unterscheiden.

Alle Delicte, ohne Ausnahme, sind gegen den Rechtsfrieden im weitesten Sinn gerichtet, und zwar die meisten — der nur zu dieser allgemeinsten Art gehörigen — gegen den Rechtsfrieden im subjektiven Sinn, das Rechtsfriedensbewusstsein, das öffentliche wie dasjenige Einzelner; so z. B. Mord, Diebstahl, Brandstiftung. Manche überdies nur sehr indirekt, so z. B. die Eidesdelicte erst durch das Medium der Beweis- u. s. w. sicherheit im Prozess und demgemäss einer im Prinzip jedes Rechtssubjekt interessirenden Rechtssicherheit.

Sodann sind, weiter gehend, zahlreiche Delicte zwar in der Hauptsache, prinzipiell, gegen irgend ein anderes Rechtsgut gerichtet, haben jedoch zugleich ein so deutlich erkennbares Element der Beeinträchtigung des Rechtsfriedenszustandes oder -bewusstseins Einzelner oder einer bestimmten Gesamtheit an sich, dass sie einen besonderen zweiten, engeren Kreis bilden; man vergleiche die bereits erwähnten Beispiele. Es liegt hier nicht nur ein Gradunterschied zu der vorgenannten Kategorie vor, sondern die Delicte der zuletzt gekennzeichneten zweiten Klasse enthalten vorzugsweise das Element der Rechtsfriedensstörung als ein spezifisches, während jene anderen, d. h. überhaupt alle Delicte, sich z. B. ebenso gut als gemeingefährliche oder Ungehorsamsdelicte in einem derartig weitesten Sinn bezeichnen lassen, wie bereits gelegentlich erwähnt worden ist.

Dagegen steht die zweite Kategorie in viel näherer Beziehung zu der dritten, welche die ausschliesslich oder doch ganz Ausschlag gebend gegen das Gut des objektiven oder subjektiven Rechtsfriedens gerichteten Delicte umfasst, sodass sie in diesem Sinn kriminalisirt sind, gewissermassen die reinen Friedensdelicte. Hier, zwischen der zweiten und dritten Kategorie, liesse sich ganz streng genommen allerdings von einem blosen, wenn auch sehr bedeutenden Gradunterschied reden, da das bei der zweiten nur nebensächlich auftretende, sekundäre Schutzobjekt bei der dritten das einzige oder doch das bestimmende für die gesetzgeberische Auffassung wird.

Selbstverständlich hat es nun unsere Untersuchung nur mit dieser dritten und engsten Kategorie der Rechtsfriedensdelicte κατ' ἐξοχήν zu thun, da nur bei ihnen unser Grundbegriff, der des Rechtsfriedens in seinen verschiedenen Richtungen, ganz ungetrübt in die Erscheinung tritt; dagegen war die Untersuchung über die beiden anderen Kategorien von Bedeutung für die Klarstellung und vollständige präzise Abgrenzung dieser spezifischen Rechtsfriedensdelicte.

Es ist nunmehr zu prüfen, wie sich in der Materie des Rechtsfriedens das geltende Reichsstrafrecht gegenüber den im bisherigen entwickelten abstrakten Rechtsbegriffen und — zunächst — allgemeinen, Grund legenden Postulaten verhält, welch letztere wir auf Grund des obigen kurz dahin zusammenfassen können:

Des strafrechtlichen Schutzes bedarf in einer gesunden modernen Gesetzgebung, und zwar rein aus sich selbst, unabhängig von etwaigen anderen dabei — nebenher — in Betracht kommenden Rechtsgütern, sowohl der objektive Zustand ungestörter Ruhe im Besitz und der Ausübung von Rechten oder durch die Rechtsordnung gewährleisteten Rechtsverhältnissen, ganz für sich genommen, als auch das subjektive Empfinden dieses Zustandes; und zwar beides, (die Einteilungen kreuzen sich,) sowohl in Ansehung einer mehr oder minder unbeschränkten Vielheit von Personen, der Oeffentlichkeit, — bei dieser im Sinn von deren ganz spezifischen Bedürfnissen, — als auch in der Person eines Einzelnen.

Wir unterscheiden Delicte gegen

1. **objektiv:**
   a) den Friedenszustand Einzelner,
   b) den öffentlichen Friedenszustand;
2. **subjektiv:**
   a) das Friedensbewusstsein Einzelner,
   b) das öffentliche Friedensbewusstsein.

ZWEITER ABSCHNITT.

Das positive Recht. Der Rechtsfrieden in der Reichsstrafgesetzgebung.

I. Allgemeiner Teil.

§ 4.

Der Kreis der Rechtsfriedensdelicte.

1. Im Reichsstrafgesetzbuch.

Bei der Untersuchung, ob und inwieweit das geltende deutsche Strafrecht, also hauptsächlich das Reichsstrafgesetzbuch selbst, den aufgestellten Erfordernissen betreffend den Rechtsfriedensschutz gerecht wird, ist vorerst der Kreis derjenigen seiner Normen abzugrenzen, welche hierher gehören. Zunächst fallen dabei einige Bestimmungen ins Auge, welche in ihrem Wortlaut den Rechtsfrieden ausdrücklich nennen. Es sind dies vier, die §§ 126, 130, 130a Abs. 1 und Abs. 2 Rstgb. Und zwar handelt es sich in allen vier um den öffentlichen Rechtsfrieden. (Dass der Ausdruck «Frieden» hier nicht etwa einen anderen, den politischen bedeuten kann, liegt wohl ohne weiteres auf der Hand.) Das nähere über diese vier Delicte vom Standpunkt der Einteilung in die verschiedenen Rubriken aus ist später auszuführen. Zur Ergänzung sei noch hinzugefügt, dass auch das ehemalige Sozialistengesetz vom 21. Oktober 1878 an zwei Stellen, § 1 Abs. 2 und § 11 Abs. 2, den Begriff ausdrücklich enthält, was aber seit dem 1. Oktober 1890 für eine das geltende Strafrecht betrachtende Untersuchung seine Bedeutung verloren hat. Eine diesen Bestimmungen zukommende andere Bedeutung, in doktrinärer allgemeiner Beziehung, wird noch später bei den Grundlagen zu den Verbesserungsvorschlägen, zu erörtern sein. — Das gleiche gilt von der sogenannten Umsturzvorlage vom 5. Dezember 1894, in ihrem § 130 Abs. 2 Rstgb.; da dieser theoretisch von noch grösserer Wichtigkeit ist, vornehmlich allerdings als abschreckendes Beispiel, so soll darauf ebenfalls in jenem anderen Zusammenhang des näheren eingegangen werden.

In den übrigen sogenannten strafrechtlichen Nebengesetzen des Reichs kommt der Ausdruck nirgends vor.

Sodann aber sind, von der hier vertretenen Auffassung aus, folgende Bestimmungen, auch ohne wörtliche Bezeichnung als hierher gehörig zu betrachten: Rstgb. §§ 125, 241, 360 Z. 2, 367 Z. 9; aus den Nebengesetzen Sprengstoffgesetz vom 9. Juni 1884 § 10, Reichsgewerbeordnung §§ 56 Abs. 2 Z. 8 und — als Blankettgesetz — 56 b Abs. 2, (Sanktion: § 148 Z. 7a).

Und zwar ist hierüber im einzelnen folgendes zu bemerken und zur Begründung dieser Abgrenzung auszuführen:

§ 126 Rstgb. macht den öffentlichen Frieden direkt zum Angriffsobjekt seines Thatbestandes. (Zur Strafsanktion vergleiche man auch noch, wie übrigens noch bei einigen anderen Bestimmungen, Art. III der sogen. Umsturzvorlage 1894.) Auf die nähere Bedeutung und Tragweite dieses aus merkwürdiger archaistischer Tendenz auf Kosten der richtigen inhaltlichen Auffassung noch immer sogenannten «Landzwanges» ist später bei der Einzeluntersuchung sämtlicher in unseren Fragen einschlägigen Gesetzesbestimmungen einzugehen.[1]) Hier, wo es vorerst nur auf die Gruppirung derselben ankommt, soll blos dargethan werden, dass es sich dabei um den subjektiven Begriff des öffentlichen Rechtsfriedens handelt, um das Friedensbewusstsein der Oeffentlichkeit, (2. b). Denn

---

[1]) Ausserdem sei auf die bereits erwähnte Abhandlung des Verfassers, Friedensstörende Androhung und Bedrohung, in der Zeitschrift a. a. O. hingewiesen, hier insbesondere auf S. 481 f.

eine Drohung, als ein, — soviel sei hier schon über diesen Begriff gesagt, — in Aussichtstellen eines vom Willen des Thäters abhängigen Uebels für den Bedrohten, kann begrifflich nie ein geeignetes Mittel sein, um einen thatsächlichen Erfolg, eine Veränderung der Dinge in der konkreten Aussenwelt in direkter Kausalität hervorzurufen. Sie wirkt, eben aus jenem Begriff heraus, direkt immer nur auf geistigem Gebiet, richtet sich ausschliesslich an das Bewusstsein des Betroffenen. Es ist zwar sehr wohl denkbar, dass die bei dem Bedrohten durch die Drohung hervorgerufenen psychologischen Wirkungen nun ihrerseits wieder Situationen und Handlungen zur Folge haben, welche eine Verletzung des objektiven Friedenszustands bilden, man denke etwa an die bekannten langwierigen Dorffehden unter Bauernburschen, welche häufig in Drohungen zwischen zwei einzelnen Angehörigen der beiden Cliquen ihren Ursprung haben. Die in solchen Fällen allerdings leicht eintretenden Verletzungen des objektiven Rechtsfriedens, welche sich öfters bis zu schwerem Landfriedensbruch nach § 125 Rstgb. steigern, — vgl. über dessen Charakter unten, — sind aber dann keine unmittelbaren Wirkungen jener ursprünglichen Drohungen, es liegt kein direkter Kausalzusammenhang im Sinne des gesetzlichen Verursachens vor; eine solche unmittelbare Wirkung entsteht nur in den Gemütern der von der Drohung Betroffenen.

Wir hätten es übrigens bei jener abgelehnten Auffassung mit einem genauen Gegenstück zu den früher erwähnten bisweilen in der Litteratur irrtümlich generalisirten und zu einem Prinzip erhobenen Fällen zu thun, wo die Störung des subjektiven Rechtsfriedensbewusstseins nur eine Folge derjenigen des objektiven Zustandes ist.

Es ist also daran festzuhalten, dass bei dem Delict des § 126 das Gesetz, indem es als Mittel der Begehung eine Androhung — bestimmter Art — erfordert, bezüglich des Begriffs des Rechtsfriedens nur an dessen subjektive Seite denken kann. Die Auffassung des § 126 in diesem Sinn ist auch wohl die am wenigsten bestrittene unter allen den in Frage kommenden Bestimmungen; man vergleiche z. B. die guten Bemerkungen Oetkers l. cit. und aus den später im Zusammenhang zu gebenden vollständigen Litteraturnachweise besonders Binding.[2])

Es folgt in § 130 Rstgb. das Delict der sogenannten Anreizung zum Klassenkampf. (Zur Strafsanktion vgl. man auch noch Pressgesetz § 23 Z. 3.) Bei eingehender Betrachtung ist wohl kein Zweifel möglich, dass sich dieses Vergehen gegen den objektiven Friedenszustand, nämlich den öffentlichen, wie der Wortlaut selbst sagt, richtet, (1. b): Zunächst finden sich schon in den Motiven einige Andeutungen, sodann aber ist Ausschlag gebend das Erfordernis von Gewaltthätigkeiten, also doch jedenfalls einer nachdrücklichen Veränderung in der Aussenwelt, im thatsächlichen Verkehrsleben. Es fällt sofort auf, dass hiermit etwas ganz anderes, konkreteres gemeint ist, als im eben besprochenen Thatbestand, nämlich eine Störung des äusseren Zustandes in den Beziehungen zwischen den einzelnen «Klassen der Bevölkerung». Diese Auffassung wird noch durch den Umstand erhärtet, dass der präzise Ausdruck «Gewaltthätigkeiten» in der zweiten Beratung des Gesetzes im Reichstag zur Vermeidung jedes Irrtums an Stelle des unbestimmteren «Feindseligkeiten» der Regierungsvorlage getreten ist, (Antrag Fries u. Gen.), und zwar, wie der Abg. Planck sehr richtig hervorhob, um den für sich allein «so vagen und dehnbaren» Begriff der Gefährdung des öffentlichen Friedens durch einen «klaren Ausdruck sicher zu stellen».[3])

Ein Indicium zur richtigen Auslegung liefert ferner der Umstand, dass nach der Regierungsvorlage zur grossen Novelle zum Rstgb. vom 26. Februar 1876 im § 130 (neben anderen Abänderungen) das Merkmal der Gewaltthätigkeiten gestrichen werden sollte,[4]) und zwar mit der Begründung, dass es bei

---

2) Normen Bd. I, § 50, V. 9. f, S. 352.

3) In der (25.) Sitzung vom 21. März 1870, vgl. den stenogr. Ber.; ferner die später zu erwähnende diesbezügliche Bemerkung in der Motivirung des § 130 nach der Umsturzvorlage, unten § 19.

4) Drucksachen des Reichstags 2. Leg. lat. per. III. Sess. 1875/76 Bd. I Nr. 54, S. 7.

der bisherigen, übrigens dann vom Reichstag beibehaltenen Fassung zu schwierig sei, jedesmal im Einzelfall noch nachzuweisen, dass wirklich zu konkreten Gewaltthätigkeiten angereizt worden sei, und dass infolgedessen die Anwendung der Bestimmung sehr eingeschränkt wäre.[5]) Beachtet man die noch bei einer späteren Gelegenheit zu erörternde Tendenz der Novelle bezüglich des § 130, nämlich als eines schüchtern beginnenden Sozialisten- bezw. Umsturzgesetzes, so ist deutlich erkennbar, dass man gerade durch Absehen von dem festen und objektiven Begriff der Gewaltthätigkeiten die Bestimmung weit ausdehnbar und zu einer unbestimmteren, allgemeinen, auch die subjektive Seite des Rechtsfriedens umfassenden zu machen hoffte. Es bestand also an autoritativer Stelle die Auffassung, dass § 130 bei der Gebundenheit an das fragliche Merkmal nur den objektiven Rechtsfrieden umfassen könne.

Es ist mithin ganz unzutreffend, diese Bestimmung, wie es häufig geschieht, auch inhaltlich auf den sogenannten Hass- und Verachtungsparagraphen, — den ersten, § 100, — des Preussischen St. G. B. 1851 zurückzuführen. Mag dies auch historisch, für die Erforschung des Anknüpfungspunktes richtig sein, — man vergleiche die sehr interessanten und eingehenden Zusammenstellungen im ausführlichen «Exkurs» zu den Motiven des Gesetzes, — so handelt es sich doch dabei um etwas begrifflich ganz verschiedenes. Uebrigens ist es auch ganz ungerechtfertigt, jene gesetzgeberische, man darf wohl sagen: Verirrung, gerade nur Preussen in die Schuhe schieben zu wollen, wie ja die französische und englische Vorgeschichte dieser Normirung beweisen, (vgl. a. a. O.), sowie besonders die zum Teil noch viel ungeschickter und insbesondere auch politisch bedenklicher gewählten Fassungen in anderen deutschen Staaten, z. B. Bremen, Entwurf 1868. «Wer . . . . . durch öffentliche Schmähungen oder Verhöhnungen . . . . . die gesellschaftlichen Grundlagen [des Staates] . . . . . dem Hasse oder der Missachtung aussetzt.» Auch der soeben erwähnte Versuch der Novelle zum Rstgb. von 1876, welcher den § 130

[5]) S. 38 u. 39 der Motive.

zu einer subjektiven Rechtsfriedensbestimmung machen wollte, hätte in dieser Beziehung wenigstens einen Anklang geliefert. Derartige Bestimmungen allerdings erfordern bezüglich des etwa in ihrem Thatbestand aufgenommenen «öffentlichen Friedens» bestimmt kein über eine Friedensbewusstseinsstörung hinausgehendes Moment, eine Verletzung des thatsächlichen Rechtsfriedenszustandes ist nicht vorausgesetzt. Am klarsten wird der Unterschied erkennbar in der Fassung einer m. W. ganz allein dastehenden Bestimmung, des § 120 im Strafgesetzentwurf des Ausschusses des österreichischen Abgeordnetenhauses von 1862, der deutlich und ausdrücklich beides umfasst, die Verletzungen des objektiven und des subjektiven Rechtsfriedens absondert: «Wer öffentlich ..... ganze Klassen oder Stände der bürgerlichen Gesellschaft zu feindseligen Handlungen oder überhaupt die Staatseinwohner zu feindseligen Parteiungen gegen einander ...... aufzureizen sucht.» Der entsprechende § 138 des Ministerialstrafgesetzentwurfs von 1867 hatte nämlich noch in unklarer Vorstellung das «Einflössen feindseliger Gesinnungen» neben dem «Auffordern oder Anreizen zu feindseligen Handlungen oder feindseligen Parteiungen» unterscheiden wollen. Dagegen vergleiche man, in rein objektivem Sinn, übereinstimmend mit dem § 130 Rstgb., den später noch zu betrachtenden § 48 bis, 2. Alternative, des Schweizerischen Bundesgesetzes vom 1. Mai 1853, (revid. 1890): «zur gewaltthätigen Verfolgung ganzer Bevölkerungsklassen» ...

Es dürfte also auch schon auf Grund dieser rechtsvergleichenden Skizzirung die richtige objektive Auffassung des § 130 nicht zweifelhaft bleiben. Und zwar handelt es sich, wie ja schon der Wortlaut ohne weiteres ergibt, um ein Gefährdungsdelict gegen den Rechtsfriedenszustand einer — bestimmt gearteten — Oeffentlichkeit, worüber alles nähere später auszuführen sein wird.

Ganz die gleiche Charakterisirung muss aber den beiden Spezialdelicten des § 130a Abs. 1 und 2, des sogenannten Kanzelparagraphen, zu Teil werden. Neben dem bedeutungsvollen Umstand, dass diese Vorschriften, in zwei Malen, bei ihrer jeweiligen späteren Creirung hinter den § 130 des Gesetzbuchs eingereiht worden sind, und zwar mit ausgesprochener Absichtlichkeit, sowie der unverkennbaren Analogie mit diesem im Ausdruck, ist besonders zu betonen, was in der Beziehung die Motive zu dem betreffenden ersten Gesetz vom 10. Dezember 1871 bemerken, wenn sie vom besonderen Einfluss des Geistlichen vermöge seines Amtes sprechen «auf den ganzen sittlichen Zustand, der seine weitere Wirkung nicht blos auf das innere Leben des Einzelnen, sondern auf die praktische Gestaltung der Lebensverhältnisse äussert». Und später wird ausdrücklich gesagt, mit eingehender Begründung, dass die neue Vorschrift deshalb nötig sei, weil für die darin vorgesehenen Spezialfälle, — angesichts jener besonderen Stellung der Geistlichen u. s. w., — der § 130 nicht genügt. Wir haben also auch diesen Thatbestand in die Kategorie der öffentlichen Rechtsfriedenszustandsdelicte, (1. b) einzureihen.

Dass das gleiche gelten muss für den noch später hinzugetretenen neuen Spezialfall des Abs. 2 bedarf keiner weiteren Begründung schon angesichts des Umstandes, dass unter bloser Vorsehung anderer, feinerer Mittel der Begehung die gleiche Delictsthätigkeit wörtlich genau fortgesetzt wurde.

Interessant zu beobachten ist auch bezüglich des Parallelismus zu dem Delict des § 130, sowie auch sehr anschaulich für die richtige Auffassung der §§ 130 und 130a, wie die Bestimmungen zweier schweizerischer Strafgesetze in scharf ausgeprägtem Gegensatz zwischen dem objektiven und subjektiven Begriff, die Gefährdung des Rechtsfriedens in religiöser Beziehung normiren; hierbei fällt übrigens noch auf, dass beide das spezielle Delict des Kanzelmissbrauchs als Standesdelict Geistlicher u. s. w., als einen besonderen Fall auf dem allgemeineren Delict der Gefährdung des öffentlichen Friedens in religiöser Beziehung aufbauen, wobei letzterer Thatbestand ja seinerseits wieder ein spezieller Fall der Gefährdung des öffentlichen Friedens wäre, mit Bezug auf die verschiedenen Bevölkerungsklassen, vom Standpunkt des § 130 Rstgb. aus; indem nämlich von den so zahlreichen Gesichtspunkten der

Gliederung der Bevölkerung nach «Klassen» gerade der religiöse, konfessionelle herausgegriffen wird. Infolgedessen entsprechen die Normirungen beider Gesetze nicht nur dem § 130a Rstgb., sondern auch jeweils die erstere, dem § 130, freilich in der bezeichneten einengenden Spezialisirung. Dazu kommt dann allerdings noch für die zweite St. Gallener Bestimmung eine unklare und schiefe Vermischung mit den Religionsdelicten im engeren Sinn, wie sie das Rstgb. in seinen §§ 166 richtiger Weise besonders normirt; ganz abgesehen von einer den spezifischen Charakter des [Kanzel]standesdelicts verwischenden Gleichstellung der Beamten u. a., sowie der etwas zu sehr «eidgenössischen», mehr biederen als juristischen Formulirung.

Berner Gesetz vom 14. September 1875, betreffend Störung des religiösen Friedens.

Wer in einer den öffentlichen Frieden gefährdenden Weise Angehörige einer Konfession oder Religionsgenossenschaft zu Feindseligkeiten gegen Angehörige einer anderen anreizt, wird mit Geldbusse bis zu tausend Franken oder mit Gefängnis bis zu einem Jahre bestraft.

Ein Geistlicher oder anderer Religionsdiener, welcher in Ausübung oder bei Anlass der Ausübung gottesdienstlicher oder seelsorgerischer Handlungen politische oder bürgerliche Angelegenheiten, Staatseinrichtungen oder Erlasse der Staatsbehörden in einer den öffentlichen Frieden oder die öffentliche Ordnung gefährdenden Weise zum Gegenstand einer Verkündigung oder Erörterung macht, wird mit Geldbusse bis zu tausend Franken oder mit Gefängnis bis zu einem Jahre bestraft.

Neben diesem objektiven sodann der subjektive Standpunkt:

Strafgesetzbuch über Verbrechen und Vergehen für den Kanton St. Gallen, vom 1. Mai 1886.

174. Der Verletzung der Glaubensfreiheit, der Störung des konfessionellen Friedens und der Beschimpfung der vom Staate anerkannten Religionsgesellschaften macht sich schuldig, wer vorsätzlich

a. Handlungen begeht, welche geeignet sind, den Frieden unter den vom Staate anerkannten Religionsgesellschaften zu stören, oder Glaubenshass (!) oder Verfolgung wegen religiöser Ansichten und Bekenntnisse zu stiften, oder durch welche Jemand wegen seines Glaubens beschimpft (!) wird.

[b. } betreffen jene Fälle reiner Religionsdelicte im engeren
c. } Sinn.]

In solchen Fällen ist Geldstrafe bis auf 500 Franken, oder Gefängnis bis auf sechs Monate auszusprechen. Die Strafen können auch verbunden werden.

175. Wenn Geistliche sich einer unter den vorgenannten Artikel fallenden Handlung schuldig machen oder wenn solche in Ausübung ihrer amt- oder (?) seelsorgerlichen Verrichtungen ihre öffentliche Stellung zur Lästerung (!) von Verfassung, Gesetzen, obrigkeitlichen Erlassen und gesetzlichen Einrichtungen missbrauchen, so kann die Strafe, je nach der Schwere der Umstände, [wahrscheinlich!], bis auf das Doppelte erhöht werden, unvorgegriffen (!) der Ausübung der den Staatsbehörden zustehenden Hoheitsrechte.

[Vergessen worden ist merkwürdiger Weise der weitere Zusatz: unvorgegriffen auch den zeitlichen und ewigen Strafen des Himmels!]

Der gleichen Strafe unterliegen Beamte, öffentliche Bedienstete (?) und Lehrer, welche sich bei Ausübung ihrer amtlichen oder dienstlichen Verrichtungen dieser Vergehen schuldig machen.

Somit haben wir in den vier Bestimmungen, (in drei Paragraphen), welche allein im geltenden Reichsstrafrecht ausdrücklich den Begriff des Rechtsfriedens, und zwar stets denjenigen der Oeffentlichkeit in ihren Thatbestand aufnehmen, drei, welche den objektiven Friedenszustand, (1. b) betreffen, die §§ 130, 130a Abs. 1 und 2, und eine, welche das subjektive Friedensbewusstsein, (2 b) betrifft, § 126.

Wenden wir uns nunmehr zu den früher bezeichneten

Bestimmungen, welche auch ohne den Ausdruck Rechtsfrieden oder ähnlich in ihrem Thatbestand aufzuführen, Delicte gegen dieses Rechtsgut betreffen. Zunächst also aus dem Reichsstrafgesetzbuch selbst die §§ 125, 241, 360 Z. 2, 367 Z. 9.

Im Thatbestand des § 125 Abs. 1, des Landfriedensbruchs, könnte man zwar zunächst geneigt sein, die Personen oder Sachen, an denen Gewaltthätigkeiten begangen werden, als Angriffsobjekte zu betrachten, von dem Gesichtspunkt ausgehend, dass eben diese in erster Linie verletzt werden; so dass dann also der Landfriedensbruch von einem Spezialrechtsfriedensdelict, wie sie uns hier beschäftigen, zu einem solchen der oben besprochenen zweiten Kategorie, zu einem auch, — aber nur in zweiter Linie, nebensächlich, — gegen den Rechtsfrieden gerichteten herabsinken würde. Allein man würde ja bei einer derartigen Auffassung des Begriffs des Landfriedensbruchs konsequenter Weise zu einer Zerlegung desselben in zahlreiche Einzeldelicte gelangen, insbesondere Körperverletzung, Bedrohung, Freiheitsberaubung, Nötigung, Sachbeschädigung, etwa auch Brandstiftung, grober Unfug u. ähnl. m., welche nur stets das gemeinschaftliche qualifizirende Merkmal der Begehung in der Oeffentlichkeit, sowie mit vereinten Kräften und auf gemeinsamen Entschluss hin hätten. Und hiergegen ist doch zu bemerken, dass z. B. die gemeinschaftliche Körperverletzung schon in § 223a als qualifizirte Unterart besonders normirt ist. Die spezielle dem § 125 zu Grunde liegende Idee jedoch würde sich bei einer derartigen Betrachtungsweise verflüchtigen. Man vergleiche aber ferner auch die Motive des Gesetzes, welche im Gegensatz zum entsprechenden § 284 Preuss. St.G.B. in ihrem Absatz 3 jene Auffassung entschieden ablehnen.

Es kommt nämlich bezüglich des Zweckes, der Tendenz der Bestimmung in erster Linie an auf die Aufrechterhaltung der zur Sicherheit des öffentlichen Verkehrs nötigen ruhigen und friedlichen Zuständen auf den Verkehrswegen und sonstigen öffentlichen Orten im weitesten Sinne, worauf ja auch schon der Ausdruck «Land»friedensbruch hinweist.[6]) Es handelt sich

---

[6]) cf. z. B. auch Oppenheim a. a. O. § 47, I S. 322.

also hier um ein Delict gegen den öffentichen Rechtsfriedenszustand, (1. b). Man denke übrigens auch, um aus der Praxis zu exemplifizieren, an Fälle wie das bayerische Haberfeldtreiben, bei dem sehr häufig weder Körperverletzungen noch Sachbeschädigungen oder ähnliches vorkommt, und das doch andererseits auf den ersten Blick sich von den zunächst, gewissermassen äusserlich formell, vorliegenden Delicten der öffentlichen Beleidigung und des groben Unfugs begrifflich sehr unterscheidet, weil eben als Ausschlag gebender Gesichtspunkt die Rechtsfriedensverletzung hinzutritt.

Für unsere Auffassung des § 125 würde dann auch an sich noch der Name Landfriedensbruch, sowie die Stellung des Delictes im System, unter den «Verbrechen und Vergehen wider die öffentliche Ordnung» sprechen; jedoch darf nicht vergessen werden, dass zunächst ein Name, der oft aus so zu sagen historischem Zufall entsteht oder vielmehr an einer Stelle, wo er nach verändertem Sprachgebrauch wie Rechtsauffassung schief geworden ist, beibehalten wird, (man vergleiche oben die Bemerkung zu § 126,) wenig beweist. Und was die Stellung einer Bestimmung im System angeht, so haben zwar die Ueberschriften der Abschnitte des Gesetzes im allgemeinen wesentliche Bedeutung; aber gerade der fragliche Siebente gehört in dieser Beziehung zu den Ausnahmen, und zwar in ganz besonderem Masse, abgesehen übrigens davon, dass man den Begriff «öffentliche Ordnung» in keiner Weise mit dem des öffentlichen Friedens identifiziren darf, da der erstere sehr viel unbestimmter und weiter allgemeiner ist, wenn auch unachtsamer Weise an verschiedenen Stellen der Litteratur beide Begriffe als gleichwertig für einander gebraucht werden. Denn wenn ein Gesetz es fertig bringt, in einem und demselben sogenannten Unterabschnitt die Bildung verbotener Vereine, das Vorschützen falscher Entschuldigungsgründe seitens Geschworener, gewisse Gefährdungen der Schiffahrt, sowie noch verschiedenes andere nebeneinander zu stellen, so kann man wohl dem harten Urteil Bindings a. a. O. über diese «Rumpelkammer» der verschiedensten Begriffe nur beitreten. Die ganz unverantwortliche Begriffsverwirrung in der Redaktion dieses

Siebenten Abschnittes, der gerade die sedes materiae für unseren Begriff des Rechtsfriedens enthält, erschwert überhaupt nicht unwesentlich dessen Klarlegung.

Es bedarf jedoch wie gesagt dieser letzterwähnten weniger bedeutsamen Stützen nicht zur richtigen Einreihung des Landfriedensbruchs unter die Delicte gegen den öffentlichen Rechtsfriedenszustand.

Es folgt sodann in § 241 das Vergehen der Bedrohung, und zwar im Gegensatz zu § 126 der einfachen Bedrohung Einzelner. Die Richtung gerade dieses Thatbestandes, sein Angriffsobjekt, ist am bestrittensten unter allen hier zu besprechenden Delicten. Aus diesem Grunde, wegen der Mannigfaltigkeit der Ansichten, und weil hier diese grundlegende Frage auf das engste mit der Interpretation des Delictes selbst und seiner Tragweite verknüpft ist, soll sie erst später im Zusammenhang mit dieser ihre Erledigung finden, und der vollständige Nachweis erbracht werden, dass wir es bei der Bedrohung nach § 241 mit einem echten Rechtsfriedensdelict zu thun haben. Soviel indess steht schon hier ohne weiteres fest: Zugegeben die Richtigkeit dieser letzteren Auffassung, so kann jedenfalls unter Berücksichtigung des eben über den Begriff und die Folgen der Drohung Bemerkten, die Bedrohung nur zu den Delicten gegen das subjektive Rechtsfriedensbewusstsein, und zwar des Einzelrechtssubjekts (2. a) gezählt werden. Es sei jener obigen Begründung an dieser Stelle nur noch hinzugefügt, dass auch die Motive des Gesetzes bei § 126 den Parallelismus zu § 241 ausdrücklich hervorheben. Der Punkt wird später nochmals zu erwähnen sein.

Bei Betrachtung alsdann der beiden folgenden einschlägigen Bestimmungen, der letzten aus dem Strafgesetzbuch selbst, nämlich § 360 Z. 2 und § 367 Z. 9, welche in ihrem Thatbestand, namentlich für den hier interessirenden Gesichtspunkt, eine grosse Aehnlichkeit zeigen, darf zunächst ein Umstand von prinzipieller Bedeutuug nicht ausser Acht gelassen werden, nämlich dass es sich beide Male um Polizeiübertretungen handelt, wozu nun also alles das zu bemerken ist, was beim sogenannten Polizeiunrecht überhaupt in Betracht kommt: es genügt wohl, wenn hier blos auf die Begriffe des Ungehorsams und der Gefährdung, und zwar hauptsächlich der generellen, hingewiesen wird. Auch im übrigen lassen sich wohl beide Bestimmungen angesichts ihres zum Teil übereinstimmenden Inhalts gleichmässig behandeln, wenn auch später bei der Interpretation aller einzelnen einschlägigen Gesetzesstellen der etwas komplizirtere Thatbestand des § 367 Z. 9 etwas eingehender als der andere zu betrachten sein wird.

Es handelt sich in beiden Fällen um verbotene Handlungen in Bezug auf Waffen, bezw. auch Schiessbedarf, d. h. also mit solchen Gegenständen, die zu feindlichen und gefährlichen Handlungen gegen Andere, Tötung, Körperverletzung, Sachbeschädigung, bestimmt und jedenfalls geeignet sind. Erfahrungsgemäss erzeugt nun besonders beim Volk der Besitz, das Mitsichführen einer Waffe sehr leicht eine streitsüchtige Stimmung, beim Träger selbst, wie auch bei Anderen, — σίδηρον ἕλκει σίδηρον, — und auch abgesehen von dieser gewissermassen psychologischen Gefahr ist es selbstverständlich, dass ein Mensch, wenn er im Falle eines derartigen Besitzes in die Lage gerät, mit einem Anderen Streit anzufangen, auch ganz abgesehen von etwaiger Trunkenheit, leidenschaftlicher Erregung u. s. w., sich der mitgeführten Waffe bedienen wird, und dass infolgedessen die thatsächliche Gefahr für das Leben, die Körperintegrität und die Sachen Anderer sich wesentlich erhöhen wird. Nun könnte man also geneigt sein, die beiden Thatbestände etwa als — objektiv genommen — vorbereitende Handlungen zu den Delicten gegen die §§ 211 ff., 223 ff., 303 u. a. m. Rstgb. aufzufassen, in dem oben bezeichneten polizeilich präventiven Sinn. Hiergegen ist jedoch zu bedenken, dass es einmal gesetzgeberisch sehr ungeschickt gewesen wäre, eine Bestimmung von solcher prinzipieller Tragweite, die auf so viele verschiedenartige Delicte Bezug hätte, in zwei derartig bestimmte Spezialthatbestände einzuzwängen, zumal ohne bestimmte Bezugnahme auf die Begriffe z. B. von Vorsatz und Fahrlässigkeit, und noch dazu an ganz verkehrter Stelle im System, anstatt eine viel allgemeiner gehaltene Bestimmung unter deutlicher Bezugnahme auf die gewissermassen entferntere Gefährdung gewisser Rechtsgüter aufzustellen; sodann aber, dass das Rstgb., da wo es wirklich gefährdende Vorbereitungshandlungen jener Art als solche treffen wollte, dies, allerdings in der umgekehrten, an sich natürlich ebenso gut möglichen, spezialisirenden Weise thut, dann aber regelmässig auch viel eingehender, so z. B. in § 367 Z. 10 bezüglich der Prävention von Tötungs- und Körperverletzungsdelicten — stets in rein thatsächlichem, objektiven Sinn —, § 367 Z. 4 bis 6, sowie auch R. Gew. O. § 56 Abs. 2 Z. 6 desgleichen, jedoch insbesondere noch bezüglich derjenigen von Sachbeschädigung, Brandlegung u. ähnl. Es muss also vielmehr angenommen werden, dass jene beiden hier zu betrachtenden Bestimmungen neben dem allgemeinen polizeilichen Präventivzweck ein anderes besonderes Moment enthalten, welches einzelnen ganz bestimmten derartigen vorbereitenden Handlungen gemeinschaftlich und eigentümlich ist, und dies ist eben die Gefährdung des Rechtsfriedens; und zwar natürlich des objektiven Friedens z u s t a n d e s, wie aus dem soeben Ausgeführten wohl schon ohne weiteres hervorgeht, zumal auch in Praxi die betreffenden Uebertretungen gewöhnlich auf äusserlich unerkennbare Weise, gewissermassen heimlich begangen werden, man denke z. B. an das unerlaubte Tragen eines Stockdegens, also für gewöhnlich ein direkter Angriff auf das subjektive Friedensbewusstsein Jemandes überhaupt nicht in Frage kommt. Ebenso wenig kann es zweifelhaft sein, dass es sich um den ö f f e n t l i c h e n Rechtsfrieden handelt, da beide Thatbestände prinzipiell geeignet sind, den Rechtsfrieden einer unbeschränkten Zahl von Personen zu verletzen, ein individuell bestimmtes oder von vornherein bestimmbares persönliches Einzelangriffsobjekt ja überhaupt nicht gegeben ist. Die fraglichen Delicte sind also in die Kategorie 1. b einzureihen. — Vorläufig ist über sie nur noch hervorzuheben, dass in der zweiten dieser Bestimmungen, dem § 367 Z. 9, der erst normirte Thatbestand, das verbotene Feilhalten verborgen getragener Waffen, viel weniger als der zweite, das Mitsichführen solcher, den Charakter des Rechtsfriedensdelictes an sich trägt und dafür nun in erhöhtem Masse den bereits erwähnten des polizeilichen Ungehorsams, und zwar einer Uebertretung der Gewerbepolizei. Auf letzteren Gesichtspunkt wird übrigens alsbald bei Erörterung der letzten hier einschlägigen Delicte zurückzukommen sein.

§ 5.

Fortsetzung.

2. In den übrigen Reichsstrafgesetzen.

Auf dem Gebiet der übrigen Strafgesetze des Reichs ist zunächst der § 10 des sogen. Sprengstoffgesetzes vom 9. Juni 1884 hier von Bedeutung, der in seinen beiden Absätzen zwei Thatbestände behandelt, die qualifizirte öffentliche Aufforderung zu gewissen schwersten Sprengstoffdelicten, sowie die auf gleiche Weise begangene Anreizung zu denselben durch ihre Glorifizirung. Es ist selbstverständlich, dass hiermit nicht blose Anstiftungshandlungen gemeint sind, für welche ja übrigens praktisch die stets einschlägigen generellen Bestimmungen des allgemeinen Teils des Rstgb. genügen würden; denn irgend ein Erfolg der Anreizungs- bezw. Glorifizirungsthätigkeit wird in § 10 cit. nicht erfordert. Praktisch lag nun ausserdem die Sache so, dass der sonst unter diesen Umständen eingreifende § 49a Rstgb. (erste Alternative) hier nicht ausgereicht hätte, einmal da das Maximum seiner Strafdrohung, 3 Jahre Gefängnis, der so äusserst strengen Tendenz des Sprengstoffgesetzes überhaupt nicht genügte, sodann aber, weil das durch den allgemeinen Charakter anarchistischer und ähnlicher Verbrechen bedingte Bestreben des ganzen § 10 durchaus illusorisch gemacht worden wäre, wenn die Strafdrohung an den in der Kriminalisirung der Begehungsmittel sehr engen Thatbestand des § 49a geknüpft worden wäre. Es sollte die Aufreizung und die Glorifizirung zwar nur bei Begehung unter einer qualifizirten Oeffentlichkeit, — insoweit allerdings eine Einschränkung im Verhältnis zu § 49 a, — dafür aber im übrigen ohne jede Spezialisirung der Mittel, und natürlich andrerseits auch wieder unabhängig von dem viel zu milden subsidiären § 111 Abs. 2 S. 1 unter Strafe gestellt werden.

Wir haben es also in § 10, hierauf kommt es zunächst an, mit einem selbständigen Delict mit bestimmtem Angriffsobjekt zu thun. Hiermit wäre nun noch nichts dafür bewiesen, dass das letztere gerade der hier interessirende Rechtsfrieden ist: Wir haben z. B. in § 110 Rstbg. einen ganz analogen Fall, auch dieses Delict ist ein selbständiges, — aus den gleichen Gründen wie der § 10 Ges., — und hat trotzdem ein ganz anderes Angriffsobjekt, nämlich das ungeschwächte Ansehen der Staatsgewalt, der Gesetze und der Behörden. Für § 10 Ges. könnte nun auf den ersten Blick in Betracht kommen das oder vielmehr die einem Gesetz gegen anarchistische Gewaltthätigkeitsbestrebungen überhaupt zu Grunde liegenden Angriffsobjekte, d. h. Leben, Körperintegrität, diejenige des Eigentums u. s. w.; oder aber besonders, darüber durch Verallgemeinerung hinausgehend, das vitale Interesse des Staates an der Aufrechterhaltung seiner von jenen Bestrebungen direkter als von gewöhnlichen Delicten angegriffenen und in Frage gestellten Herrschaft,[1]) sowie dasjenige an der Aufrechterhaltung der bestehenden gesellschaftlichen Ordnung. Nun werden aber jene verschiedenartigen Einzelgüter durch Delicte gegen § 10 Ges. keineswegs direkt angegriffen, da ja,

[1]) So verstanden ist gewiss richtig, was Oetker a. a. O. I S. 4, übrigens in anderem Zusammenhang, ausführt: «Nicht jedes Verbrechen stellt heute der Staatsgewalt die Existenzfrage. Eine Beziehung der That zum öffentlichen Frieden liegt nur vor bei grundsätzlicher Auflehnung gegen die Herrschaft des Rechts». Streng prinzipiell genommen jedoch und in ihre Konsequenzen verfolgt wäre eine derartige Unterscheidung unberechtigt und missverständlich, indem daran festzuhalten ist, dass grundsätzlich jedwedes — vorsätzliche — Delict als solches eine Auflehnung gegen den Herrschafts- und Ordnungswillen der Staatsgewalt bedeutet. Cf. auch die diesbezüglichen Bemerkungen oben in § 2.

wie bemerkt, ein Erfolg der Aufreizung bezw. Glorifizirung nicht vorausgesetzt wird, sondern nur sehr indirekt, indem mit der Möglichkeit gerechnet wird, dass jene Thätigkeit einen für sie verhängnisvollen Erfolg, wenn auch vielleicht erst in entfernter Zeit und unter rechtlich nicht vorhandenem Kausalzusammenhang haben kann. (Diese weitgehende Vorsicht bei dieser Strafdrohung, noch dazu von derartiger Strenge, steht im Zusammenhang mit der bereits erwähnten allgemeinen Schärfe des Vorgehens gegen anarchistische Bewegungen und wäre sonst, blos auf dem Boden des allgemeinen Strafensystems betrachtet, durchaus unverständlich.) Der erwähnte andere Gesichtspunkt, die Aufrechterhaltung der bestehenden staatlichen Macht und gesellschaftlichen Ordnung — im engeren unmittelbaren Sinn, denn im weiteren ist ja diese Tendenz der letzte Grund jeder strafrechtlichen Bestimmung ohne Ausnahme, (cf. auch Anm. 1 und oben § 2), — ist allerdings auch ein unverkennbares Moment des § 10 Ges., er liegt jedoch so allgemein dem ganzen Gesetz zugrunde, zumal den §§ 6—9, dass doch zweifellos in dem ganz eigenartigen Thatbestand des § 10 noch nach einem anderen, und zwar einem eben bezüglich dieser Eigenartigkeit Ausschlag gebenden Element gesucht werden muss; und dies ist eben die Verletzung des Rechtsfriedens: Denn der allererste und wohl in den meisten Fällen sogar einzige nachweisbare Erfolg, welchen die in § 10 Ges. unter Strafe gestellten Handlungen haben werden, ist eine Störung der Rechtssicherheit derjenigen, welche jenen Anreizungen bezw. Anpreisungen ausgesetzt sind, gegen welche sie sich als Angriffe richten. Und zwar handelt es sich selbstverständlich, wie nach dem Wortlaut «öffentlich vor einer Menschenmenge», «öffentlich» u. s. w., nicht anders möglich, um Angriffe auf den öffentlichen Rechtsfrieden, sowie andererseits diesen im subjektiven Sinn, (2. b). Denn wenn auch jedenfalls von dem erwähnten anderen, nicht Ausschlag gebenden Gesichtspunkt, dem der Staatssicherheit aus, bei der Bestimmung in erster Linie an die indirekt drohende Verletzung eines objektiven Zustandes, der Sicherheit des öffentlichen Verkehrs, der Staatsautorität, sowie auch der unter ihrem Schutz und Billigung stehenden ruhigen Existenz der Staatsbürger und ihrer Rechtsgüter gedacht sein mag, so ist doch vom entscheidenden Standpunkt der Friedensstörung aus unzweifelhaft das vom Delict zunächst betroffene Rechtsgut das subjektive Rechtsfriedensgefühl der Menschenmenge u. s. w., welche den Anreizungen oder Lobpreisungen der Sprengstoffattentate ausgesetzt ist und durch das Hetzen in dieser umstürzlerischen und verbrecherischen Tendenz unter normalen Umständen sehr beunruhigt und geängstigt wird.

Als die letzten nach der hier vertretenen Auffassung in den Kreis der Rechtsfriedensdelicte aufzunehmenden Bestimmungen aus dem Reichsstrafrecht sind noch die beiden eng zusammenhängenden §§ 56 Abs. 2 Z. 8 und 56 b Abs. 2, (Strafsanktion § 148 Z. 7 a), cf. auch § 42 a, der Reichsgewerbeordnung vom 21. Juni 1869 (nebst späteren Nachträgen) zu betrachten, von denen die erstere «Stoss-, Hieb- und Schusswaffen» unter Strafdrohung vom Ankauf oder Feilbieten im Umherziehen ausschliesst, während die zweite die Ausdehnung dieses Hausierverbots «auf andere Gegenstände oder Leistungen», aus Gründen der öffentlichen Sicherheit, in dringenden Fällen, auf bestimmte Dauer, durch Beschluss des Reichskanzlers im Einvernehmen mit dem zuständigen Bundesratsausschuss und mit nachträglicher Vorlage an den Reichstag gestattet. Diese Blankettbestimmung kommt also insofern für unser Thema in Betracht, als auf Grund davon eine etwa gerade an die erstere, § 56 Abs. 2 Z. 8, anknüpfende analoge Ausdehnung «aus Gründen der öffentlichen Sicherheit» erfolgt; man denke z. B. an ein in unruhigen Zeiten erlassenes Verbot des öffentlichen Feilbietens u. s. w. von Spazierstöcken mit Metallkrücke, oder der neuerdings beliebten sogen. Trainirstöcke mit schwerem Metallknopf u. dgl., was ja an sich nicht ohne weiteres unter den Begriff der Hiebwaffe fallen würde. Nur insoweit interessirt hier diese an sich viel weiter gehende Generalklausel, insoweit ist aber ihre begriffliche Bedeutung auch durchaus identisch mit der des § 56 Z. 8. — Es kann sich nun, wenn wir zunächst auch hier von dem allgemeinen gewerbepolizeilichen Charakter des ganzen Gesetzes überhaupt abstrahiren, der noch viel stärker hervortritt, als bei den oben betrachteten Uebertretungen im Rstgb. selbst, in beiden Fällen ganz zweifellos allein um Delicte gegen den öffentlichen Rechtsfriedenszustand handeln, (1 b): Zunächst ist unverkennbar die grosse Aehnlichkeit der Tendenz unserer Bestimmungen mit denen § 360 Z. 2 und 367 Z. 9 Rstgb., so dass die obigen Bemerkungen zu diesen auch hier Platz greifen. Sodann aber ist ein wichtiges Motiv in der zweiten Bestimmung dem Ausdruck «aus Gründen der öffentlichen Sicherheit» zu entnehmen, welcher deutlich darauf hinweist, dass es sich um Befürchtungen der Verletzung des objektiven Rechtsfriedenszustandes handelt, denn der Begriff der öffentlichen Sicherheit entspricht als Correlat in erster Linie dem des öffentlichen Friedenszustandes, und es kann in solchen Fällen erst durch dessen Verletzung, kausal in weiterer Folge, eine Verletzung des Friedensgefühls in Betracht kommen. Dass es sich aber nur um den öffentlichen Rechtsfrieden handeln kann, ergibt ohne weiteres der schon zu § 360 Z. 2 und 367 Z. 9 gemachte Hinweis auf die in weitestem Masse unbestimmt gelassene Mehrheit von Personen, gegen welche die in Frage stehenden Handlungen gerichtet sind; und ausserdem spricht noch speziell die zweite Bestimmung, wie schon bemerkt, von «Gründen der öffentlichen Sicherheit».

Was schliesslich die beiden oben als accessorisch erwähnten Bestimmungen des Pressgesetzes sowie der Umsturzvorlage 1894, (bezüglich des § 42 Mil. St. G. B.), angeht, so handelt es sich bei beiden nicht um selbständige Delictsnormirungen, sondern nur gewissermassen um Strafsanktionen im weiteren Sinn, welche sich an bereits erwähnte Delicte anschliessen, infolgedessen erst später bei der eingehenden Erörterung derselben zu besprechen sind und hier nur der Vollständigkeit halber genannt werden. Zunächst bestimmt Pressges. § 23 Z. 3 die Zulässigkeit einer Beschlagnahme ohne richterliche Anordnung — mit gewissen Vorschriften bezüglich des besonderen Verfahrens, in § 24—28, — für Druckschriften,

deren Inhalt den Thatbestand u. a. des § 130 Rstgb. erfüllt. — Und auf die andere Vorschrift endlich, aus der Umsturzvorlage, welche zwar auf mehrere der Rechtsfriedensdelicte Anwendung finden sollte, andrerseits jedoch nur in einem sehr beschränkten persönlichen Geltungsbereich, ist erst im Zusammenhang mit jenem Gesetzentwurf einzugehen, welcher aus bereits erwähnten Gründen zweckmässig erst am Schlusse der Untersuchung über das positive Recht zu erörtern ist, (unten § 19).

§ 6.

Stand der Litteratur. — Der Charakter der Bedrohung nach § 241 Rstgb. insbesondere.

Mit den genannten Delicten ist der Kreis der Rechtsfriedensstörungen im geltenden Reichsstrafrecht geschlossen. Bevor nun noch nach einer anderen Richtung hin die Richtigkeit dieser Abgrenzung nachgewiesen wird, nämlich hauptsächlich in der negativen Beziehung, durch Ausschluss der anderen denkbarer Weise in Frage kommenden Delicte, soll zunächst in einer kurzen Zusammenstellung der Standpunkt von Theorie und Praxis zu dem bisher erörterten wenigstens in der Hauptsache beleuchtet werden.

Bei den vielfachen, wenn auch meistens nur vereinzelt und zersplittert sich vorfindenden Notizen, welche die Litteratur über unsere Frage bilden, kann im Rahmen dieser Untersuchung nicht jede einzelne Aeusserung berührt, sondern nur in den Hauptzügen auf die wichtigsten Zustimmungen und Abweichungen eingegangen werden. Uebrigens finden sich wenigstens alle wichtigeren Stellen in den Kommentaren und Lehrbüchern bei Besprechung der Rechtsfriedensdelicte angegeben, zum Teil genau und treffend, zum Teil allerdings auch in oberflächlicher und unzuverlässiger Zitirung. Im einzelnen sei nun folgendes bemerkt:

Zunächst herrscht über einige Bestimmungen insoweit

Einigkeit, als sie stets zum Kreis der Rechtsfriedensdelicte gezählt werden. Es sind dies allerdings fast nur diejenigen, in welchen der Begriff des Rechtsfriedens ausdrücklich in den Thatbestand aufgenommen worden ist, jene §§ 126, 130, 130a Abs. 1 u. 2. Von den übrigen wird höchstens noch der Landfriedensbruch, § 125, allgemein hierher gezählt. — Aber trotzdem findet sich schon bei diesem elementaren und zweifellosesten Punkt ein prinzipieller Zwiespalt, welcher genau betrachtet auf eine abstrakte Grundfrage des ganzen Themas zurückgeht, nämlich den eingangs erwähnten Unterschied zwischen objektivem und subjektivem Rechtsfrieden: Während nämlich wohl der überwiegende Teil der Schriftsteller in richtiger Weise an dieser begrifflichen Zweiteilung auch für das geltende Strafrecht festhält, wird merkwürdiger Weise von einzelnen gerade unter den bedeutendsten der Unterschied geleugnet und die Einheitlichkeit des Begriffs in einem oder dem anderen Sinn behauptet, und zwar zum Teil so, dass sich aus ihren Bemerkungen nicht mit Sicherheit entnehmen lässt, ob sie diesen Standpunkt auch in abstracto, begrifflich, vertreten, oder aber nur behaupten wollen, dass das geltende positive Strafrecht ihn einnimmt. — So fassen z. B. den Begriff des Rechtsfriedens nur in subjektivem Sinn:

v. Liszt,[1] Olshausen,[2] John (Holtzendorff), der die Rechtsfriedensdelicte in die Kategorie der gegen den Staat gerichteten einreiht,[3] v. Buri,[4] Rüdorff-Stenglein,[5] Finger,[6] wohl auch Schwarze,[7] u. a. m.

Die wohl ganz unhaltbare gegenteilige Meinung, der Rechtsfrieden sei nur ein objektiver Begriff, als Rechtsfriedenszustand, vertritt m. W. nur Oppenheim.[8])

---

1) Lehrbuch § 119, Anm. 1.

2) Kommentar, N. 1 Abs. 2 zu § 126 und N. 3 Abs. 2 zu § 130.

3) in Holtzd. Handb. Bd. III, S. 163.

4) im Ger. Saal Bd. XXVII, S. 229 ff. (232—235).

5) Kommentar, N. 4 zu § 126, N. 5 ff. zu § 130, N. 7 zu § 130a.

6) Oesterreich. Straf. R. Bd. II, § 144, S. 426.

7) Kommentar, N. 8 zu § 126 und N. 7 zu § 130a.

8) Obj. des Verbr. § 47, S. 321 f.

Die richtige gemischte Auffassung, wonach der Begriff in einigen Bestimmungen objektiv, in anderen subjektiv aufzufassen ist, teilen besonders:

Merkel,[9]) Oppenhoff,[10]) Binding,[11]) Hälschner, allerdings teilweise unklar und mit Widersprüchen,[12]) v. Meyer[13]) Oetker,[14]) der übrigens v. Meyer fälschlich zu den Anhängern der subjektiven Auffassung zählt, u. s. w.

Einige Schriftsteller endlich bemerken über die Frage überhaupt nichts oder lassen doch ihre Ansicht nicht erkennen, so z. B. Berner,[15]) (trotz Oetker a. a. O.!), und Schütze.[16])

Eine sehr verschiedenartige Auffassung über die Objektivität oder Subjektivität des Begriffs zeigt sich in der Praxis der höchsten Gerichtshöfe, zumal in den Urteilen des Reichsgerichts, das sich sehr häufig mit den einschlägigen Bestimmungen zu beschäftigen hatte und die vorliegende prinzipielle Vorfrage in durchaus verschiedenem Sinn löste, oft auch in bedenklichem Hin- und Herschwanken und Unklarheiten sich des Unterschieds überhaupt nicht recht klar geworden zu sein scheint, so dass verschiedene Male in ein und derselben Entscheidung widersprechende Ansichten zu Tage treten, oder wenigstens, vielleicht unbewusst, unvereinbare Bemerkungen bezüglich der Würdigung des betreffenden Einzelfalles neben einander hergehen. — Uebrigens handelt es sich fast nur um die Auffassung des Begriffs in den §§ 130 und 130a, da er in den übrigen Bestimmungen, soweit überhaupt Entscheidungen über ihn vorliegen, unbestritten zu sein scheint, so z. B. über das Delict des § 126 als «Zuversichtsstörung» mit sehr guter Definition das Reichsgericht am 2. Oktober 1882.[17]) —

---

9) Lehrbuch § 156, 3. und 5., S. 398.

10) Kommentar, N. 4 zu § 126 und N. 1 zu § 130.

11) Normen, Bd. I, § 50, V. 9. f., S. 352.

12) Strafrecht Bd. II, § 147, 148, 151, (cf. auf S. 507 f. die Anm. 3 zu § 151 im Gegensatz zum Text!).

13) Lehrbuch § 133 und Anm. 3.

14) a. a. O. Allg. Zeitg. I, 6. Febr. 1895, S. 3.

15) Lehrbuch S. 378 ff.

16) Lehrbuch § 67.

17) Entsch. Bd. VII, S. 393 f.

Es seien hier die wichtigsten der sehr zahlreichen Entscheidungen angegeben:

Zunächst wird überall, wo die Frage überhaupt aufgeworfen wird, anerkannt, dass in Betreff der Objektivität oder Subjektivität der Begriff des öffentlichen Friedens in den §§ 130 und 130a jedenfalls gleichwertig ist. Es kann dies ja auch, wie bereits ausgeführt, nicht bezweifelt werden.

Für die richtige objektive Auffassung dieser beiden Thatbestände hat sich das Reichsgericht ausgesprochen in den Entscheidungen vom 10. November 1880,[18]) wenn auch nicht sehr deutlich, und viel klarer vom 17. April 1888:[19]) «begründete Besorgnis, dass Gewaltthätigkeiten verübt und dadurch der öffentliche Frieden gestört werden konnte». — Ebenso früher das Preussische Ober-Tribunal am 19. März 1873.[20])

Dagegen fasst das Reichsgericht den Begriff subjektiv in seinen Entscheidungen vom 24. Oktober 1881,[21]) und vom 16. Februar 1885,[22]) sehr entschieden: «Der öffentliche Frieden ist der Zustand des beruhigenden Bewusstseins der Staatsangehörigen, in ihren durch die Rechtsordnung gewährleisteten berechtigten Interessen geschützt zu sein und zu bleiben»; verletzt werde dieser öffentliche Frieden durch Verwandlung jenes Zustandes der Beruhigung in den entsprechenden der Beunruhigung. — Ebenso vom 22. December 1886,[23]) mit dem ausdrücklichen Hinweis auf den gleich lautenden Ausdruck «öffentlicher Frieden» in § 126; ferner in Betreff des § 130a, vom 7. Februar 1889.[24]) Desgleichen vom 7. Januar 1895:[25]) «Beunruhigung in der Rechtssicherheit, d. h. in dem Em-

---

18) Entsch. Bd. II, S. 431 ff.

19) Entsch. Bd. XVII, S. 309 f.

20) Oppenhoff, Rechtspr. des Ob. Trib. Bd. XIV, S. 210, auch mitgeteilt in Goltd. Arch. Bd. XXI, S. 280 f.; von Rüdorff-Stenglein, Kommentar, fälschlich für die subjektive Ansicht angeführt.

21) Rechtspr. R. G. Bd. III, S. 632 ff.

22) Rechtspr. R. G. Bd. VII, S. 108 f.

23) Entsch. Bd. XV, S. 116 ff.

24) Entsch. Bd. XVIII, S. 406 ff. (409).

25) Entsch. Bd. XXVI, S. 349 f.

pfinden geschützten befriedeten Zusammenlebens». — Auch vom 21. Oktober 1895:[26]) «Bewusstsein der Rechtssicherheit». — So schon früher ebenfalls das Preussische Ober-Tribunal am 8. April 1875,[27]) wonach zur Gefährdung des öffentlichen Friedens in § 130a schon eine «Aufregung der Gemüter», (gegen die preussische Regierung und die Altkatholiken), ohne weiteres, genügen soll.

Dass trotz dieser offenbaren Widersprüche zumal in den Entscheidungen des Reichsgerichts noch keine die Frage erledigende Plenarentscheidung herbeigeführt worden ist, wird wahrscheinlich darauf beruhen, dass das Reichsgericht trotz gelegentlicher Betonung jenes begrifflichen Gegensatzes sich desselben doch noch nicht vollständig bewusst geworden zu sein scheint. Es lässt sich dies aus jenen in sich selbst widerspruchsvollen Urteilen entnehmen, in welchen beide Auffassungen merkwürdig durch einander geworfen werden, so hauptsächlich in der sehr eigentümlichen Entscheidung vom 17. Dezember 1888,[28]) welche bei Besprechung des Unterschieds in den Thatbeständen der §§ 130 und 130a zunächst den öffentlichen Frieden richtig als das befriedete Zusammenleben der Volksgenossen innerhalb derselben rechtlich geschützten staatlichen Ordnung definirt, d. h. also die objektive Auffassung zu Grunde legt, sodann aber es für den Begriff seiner Gefährdung als ausreichend bezeichnet, dass Aufreizungen das Vertrauen in den Bestand dieser Ordnung innerlich, in den Gemütern untergraben, die Gemüter verhetzen, Unfrieden aussäen u. s. w. (Der Fall eines Zusammenhangs zwischen der Verletzung des subjectiven und der Gefährdung des objektiven Rechtsfriedens wird übrigens später noch zu besprechen sein, cf. unten § 20).

Ueberhaupt nicht erkennbar ist der eingenommene Standpunkt in der Entscheidung vom 11. Dezember 1885,[29])

---

26) Entsch. Bd. XXVII, S. 429 ff. (431).

27) Oppenhoff, Rechtspr. Bd. XXIII, S. 432 ff.

28) Entsch. Bd. XVIII, S. 314 ff.

29) Entsch. Bd. XIII, S. 169, (extr. 171), auch mitgeteilt in Rechtspr. Bd. VII, S. 740 ff.

welche jedes nähere Eingehen auf den Begriff selbst zu vermeiden scheint, und auch sonst in ihrem hier einschlägigen zweiten Teil ein Muster von Unklarheit genannt werden muss.

Ein weiteres reichsgerichtliches Urteil bezüglich des § 130 endlich, vom 25. Oktober 1894, welches die in dieser Zeit entstandenen Motive zur Umsturzvorlage hervorheben,[30]) kann hier leider nicht genauer untersucht werden, da es in den Sammlungen der Entscheidungen wie der Rechtsprechung des Reichsgerichts nicht erschienen und auch sonst nicht zugänglich ist. Aus den an jener Stelle bezüglich ganz anderer Punkte gemachten Angaben lässt sich allerdings nicht entnehmen, dass — richtiger Weise — eine Richtung der Thätigkeit gegen den objektiven Rechtsfriedenszustand zum Thatbestand verlangt wurde, da die erwähnten Momente sich durchaus auch innerhalb eines Angriffs auf das subjektive Rechtsfriedensbewusstsein halten.

Auffallend müssen jedoch jene Widersprüche, namentlich in den Entscheidungen des Reichsgerichts, trotz allem bleiben, zumal sie, wie sofort einleuchtet und später bei den Einzelausführungen noch mehr hervortreten wird, gerade bei den §§ 130 und 130a zu grossen praktischen Unterschieden führen. Uebrigens ist auch noch zu bemerken, dass die Richtung der Entscheidungen auch mehrfach missverstanden wird, so z. B. ausser dem bereits angeführten Irrtum Rüdorff-Stengleins, (vgl. Anm. 20), wenn Hälschner die erwähnte Entscheidung R. G. 24. Oktober 1881, bei deren ungeeigneter Fassung allerdings ein Missgriff leicht vorkommen kann, für die objektive Auffassung zitirt, Rüdorff-Stenglein diejenige vom 11. Dezember 1885 ebenso, und andrerseits Olshausen in jener zweideutigen vom 17. Dezember 1888 nur die subjektive Auffassung findet.

(Es wird übrigens noch später bei der eingehenden Erörterung der §§ 130 und 130a bezüglich eines wichtigen Thatbestandsmerkmales derselben auf mehrere der erwähnten Urteile zurückzukommen sein.)

---

[30]) Cf. Drucksachen des Deutschen Reichstags, 9. Legislaturperiode III. Session, Bd. I, Nr. 49, S. 12.

Die Argumente aller dieser verschiedenen Abweichungen in der Theorie und Praxis erledigen sich in der Hauptsache durch die bisherigen Ausführungen. Soweit dies nicht der Fall ist, und der gegnerische Standpunkt wichtige praktische Konsequenzen nach sich zieht, wird später darauf einzugehen sein, bei Besprechung der einzelnen Thatbestände; dies gilt namentlich von den eingehendsten und besten jener Ausführungen, nämlich derjenigen von v. Buri.

Abgesehen von den obigen, in Bezug auf ihr Angriffsobjekt unzweideutigsten Delicten ist nun aber die Frage nach der richtigen Abgrenzung des Kreises der Rechtsfriedensdelicte sehr bestritten. Und zwar in doppelter Richtung: Einmal, die praktisch weniger in Betracht kommende, wird er von den Meisten insofern enger gefasst, als § 360 Z. 2 Rstgb. nur ganz vereinzelt, so von v. Liszt[31]) und, weniger entschieden, übrigens von einem anderen Gesichtspunkt ausgehend, von Merkel;[32]) dagegen die §§ 367 Z. 9, Sprengstoffges. 10, Gew. O. 56 Abs. 2 Z. 8 und 56 b. Abs. 2 m. W. sogar überhaupt nirgends zu unserer Materie herangezogen werden. Allein, diesem rein negativen Standpunkt gegenüber, der keinerlei Begründung erkennbar macht, lässt sich natürlich nicht mehr ausführen, als was bereits oben zur Motivirung der Aufnahme jener Bestimmungen bemerkt worden ist, und überdies empfängt man doch sehr den Eindruck, als seien die betreffenden Thatbestände nicht sowohl aus bewusstem Gegensatz nicht aufgeführt, als vielmehr, besonders die Polizeiübertretungen, blos übersehen worden. — Ueber die abweichenden Ansichten in der wichtigeren anderen, positiven Richtung dagegen wird im Zusammenhang im folgenden, § 7 und 8, zu handeln sein.

Von wesentlicher Bedeutung ist jedoch vorerst hier noch die Frage bezüglich eines anderen Delicts, dessen genauere Betrachtung vom hier interessierenden Gesichtspunkt aus früher vorbehalten worden ist.

---

31) Lehrbuch § 121, III. 3. S. 398.

32) Lehrbuch § 156, 1. d. extr. S. 397.

In bewusster und begründeter Weise wird nämlich von Manchen das Delict der Bedrohung nach § 241 Rstgb. aus dem Kreis der Rechtsfriedensdelicte ausgeschlossen.[33]) Die Gegner, welche sich mehr oder minder ausdrücklich gegen die hier vertretene Auffassung wenden, lassen sich in zwei Kategorien einteilen: Die eine Anschauung subsumirt die Bedrohung unter die Delicte gegen die persönliche Freiheit, auch «Willensfreiheit», (Bruck), oder wie Oppenheim,[34]) der unter den natürlich sehr zahlreichen Delicten, welche er mit der merkwürdig vagen Bezeichnung «Verbrechen gegen die Person» zusammenfasst, die Bedrohung (neben Menschenraub, Abtreibung und anderen heterogenen Thatbeständen) zu denjenigen zählt, bei welchen das Schutzobjekt «sofort ersichtlich ist und keiner eingehenden Begründung bedarf» (!); und zwar sei dies bei der Bedrohung «die Freiheit der Willensbethätigung». — Die andere Theorie dagegen, hauptsächlich vertreten durch Binding,[35]) rechnet den Thatbestand, wie z. B. auch v. Liszt a. a. O. es sehr treffend formulirt, zu den Gefährdungsdelicten, polizeilicher Art.

Es ist hiergegen nun folgendes zu bemerken: Zunächst stimmen beide Theorien in einem Gedanken in negativer Beziehung überein, welcher von vornherein den Weg zu der hier vertretenen Auffassung der Bedrohung als Rechtsfriedensdelict versperrt, weil er eine notwendige Voraussetzung des Rechtsfriedensbegriffs, im subjektiven Sinn, selbst leugnet. Sie geben nämlich beide eine gewisse, zum Teil ausdrücklich ausgesprochene Scheu davor zu erkennen, eine «blose Erregung

---

33) Die wichtigsten Stellen aus der Litteratur gibt u. a. v. Liszt, a. a. O., Anm. 1 zu § 120, der sich selbst der richtigen Auffassung anschliesst. — Ueber das folgende vgl. man auch S. 482 ff. in der vorerwähnten Abhandlung des Verfassers, Zeitschr. f. d. ges. Str. R. W., Bd. XIX, zur daselbst gegebenen eingehenderen Untersuchung des gesamten Thatbestands des § 241. Es finden sich daselbst auch die meisten der hier folgenden Litteraturangaben, jedoch seien sie der Wichtigkeit wegen des Deliktes der Bedrohung für unsere Untersuchung, bezüglich der Rechtsfriedensdelicte überhaupt, hier wiederholt.

34) a. a. O. Objekte d. Verbr. § 37, S. 256, 257, 258.

35) Normen Bd. II, § 68 II. u. Anm. 765.

des Gefühls der Unlust oder Affektes,» — Geyer,[36]) ähnlich auch Glaser,[37]) — strafbar zu machen, es sei «höchst bedenklich anzunehmen, dass das Empfindungsleben des Menschen als solches vom Recht als Rechtsgut bezeichnet würde,» Binding.[38]) Gegen diese Betrachtungsweise nun ist bereits oben bei der Entwickelung der allgemeinen Begriffe, (cf. § 3), das nötige ausgeführt worden; es sei daher hier nur nochmals darauf hingewiesen, zu welch bedenklichen Konsequenzen, vom Standpunkt der modernen Rechtsanschauung aus, diese Ansicht gewissen Religions- und Ehrdelicten gegenüber führen würde.

Im übrigen aber stellt in positiver Beziehung die erste Theorie auf, die Bedrohungshandlungen hätten, indem sie für den Bedrohten die Notwendigkeit hervorriefen, in seinem künftigen Verhalten mit der drohenden Gefahr zu rechnen, unvermeidlich eine Beeinträchtigung der persönlichen Freiheit «zur weiteren Folge», Hälschner;[39]) ein Eingriff in diese «entwickele» sich daraus, Geyer;[40]) auch bei Zimmermann findet sich die gleiche Auffassung.[41]) — Das ist allerdings zweifellos richtig, nur wird dabei gerade dasjenige übersehen, was durch die Bedrohung doch primär, in erster Linie bewirkt wird, nämlich die «zunächst», wie auch Hälschner zugibt, hervorgerufene Besorgnis, Befürchtungen in Betreff der rechtlich begrenzten und gesicherten Sphäre, «innerhalb des eigenen Rechtskreises nicht mehr gesichert zu sein». Mit anderen Worten: Das nächst liegende, unmittelbare und eigentliche Angriffsobjekt des Delictes wird in nicht genügender Würdigung zu einem blosen Durchgangspunkt, einem Mittel herabgedrückt, zu einer «weiteren Folge» neben der in Wahrheit eben nur accidentellen Verletzung eines anderen Rechtsgutes. Von diesem Standpunkt aus liesse sich dann ja ebenso gut, wenn man die Sache urgiren wollte, schliesslich jede

---

36) in Holtzd. H. B., Bd. III, Nr. XXVI, § 7.

37) Abhdlgn. des österr. Str. R., in der Einleitung S. 10 ff.

38) a. a. O. Anm. 766.

39) Strafrecht Bd. II, § 39 u. Anm. 5.

40) in Holtzd. H. B. a. a. O. Bd. III, und Bd. IV Nr. XIV § 3 princ.

41) im Ger. Saal Bd. XXXIII, S. 617.

schwere Körperverletzung als Delict gegen die persönliche Freiheit auffassen, denn wenn man Jemanden den Fuss abhaut oder ihn in dauerndes Siechtum versetzt, so beeinträchtigt man zweifellos in der Folge die Freiheit seiner Bewegung.

Wenn übrigens auch das System des Reichsstrafgesetzbuchs diese Theorie von der Verletzung der Freiheit adoptirt zu haben scheint, indem der Thatbestand des § 241 als der letzte des 18. Abschnittes unter die «Verbrechen und Vergehen wider die persönliche Freiheit» aufgenommen ist, so kann man bestimmt annehmen, dass dies nur der allerdings mehr äusserlich begründeten Anreihung an den Nötigungsthatbestand in § 240 zuliebe geschehen ist, nach dem Vorgang zahlreicher älterer Strafgesetze, welche teilweise sogar ausdrücklich, wie das sächsische, badische, hessische, nassauische, thüringische, französische, (cf. unten § 13 Anm.), den Bedrohungsthatbestand als denjenigen der, unmittelbar vorher normirten, Nötigung «ohne die Absicht . . . . [zu etwas zu zwingen]» u. ähnl. definiren. Denn dass durch jene Stellung im System nicht thatsächlich eine Entscheidung der prinzipiellen Frage in diesem Sinn beabsichtigt war, geht schon aus der später noch zu erwähnenden Bezugnahme zu § 241 auf den § 126, nebst einschlägigen Bemerkungen, durch die Motive des Gesetzes hervor.

In gleicher Weise ist zu argumentiren gegen eine ganz ähnliche Ansicht, welche, wohl auf Grund des nämlichen Gedankengangs, wenn auch mit einer Hinneigung zu jener sofort zu erörternden zweiten Theorie in der Bedrohung ein Gefährdungsdelict, nämlich eine Freiheitsgefährdung erblickt, wie v. Rohland[42]) thut.

Diese andere Theorie dagegen, welche in der Bedrohung im geltenden Recht «einfach ein Polizeidelict» sieht, wie sich Binding a. a. O. ausdrückt, will dies durch den Gedanken motiviren, die Bedrohung sei nicht nur für den Fall ihrer Gefährlichkeit verboten, sondern, weil sie leicht gefährlich werden könne, auch für den ihrer Ungefährlichkeit (?); es wird übrigens auf diese Begriffe, Gefährlichkeit der Bedrohung,

---

42) Die Gefahr im Strafrecht, S. 7.

Geeignetheit ihres Inhalts u. s. w. später noch eingehender zurückzukommen sein. Selbst wenn man dieses Moment, das alleinige Motiv der Theorie, als unbedingt richtig ansehen könnte, wäre es doch ein viel zu äusserliches, um irgendwie Ausschlag gebend sein zu können; auch umgeht es geradezu die Frage, da bei einer derartigen Ausdehnung des in Wirklichkeit doch ganz spezifischen Begriffs des Polizeidelicts dieser sich schliesslich vollständig verflüchtigt. Es hängt dies übrigens wohl mit der bekannten speziellen Auffassung Bindings von diesem Begriffe zusammen.[43]) Allein, jener Gedankengang ist schon an sich unrichtig: die Frage, ob eine Bedrohung nur verboten ist, wenn und weil sie gefährlich ist, oder auch im Falle ihrer Ungefährlichkeit, ist falsch gestellt, geht von einer unbewiesenen und unzutreffenden stillschweigenden Voraussetzung aus, nämlich dass zwischen der thatsächlichen Kriminalisirung der Bedrohung und deren etwaiger spezieller Eigenschaft, bezüglich der Gefährlichkeit, ein begrifflicher Zusammenhang bestehe. Die Argumentation scheint somit in letzter Linie auf eine petitio principii hinauszukommen: Man wollte zu dem Begriff des Gefährdungsdelictes gelangen und operirte dabei schon auf der Grundlage des Gefährlichkeitsbegriffes. Dieser wäre eben nachzuweisen gewesen.

Unter den Vertretern der richtigen Auffassung der Bedrohung als eines Rechtsfriedensdelictes sei ausser dem bereits genannten v. Liszt noch besonders erwähnt Schwarze, mit scharfer Betonung,[44]) sowie Merkel.[45]) Auch v. Meyer[46]) scheint jedenfalls hierher zu gehören, der unter ausdrücklicher

[43]) Uebrigens zieht Binding auch sofort eine, auch hier interessirende Konsequenz dieser Auffassung: Das Delict des § 126 Rstgb. sei durchaus nicht etwa ein qualifizirter Fall des (selbständigen und heterogenen) der Bedrohung nach § 241. — Auch Bruck, Zur Lehre von den Verbrechen gegen die Willensfreiheit, gelangt (§ 19 extr., S. 52) zu einer ähnlichen Zerreissung des Begriffs durch Verkennung dieser Zusammengehörigkeit der §§ 126 und 241, deren äusserliche Trennung in der Disposition des Gesetzes «die Systematik erheische».

[44]) Kommentar, zu § 241.

[45]) Lehrbuch § 135, 1. S. 348.

[46]) Lehrbuch § 107, 1. S. 616.

Ablehnung aller anderen Theorien die Bedrohung als gegen ein besonderes Rechtsgut, «die persönliche Rechtssicherheit» gerichtet betrachtet. — Irrtümlich zählt übrigens v. Liszt a. a. O. auch Schütze zu den Vertretern jener Theorie von der persönlichen Freiheit, während er doch ausdrücklich,[47] der richtigen Auffassung sich anschliessend, als unmittelbares Angriffsobjekt den Rechtsfrieden (der Einzelperson) hinstellt und erst als mittelbares deren persönliche Freiheit.

Eine ganz merkwürdige, der hier entwickelten nicht gerade widersprechende, aber etwas unklare Anschauungsweise findet sich endlich bei Glaser,[48] trotz seines oben erwähnten zunächst prinzipiell ablehnenden Standpunktes, in der allgemeinen Begriffsentwickelung, mit welcher er seine ex professo-Erörterung des ganzen Delictes der Bedrohung beginnt, zu dem Resultat gelangt, die Bedrohung sei als selbständiges Delict nur dann konstruirbar, wenn sie entweder sich als Vorbereitung zu einem Eingriff in persönliche Rechte des bedrohten Einzelnen darstelle, oder aber dann vom Standpunkt einer erfolgten Friedensstörung aus. Allerdings setzt Glaser hinzu: einer öffentlichen Friedensstörung; was jedoch begrifflich unmöglich zutreffen kann, wie sich ohne weiteres aus früheren Erörterungen, insbesondere auch bezüglich des Verhältnisses zum Delict des § 126 ergibt;[49] auf diese irrtümliche Auffassung scheint vielleicht jene Ansicht von einem angeblichen öffentlichen Frieden beim Einzelnen, von welcher früher, bei der allgemeinen Begriffsentwickelung die Rede war, eingewirkt zu haben.

Aus der Praxis ist zu erwähnen ein Urteil des Reichsgerichts vom 24. Februar 1881[50] mit guten Ausführungen, sowie eine ebenfalls sehr treffende Entscheidung des Preussischen Obertribunals vom 7. Juli 1870.[51] Diese letztere

---

47) Lehrbuch § 87, II. extr.

48) a. a. O. Abhdlg. Nr. 1, S. 1—23.

49) cf. oben § 4, sowie auch die mehrerwähnte Abhandlung des Verfassers in Zeitschr. a. a. O., speziell S. 528 ff.

50) Entsch. R. G. Bd. IV, S. 10.

51) Oppenhoff, Rechtspr. Bd. XI, S. 397.

betrifft einen Fall, wo es sich um Bedrohung mit Brandstiftung handelte; der dem § 241 Rstgb. entsprechende § 213 des damals geltenden preuss. St. G. B. 1851 belegte nämlich unter noch engerer Normirung des Thatbestandes nur mit Strafe, (dann aber allerdings allein mit Gefängnis, und zwar nicht unter zwei Monaten, bis zu einem Jahr), «wer einen Anderen mit Brand oder Ueberschwemmung bedroht». Und nun führt jenes Urteil sehr treffend aus, die Branddrohung sei eben in den Augen des Gesetzes geeignet, den Rechtsfrieden zu stören, in ihr werde schon die Beunruhigung des Rechtsfriedens gefunden.

Dass und warum der Rechtsfrieden, welcher der Bedrohung als Angriffsobjekt zugrunde liegt, nur der subjektive, und zwar das Rechtsbewusstsein des Einzelnen sein kann, ist bereits früher hervorgehoben worden (oben § 4).

§ 7.

Abweichende Ansichten bezüglich der Zugehörigkeit weiterer Delicte.

1. Die verschiedenen Fälle des Hausfriedensbruchs. (§ 123 Abs. 1, Abs. 2, 124.)

Wenden wir uns nunmehr zu jener anderen, deutlicher hervortretenden Richtung unter den abweichenden Ansichten, der positiven. Es wird nämlich andrerseits auch der Kreis der Rechtsfriedensdelicte vielfach und wieder verschiedenartig weiter gefasst, als es im obigen von uns geschehen ist. Und es liegt, wie bereits zu Anfang des vorigen Paragraphen angedeutet, nunmehr ob, zugleich zur Rechtfertigung des hier eingenommenen Standpunktes der Abgrenzung, soweit es noch nicht in Betreff weiter abliegender und wohl zweifelloser Thatbestände, — derjenigen der mehrfach genannten zweiten Kategorie, der Auch-Rechtsfriedensdelicte, — geschehen ist, eine Reihe von Delicten des geltenden Strafrechts zu untersuchen, welche in der Litteratur vereinzelt oder sogar ziemlich allgemein mit zu den Rechtsfriedensstörungen gezählt werden, und darzuthun, aus welchen Gründen jeweils sie in Wahrheit nicht dazu gerechnet werden dürfen. Dies um so mehr, als ja in diesen Fällen, im Gegensatz zu den erwähnten der negativen Richtung, der hier positive Standpunkt der Gegner samt seinen Motiven stets erkennbar ist und daher der diesseitige ablehnende einer Begründung bedarf.

In erster Linie kommt hier in Betracht das Vergehen des Hausfriedensbruchs, § 123 Abs. 1, mit den zugehörigen Fällen der Qualifizirung in Abs. 2 und § 124, sowie, — was stets hinzuzufügen vergessen wird, — in § 342, da dessen Thatbestand ausdrücklich auf § 123 hinweist und kein sogenanntes reines Amtsdelict darstellt, so dass also die Beziehung zum Amt nur einen Erschwerungsgrund bildet, nicht aber als selbstständiges Angriffsobjekt eingreift.

Der Hausfriedensbruch wird von Mehreren als Rechtsfriedensdelict bezeichnet, und zwar wohl regelmässig, wie von Merkel,[1]) beide Fälle des § 123 als gegen den privaten, der des § 124 als gegen den öffentlichen Frieden gerichtet, (vgl. hiergegen alsbald unten); und auch wohl in beiden Fällen gegen den objektiven Friedenszustand. (Ueber jene wohl auf alle Fälle irrtümliche Unterscheidung wird alsbald zurückzukommen sein.) Ebenso besonders von Osenbrüggen in seiner namentlich historisch vortrefflichen Monographie.[2]) — Thatsächlich ist auch unverkennbar im Begriff des Hausfriedensbruchs ein starkes Element des Rechtsfriedensdelictes enthalten, indem derartige Handlungen in ganz hervorragender Weise den Zustand und auch das Bewusstsein der «Gesichertheit im Recht» des Betreffenden verletzen werden, und zwar umsomehr, als es sich gerade um ein Verhältnis handelt, in welchem man besonderen Rechtsfriedensschutz verlangt und zu verlangen berechtigt ist, nämlich im Hausrecht. Es wird daher der Hausfriedensbruch auf alle Fälle wenigstens in die früher als die

---

1) Lehrbuch § 135, 2., S. 348 f. und § 156, 1., S. 396.

2) Der Hausfriedensbruch, Ein Beitrag zur deutschen Rechtsgeschichte.

zweite bezeichnete Kategorie einzureihen sein, enthaltend Delicte, welche, wenn nicht ausschlaggebend, so doch auch mit den Rechtsfrieden verletzen. — Zu jener viel weiter gehenden, hier abgelehnten Auffassung nun mag wohl der Name Hausfriedensbruch Veranlassung geben, sowie die Stellung beider Paragraphen im Gesetz, wonach das unzweifelhaft gegen den Rechtsfrieden gerichtete Delict des Landfriedensbruchs auf jenem als ein höheres basirt zu sein scheint, endlich auch die Analogie der beiden Benennungen.

Allein gerade eine Vergleichung beider Vergehen, Hausfriedensbruch und Landfriedensbruch, muss auf einen anderen Standpunkt führen: Ein im Thatbestand des Landfriedensbruchs fehlendes, in demjenigen des Hausfriedensbruchs dagegen sogar ganz im Vordergrund stehendes Merkmal ist die direkte Beziehung der kriminalisirten Handlung zu einem bestimmten, abgeschlossenen, in der persönlichen Eigentums- oder Verfügungsgewalt des Betroffenen (bezw. seines Vertreters) stehenden Raume. Diese beim Thatbestand des Landfriedensbruchs ganz fehlende Beziehung ist nun m. E. gerade Ausschlag gebend für die Frage nach dem Angriffsobjekt, und zwar insofern, als ohne dieses speziell hinzutretende Moment allerdings der Hausfriedensbruch ebenso wie der Landfriedensbruch ein Rechtsfriedensdelikt wäre, weswegen oben seine Einreihung in jene zweite Kategorie von Rechtsfriedensdelicten im weiteren Sinn erfolgte, dessen Vorhandensein und Bedeutung jedoch ihn zu einem Delict gegen die bezeichnete Verfügungsgewalt macht.

Dieser richtige Standpunkt wird auch von den meisten Schriftstellern eingenommen, wenn auch mit Abweichungen unter sich, so wenn z. B. Hälschner[3]) von einem Delict gegen die persönliche Freiheit, den im Hause frei herrschenden und ordnenden Willen der betreffenden Person spricht, unter Hinzufügung eines den obigen Ausführungen verwandten Gedankens: die öffentliche Ordnung sei beim Hausfriedensbruch nur im allgemeinsten Sinn Objekt, wie bei jedem Verbrechen; dagegen sprechen die meisten Anderen wohl richtiger von der

---

[3]) a. a. O. Bd. II. § 143. S. 144 f.

Verletzung eines besonderen Rechtes auf die «ausschliessliche Geltung des Willens einer Person in den ihr untergebenen Räumen», v. Meyer;[4]) «Hausrecht, Sicherung des Hausfriedens (?)», Oppenhoff;[5]) auch Merkel a. a. O. scheint übrigens den Begriff des Hausrechts mit dem des öffentlichen Friedens verbinden zu wollen; «Hausrecht», Olshausen,[6]) der allerdings unmittelbar darauf, zum wenigsten missverständlich, von «Friedensbruch» spricht; «Recht der Häuslichkeit», John;[7]) «Hausrecht», mit sehr präziser Definition, und Bezeichnung als «ein der persönlichen Freiheit verwandtes, aber doch eigenartiges» Rechtsgut, v. Liszt.[8]) — Ganz absonderlich sucht Schwarze[9]) den massgebenden Gesichtspunkt in der Ehrverletzung (?!), und Schütze[10]) endlich setzt der in dieser Frage vielfach zu Tage tretenden Unsicherheit des Standpunkts — infolge dessen auch mehrfach gegenseitige falsche Zitirungen vorkommen — die Krone auf, indem er unter der Rubrik «Friedensstörungen» in sehr vager Weise im nämlichen Satz von einer Verletzung des Hausrechts und der «freien Bewegung» spricht, um so doch sicher auf alle Fälle auch eine richtige Ansicht neben zwei falschen zu bringen.

Wenn Glaser[11]) den Hausfriedensbruch als «öffentliche Gewaltthätigkeit durch Störung des Besitzes von Grund und Boden» bezeichnet, so hängt dies wohl mit den Verhältnissen der älteren österreichischen Strafgesetzgebung zusammen. — Als Kuriosität gesetzgeberischer Unüberlegtheit ist schliesslich noch hinzuweisen auf die bekannte ganz sinnlose und nur durch ein rein äusserliches Moment, das Strafmass, motivirte Zerreissung des Begriffs im preuss. St. G. B. 1851, § 346 Z. 1 und § 214.

---

[4]) Lehrbuch § 108, 1., S. 618.
[5]) Kommentar zu § 123, N. 1, S. 282.
[6]) Kommentar zu § 123, N. 2, S. 503.
[7]) In Holtzd. Handb. Bd. III, § 28 u. Anm. 1, S. 154.
[8]) a. a. O. § 117, I. S. 389.
[9]) Kommentar zu § 123, Abs. 1, S. 376.
[10]) Lehrbuch § 67, 1., S. 274.
[11]) Abhdlgn. cit., S. 135.

Diese absichtlich eingehendere Mitteilung der Hauptstellen über die verschiedenen Ansichten sollte an einem besonders geeigneten Beispiel zeigen, wie sehr das ganz spezifische Moment der Rechtsfriedensstörung, das sich ja in qualitativ verschiedener Weise in den verschiedenartigen Strafbestimmungen geltend macht, häufig falsch gewertet wird, sowohl nicht genügend beachtet, als andrerseits überschätzt, sowie der Begriff des Angriffsobjekts nicht genau untersucht wird. — Einer kurzen abgesonderten Besprechnng unter den Gegnern bedarf Osenbrüggen in seiner bereits erwähnten Abhandlung. Entsprechend ihrer Anlage liegt ihr Schwerpunkt in der geschichtlichen Seite der Frage, welche äusserst interessant und eingehend untersucht wird. In dogmatischer Beziehung stellt er sich dann am Schluss,[12]) nachdem er einen Ueberblick über die damals geltenden deutschen, sowie mehrere ausserdeutsche Strafgesetze gegeben hat, wonach in dieser Frage drei Hauptgruppen zu unterscheiden sind, auf die Seite derjenigen Gesetze, welche nach seiner Auffassung[13]) den Hausfriedensbruch als ein Delict gegen «den öffentlichen[14]) Rechtsfrieden im Staat» betrachten, und zwar speziell in der Fassung des Kriminalgesetzbuchs für das Königreich Hannover vom 8. August 1840, Art. 180,[15]) wie er selbst zugibt, aus

---

12) a. a. O. § 24, S. 94 f.; extr. S. 96.

13) Uebrigens deckt sich die von Osenbrüggen vorgenommene Gruppirung dieser Strafgesetze in mehrfacher Beziehung nicht mit den von Hälschner a. a. O. gemachten einzelnen Angaben über mehrere derselben; die Untersuchung über die Richtigkeit des einen oder anderen Standpunktes würde hier zu weit abführen, die Angaben Osenbrüggens treffen im ganzen zu. Auch bei diesem Einzelpunkt der widersprechenden Auffassung von positiven gesetzlichen Bestimmungen zeigt sich wieder der bereits erwähnte so vielfach hervortretende Mangel an scharfer und korrekter Konstruirung des Begriffs des Rechtsfriedens.

14) Ueber diese weitere Frage des öffentlichen Charakters des angeblichen Rechtsfriedensschutzobjektes beim Hausfriedensbruch in seinen verschiedenen Fällen wird alsbald noch das Nötige hervorzuheben sein.

15) Dessen definirender Wortlaut lässt allerdings — bezüglich des Rechtsfriedens überhaupt! — keinen Zweifel:

«Wer widerrechtlicher Weise in eines Anderen Wohnung gewaltsam

historischen Gründen, ausgehend vom altdeutschen Begriff des Hausfriedens. Demgegenüber ist zu betonen, dass die historische Entwickelung eines Delictes, wie wichtig sie auch im übrigen für seine richtige legislatorische Würdigung sein mag, doch — zumal als einziges Argument! — nur mit äusserster Vorsicht zur Bestimmung des Angriffsobjekts verwendet werden kann, und dass dies überhaupt unzulässig wird in solchen Fällen, wo das letztere komplizirter Art ist, d. h. verschiedene Elemente in Betracht kommen, welche durch die betreffenden Delicte berührt werden; denn mit dem Wechsel der Zeiten und der allgemeinen Anschauungen verschiebt sich auch der Schwerpunkt unter den verschiedenen Momenten im Angriffsobjekt eines Delictes, zumal in einem komplizirten. So hebt ja z. B. Osenbrüggen selbst a. a. O. hervor, dass das ganze auf dem Boden der C. C. C. sich entwickelnde gemeine deutsche Strafrecht in der Frage des Hausfriedensbruchs einen anderen Standpunkt eingenommen und das Moment der Vergewaltigung als charakteristisch und ausschlaggebend betrachtet hat.

Es ist nun hier noch folgendes hervorzuheben: Auf Grund des inneren Zusammenhangs der Materie des Hausfriedensbruchs lässt sich nicht bezweifeln, dass, falls man auf dem richtigen Standpunkt stehend den Thatbestand des Hausfriedensbruchs an sich nicht als gegen den Rechtsfrieden als Angriffsobjekt gerichtet anffasst, man dies auch nicht vom schweren Hausfriedensbruch nach § 124 annehmen darf (der bewaffnete, in § 123 Abs. 2, der ja ausdrücklich [vbs. «die Handlung»], den gleichen Thatbestand beibehält und nur durch Erschwerung der Begehungsmittel das Delict graduirt, kann natürlich für jene Frage überhaupt nicht in Betracht kommen). Denn dass in den gleichen Thatbestand einmal noch eine auf Erfüllung

---

eindringt oder einen Anderen in seiner Wohnung durch Gewalt beunruhigt, macht sich der Störung des Hausfriedens schuldig und soll mit Gefängnis, bei beschwerenden Umständen, insbesondere wenn er sich mit Waffen versehen hatte, mit Arbeitshaus bestraft werden».

desjenigen des Rechtsfriedensdelicts des Landfriedensbruchs gerichtete Absicht des Thäters als Erfordernis aufgenommen ist, kann unmöglich die objektive, thatsächliche Richtung des Delicts irgendwie verändern. Denn auch beim Landfriedensbruch macht die öffentliche Zusammenrottung, so scharf man immer diesen Begriff fassen mag, noch immer nicht die Richtung des Delictes gegen den Rechtsfrieden aus, umsomehr, als ja dargelegt worden ist, dass es sich in § 125 um dessen objektive Seite handelt, eine Verletzung des Zustandes ungestörter Verkehrssicherheit u. s. w. in der Oeffentlichkeit, dass also eine Beunruhigung des subjektiven Friedensbewusstseins, welches ja immerhin schon durch Zusammenrottungen hervorgerufen werden mag, hier prinzipiell nicht in Betracht kommt. Nur insofern kann ein (Grad-) Unterschied anerkannt werden, als der schwere Hausfriedensbruch in noch höherem Masse als der einfache in die mehr genannte zweite Kategorie einzureihen sein wird. — Diese so selbstverständliche Gleichwertung der Thatbestände in § 123 und 124 wird aber trotzdem ausser Acht gelassen, wenn man, wie z. B. Merkel a. a. O. thut, zwar den einfachen Hausfriedensbruch als Vergehen gegen den privaten Rechtsfrieden des Einzelrechtssubjekts, dagegen den schweren als ein solches gegen den öffentlichen betrachtet. Es liegt dieser ganz verfehlten Unterscheidung offenbar die soeben schon hervorgehobene Verwechslung des zur Bildung des Thatbestandes des § 124 zu den rein thatsächlichen objektiven Merkmalen des § 123 in der Form eines Motivs des Thäters herübergenommenen Teiles des Thatbestandes aus § 125, mit dem objektiven Thatbestand selbst vor, welcher doch unverändert derjenige des einfachen Hausfriedensbruchs nach § 123 bleibt. Ganz unverständlich erscheint es übrigens auch, andrerseits das Vergehen des Hausfriedensbruchs überhaupt, auch den einfachen, als gegen den öffentlichen Rechtsfrieden gerichtet zu betrachten, wie Osenbrüggen an der soeben erwähnten Stelle will. (Insbesondere gibt die in Anm. 15 mitgeteilte Hannoversche Fassung der betreffenden gesetzlichen Bestimmung, an welche sich Osenbrüggen speziell anschliesst, durchaus keinen Anhaltspunkt hierfür.)

Also selbst falls man die hier abgelehnte Ansicht teilt, dass der Hausfriedensbruch ein Rechtsfriedensdelict ist, so könnte doch nur in beiden Fällen der Rechtsfrieden des Einzelnen, nicht aber der öffentliche als Angriffsobjekt betrachtet werden. Sachliches Angriffsobjekt bleibt ja «die Wohnung, die Geschäftsräume oder das befriedete Besitztum u. s. w.», wodurch wie beim einfachen Hausfriedensbruch zum Schutzobjekt das Hausrecht, die freie Herrschaft des Verfügungsberechtigten über seine Räume wird, wobei also kein Moment der Oeffentlichkeit mitspielt, vielmehr sogar umgekehrt nur Interessen in einer gerade von der Oeffentlichkeit eximirten Sphäre Platz greifen. Das falsch bezogene Moment der Oeffentlichkeit bezieht sich in Wahrheit nur auf die Art der — vorher gehenden — Zusammenrottung, welche ja hier, anders als beim Landfriedensbruch, bezüglich der Richtung des Delicts nicht entscheidend ist, sondern vor jenem echten Schutzobjekt desselben ganz zurücktritt.

Eine ähnliche, wenn auch weniger hervortretende Verwechslung scheint übrigens schon den Motiven zum Regierungsentwurf des Rstgb. zu Grunde gelegen zu haben, wenn die Einreihung des Hausfriedensbruchs in den VII. Abschnitt damit begründet wird, dass der qualifizirte Fall, — übrigens ein merkwürdiges Verfahren, ein Delict nach einem qualifizirten Fall zu rubriziren, anstatt vom Gesichtspunkt seines ursprünglichen normalen Thatbestandes! — «eigentlich» den Charakter einer Verletzung der öffentlichen Ordnung «annehme»; [16]) (während dem Fall des § 123 Abs. 1 der «private» Charakter durch die Erforderlichkeit des Strafantrags gewahrt bleibe [?], wie sich Oppenheim ausdrückt.) [17])

---

16) Abs. 1, Mot. zu § 121 u. 122 des Regierungsentwurfs, Drucksachen des Reichstags des Norddeutschen Bunds 1870, Nr. 5, S. 88.

17) a. a. O., Objekte, S. 269.

§ 8.

Fortsetzung.

2. Die Delicte der §§ 127, 128, 129 Rstgb.

Des weiteren sind hier noch folgende Delicte zu erwähnen:

Einmal die beiden zusammenhängenden und für unsere Frage übrigens durchaus einheitlich zu betrachtenden Thatbestände der Abs. 1 und 2 § 127, die unbefugte Bildung eines bewaffneten Haufens oder das Versehen eines solchen mit Kriegsmitteln, sowie der Anschluss an einen solchen. Diese Delicte werden sehr häufig als gegen den Rechtsfrieden, und zwar wohl gegen den öffentlichen Rechtsfriedenszustand gerichtet aufgefasst, so z. B. von Merkel,[1]) v. Liszt,[2]) v. Meyer,[3]) ohne Begründung, desgleichen Oppenheim.[4]) Auch Schütze,[5]) mit der «Abschnittsrubrik», (Oeffentliche Ordnung), als einziger Begründung. Es ist nun, was die letztere angebliche Motivirung angeht, schon genügend über jenen Begriff und das unter ihm zusammengeworfene Sammelsurium von Bestimmungen gesprochen worden, um hier nichts weiter über dieses angebliche Motiv zu bemerken zu brauchen. Wenn aber sodann Schütze für seine Ansicht die Motive des Gesetzes heranziehen will, welche «zwar ohne das gemeinsame Merkmal: Friedensgefährdung, zu nennen», die §§ 127—129 zusammenfassten, so ist dies ein höchst merkwürdiger Grund, da doch alsdann zuerst noch bewiesen werden müsste, dass die sofort zu besprechenden §§ 128 und 129 Delicte gegen den Rechtsfrieden betreffen, was aber Schütze nicht einmal versucht. Allerdings sagen die Motive nichts von dem Rechtsfrieden als Angriffsobjekt, und zwar aus guten Gründen! —

---

1) a. a. O. § 156, 4. S. 397.

2) a. a. O. § 121, III. 1. u. 2. S. 397.

3) Lehrb. § 134, 3. S. 690.

4) Objekte § 47, III. S. 324.

5) Lehrb. § 67, 4. u. Anm. 14, S. 279.

Abgesehen von mehreren Schriftstellern, welche überhaupt kein Angriffsobjekt nennen, wie z. B. Olshausen und Oppenheim, findet sich bei den meisten die sofort zu entwickelnde richtige Auffassung, wenigstens in der Grundidee, wenn auch theilweise mit zu starker Betonung einer formellen Seite bei Schwarze:[6]) «Das Delict ist eigentlich nur polizeilicher Natur», und John:[7]) «lediglich polizeiliche Strafbestimmung». Zu sehr betont dagegen eine andere, die negative Seite Binding,[8]) nach welchem eine «reine Rechtsanmassung» vorliegt, wie in § 132, 360 Z. 7 und 8 (!), § 120 Mil. St. G. B. u. a. — Am besten übrigens Hälschner.[9])

Es ist ja nun unverkennbar, dass die Thatbestände jener Delicte thatsächlich schon geeignet sind, den Rechtsfrieden zu stören, und zwar den objektiven wie den subjektiven, und dass sie in concreto regelmässig auch diese Wirkung hervorbringen werden. Man denke z. B. an die kritischen Zeiten unmittelbar vor Ausbruch von Unruhen oder Revolution, deren erste greifbare Anfänge sich ja gewöhnlich in derartigen Handlungen darstellen werden, und an die äusserst weit tragenden Wirkungen, welche diese dann haben werden. Auch liegt zweifellos bei § 127 der Gedanke an den, gegen den Rechtsfrieden gerichteten, Landfriedensbruch nahe. So viel ist also jedenfalls zugegeben, dass das Moment des öffentlichen Friedens bei der Kriminalisirung der in Frage stehenden Handlungen eine Rolle spielt. — Wenn nun hier trotzdem die Ansicht vertreten wird, dass auch diese Delicte nur zu denjenigen der zweiten Kategorie, im oben dargelegten Sinn, gehören, welche wie die Nötigung u. a. m. blos auch mit den Rechtsfrieden verletzen, dass sie also nicht zu den echten Rechtsfriedensdelicten, im eigentlichen Sinn, gehören, so ist hierfür entscheidend, dass in Wirklichkeit doch wohl in erster Linie ein anderes Objekt von ihnen betroffen wird und durch § 127 geschützt werden soll, nämlich die [Militär]hoheit des Staates, das für den modernen

---

6) Kommentar, Abs. 3 zu § 127, S. 386.
7) in Holtzend. Handb. Bd. III, § 29, S. 164.
8) Normen, Bd. I, § 49A, S. 332.
9) a. a. O. Bd. II, § 149, S. 499.

Staat bestehende ausschliessliche Monopol auf die Verwendung der Staatsangehörigen zu Kriegszwecken. Der besondere Charakter dieses Monopols, und der fest eingebürgerte Gedanke, dass nur dem Staat das Recht zusteht, seine Unterthanen zu den Waffen zu rufen, dass also ein derartiges Unternehmen seitens jedes Anderen im Staat notwendiger Weise auf einen ordnungswidrigen Gebrauch von Kriegsmitteln, — d. h. Gewalt-, Machtmitteln, — hinausläuft und daher auf drohende Gewaltthätigkeiten schliessen lässt, machen es wohl aus, dass dieser letzte Gesichtspunkt der bei Kriminalisirung jener Handlungen massgebende gewesen ist. Sehr richtig spricht daher z. B. Hälschner a. a. O. von einer «so gebildeten der Staatsgewalt sich nicht unterordnenden bewaffneten Macht». Man wende hiergegen auch nicht ein, dass ja dann der § 127 etwa im ersten Abschnitt des Systems, über Hochverrat oder Landesverrat, oder wenigstens im sechsten, über Widerstand gegen die Staatsgewalt stehen müsste: Abgesehen von der mehrfach hervorgehobenen nichts weniger als einheitlichen Natur des Abschnittes über die Verletzung der öffentlichen Ordnung, finden sich in demselben insbesondere verschiedene Delicte, welche ganz zweifellos, ja ausdrücklich gegen die Staatshoheit gerichtet sind, so in den §§ 132, 134, 135, 138 und, hier besonders nahe liegend, 140—143. — Jedenfalls ist auch im Effekt ein starkes Hinneigen der Delicte gegen § 127 zu denen des Hoch- und Landesverrats unverkennbar. Diese Seite urgirt unter den positiven Rechten z. B., prinzipiell ganz vom richtigen Standpunkt ausgehend, der französische Code pénal 1810, welcher in art. 92 bestimmt:

> «*Seront punis de mort (!), ceux qui auront levé ou fait lever des troupes armées, engagé ou enrôlé, fait engager ou enrôler des soldats, ou leur auront fourni ou procuré des armes ou munitions, sans ordre ou autorisation du pouvoir légitime.*»

Ganz abgesehen von der Bedeutung dieser absolut angedrohten Todesstrafe, welche trotz der bekannten grossen Strenge des bereits einer früheren Epoche angehörenden französischen Strafgesetzbuchs eine ganz unbegreifliche Härte bedeutete, wenn hier vom Standpunkt einer Rechtsfriedensverletzung ausgegangen worden wäre, und die erst verständlich wird, wenn man den Gedanken des Hoch- und Landesverrats zu Grunde legt, weist vor allem bereits die Einreihung des art. 92 unter die «*Crimes tendant à troubler l'Etat par la guerre civile, l'illégal emploi de la force armée, la dévastation et le pillage public,*» auf den richtigen Gesichtspunkt hin, sowie noch insbesondere ein Blick auf die folgenden Artikel, von 93 an, welche ganz zweifellos gegen die Staatshoheit, namentlich auf militärischem Gebiet, gerichtet sind, so sehr, dass z. B. schon der Konsul Cambacérès bei Beratung des Strafgesetzbuchs im Staatsrat bemerkte, derartige Bestimmungen gehörten im Grunde eher in die Kriegsgesetze. Man vgl. übrigens auch aus der einschlägigen Litteratur z. B. Teulet, D'Anvilliers et Sulpicy:[10]) es sei unzweifelhaft zur Anwendbarkeit des fraglichen art. 92 erforderlich, dass die betreffenden Handlungen «*ont eu pour but de troubler l'état*». — Bei der ziemlich genauen Uebereinstimmung des rein objektiven Thatbestandes des art. 92 C. pén. mit dem hier interessirenden § 127 Rstgb. ist diese Vergleichung ein nicht unwichtiges Argument zur Widerlegung jener abgelehnten Ansicht von einer prinzipiellen Richtung gegen den Rechtsfrieden.

Ein ferneres Argument gegen dieselbe lässt sich sodann aus § 112 entnehmen: Dessen Thatbestand bildet nämlich nach Richtung und Effekt ein genaues, allerdings viel minder schwer wiegendes Correlat zu dem des § 127: Was bei letzterem Vergehen durch positives Aufstellen ungesetzlicher, der Staatsgewalt nicht unterworfener Streitmittel u. ähnl. bewirkt wird, das bezweckt das Delict des § 112 negativ, durch Verminderung oder Schwächung dieser — bestehenden — rechtmässigen staatlichen Streitmittel. (Die Besonderheiten der Begriffe des «Aufforderns oder Anreizens», namentlich im Gegensatz zu der viel engeren Anstiftung, nach dem allgemeinen § 48 Rstgb., sind hier zunächst ohne Bedeutung; es wird auf diesen Punkt später, bei einer anderen Bestimmung, wo die Frage von

10) *Commentaire du Code pénal,* art. 92, No. 1, pag. 34.

Wichtigkeit ist, einzugehen sein.) Und die Thatbestände des § 112 zu denjenigen gegen den Rechtsfrieden zu zählen, wird wohl Niemand versuchen!

Es sei noch bemerkt, dass mehrfach seitens der Vertreter der im obigen abgelehnten Auffassung das unbefugte u. s. w. Ansammeln von Waffen nach § 360 Z. 2, das auch diesseits, (oben § 4), als Rechtsfriedensdelict aufgefasst worden ist, — von einer Richtung gegen ein staatliches Hoheitsrecht od. dgl. kann ja hier nicht die Rede sein, — gerade im Zusammenhang mit § 127 als gegen den Rechtsfrieden gerichtet hingestellt wird. So z. B. von Merkel und v. Liszt a. a. O. Es muss dem gegenüber auf das entschiedenste betont werden, dass, wie schon aus dem unmittelbar vorher gehenden sich entnehmen lässt, hier durchaus kein begrifflicher Zusammenhang besteht: Allerdings wird thatsächlich eine Handlung gegen § 360 Z. 2 gewöhnlich als ein Minus im Vergehen des § 127 enthalten sein, in Praxi vielfach auch als Vorbereitungshandlung ihm voran gehen. Auf einem inneren Zusammenhange heruht dies aber keinesfalls, und was den qualitativen Gegensatz ausmacht, ist eben das Ausschlag gebende Moment der Verletzung eines staatlichen Hoheitsrechtes in § 127.

Sodann werden häufig als Rechtsfriedensdelicte auch die Thatbestände der §§ 128 und 129 Rstgb. aufgefasst. An dieselben, speziell zu § 128, lässt sich übrigens noch, was allgemein übersehen zu sein scheint, accessorisch der § 143 des Reichsgesetzes betreffend die Erwerbs- und Wirtschaftsgenossenschaften vom 1. Mai 1889 anreihen, allerdings in viel weniger spezifischer, abgeschwächter Weise, weil in Anlehnung an Spezialgesichtspunkte des jeweiligen Landes-Versammlungs- und Vereinsrechts, und wohl auch wieder unter Beeinflussung durch die polizeilichen Präventivgesichtspunkte. Jedenfalls kommt dem betreffenden Delict neben jenen beiden keinerlei selbständige und prinzipielle Bedeutung zu. Es genügt hier daher, blos auf die Bestimmung hingewiesen zu haben, ohne dass näher darauf einzugehen wäre.

Dass diese beiden Delictsgruppen der §§ 128 und 129 begrifflich und vom Standpunkt ihres Angriffsobjekts aus zusammen gehören, ist wohl schon auf den ersten Blick zweifellos und wird auch, soviel ich sehe, nirgends auch nur in Zweifel gezogen. Wichtig ist dieser Umstand hier deshalb, weil die Thatbestände des § 129 noch deutlicher als diejenigen des vorher gehenden die wahre Natur dieser Delicte erkennen lassen und daher zugleich die richtige Interpretation desselben ergänzen.

Auch hier sprechen nämlich Verschiedene, — abgesehen wieder von Denjenigen, welche sich überhaupt nicht äussern, wie Oppenhoff, Schwarze, John (in Holtzend. Handb.) u. a., — vom öffentlichen Frieden als Angriffsobjekt, wenn sie es auch teilweise weniger genau durch ihre thatsächlichen Ausführungen, als durch die Stellung dieser Paragraphen in ihrem System erkennen lassen; so z. B. anscheinend, dem Wortlaut nach zweifelhaft, Hälschner:[11]) «Von dem polizeilichen Gesichtspunkt möglicher Gefährdung der gesicherten rechtlichen Ordnung der Gesellschaft gehen ferner aus die Strafbestimmungen gegen verbotene Verbindungen.» — Schütze[12]) begnügt sich zur Vertretung der gleichen Ansicht mit der erwähnten verunglückten Argumentirung aus § 127. Sehr deutlich dagegen Oppenheim,[13]) aber anstatt jeder Begründung blos mit der Bemerkung, diese Delicte enthielten «reinen Ungehorsam (?) und (?) als Schutzobjekt erscheine auch hier der öffentliche Frieden».

Der richtigen Ansicht nach ist auch hier, wie in § 127, Angriffsobjekt im allgemeinsten Sinn der Gehorsam gegen die Autorität des Staates, und somit der Staat selbst, wenn auch alsdann in etwas veränderter, speziellerer Richtung: Die hier fraglichen Delicte richten sich nämlich gegen die Regierung im engeren Sinn, d. h. sie erschweren, — zum Teil, § 129, absichtlich, in allen Fällen aber thatsächlich, — die Ausübung einer gesetzmässigen Regierungsgewalt; es handelt sich, scharf pointirt, um Bildung einer Nebenregierung, welche, entweder

---

11) a. a. O. Bd. II, § 150, S. 502.
12) a. a. O. § 67, 4. S. 279 f. (cf. oben Anm. 5).
13) Objekte, § 47, VI. S. 326.

durch praesumptio juris et de jure auf Grund ihrer Geheimhaltung vor der Staatsregierung, oder auch in concreto feststellbar, zugleich eine Gegenregierung bildet. Wir haben es mit einer aktiven Auflehnung gegen die Staatsgewalt, und zwar speziell die politische Regierungsgewalt zu thun. Für eine umfassende und allseitige Betrachtung besteht daher einmal, und zwar in erster Linie, auch hier eine gewisse Verwandtschaft mit den Delicten des Hoch- und Landesverrats, ähnlich wie wir es schon oben bei § 127 konstatiren konnten. Ganz abgesehen soll hier davon werden, dass die Delicte gegen § 128 und 129 sehr häufig sich als vorbereitende Handlungen zu einem hochverräterischen Unternehmen gemäss § 82 [83] oder 86 Rstgb., wenn nicht darüber noch hinausgehend als ein Versuch oder unter Umständen sogar ein vollendetes Verbrechen des Hoch- oder Landesverrats darstellen werden, vielleicht in Gesetzes- — oder etwa auch idealer — Konkurrenz, wie ja auch bei den Fällen des § 127 die Möglichkeit eines derartigen Zusammenhangs mit Fällen des Hoch- und Landesverrats angedeutet wurde: es werden vielmehr hier nur die selbständigen Fälle unserer beiden Paragraphen ins Auge gefasst. — Sodann aber ist allerdings auch eine deutliche Richtung gegen den Rechtsfrieden unverkennbar, und zwar vom Standpunkt der Gefährdung des öffentlichen Friedenszustandes. Jedenfalls wird man also auf Grund der anfangs auseinander gesetzten Dreiteilung auch diese Delicte in die mehrerwähnte zweite Kategorie einzureihen haben. So führt z. B. den richtigen Standpunkt kurz und sehr treffend Merkel aus,[14]) (unter der weiteren Rubrik: 14. Abschnitt. Widerstand gegen die Staatsgewalt und Gefährdung ihrer Wirksamkeit,): «Die Bedeutung ..... [der verschiedenen Fälle der §§ 128 und 129] kann eine sehr verschiedene sein. In der Hauptsache aber bekämpft der Staat in ihnen Gefährdungen der Wirksamkeit der bestehenden öffentlichen Gewalt und im Zusammenhang damit der bestehenden Ordnung und des öffentlichen Friedens.»

---

14) a. a. O. § 155, Abs. 1, S. 395.

Es würde ja auch die konsequente Durchführung jenes abgelehnten Standpunktes notwendiger Weise dazu führen, auch die Delicte der §§ 110 und 113—116 als Rechtsfriedensdelicte aufzufassen, welche sich ja meistens als spezialisirte Einzelausführungen zu dem «Verhindern oder Entkräften von Massregeln der Verwaltung oder der Vollziehung von Gesetzen, durch ungesetzliche Mittel,» dem Zweckthatbestandsmerkmal des § 129, darstellen und welche für die Störung des Rechtsfriedens insofern eher noch mehr in Betracht kommen, als mehrere derselben, so die gewaltsame Nötigung eines Beamten und besonders der Aufruhr und der Auflauf, durch das Thatbestandsmerkmal der öffentlichen Gewaltsamkeit und die Annäherung an den Landfriedensbruch in noch viel höherem Grade eine Störung des objektiven wie auch des subjektiven öffentlichen Rechtsfriedens hervorzurufen geeignet sind. Es ist bereits in der Entwicklung der abstrakten Begriffe hervorgehoben worden, (oben § 3, gegen Ende,) dass auch diese Delicte wie viele andere zu der zweiten Kategorie, nach der damals entwickelten Dreiteilung, gehören; denn das spezifische Angriffsobjekt ist bei ihnen ein anderes, nämlich die Staatsgewalt in der Form der Autorität obrigkeitlicher Gesetze, Anordnungen, Befehle, Autorität der staatlichen Organe u. s. w.

Uebrigens findet sich in der Hauptsache der richtige Standpunkt in der Litteratur viel vertreten, so z. B. wenn v. Liszt[15]) innerhalb der weiteren Rubrik: Dritter Abschnitt. «Strafbare Handlungen gegen die Staatsverwaltung,» von aus bestimmten Gründen oder Beziehungen «gefährlichen» Verbindungen spricht; — indirekt und etwas vag auch Olshausen[16]): «Die im staatlichen Interesse nicht zu duldende» Organisation einer Verbindung, bezw. derartige Zwecke oder Beschäftigungen einer Verbindung; — ferner, wenngleich in etwas unbeholfener Formulierung, v. Meyer[17]): Delicte gegen «die übrigen Zweige der Verwaltung».

---

15) a. a. O. § 85, II., S. 622.

16) Kommentar Bd. I, N. 4 zu § 128, S. 522 und N. 2 zu § 129, S. 523.

17) Lehrbuch § 129, 2. S. 672.

§ 9.
Zusatz. Die Fälle des § 111 Rstgb. — Der Standpunkt des österreichischen Rechts.

Hiermit ist wohl die Zahl der — den Rechtsfriedensstörungen ähnlichen — Delicte, welche, nach diesseitiger Auffassung irrtümlich, in der Litteratur zu denselben gezählt werden, geschlossen.

Verwunderung muss es erregen, dass nirgends m. W. daran gedacht worden ist, im Zusammenhang mit den zuletzt besprochenen Delicten eines hier heranzuziehen, welches jedenfalls noch viel näher liegt, und dessen Auffassung als Rechtsfriedensdelict sich thatsächlich recht wohl verteidigen liesse: Es ist dies die Bestimmung des § 111 Abs. 2 S. 1 Rstgb. Und zwar deshalb aus dem ganzen Paragraphen nur speziell dieser eine Fall, weil der Hauptfall des Abs. 1, die betreffende Aufforderung mit Erfolg, sich wohl auch begrifflich zu eng an die gewöhnliche Anstiftung zu dem jeweiligen Delict anschliesst, der sie ja eben in Bezug auf die Bestrafung gleichgestellt werden soll, als dass man berechtigt wäre, sie zu einem besonderen Delict zu verselbständlichen. — Dagegen lässt sich allerdings zunächst sehr darüber streiten, ob nicht der spezielle zweite Fall, die «ohne Erfolg gebliebene öffentlich vor einer Menschenmenge oder durch Verbreitung oder öffentlichen Anschlag oder öffentliche Ausstellung von Schriften unternommene Aufforderung zur Begehung einer strafbaren Handlung» vielleicht ein Rechtsfriedensdelict ist, und zwar ein solches gegen das subjektive öffentliche Rechtsfriedensbewusstsein. Bestärkt könnte diese Ansicht noch dadurch werden, dass ja bereits oben bei der Besprechung des § 10 Sprengstoffgesetzes als eines echten Rechtsfriedensdelictes auf diesen § 111 Abs. 2 S. 1 hingewiesen wurde als eine begrifflich ganz gleichartige, gewissermassen subsidiäre und nur eben für die Verhältnisse der Sprengstoffverbrechen nicht ausreichende Bestimmung. Allein gerade dieser Vergleich trägt mit bei zu dem m. E. Ausschlag gebenden Motiv gegen die Aufnahme des fraglichen Delictes in den Kreis der Rechtsfriedensdelicte: Während jener § 10 Ges. eine ganz selbständige und in ihrem Thatbestand spezialisirende Bestimmung darstellt, lehnt sich einmal Satz 1 Abs. 2 § 111, — und auf diesen allein kann es wie gesagt ankommen, — schon äusserlich in der Form, besonders jedoch inhaltlich zu sehr an das Delict des Abs. 1 an, welcher seinerseits auf das jeweilige Einzeldelict irgend welcher Art Bezug nimmt, in vollständigstem Abhängigkeitsverhältnis; (so wie § 48, wie schon bemerkt, u. a. des Allgemeinen Teils, § 43 ff. u. s. w.). Sodann aber, was damit zusammenhängt, trägt es eben durch die Vermittlung dieses Abs. 1 zu sehr den accessorisch allgemeinen, sozusagen farblosen, überhaupt mit keinem einzelnen Rechtsgut speziell in Berührung stehenden Charakter, es liegt begrifflich gewissermassen ein Versuch zur Anstiftung vor; und infolgedessen ist auch das Schutzobjekt insoweit kein einheitliches, sondern vielmehr das jeweilige des Delictes, zu welchem in der bezeichneten Weise aufgefordert worden ist, gerade wie z. B. bei § 48; man könnte hier geradezu von einem Blancoschutzobjekt sprechen. Ueberhaupt hätten beide Bestimmungen des § 111 ihren Platz vielleicht richtiger im Allgemeinen Teil des Gesetzbuchs, hinter § 48 oder besonders § 49a, erhalten, als Anstiftungshandlungen mit einem durch Spezialisirung der Begehungsmittel und des Anwendungsgebietes eingeschränkten Thatbestand, ähnlich wie teilweise in § 49a; das Einreihen als § 111 erfolgte wohl hauptsächlich wegen der Gleichartigkeit der Modalitäten mit denjenigen des in Bezug genommenen § 110. Ausserdem ist aber auch noch zu erwägen, dass doch jedenfalls im gewöhnlichen Falle, — allerdings ist der Thatbestand derartig weitgehend, dass die verschiedenartigsten Fälle denkbar sind, — und abgesehen von der eben bezeichneten allgemeinen Möglichkeit eines jeweils verschiedenen Schutzobjektes, in erster Linie das Ansehen der Gesetze, mithin die Staatsgewalt im weiteren Sinn, noch viel mehr durch die Bestimmungen geschützt werden soll, als der

Rechtsfrieden, wie bei unbefangener Betrachtung wohl ohne weiteres einleuchtet. Aber immerhin wird der letztere in der bereits oben erwähnten Weise stets der Art auch Angriffsobjekt sein, dass die vollständige Ignorirung der Bestimmung in Abs. 2, zumal neben der Heranziehung von unvergleichlich ferner liegenden Thatbeständen, sehr auffällig erscheinen muss, und jedenfalls von dem diesseitigen — ablehnenden — Standpunkt aus dem Delict der erfolglosen öffentlichen u. s. w. Aufforderung zur Begehung strafbarer Handlungen doch die allererste Stelle, vielleicht neben dem Vergehen des § 128, in jener mehrerwähnten zweiten Kategorie, unter den auch gegen den Rechtsfrieden gerichteten Delicten einzuräumen ist.

Anhangsweise sei nun schliesslich noch in einem kurzen Ueberblick ein ausserdeutsches Rechtssystem betrachtet, welches auf unserem Gebiet eine eigentümliche und recht interessante Stellung einnimmt, nämlich das österreichische Strafrecht. Uebrigens wird später bei Erörterung von Einzelbestimmungen noch auf dasselbe zurückzukommen sein, so namentlich bezüglich eines ganz speziellen ähnlich auch zwei schweizerischen Strafgesetzen bekannten Delicts, der Ausbreitung falscher Gerüchte u. s. w., § 308 österr. St. G. B.

Das Strafgesetzbuch für das Kaisertum Oesterreich vom 27. Mai 1852 geht nämlich in der Begrenzung der Rechtsfriedensdelicte, auf Grund seines eigenen Wortlautes, ganz unbegreiflich weit, in dem es zunächst in seinem I. Teil,[1]) unter den Verbrechen, im 7. Hauptstück, (nach Hochverrat, Majestätsbeleidigung u. s. w.), als «Verbrechen der Störung der öffentlichen Ruhe,» auch aufzählt: Aufreizung zur Verachtung oder zum Hasse wider den Kaiser, den Staatsverband, die Regierungsform u. s. w , Aneiferung zum Ungehorsam u. dgl. gegen Gesetze, Verordnungen, Gerichtserkenntnisse, zur Verweigeruug von Steuern (!) u. s. w., sowie Stiftung und Anteilnahme an Vereinen zu solchen Zwecken, § 65; und diese Handlungen sogar dann, wenn sie gegen einen deutschen

---

1) Bekanntlich folgt das Gesetzbuch dem alten, auch neuerdings wiederaufgekommenen System der Zweiteilung der strafbaren Handlungen.

Bundesstaat oder bei Reciprocitätsverbürgung gegen einen fremden Staat begangen werden (!!); sowie die Spionage und andere Einverständnisse mit dem Feind bezüglich der Kriegsmacht und militärischen Verteidigung des Staates, § 67. — Sodann werden im II. Teil, unter den Vergehen, im 5. Hauptstück, zu den «Vergehen und Uebertretungen gegen die öffentliche Ordnung,» § 278 ff., auch gerechnet: Teilnahme an geheimen Verbindungen oder verbotenen Vereinen, und Verschweigung von Mitgliedern erlaubter Gesellschaften, mit zahlreichen Einzelfällen, § 286 ff.; Herabwürdigung der Verfügungen der Behörden und Aufwiegelung gegen Staats- oder Gemeindebehörden, oder gegen einzelne Organe der Regierung, gegen Zeugen oder Sachverständige (!), § 300; Aufforderung zu grundlosen Beschwerden oder Querulantentum, § 301; Beleidigung einer gesetzlich anerkannten Kirche oder Religionsgesellschaft, § 303; Beförderung einer vom Staate für unzulässig erklärten Religionssekte, § 304; öffentliche Herabwürdigung der Einrichtungen der Ehe, der Familie, des Eigentums, oder Gutheissung von ungesetzlichen oder unsittlichen (!) Handlungen, § 305; Beschädigung von Grabstätten (!), Eröffnung von Gräbern, Hinwegnahme oder Misshandlung an Leichen oder Entwendung an derlei Gegenständen (?!), § 306; Vorschubleistung in Beziehung auf [irgend!] ein Vergehen oder eine Uebertretung, § 307; gesetzwidrige Verlautbarungen, (z. B. aus Gerichtsverhandlungen), § 309; Sammlungen oder Suskriptionen zur Vereitelung der gesetzlichen Folgen von strafbaren Handlungen, (z. B. auch behufs Deckung für Kautionsverfall!), § 310.

Allerdings zählt z. B. Finger in seiner systematischen Darstellung des österreichischen Strafrechts, nicht alle diese Delicte zu solchen gegen den Rechtsfrieden, sondern z. B. die des § 65 zu den gegen die Staatshoheit gerichteten. Dagegen rechnet er ausdrücklich [2]) als hierher gehörig merkwürdiger Weise noch verschiedene andere Bestimmungen, zum Teil aus dem Strafgesetzbuch selbst, zum Teil aus den zahlreichen späteren

---

[2]) Oesterreichisches Strafrecht Bd. II, 5. Buch, besonders § 147 ff., S. 429—446.

Ergänzungsgesetzen zu demselben, welche ganz zweifellos, und zwar teilweise schon durch ihre Stellung im Gesetz erkennbar, andere Angriffsobjekte betreffen: So die Anreizung gegen eines der Häuser des Reichsrates oder eine Landesversammlung, art. III, und gegen die Kaiserliche Armee oder eine selbständige Abteilung derselben, art. IV der Strafgesetznovelle vom 17. Dezember 1862; Uebertretung der Normen betr. das Versammlungsrecht, Gesetz vom 15. November 1867, über das Vereinsrecht, u. a. Sodann aus den «Normübertretungen, denen eine Beziehung zu einem bestimmten Rechtsgut fehlt» (?);[3]) nämlich das Betteln, St. G. B. § 517—522, im 13. Hauptstück, Von Vergehen und Uebertretungen gegen die öffentliche Sittlichkeit, (mit Erweiterung durch § 2 Ges. vom 24. Mai 1885, Ueber die Zulässigkeit der Anhaltung in Zwangsarbeits- und Besserungsanstalten); Landstreicherei, § 2, Arbeitsscheu, § 3 des genannten Gesetses; das Zuwiderhandeln gegen die mit der Verhängung von Polizeiaufsicht verbundenen Beschränkungen, § 9a—c Ges. vom 10. Mai 1873 wider Arbeitsscheue und Landstreicher, und § 6 genannten Ges. 1885; Rückkehr eines Verwiesenen oder «Abgeschafften», § 323 St. G. B. und hierzu ergangene Gesetze; Uebertretung der Meldevorschriften, (bezüglich Fremder), § 320 St. G. B.; unbefugtes Halten eines Stoss- oder Presswerkes (!) alles drei aus dem 6. Hauptstück, Uebertretungen gegen öffentliche Anstalten oder Vorkehrungen, welche zur gemeinschaftlichen Sicherheit gehören. Uebertretungen der auf Grund der §§ 3—7 Ges. vom 5. Mai 1869 über die Suspension der Staatsgrundgesetze von den Verwaltungsbehörden erlassenen Bestimmungen, § 9 dies. Ges.

Es kann zugegeben werden, dass mehrere dieser Delicte in die verschiedentlich erwähnte zweite Kategorie aufzunehmen wären, als auch mit gegen den Rechtsfrieden gerichtet. Bei sehr vielen, vielleicht den meisten, kann aber nicht einmal hiervon die Rede sein, und es ist namentlich unerklärlich, wie Finger zu der letzterwähnten Reihe von gewissermassen Verlegenheitsrechtsfriedensdelicten gelangen konnte. Nicht

---

[3]) a. a. O. § 152 princ., S. 442.

einmal seine eigene, noch dazu sehr weitgehende Formulirung[4]) der Rechtsfriedensverletzungen als «Handlungen, welche die in der Gesellschaft schlummernden, dem Frieden gefährlichen Kräfte wecken oder bereits vorhandene in ihrer Intensität steigern,» lässt eine derartige Stellungnahme im einzelnen erwarten.[5])

Wir haben im bisherigen die Reihe der in unserem positiven Strafrecht enthaltenen Bestimmungen, welche sich auf das Gut des Rechtsfriedens beziehen, vollständig abgegrenzt und diese Abgrenzung nach der positiven wie negativen Richtung hin begründet. Alles in allem genommen, — dieses Urteil ist schon hier möglich, noch vor einer Einzelkritik, — eine recht merkwürdige gesetzgeberische Zusammenstellung, welche eine begrifflich durchaus einheitliche und infolgedessen auch eine einheitliche gesetzliche Regelung erheischende Rechtsmaterie nicht nur nicht an der geeigneten und übrigens auch beabsichtigten Stelle, nämlich im VII. Abschnitt Rstgb., unter den Verbrechen und Vergehen gegen die öffentliche Ordnung, vollständig unterzubringen vermag, sie vielmehr teilweise an den verschiedensten Stellen des Strafgesetzbuchs wie auch in Einzelstrafgesetzen zerstreut, sondern auch die verschiedenen in Betracht kommenden Gesichtspunkte keineswegs in rationeller einheitlicher Weise anzuordnen im Stande ist, sie vielmehr zum Teil für andere Materien aufspart, mit deren ganz hete-

---

[4]) a. a. O. in dem einleitenden § 144, S. 426.

[5]) Mehr als Kuriosität sei hier auch kurz der Standpunkt des französischen *Code pénal 1810* erwähnt, welcher in seinem Kap. III, im III. Buch Tit. I, «*Crimes et délits contre la paix publique,*» einen sehr weiten und ganz unsinnig konstruirten Kreis von Delicten bringt, mit Falschmünzerei, Urkundenfälschung, aktiver und passiver Beamtenbestechung, Gefangenenbefreiung, qualifizirter Sachbeschädigung (von Denkmälern u. dgl.), Kirchenschändung, Verbreitung anonymer Schriften u. v. a. Man vgl. z. B. auch den darunter befindlichen (Sect. V § 1) sehr charakteristischen art. 265: *Toute association de malfaiteurs envers les personnes ou les propriétés, est un crime (!) contre la paix publique.* — Eine derartige Stellungnahme, bei welcher sich selbstverständlich jeder spezifische Rechtsfriedensbegriff verflüchtigen muss, ist durchaus unverständlich und erübrigt jedes weitere Eingehen.

rogenen Elementen sie dann, vielfach geradezu nebenher, ihre Berücksichtigung finden sollen. Dass eine derartige Zerreissung eines prinzipiell in sich abgeschlossenen strafrechtlichen Gebietes sehr bedenklich ist und eine befriedigende Lösung der auf diesem Gebiet liegenden Fragen und Bedürfnisse von vornherein sehr beeinträchtigt, lässt sich wohl schon a priori mit Sicherheit vermuten. In wie weit diese Vermutung im einzelnen ihre praktische Bestätigung findet, wird nunmehr in der Folge die eingehende Untersuchung über die Tragweite jener verschiedenen Normirungen zeigen.

II. Besonderer Teil.

1. Kapitel.

Bedeutung und Tragweite der einzelnen Rechtsfriedensdelicte.

§ 10.

Uebersicht und allgemeine Bemerkungen.

Es ist nunmehr auf Grund des im vorhergehenden Allgemeinen Teil unseres Abschnittes zusammengestellten Materials in einer weiteren Einzeluntersuchung auf die kritische Prüfung desselben einzugehen, zur Beantwortung der dem Ganzen zu Grunde gelegten Frage: Wie stellt sich das geltende Reichsstrafrecht zu dem Gut des Rechtsfriedens und wie löst es die Aufgaben, die für den Schutz dieses Rechtsgutes einer modernen Gesetzgebung erwachsen?

Zunächst steht jedenfalls, wie schon bemerkt, in dieser Beziehung das eine fest, dass das geltende Strafrecht **nicht** das Gut des Rechtsfriedens in seiner ganzen Ausdehnung, im objektiven und subjektiven Sinn, im einzelnen und bei der Oeffentlichkeit, in einheitlicher Weise zum Gegenstand der Normirung macht: So lässt z. B., wie noch im Einzelnen ersichtlich werden wird, auch der in dieser Hinsicht am weitesten gehende § 126 Rstgb. in seinem zuständigen Bereich, der subjektiven Seite des öffentlichen Rechtsfriedens, immer noch weite Gebiete frei, welche ihrerseits nicht durch eine entsprechende Vorschrift gedeckt sind.

Es sollen hier alsdann auch des Weiteren nach einer genaueren Betrachtung, inwieweit es dem Gesetz gelungen ist, bezw. inwieweit es überhaupt versucht hat, diesem Mangel einheitlicher Regelung wenigstens durch die vorhandenen Einzelbestimmungen in Praxi abzuhelfen, die Gründe untersucht werden, aus welchen wohl bis jetzt eine solche einheitliche Regelung unterblieben ist, und welche gesetzgeberischen Schwierigkeiten hier vorliegen, und endlich sollen sodann, im Anschluss hieran, Vorschläge in diesem Sinn einer einheitlichen Regelung versucht werden.

Zunächst sei noch einmal kurz aufgezählt, in welcher Weise und bis zu welchem Grade die bestehenden vier sich kreuzenden Richtungen des Rechtsfriedens von Strafvorschriften betroffen werden.

Es beziehen sich auf:

[1 a.] Den objektiven Rechtsfriedenszustand des Einzelnen:
Keine Bestimmung.

[1 b.] Den objektiven öffentlichen Rechtsfriedenszustand:
Rstgb. §§ 125, (Landfriedensbruch); 130, (Aufreizung zum Klassenkampf); 130 a Abs. 1 und Abs. 2, (politischer Kanzelmissbrauch); 360 Z. 2, (unbefugtes Ansammeln von Waffenvorräten); 367 Z. 9, (widerrechtliches Feilhalten von Waffen u. s. w.);
R. Gew. O. §§ 56 Abs. 2 Z. 8, (verbotener Hausirhandel mit Waffen); 56 b Abs. 2, (ergänzende Blanketbestimmung hierzu).

[2 a.] Das subjektive Rechtsfriedensbewusstsein des Einzelnen:
Rstgb. § 241, (Bedrohung).

[2 b.] Das subjektive öffentliche Rechtsfriedensbewusstsein:
Rstgb. § 126, (Störung durch Androhung gemeingefährlicher Verbrechen);
Sprengstoffges. § 10 Abs. 1 und Abs. 2, (öffentliche Aufreizung zur Sprengstoffattentaten und Glorifizirung solcher).

Vorläufig sei hierzu nur bemerkt, dass sofort die starke Vernachlässigung des Rechtsfriedens des Einzelnen in die Augen springt: Die objektive Seite desselben ist überhaupt nicht, die subjektive durch eine einzige Sonderbestimmung geschützt.

Sehen wir nun näher zu, welche Thatbestände von Rechtsfriedensverletzungen durch jene verschiedenen Bestimmungen getroffen werden, so lassen sich die letzteren in zwei deutlich geschiedene Klassen einteilen: die einen enthalten Normirungen, welche gewissermassen zu speziell sind, in ihrem Anwendungsgebiet zu eingeengt, als dass sie in der Praxis einen bedeutenden Rechtsschutz auf dem Gebiet des Rechtsfriedens gewähren könnten, und zumal, als dass bei ihnen von einem prinzipiellen Vorgehen auf diesem Gebiete die Rede sein könnte; während die anderen deutlich erkennbar bemüht sind, die Frage ex professo, wenigstens für einen Teil des Gebietes zu behandeln und allgemeinere Gesichtspunkte über den Begriff des Rechtsfriedens aufzustellen.

In dieser hier naturgemäss besonders wichtigen Kategorie der im weiteren kurz als prinzipale bezeichneten Rechtsfriedensdelicten tritt unser Begriff des Rechtsfriedens ganz anders in den Vordergrund des jeweiligen Thatbestandes, als in jener anderen, sein Schutz wird deutlich erkennbar zum prinzipiellen Zweck und Ziel der Bestimmung gemacht. So vor allem in den beiden Bestimmungen, welche ihn ausdrücklich als entscheidendes Thatbestandsmerkmal aufnehmen, §§ 126 und 130 — die Berücksichtigung von § 130 a soll hier vorbehalten bleiben —, sodann aber ebenso die §§ 125, 241, sowie § 10 Abs. 1 und 2 Sprengstoffges. Die Begründung, warum diese Delicte solche gegen den Rechtsfrieden sind, ist bereits eingehend gegeben worden, und sie lassen eben überdies im Gegensatz, namentlich zu den Polizeiübertretungen, dieses ihr materielles Angriffsobjekt durch die Fassung des Thatbestandes spezifisch hervortreten.

Zur zweiten Kategorie dagegen, der gewissermassen nebensächlichen Rechtsfriedensdelicte, gehören vor allem die vier Polizeivergehen, §§ 360 Z. 2 und 367 Z. 9, sowie Gew. O. §§ 56 Abs. 2 Z. 8 und 56 b Abs. 2; sodann auch, allerdings schon den Uebergang zu jener ersten Kategorie bildend, wie noch erläutert werden wird, die Vergehen des § 130 a. —

Es genügt wohl, ohne näheres Eingehen auf die bekannten, früher schon hervorgehobenen Begriffe des Polizeiunrechts, Ungehorsamsdelictes u. s. w. hinzuweisen, welche das klare Hervortreten des Rechtsfriedensbegriffes in seiner prinzipiellen Bedeutung beeinträchtigen, jedenfalls verhindern, dass man von einer beabsichtigten Tendenz des Rechtsfriedensschutzes κατ' ἐξοχήν sprechen kann. Und was die praktische Seite betrifft, so wird von Niemand behauptet werden, dass die Verbote des heimlichen u. s. w. Waffenaufsammelns, des Stockdegen- u. dgl. Tragens, Hausirens mit Waffen und — etwa gleichgestellten — ähnlichen Gegenständen, so gefährlich auch unter Unständen deren Uebertretungen für den öffentlichen Frieden insbesondere sein können, in der Praxis ein weitgehendes Anwendungsgebiet beherrschen und sie etwa im Strafrechtssystem eine bedeutende Rolle spielen. Ausserdem genügt ein Blick auf die angedrohten Strafen, — geringe Geldstrafe und Haft, — im Vergleich zu den viel schärferen bei den Delicten der anderen Kategorie, um einzusehen, dass bei jenen Uebertretungen der Gesichtspunkt des (öffentlichen) Rechtsfriedens, wenn er auch als Angriffsobjekt zugrunde liegt (in dem erwähnten abgeschwächten Sinn, wie spezielle Angriffsobjekte bei Polizeidelicten überhaupt), für die Kriminalisirung nicht in der nämlichen Weise in Betracht kam.

Was sodann die beiden Delicte des § 130 a Abs. 1 und 2 angeht, so gehören sie insofern auf den ersten Blick unzweifelhaft zu der zuerst besprochenen Kategorie der prinzipalen Rechtsfriedensdelicte, als die — noch dazu ausdrücklich erwähnte — Modalität «in einer den öffentlichen Frieden gefährdenden Weise» in ihrem Thatbestand eine genau so Ausschlag gebende Rolle spielt, wie in dem des § 130; allein es tritt bei ihnen doch andrerseits noch ein ganz besonderer Umstand hinzu, der ihnen eine Spezialtendenz verleiht, wegen welcher sie genau genommen nicht jenen anderen Delicten der ersten Kategorie ganz an die Seite gestellt werden können. Es liegt dies kurz gesagt in ihrer Natur als Amts- oder Standesdelicte, sie sind leges speciales, fast sogar Ausnahmegesetze, welche in ganz bestimmter kriminalpolitischer

Tendenz gegeben worden sind. Man denke an die bekannte Vorgeschichte, namentlich das Verhalten der katholischen Geistlichkeit, z. B. in Bayern, nach der Gründung des Deutschen Reichs und der Organisation des Altkatholizismus, und die Epoche des Gesetzes vom 10. Dezember 1871, — denn nur auf dieses erstere, Abs. 1 § 130a, kommt es an, da die Einführung des Abs. 2 durch Gesetz vom 26. Februar 1876 nur eine praktisch und zur konsequenten Vollständigkeit notwendige, beinahe rein quantitative Ergänzung darstellt, — welches ja schon beinahe eines der sogenannten Kulturkampfgesetze war. Und man beachte ferner die sehr deutlichen, oben zum Teil angeführten Motive des Gesetzes, die gerade den Punkt hervorheben, dass wegen der grossen, verstärkten Tragweite, welche von der Kanzel herab gesprochene Worte in weiten Kreisen des Volks hätten, sowie andrerseits, weil die allgemeine Redefreiheit der Geistlichen naturgemäss sehr weit gesteckt werden müsse, die allgemeinen gesetzlichen Bestimmungen nicht mehr genügten, man vielmehr ein besonderes, in seinem Thatbestand zum Teil engeres, zum Teil weiteres, — (das Nähere hierüber wird noch ausgeführt werden), — Spezialgesetz habe schaffen müssen.[1]) Und es ist auch wohl gar kein Zweifel, dass, worauf es ja hier im Zusammenhang mit den eben erwähnten Umständen ankommt, ein Delict, das nur von Geistlichen bei Verrichtung einer gottesdienstlichen Handlung u. dgl.

---

1) Sehr treffend führen diese Gedanken die Motive zu einem später noch zu erwähnenden französischen Gesetzentwurf aus jüngster Zeit, betreffend die Ausdehnung der diesbezüglichen Bestimmungen des Code pénal, (cf. unten § 15), aus:

«*La loi a stipulé au profit des ministres des cultes reconnus de nombreux privilèges.*

Par contre elle a justement considéré que le droit de critique et de censure qui appartient aux autres citoyens ne pouvait leur être reconnu sans le plus grave péril pour l'ordre public.

La loi n'a pas voulu que les ministres des cultes auxquels l'État confère une fonction, un traitement, et qui sont soumis à sa surveillance et à sa discipline, puissent tourner contre lui les avantages qu'ils en ont reçus. La société civile a le devoir de maintenir avec fermeté ce principe, aussi longtemps du moins qu'elle continuera d'assurer aux ministres des églises les avantages et les immunités qu'elle leur accorde.»

begangen werden kann, bei welchem also der Gesetzgeber von einer ganz besonderen, durch spezielle Standesverhältnisse und deren Bedeutung geschaffenen Rechtslage ausgegangen ist, für die Frage nach seiner prinzipiellen Stellungnahme zu den Rechtsfriedensverletzungen auch qualitativ ganz anders, gewissermassen nach einem verschiedenen Masstab, aufzufassen ist, als ein gewöhnliches, sozusagen gemeines Strafgesetz. Und daher kommt für unsere Untersuchung überhaupt ein Unterschied zur Bedeutung, wie sich später zeigen wird. So war es auch zu verstehen, wenn oben angedeutet worden ist, die Delicte gegen § 130 a gehörten zwar nicht ohne weiteres in jene zweite Klasse von Thatbeständen, welche nicht prinzipal, sondern nebensächlich den Begriff des Rechtsfriedens betreffen, ständen vielmehr wohl in der Mitte zwischen beiden Kategorien, einen Uebergang bildend.

Uebrigens soll selbstverständlich durch die eben erörterte Einteilung nicht etwa ein Teil der Delicte aus dem Kreis der Rechtsfriedensdelicte wieder ausgeschieden oder auch nur als — absolut genommen — minderwertig und praktisch bedeutungslos dargestellt werden: Formell, als Rechtsfriedensdelicte, sind sie alle gleichwertig, sie sind alle p r i n z i p i e l l e Rechtsfriedensdelicte; es sollte nur der allerdings wichtige Unterschied hervorgehoben werden zwischen p r i n z i p a l e n, weil ex professo= [prinzipiellen], und n e b e n s ä c h l i c h e n, weil casuistischen [prinzipiellen] Rechtsfriedensdelicten.

Von der ersten Klasse, als den zur Auffindung der Rechtsprinzipien wichtigeren Bestimmungen, soll auch bei der nunmehr folgenden Einzeluntersuchung ausgegangen werden. Innerhalb dieser Einteilung sollen dann auch des weiteren die einzelnen Delicte möglichst nach ihrer prinzipalen Tragweite abgestuft werden. Hierbei lässt sich allerdings in keiner Weise die Einteilung nach der objektiven und subjektiven Seite des Rechtsfriedens, welche doch wohl die elementarste und natürlichste, jedenfalls die äusserlich am meisten in die Augen springende ist, einhalten: Auch dies schon gewiss ein bedenkliches Zeichen für den Mangel an Methode seitens des Gesetzgebers bei der Regelung unserer Materie.

Endlich ist noch ein für diese ganze folgende Untersuchung wichtiger Umstand zu betonen: Da es hierbei für unsere Zwecke nur darauf ankommt, wie weit jede einzelne Bestimmung das Gebiet des Rechtsfriedens und seiner möglichen Verletzungen berührt, so ist dabei von einer erschöpfenden Gesamtinterpretation der verschiedenen Thatbestände an sich, in allen Punkten, abzusehen und grundsätzlich nur insoweit darauf einzugehen, als es jene Frage nach der prinzipiellen Tragweite erfordert.

§ 11.

1. Die prinzipalen Rechtsfriedensdelicte.

a.) Die friedensstörende Drohung nach § 126 Rstgb.[1])

Der § 126 Rstgb., — um also mit der weitgehendsten Bestimmung zu beginnen, — schützt das Gut des Rechtsfriedens der Art, dass er, und zwar allein mit Gefängnisstrafe, bis zu einem Jahre, belegt: «wer durch Androhung eines gemeingefährlichen Verbrechens den öffentlichen Frieden stört». — Dass hier das subjektive Rechtsfriedensbewusstsein der Oeffentlichkeit gemeint ist, wurde bereits erörtert, sowie insbesondere auch schon in der allgemeinen Begriffsentwickelung, was dabei das spezifische Moment der Oeffentlichkeit ausmacht.

Zur Interpretation ist nun im einzelnen hier folgendes zu bemerken:[2])

---

1) Die eingehendere Behandlung des gesamten Thatbestandes des § 126 ex professo und im Zusammenhang mit demjenigen des § 241 bildet den Gegenstand der erwähnten Abhandlung des Verfassers in der Zeitschrift f. d. ges. Str. R. W., Bd. XIX, auf welche hier für weitere Einzelheiten verwiesen wird; insbesondere finden sich daselbst die einschlägigen Litteraturangaben zusammengestellt.

2) Der § 126 hat nämlich trotz seiner Kürze und scheinbaren Klarheit schon Anlass zu einer grösseren Anzahl von Einzelstreitfragen gegeben, deren jeweilige besondere Erörterung hier aber zu weit abführen

Kriminalisirt ist die Störung dieses öffentlichen Friedens, wenn sie auf eine bestimmte Weise erfolgt, nämlich «durch Androhung eines gemeingefährlichen Verbrechens». Dieses Moment besagt verschiedenes. Was zunächst den Begriff der Androhung angeht, so ist einmal insbesondere die deutliche Scheidung von dem — viel weiter gehenden — hier noch nicht interessirenden der Bedrohung festzuhalten. Es ist bereits kurz bemerkt worden, dass unter «Drohung» ganz im allgemeinen, das in Aussicht Stellen eines vom Willen des Drohenden abhängigen, im weitesten Sinn: von ihm herrührenden Uebels zu verstehen ist. Hiermit ist der Begriff erschöpft. — Also ist ganz gleichgültig: Ob der Drohende mit einer eigenen Handlung droht, oder mit derjenigen eines Anderen, über die er verfügen kann. Ob die Verwirklichung möglich ist oder nicht, und wiederum ob die Unmöglichkeit auf allgemeinen, objektiven Gründen, etwa Naturgesetzen beruht, oder auf blos subjektiven, in der Person des Drohenden. Desgleichen das Mittel der Drohung, ob sie ausdrücklich oder concludent erfolgt. Ebenso, infolgedessen, ihre Wahrnehmbarkeit, falls nur überhaupt ein objektives zu Tage Treten stattgefunden hat, da natürlich, nach allgemeinen Rechtsgrundsätzen, ein rein innerlicher Vorgang in der Gedankenwelt, d. h. also hier eine Verwünschung, rechtlich überhaupt nicht in Betracht kommt; noch weniger kann es mithin darauf ankommen, ob zu der etwaigen äusserlichen Wahrnehmung ein verstandesmässiges Begreifen getreten ist, sowie ob der, auf den die Drohung gemünzt war, selbst sie verstanden oder auch nur wahrgenommen hat. Und daher erst recht, ob sie etwa in diesem Fall auf ihn gewirkt, er sie ernst genommen hat oder nicht, und letzteren Falls wiederum, aus welchem Grund; überhaupt kommt also auch der civilrechtliche Begriff des *metus nec vani hominis,* die Berechtigung der etwaigen Wirkung, gar nicht in Betracht.

---

würde. Sehr gute Ausführungen und namentlich auch weitere Litteraturnachweise finden sich vor allem bei Olshausen, Kommentar Bd. I, zu § 126, S. 473, sowie in der v. Burischen Abhandlung «Zu den §§ 126, 130 und 130a Rstgb.», Nr. XVI im Gerichtssaal Bd. XXVII; S. 229—232.

Es sind dies alles strenge Konsequenzen des Umstandes, dass die Drohung ein rein einseitiger, in der Person des Drohenden selbständig entstehender und vollendeter Begriff ist, ohne Rücksicht auf irgend welche Wirkung, keine Erfolgshandlung.

Auf der subjektiven Seite ist, wie sich ohne weiteres aus dem Begriff des in Aussicht Stellens ergibt, Vorsatz nötig, aber auch ausreichend. Nicht erforderlich ist irgend welche Absicht des Drohenden, sei es einen bestimmten Erfolg zu erzielen, sei es den Drohungsinhalt zu verwirklichen, sei es auch nur, dem davon Betroffenen die Drohung zum Bewusstsein zu bringen. Auch hier ist entscheidend jener rein einseitige Charakter des Begriffs, der die Relevanz irgend eines ausserhalb des Drohenden und seiner Thätigkeit selbst liegenden Momentes ausschliesst. Insbesondere ist also auch, was uns speziell interessirt, ganz gleichgültig eine etwaige auf Verletzung des Rechtsfriedens Dessen, dem die Drohung gilt, gerichtete Absicht.

Jener Vorsatz nun ist das Bewusstsein von dem Wesen der Drohung, d. h. von der Bethätigung jenes in Aussicht Stellens einer Sache, Vorgangs u. s. w., welcher ein Uebel für den Betroffenen ist: Der Drohende muss annehmen, dass dieser den Drohungsinhalt als ein Uebel ansieht, falls er davon erfährt. Gleichgültig aber ist es dabei, dass diese Erwartung thatsächlich auf einem Irrthum beruht, wenn also der Betroffene die Sache, etwa infolge einer besonderen persönlichen Anschauungsweise, nicht als Uebel ansieht. (Diese Möglichkeit hat natürlich nichts mit dem früher erwähnten Fall zu thun, wo blos die Drohung nicht auf ihn wirkt, weil er sie z. B. für unausführbar hält.)

Durch das obige erledigt sich auch eine in der Litteratur häufig aufgeworfene Streitfrage, die der sogenannten «scherzhaften Drohung». Es ist zu unterscheiden: Wenn blos der Drohende die Drohung nicht ausführen wollte oder auch konnte, im übrigen aber den soeben erörterten erforderlichen Vorsatz hatte, z. B. also den «Scherz» dahin sogar beabsichtigte, dem Betroffenen «Angst zu machen», weil er eben an die Verwirklichung glauben würde, so liegt eine echte Drohung vor; dagegen ist dies nicht der Fall, wenn die ganze Drohung selbst von vornherein Scherz war, d. h. der Drohende gar nicht erwartet und geglaubt hatte, dass der Betroffene die Sache überhaupt ernst nehmen und sie nicht sofort als scherzhafte Aeusserung ansehen würde.

Zur Illustration des ausgeführten mögen einige Beispiele dienen, nur zu den wichtigsten der erwähnten Punkte, wobei gegenüber dem ausserordentlich weit ausgedehnten Begriff der Drohung wohl zu beachten ist, dass es sich dabei vorerst nur um eine rein abstrakte Feststellung handelt, ohne dass ja damit etwa über die Strafbarkeit irgend etwas gesagt würde.

Eine echte Drohung liegt vor:

Wenn man einem Anderen — mündlich, schriftlich oder durch irgend welche pantomimische Zeichen — mitteilt, man werde ihn verhexen oder tot beten; oder ein ungeladenes Gewehr auf ihn anschlägt, oder mit einer brennenden Fackel eine bezeichnende Bewegung nach seiner Scheune hin macht. Wenn man gegen das Bildnis Jemandes die Faust ballt; oder die Drohungen in einsamem Selbstgespräch ausstösst, (Tells Monolog in der hohlen Gasse), so zwar, dass möglicher Weise sie von irgend Jemand vernommen werden könnten. Wenn der — zufällig gegenwärtige — Adressat ein unmündiges Kind, taub, (bezw. blind), oder geistig vollkommen abgestumpft ist, oder die betreffende Sprache nicht versteht u. dergl. Wenn er, aus Unerschrockenheit oder weil er sie nicht für ernst hält, die Drohung verlacht. Wenn er, dem Drohenden unbekannter Weise, zur Zeit der Drohung schon gestorben war.

Auf einen besonderen Punkt bezüglich des Drohungsbegriffes endlich sei seines Interesses wegen hier noch kurz eingegangen. Wenn es, wie oben ausgeführt, für den Drohungsinhalt genügt, dass er sich nach der Meinung des Drohenden für den Betroffenen als ein Uebel darstellt, so ist es auch ganz gleichgültig, ob er rechtswidrig ist oder nicht, er kann sogar nicht blos einfach rechtmässig, im übrigen rechtlich indifferent sein, sondern auch den Ausfluss eines subjektiven Rechts des Drohenden, ja sogar, darüber hinaus gehend, eine rechtliche

Pflicht desselben darstellen: Das in Aussicht Stellen einer Anzeige gegen einen Delinquenten bildet selbst dann eine echte Drohung, wenn es nicht seitens des diesbezüglich ganz frei gestellten Verletzten, sondern seitens eines zuständigen Polizeibeamten erfolgt. Ebenso natürlich jedes Drohen mit Strafe von Eltern gegen ihre Kinder; (selbst wenn, wobei auch noch früher erwähnte Momente Platz greifen, von vermeintlichen Pädagogen mit dem «Schwarzen Mann» gedroht wird). — Diesen Standpunkt vertritt auch das Reichsgericht in seiner Entscheidung vom 19. Oktober 1886.[3]) Dieser lag nun ein Fall des bereits früher erwähnten § 153 (mit 152) R. Gew. O. zu Grunde, (vgl. oben § 3 gegen Ende), und es hat den Anschein, als ob die ebenfalls bereits erwähnte sogen. Zuchthaus-vorlage vom 26. Mai 1899 auch speziell hierauf Rücksicht nimmt, wenn sie in ihrem Abs. 3 § 4 vorschreibt:

> «Eine Verrufserklärung oder Drohung im Sinne der §§ 1 bis 3, [verschiedene Vergewaltigungshandlungen im Arbeiterverhältnis durch «körperlichen Zwang, Drohung, Ehrverletzung oder Verrufserklärung»], liegt nicht vor, wenn der Thäter eine Handlung vornimmt, zu der er berechtigt ist, insbesondere wenn er befugterweise ein Arbeits- oder Dienstverhältnis ablehnt, ... (u. s. w. dgl.)»

Denn dass es sich dabei nicht etwa um eine einfache authentische Interpretation des Begriffs der Drohung handelt, wodurch ja die entgegengesetzte Ansicht ausgesprochen würde, sondern nur gesagt sein soll, dass Drohungen mit rechtmässigen, erlaubten Handlungen nicht strafbar sind, (scilicet: obgleich sie doch echte Drohungen sind), ergibt abgesehen von dem Zusatz «im Sinne der §§ 1 bis 3», zweifellos die Motivirung des § 4 in der Begründung der Regierungsvorlage.[4]) —

---

[3]) Entsch. R. G. Bd. XIV, Nr. 98, S. 387 ff., (391, 392).

[4]) cf. die bereits oben, § 3 Anm. 4 zitirte Begründung derselben, S. 2244 extr. a. a. O. —

Eine ganz analoge Klausel hatte auch die Fassung in dem Ab-

Diese eingehendere Konstruktion des Drohungsbegriffs war deshalb wichtig, nicht nur weil der später zu entwickelnde Begriff der Bedrohung sich darauf gründet, (unten § 13 princ.), sondern insbesondere wegen der grossen Rolle, welche er für das Gut des — subjektiven — Rechtsfriedens prinzipiell spielt und daher auch für die am Schluss zu bringenden Vorschläge de lege ferenda, (cf. unten besonders § 22 med.)

Auf Grund dieses Drohungsbegriffs nun ist die Tragweite des in § 126 kriminalisirten Begehungsmittels zu interpretiren: Die Androhung, das Androhen bedeutet nämlich schlechterdings nichts anderes, nicht mehr, als Drohung und Drohen. Schon rein sprachlich ist hier kein Unterschied zu finden, ebenso wenig wie zwischen Fragen und Anfragen, Wünschen und Anwünschen u. dgl. m. Die Vorsilbe «An» drückt doch nur aus, dass die Drohung sich an Jemanden richtet, dass der Inhalt auf Jemanden gemünzt ist. Dies jedoch ist schon ohne weiteres in dem einfachen Begriff der Drohung enthalten, da ein in Aussicht Stellen eines Uebels eben notwendig mit Beziehung auf Jemand erfolgen, für Jemand ein Uebel sein muss. Etwas begrifflich neues kommt also hier nicht dazu, (was nicht etwa missverständlich dahin aufgefasst werden darf, als ob dadurch irgendwie die oben entwickelte rein einseitige Natur der Drohung berührt würde.) Der Punkt ist deshalb noch besonders wichtig, weil gerade hier später der weiter gehende besondere Begriff der Bedrohung einsetzen wird. — Es war zweifellos kein anderer, als ein rein stilistischer Grund dafür vorhanden, die vollere Form zu gebrauchen, anstatt zu sagen: Wer durch Drohung eines gemeingefährlichen Verbrechens . . . . ., da es alsdann korrekter Weise hätte heissen müssen: Wer durch Drohung mit einem gemeingefährlichen Verbrechen . . . . .

änderungsvorschlag der nationalliberalen Partei im Reichstag, welcher an Stelle eines neuen besonderen Gesetzes die §§ 152 und 153 R. Gew. O. erweitern wollte, auch enthielt dessen (mündliche) Begründung ebenfalls jene entsprechenden Andeutungen; (Antrag Büsing u. Gen., sowie die Rede Jenes im Plenum des Reichstags, beides vom 20. November 1899 und nur erst nach Zeitungsberichten zugänglich.)

Hiermit ist also ohne weiteres gesagt, dass für unseren Begriff in § 126 alles das, aber auch nur das in Betracht kommt, was über denjenigen der Drohung, ganz im allgemeinen, entwickelt worden ist. Namentlich also auch, wie einer später noch zu erwähnenden abweichenden Interpretirung wegen zu betonen ist, dass durch den Thatbestand der Androhung (eines gemeingefährlichen Verbrechens) noch nichts über eine erfolgte Verletzung des Gutes des Rechtsfriedens gesagt ist, ein derartiges Element noch ausserhalb jeder Beziehung gelassen ist.

Als Beispiel dafür, wie leicht infolge eines Mangels in der Interpretation des Grund legenden Drohungsbegriffs eine falsche Interpretation dann im ganzen Thatbestand des § 126 entsteht, mögen zwei ganz ungerechtfertigte Behauptungen Schwarzes[5]) dienen, nämlich einmal, dass § 126 dann nicht Platz greife, wenn die Drohung nicht geeignet ist, eine begründete Besorgnis (der Verwirklichung) hervorzurufen; also ein Verkennen der streng einseitigen Natur der Drohung. Sonderbar aber nimmt sich alsdann seine ganz unhaltbare Anschauung aus, die auch in der Litteratur teilweise lebhaft bekämpft wird, dass die strafbare Androhung nach § 126 dann ebenfalls ausfalle, wenn die Drohung so gefasst werde, dass ihr die That unmittelbar auf dem Fusse folgen soll; also wohl in allen Fällen, wo z. B. der Drohende zugleich schon eine Waffe bei sich führt und sich anschickt, davon Gebrauch zu machen. Denn dann trete diese Ausführung entweder in der That sofort ein, es komme z. B. gleich zur Körperverletzung, dann könne blos die strafrechtliche Bestimmung über diese Platz greifen; oder aber es sei dies nicht der Fall, dann zeige sich fast im nämlichen Augenblick mit der Drohungsäusserung selbst, dass sie falsch, eine «leere (?) Drohung» sei; also könne in beiden Alternativen nicht von einer wirklichen Drohung die Rede sein, und zwar «schon dem Sprachgebrauch des Wortes Drohung nach». Namentlich dieses letztere Argument ist mangels jeder weiteren Begründung unverständlich. Auch hier

---

5) Kommentar zu § 126, S. 385 extr.

also die Missachtung des selbständigen Charakters des Drohungsbegriffes.

Vor allem braucht mithin die Androhung ebenso wenig ein Objekt, als die Drohung, in dem Sinn, dass sie auf eine bestimmte Person oder überhaupt auf Jemand irgendwie einwirken müsste. Weder braucht dies thatsächlich zu geschehen, noch muss die Möglichkeit dazu, weder die allgemeine noch die spezielle, subjektive, Geeignetheit vorhanden sein. Dass eine bessimmte Wirkung, nämlich die Störung des öffentlichen Friedens erfolgt ist, wird durch den Thatbestand des § 126 Rstgb. im ganzen erfordert, es muss ja selbstverständlich Jemand die Androhung perzipirt und begriffen haben, sonst kann der erforderliche Causalzusammenhang nicht gegeben sein, ist aber keineswegs schon im Begriff der Androhung gelegen. Eine Verwechslung von beiden scheint also vorzuzuliegen, — neben einem weiteren Fehler, bezüglich der inneren Thatseite, — wenn z. B. John,[6]) der die Drohungsdelicte einteilt in Drohungen als selbständige Vergehen und Drohungen als Teile zusammengesetzter Verbrechen, zu den letzteren, uns hier interessirenden, einleitend bemerkt: Der vollendete Thatbestand wird vorliegen, wenn der Absicht (!) des Drohenden gemäss durch geeignete (?) Drohmittel der Zustand psychischer Unfreiheit, — der Angst, der Furcht, — in dem Bedrohten (soll heissen: in Dem, welchem der Drohungsinhalt zugedacht ist,) hervorgerufen worden ist.

Hieraus folgt unmittelbar der für die Tragweite des § 126 praktisch wichtige Umstand, dass nicht etwa, wie es ja auf den ersten Blick nahe läge anzunehmen, das persönliche Objekt der Drohung mit dem der Friedensstörung begrifflich in irgend einem notwendigen Zusammenhang stände, dass etwa an die Oeffentlichkeit, deren Rechtsfrieden gestört wird, auch die Androhung gerichtet sein müsste, d. h. also, genau ausgedrückt, dass derjenige Teil der Gesamtheit, in welcher das öffentliche, allgemeine Vertrauen auf den gesicherten Bestand der Rechtsordnung im Verkehr erschüttert oder getäuscht wird, etwa

---

6) Ueber Landzwang und widerrechtliche Drohungen, § 23, S. 61 f.

auch durch die thatsächliche Verwirklichung des Drohungsinhalts in dem jeweiligen Rechtsgut, (Leib, Leben oder Vermögen), betroffen, d. h. hier wenigstens gefährdet würde; ebenso wenig, dass diese Androhung selbst überhaupt öffentlich erfolgen müsste. Es besteht vielmehr vollständige Unabhängigkeit zwischen beiden Momenten, auch ganz abgesehen davon, dass ja der Inhalt der Androhung schon begrifflich aus der Natur der gemeingefährlichen Delicte, in concreto nicht die Oeffentlichkeit direkt betreffen muss, sondern sehr wohl blos einen Einzelnen verletzen kann, ohne weiter gehenden auch nur Gefährdungserfolg; (wo nicht ausdrücklich, wie z. B. in § 312, das Gegenteil gesagt ist). Das Gesetz fordert nur: dass mit einem gemeingefährlichen Verbrechen gedroht worden ist, wem? ist gleichgültig; und dass causal durch diese Handlung eine Störung des öffentlichen Rechtsfriedens erfolgt ist; in welcher Beziehung jedoch, d. h. in welchem Verhältnis der letztere Personenkreis zu dem oder den von dem Verbrechen Betroffenen etwa steht, ist ebenfalls gleichgültig. Es genügt also zur Anwendung des § 126 vollkommen, wenn A dem B erzählt, er werde das Haus des X anzünden, und durch eine Verbreitung dieses seitens B, direkt oder auch indirekt durch Weiterverbreitungen, eine Störung des öffentlichen Friedensbewusstseins eintritt, vielleicht weil X eine bekannte und besonders angesehene oder beliebte Persönlichkeit ist, auch ohne dass das Publikum etwa die Inbrandsetzung anderer Häuser fürchtet.

Allerdings wird in solchen Fällen der Vorsatz des Thäters, — wie weit derselbe überhaupt zur Erfüllung des § 126 in subjektiver Beziehung gehen muss, soll später noch erörtert werden, — jene weiteren Mitteilungen u. dgl. ebenfalls zu umfassen haben; und wenn auch hier häufig der dolus eventualis Platz greifen wird, so sind doch immerhin Fälle denkbar, wo es an diesem subjektiven Thatbestand fehlen wird. Man nehme z. B. an, A schreibe dem X, etwa zu Erpressungszwecken, einen jener bekannten Drohbriefe, er werde ihm den roten Hahn aufs Dach setzen, (dass hierin, weiter gehend, sogar eine Bedrohung liegt, ändert für den Fall nichts,) indem er Grund hat zu der Annahme, X, welcher furchtsamer Natur ist, werde ihm die verlangte Summe auszahlen und aus Angst vor ihm strenges Stillschweigen über die Sache beobachten. Auf der Post jedoch wird der Brief von einem Beamten geöffnet, sei es aus reiner Indiskretion, sei es weil er zufällig den Sachverhalt ahnt. Er sorgt dafür, dass die Sache allgemein bekannt wird, es entsteht infolge der Drohung eine Störung des öffentlichen Rechtsfriedens. Hier wird dem A dieser Erfolg, welchen er wohl in keiner Weise voraussehen konnte, nicht anzurechnen sein. Auch über diesen Punkt vgl. man das bereits in anderem Zusammenhang angeführte Urteil des Reichsgerichts vom 2. Oktober 1882.[7])

In der Litteratur übrigens wird jene prinzipielle Unabhängigkeit der Personen, auf welche sich die Androhung bezieht, welche also durch die Verwirklichung von deren Inhalt verletzt würden, von denjenigen, welche von der Störung des öffentlichen Rechtsfriedens betroffen werden, regelmässig nicht klar hervorgehoben.

Allerdings wird nun der Regelfall so liegen, dass beide Kreise zusammen fallen, d. h. dass die Störung des öffentlichen Rechtsfriedensgefühls deshalb eintritt, weil sich diese nämliche Oeffentlichkeit, Allgemeinheit im eben erwähnten Sinn, durch das angedrohte Uebel direkt betroffen fühlt, so zu sagen jeder Einzelne fürchtet, nämlich in seiner Zuversicht auf den geordneten Bestand der Rechtsordnung und ihrer unfehlbaren Machtstellung zur Aufrechterhaltung der Ruhe und Ordnung im öffentlichen Verkehrsleben jeder Delictshandlung gegenüber, gestört wird. Das Gesetz geht hierbei von einer Präsumption aus, dass nämlich alle in seinem Sinne, abstrakt, «gemeingefährlichen» Delicte auch wirklich in concreto als gemeingefährlich, allgemein als gefährlich, empfunden und gefürchtet werden, auch wenn der Betreffende gar nicht direkt von der Handlung betroffen wird, dass also notwendiger Weise die Erwartung, Aussicht auf jedes gemeingefährliche Delict deshalb auch das Friedensbewusstsein der Allgemeinheit stören wird. Eine derartige Verallgemeinerung und Er-

---

7) Entsch. R. G. Bd. VII, S. 393 f.

hebung zum Prinzip eines allerdings gewiss häufigen thatsächlichen Vorgangs, dazu noch auf Grund einer recht willkürlichen und wenig glücklichen Abgrenzung des formellen Begriffs der (generell) gemeingefährlichen Delicte, — worauf noch zurückzukommen sein wird, — setzt übrigens, in den innersten Grund verfolgt, ein irrtümlich überschätztes Solidaritätsgefühl gewissen verbrecherischen Handlungen gegenüber bei nicht direkt davon Betroffenen voraus. Dass ein solches jedoch keineswegs in dem Masse besteht, lehrt die tägliche Erfahrung.

Wenn oben die vollständige begriffliche Unabhängigkeit des Thatbestands der Drohung (Androhung) von demjenigen einer Störung des öffentlichen Friedens betont worden ist, so geschah dies auch deshalb, weil in ganz merkwürdiger Weise, unter Verkennung dieses prinzipiellen Umstandes, eine Verwechslung beider, ein Durcheinanderwerfen der beiden Momente stattgefunden hat, welches die ganze Tragweite des § 126 durch vollständige Verdrehung desselben verändert. Sonderbarer Weise behauptet nämlich John[8]) aus ganz unerfindlichem Grunde, der Wortlaut des § 126 sei dahin zu interpretiren: «Wer einer Friedensgemeinschaft (?) ein gemeingefährliches Verbrechen androht, stört hierdurch den öffentlichen Frieden und wird .... bestraft.» Dies läuft also auf die Ansicht hinaus, dass der Gesetzgeber unter Zugrundelegung einer unwiderleglichen praesumptio juris et de jure, dass die Androhung eines gemeingefährlichen Verbrechens stets begrifflich auch eine Störung des öffentlichen Friedens bedeute, nämlich immer in ihrem Gefolge habe, sie deshalb ohne weiteres an sich für strafbar erklärt und das ausdrückliche Element einer Störung des öffentlichen Friedens nur rein definitionsmässig aufgenommen habe, also wie das Wort «Hausfriedensbruch» in § 123, «Totschlag» in § 212, «Diebstahl» in § 242, u. s. w. — Diese Auffassung ist zweifellos ganz unhaltbar: Abgesehen davon, dass eine derartige gekünstelte umdeutende Auslegung von vorn herein ganz willkürlich erscheint, fragt man mit Recht,

---

8) in Holtzend. Handb. Bd. III, Nr. 6, S. 163 f.

woher John jenen nach dem ganzen Anschauungssystem und Wortlaut des Gesetzes sonderbaren und unklaren Begriff einer — irgend wie abgegrenzten — «Friedensgemeinschaft» nimmt? Und der überaus dürftige Motivirungsversuch durch die rein praktische Zweckmässigkeitserwägung, dass eine thatsächlich erfolgte Störung des öffentlichen Rechtsfriedens angeblich unerweislich wäre und deshalb eben gar nicht erst untersucht werden solle, kann natürlich als ernsthaftes Argument einer theoretischen Untersuchung überhaupt nicht in Betracht kommen. Sodann aber ergibt gerade ein Vergleich mit solchen Thatbeständen, wo der Delictsbegriff bestimmt nur rein definitionsmässig ist, wie in den drei erwähnten Beispielen, dass er in § 126 jedenfalls eine andere Bedeutung haben muss: Zunächst ist schon äusserlich der Wortlaut in solchen Fällen stets verschieden; es heisst nicht in § 126: «. . . . wird wegen Störung des öffentlichen Friedens bestraft.» Sodann aber insbesondere ist der Sinn einer solchen blos definitionsmässigen Aufnahme ohne weiteres klar, nämlich die praktische kurze Bezugnahme in anderen Bestimmungen, welche vom gleichen Begriff ausgehen; man vgl. zu § 123, § 342, zu 212, 213 («Totschläger») und 215, zu 242, 243 («Diebstahl», «Dieb», «stehlen»), 244, 247, 248. (Dagegen war dies z. B. nicht möglich, wegen der teilweisen Abänderung des Thatbestandes auch abgesehen von der Qualifizirung durch das Amt, beim § 339 im Verhältnis zu § 241, bei welch letzterem es daher auch ganz unnötig gewesen wäre, den Definitionsbegriff «wegen Nötigung» hinzuzufügen.) Beim § 126 aber wäre ein solcher reiner Definitionsbegriff ganz zwecklos gewesen, da keine einzige andere Bestimmung auf ihr sich aufbaut.

Jene Frage nach der Art des Zusammenhangs, in der Auffassung des Gesetzgebers, zwischen der Androhung eines gemeingefährlichen Verbrechens und einer Friedensstörung, welche John so einfach ohne weiteres in der angegebenen Weise entscheiden zu können glaubt, wird uns im folgenden nochmals beschäftigen. — Eine treffende und gründliche Widerlegung von John findet sich übrigens auch bei v. Buri a. a. O.

Dass in der Fassung des § 126 dem Moment «Wer . . . .

den öffentlichen Frieden stört», eine viel weiter gehende, prinzipielle Bedeutung zukommt, ist auch wohl, abgesehen von jener singulären Theorie Johns, allgemein anerkannt.

Diese prinzipielle Bedeutung, in welcher sogar der Schwerpunkt des ganzen Thatbestandes liegt, ist insbesondere auch noch von Wichtigkeit für eine andere, sehr wesentliche Frage in Betreff der Tragweite unserer Bestimmung, und zwar auf der inneren Thatseite. Es kann nämlich auf den ersten Blick zweifelhaft erscheinen, wie weit sich der zu § 126 erforderliche Vorsatz erstrecken muss, das heisst ob er die Androhungsthätigkeit und den Eintritt der Friedensstörung umfassen muss, oder vielmehr blos erstere, so dass es alsdann genügt, wenn nebenher, rein objektiv, eine Friedensstörung eintritt. Die Frage ist auch in Praxi schon streitig geworden: Die letztgenannte, weitere Auffassung teilte z. B. das Preussische Ober-Tribunal, so in der Entscheidung vom 7. Juli 1870[9]) bezüglich des in dieser Beziehung gleichstehenden § 213 Preuss. St. G. B. 1851, während die andere, im Vorsatzerfordernis strengere, vom Reichsgericht vertreten wird, man vgl. auch hier jene Entscheidung vom 2. Oktober 1882; so auch aus der Theorie z. B. v. Liszt.[10]) Sie ist m. E. zweifellos die richtige. Zunächst spricht dafür, mehr äusserlich, schon die Fassung der Bestimmung, welche das Hauptgewicht eben auf die Störungshandlung legt: «Wer .... stört». Man beachte dem gegenüber, als Parallele, z. B. die ganz andersartige Formulirung des Thatbestandes der sogen. Körperverletzung mit nachgefolgtem Tode in § 226 Rstgb., wo trotzdem die herrschende und auch wohl richtige Auffassung, dass der Eintritt des Todes nicht vom Bewusstsein, Voraussicht des Thäters umfasst zu werden braucht, keineswegs ganz zweifellos erscheint. Immerhin könnte also noch aus einer Formulirung wie: «Wer in einer den öffentlichen Frieden störenden Weise ein gemeingefährliches Verbrechen androht,» oder «Wer ein gemeingefährliches Verbrechen androht, wird, wenn hierdurch

---

9) Oppenh. Rechtspr. Bd. XI, S. 397.

10) a. a. O. § 121, I, S. 397.

der öffentliche Friede gestört wird, ... bestraft,» ein Indicium für jene abgelehnte Ansicht entnommen werden. — Ein ungleich bedeutsamerer innerer Grund jedoch für die Annahme der anderen Auffassung, der m. E. schon allein durchschlagen müsste, ist der prinzipielle Umstand, dass das Delict eben ein Rechtsfriedensdelict ist, somit auch die innere Thatseite, der Vorsatz, doch insbesondere auch eben dieses ausdrücklich genannte und für die Tendenz der Bestimmung Ausschlag gebende Angriffsobjekt umfassen muss. Es mag noch bemerkt werden, dass die andere, abgelehnte Ansicht ja zugleich ein gewisses Hinneigen zu jener merkwürdigen John'schen Interpretation des § 126 bedeutet, was z. B. auch in den Ausführungen des erwähnten Urteils des Preussischen Ober-Tribunals hervortritt.

Sodann ist in unserer Bestimmung von wesentlicher Bedeutung, dass der Inhalt dieser Androhung, durch welche der öffentliche Frieden gestört wird, ein gemeingefährliches Verbrechen sein muss. Der dieser Normirung offenbar zu Grunde liegende Gedanke war nun, wie bereits bei anderer Gelegenheit angedeutet, der, solche Handlungen aufzunehmen, welche in der Oeffentlichkeit, so zu sagen vom grossen Publikum, allgemein und solidarisch, besonders gefürchtet sind, als für Rechtsgüter einer grösseren Anzahl Einzelner zugleich gefährlich. Infolge dessen könnte man daran denken, dass jedes Mal diese Gemeingefährlichkeit speziell untersucht, ein solcher qualifizirter Gefährdungscharakter in concreto feststellbar sein müsse, oder wenigstens, dass auf Grund des Begriffs der Gemeingefährlichkeit in abstracto ein gewisser relativer, etwa nach Ort und Zeit verschiedener Kreis von Delicten anzunehmen sei. Dies ist jedoch keineswegs der Fall, bei der ganz feststehenden Terminologie des Rstgb. — 27. Abschnitt — bezüglich des Begriffs Gemeingefährliche Verbrechen, namentlich auch mit Rücksicht auf das immerhin sehr Schwankende solcher Abgrenzungen oder gar jeweiligen concreten Untersuchungen.

Nun beruht aber allerdings dieser ganze Gedankengang auf verschiedenen Trugschlüssen: Zuerst ist nicht richtig, wie bereits ausgeführt, und wie in letzter Linie aus der richtigen

Interpretation des Begriffs der Drohung zu entnehmen ist, dass ein Zusammenhang besteht zwischen denjenigen Personen, an welche sich die Androhung richtet, d. h. also denjenigen, welche durch die Ausführung des gemeingefährlichen Verbrechens verletzt werden würden, und denjenigen, welche von der Störung des öffentlichen Friedens betroffen werden. Somit entfällt jeder Grund, weswegen die letztere gerade die Folge der Androhung eines Uebels wäre, welches sich an Mehrere, an eine Allgemeinheit wendet, ein gemeingefährliches ist; zumal wenn man nicht in den ebenfalls bereits erwähnten Irrtum einer Ueberschätzung des Solidaritätsgefühls Verbrechen gegenüber verfällt. — Des weiteren aber, was hiermit zusammenhängt, wird nun notwendiger Weise von der Voraussetzung ausgegangen, dass der durch das in Aussicht Stellen eines gemeingefährlichen Verbrechens als solchen hervorgerufene Eindruck, Einwirkung, ohne weiteres, geeignet ist, den öffentlichen Frieden zu stören. Zwar fällt dies noch nicht etwa zusammen mit der — ganz unhaltbaren — Konsequenz, welche aus jener verdrehenden Interpretation des Thatbestandes des § 126 bei John entsteht, dass nämlich jede Androhung eines gemeingefährlichen Verbrechens deshalb auch eine Störung des öffentlichen Friedens ist; allein auch jene andere, thatsächlich vom Gesetzgeber angenommene Voraussetzung, welche durch unwiderlegliche Rechtsvermutung die prinzipielle Geeignetheit jeder Androhung eines gemeingefährlichen Verbrechens zur Verursachung einer Rechtsfriedensstörung ausspricht, ist nicht haltbar. Vielmehr ist der Kreis der gemeingefährlichen Verbrechen, auch falls man diesen Begriff jeweils genau fassen wollte, ganz abgesehen von der positiven Aufstellung des Reichsstrafgesetzbuchs, sowohl zu weit als nicht weit genug in dieser Beziehung, nämlich völlig inkongruent, weil begrifflich ganz willkürlich gewählt. Theoretisch geht dies schon aus dem oben entwickelten hervor, der vollständigen prinzipiellen Unabhängigkeit der Begriffe Gemeine Gefahr und Oeffentlicher Frieden, und die praktische Richtigkeit wird sich aus den später zu bringenden Beispielen ergeben. — Und endlich ist, selbst wenn diese verschiedenen Bedenken nicht beständen, noch die ebenfalls bereits angedeutete Verwechslung dem § 126 zu Grunde gelegt, dass die im geltenden Recht absolut und positiv als gemeingefährlich hingestellten, klassifizirten Delicte dem in Wahrheit durchaus relativen und schwierig zu umgrenzenden Begriff der allgemeinen Gefährlichkeit entsprechen; vorausgesetzt übrigens, dass wirklich eine Verwechslung vorliegt, nicht etwa, wie man fast annehmen sollte, Bequemlichkeits halber, um durch Schaffung einer wenigstens festen Grenze den etwas verworrenen Knoten zu durchhauen, die so einfache Anlehnung an eine im Gesetz nun einmal schon vorhandene feste Rubrik erfolgte! Auch diese irrtümliche Identifizirung wird aus praktischen Beispielen deutlich erhellen.

Was nun weiter speziell diesen Begriff des gemeingefährlichen Verbrechens selbst angeht, so ist die dogmatische Interpretation sehr leicht gegeben, auf Grund des Wortlauts des Gesetzes selbst: Es handelt sich vor allem um diejenigen Delicte des 27. Abschnittes Rstgb., — Ueberschrift: «Gemeingefährliche Verbrechen und Vergehen», — welche zugleich auf Grund des § 1 Abs. 1 Verbrechen sind. Soviel ich sehe, wird auch diese feste Abgrenzung, im Gesetzbuch selbst, von Niemanden bemängelt, etwa auf Grund der oben berührten prinzipiellen Erwägungen zu erweitern versucht. Wir haben es also zu thun mit den §§ Rstgb. 306, 307, 308, 311, 312, 313 Abs. 1, 315, 321 Abs. 2, 322, 323, 324.

Dagegen darf nicht, aus dem Gebiet der sogen. Strafnebengesetze, vergessen werden das Sprengstoffgesetz vom 9. Juni 1884, welches sich selbst ausdrücklich als «Gesetz gegen den verbrecherischen und gemeingefährlichen Gebrauch von Sprengstoffen» bezeichnet. Diese Ueberschrift ist sicher gleichwertig mit der erwähnten des 27. Abschn. Rstgb. Auch die Betonung des Begriffs der Gemeingefährlichkeit in den Motiven zur Regierungsvorlage des Ges. 1884, Einleitung, lässt wohl keinen Zweifel darüber, dass nach der Absicht des Gesetzgebers diese Bestimmungen nachträglich unter den spezifischen Begriff des 27. Abschnittes und unter seine Kategorisirung mit eingereiht werden sollten. Desgleichen gibt die schon in diesem enthaltene Vorschrift des § 311, speziell bezüglich der Brandstiftungsdelicte, ein Indicium für die Einbeziehung. Und auch der § 13 Sprengstoffges., verglichen mit § 139 Rstgb., kann nicht als Argument gegen diese aufgefasst werden, dass nämlich etwa die Sprengstoffdelicte nicht schon an sich unter die mit zum Kreise der nach § 139 anzeigepflichtigen gehörigen gemeingefährlichen Verbrechen fielen: Vielmehr mussten gerade umgekehrt, weil eben sonst alle im Sprengstoffges. normirten Verbrechen ohne weiteres unter die Anzeigepflicht des § 139 gefallen wären, diese aber, übrigens mit Recht, nicht für alle vorgeschrieben sein sollte, durch eine besondere, den § 139 insoweit einschränkende Bestimmung die nicht passenden Thatbestände, § 8 und 10, ausgenommen werden.

Auffallender Weise wird nun diese spezielle zweite Kategorie gemeingefährlicher Delicte, des Sprengstoffges., in der Litteratur regelmässig nicht berücksichtigt, vermutlich blos übersehen, als ein erst viel später entstandener Bestandteil des Reichsstrafrechts. Eine treffende Ausnahme machen insbesondere Merkel[11]) und v. Meyer.[12]) Dagegen liegt wohl kein bloses Uebersehen vor, wenn die Erwähnung merkwürdiger Weise auch in den später noch eingehend zu erörternden Motiven der sogen. Umsturzvorlage aus dem Jahre 1894 unterbleibt, welche ausdrücklich nur die Verbrechen des 27. Abschn. Rstgb. aufzählen;[13]) da man doch von einer gesetzgeberischen Arbeit, welche einen Punkt ex professo berührt, Gründlichkeit und Vollständigkeit erwarten dürfte, also die etwaige abweichende Ansicht von der ganz naheliegenden, natürlichen Auffassung, wenigstens hätte ausdrücklich ausgesprochen werden müssen.

Allerdings ist nun die ganze Frage, insbesondere soweit sie uns hier interessirt, überwiegend rein theoretischer Natur,

---

11) a. a. O. § 138, 2., α, β, S. 352 f.

12) Lehrbuch § 135, 3. und 136, 2.

13) Drucksachen des Deutschen Reichstags, 9. Leg. lat. per. III. Sess., 1894/95, Bd. I, Nr. 49, S. 11 extr. u. 12 (cf. unten § 19).

weil praktisch für die allermeisten Fälle der bereits erwähnte § 311 aushilft: Da derselbe, als Blankettbestimmung, eine «Gleichachtung» ganz im allgemeinen der Sprengstoff- mit den Brandstiftungsdelicten vorschreibt, so sind damit die Verbrechen der §§ 5 und 6 Ges. auf alle Fälle mit zu den gemeingefährlichen gefasst; ein Unterschied dagegen entsteht zwischen der hier vertretenen und jener abgelehnten Auffassung bezüglich der §§ 7, 8 und 10, von welchen also für uns hier nur die letztere Bestimmung, die Thatbestände der Anreizung zu Sprengstoffverbrechen der bezeichneten Art und die Glorifizirung solcher in Betracht kommen. Und in Praxi lässt sich wohl der Fall nur schwer denken, dass eine Verletzung des öffentlichen Friedens dadurch verursacht wird, dass Jemand droht, zu Sprengstoffdelicten gewisser Art anzureizen oder solche zu glorifiziren. (Er wird dies dann regelmässig direkt thun!) Sollte indessen jemals ein derartiger Fall vorkommen, so würde er richtiger Ansicht nach unter § 126 Rstgb. fallen.

Nun gestaltet sich namentlich in einer Beziehung, welche dem Verhältnis der Sprengstoffdelicte zu gewissen Verbrechen des 27. Abschn. Rstgb. ganz parallel geht, diese Willkür in der Abgrenzung der als gemeingefährlich angesehenen Thatbestände besonders auffallend und in ihren Konsequenzen geradezu unsinnig: Das Reichsgesetz vom 14. Mai 1879 nämlich, betreffend den Verkehr mit Nahrungsmitteln, Genussmitteln und Gebrauchsgegenständen, enthält zweifellos nicht gemeingefährliche Delicte im formellen Sinne des Gesetzgebers, mit Rücksicht auf die Ausschlag gebende Bedeutung einer hier fehlenden ausdrücklichen Bezeichnung, insbesondere in der Titelüberschrift; und dabei stehen doch dessen §§ 10 ff. (12 Abs. 3, 13) dem — gemeingefährlichen — Verbrechen des § 324, 2. Teil, Rstgb. höchstens noch näher, als den §§ 306—308 desselben die §§ 5—9 cit. Sprengstoffges.! Die praktischen Konsequenzen einer derartigen legislatorischen Gedankenlosigkeit werden noch aus einem Beispiel erhellen.

Schliesslich sei der Vollständigkeit halber noch erwähnt, dass selbstverständlich, nach allgemeinen Rechtsgrundsätzen, die subjektive, juristische Auffassung eines Beteiligten über den gemeingefährlichen wie den Verbrechenscharakter des Drohungsinhalts gleichgültig ist, so dass also auch die Anwendbarkeit des § 126 davon unabhängig ist, ob der Androhende, der oder die Betroffenen, oder beide das im Sinne des Gesetzgebers gemeingefährliche Verbrechen als solches erkennen oder nicht, wozu ja dann noch, wollte man dies verkennen, der Einfluss der verschiedenen Kombinationen irrtümlicher Auffassungen bei den Beteiligten treten müsste. Mangels irgend welchen Anhaltpunktes für eine solche Auffassung, nach Lage der Bestimmung, muss daran festgehalten werden, was auch hier, (im Gegensatz zu einer analogen Frage bei § 241), so viel ich sehe, nirgends in Zweifel gezogen wird, dass es allein auf den objektiven Charakter eines Delicts ankommt, unter Zugrundelegung der oben entwickelten Gesichtspunkte, ohne jede Rücksichtnahme auf irgend welche subjektive Benennung oder Auffassung desselben. Bei der Interpretation des Delicts der Bedrohung wird, wie bereits angedeutet, auf eine entsprechende Frage zurückzukommen sein.

Es soll nunmehr unter Verwertung der erörterten verschiedenen Möglichkeiten in dem anscheinend so einfachen Thatbestand des § 126 an einigen praktischen Beispielen gezeigt werden, zu welchen Konsequenzen eine derartige Fassung führen kann. Auf Grund derselben wird sich alsdann die Kritik der grossen Bedenken und Schwächen dieser letzteren deutlicher und kürzer vornehmen lassen.[14])

In einem abgelegenen Gebirgsdorf der Vogesen macht sich Jemand den Spass, in einer Wirtsstube vor vielen Gästen zu erklären, er werde am folgenden Tage nach der Küste der Ostsee abreisen, um auf einer Düne bei X. nachts ein grosses Strandfeuer anzuzünden, welches geeignet sein würde, die Schiffahrt zu gefährden, (Rstgb. § 322). Die einheimischen Gäste, soweit sie überhaupt deutsch verstehen, haben keine

[14]) Das erste Beispiel findet sich genau ebenso ausgeführt in jener Abhandlung des Verfassers in der Zeitschrift Bd. XIX; die Wiederholung hier erfolgt hauptsächlich deshalb, weil hier noch eine weitere Bemerkung von grösserer prinzipieller Bedeutung angeknüpft werden soll.

Ahnung davon, wo X. liegt, was eine Düne oder ein Strandfeuer ist, und wie durch eine solche Handlung überhaupt weiter etwas geschehen kann. Nur der aus Ostpreussen stammende Ortsgendarm, ein von auswärts zugereister Kriegervereinspräsident, der kurz vorher in seinem Verein einen Vortrag über das zeitgemässe Thema der Flottenvermehrung gehalten hat, und ein zufällig anwesender Tourist verstehen, worum es sich handelt. Sie fassen die Sache ernst auf, nehmen mit Recht Anstoss an einer derartigen Frivolität und erzählen sie, wie jener Spassvogel auch voraus sah, andern im Dorf vorübergehend anwesenden Fremden. Deren bemächtigt sich, weil sie die Sache ernst nehmen und vielleicht zufällig Bekannte haben, welche in jener Gegend auf einer Seereise unterwegs sind, eine Aufregung, eine Furcht vor der Verwirklichung der Drohung, und zwar also in einem weiteren, durch keinerlei gemeinsames Band verknüpften oder sonst geschlossenen Kreise, d. h. in einer Oeffentlichkeit. Es wird Anzeige erstattet, mehrere Personen erklären als Zeugen, in ihrem Gefühl der Zuversicht auf die Autorität der Rechtsordnung, ihrem Rechtsfriedensbewusstsein verletzt worden zu sein. Inzwischen stellt sich heraus, dass der Thäter, ein durchaus harmloser und einfältiger Mensch, der keinen Pfennig Reisegeld besitzt und überdies bereits im Begriffe stand, sich zur Erfüllung seiner Militärpflicht nach irgend einer süddeutschen Garnison befördern zu lassen, sich nur infolge einer Verabredung mit Kameraden einen Scherz machen wollte: Es muss gegen ihn auf Grund des § 126, wegen eines Vergehens, im Strafkammerprozess, eine Verurteilung, und zwar zu Gefängnisstrafe ausgesprochen werden. — In einem Ort des Hochgebirges, in einer häufig von Lawinen heimgesuchten Gegend, erklärt zur Zeit der Schneeschmelze ein allgemein gefürchteter, mehrfach wegen Verbrechen schwer bestrafter und sehr gewaltthätiger Mensch, er werde von den Schneefeldern der hohen Felswand, die über dem Dorf ansteigt, durch Inbewegungsetzen der Schneemassen eine schwere Lawine auf das letztere herunterbefördern, irgend welche Häuser und Menschen würden ja schon darunter begraben werden, er wisse zwar nicht welche, das sei ihm aber auch gleichgültig, es sollten nur überhaupt möglichst viele der ihm feindlich gesinnten Dorfbewohner getötet, verletzt, oder doch in ihrem Eigenthum schwer geschädigt werden. Ehe man ihn zurückhalten kann, begibt er sich auch auf den Weg nach jener Felswand. Die nur an einige persönlich Unbeteiligte gerichtete Bemerkung wird von diesen weiter erzählt, im Augenblick erfährt das ganze Dorf die Drohung. Es entsteht eine allgemeine Panik, Niemand wagt es, den gefährlichen und gefürchteten Menschen zu verfolgen, die Häuser werden geräumt, Alles verlässt, im Winter und unter beschwerlichen Umständen, schleunigst den Ort, wo man seines Lebens nicht mehr sicher ist, es entsteht eine grosse Aufregung, Unordnung und Störung der ganzen Lebensverhältnisse. Nach mehreren Stunden solcher allgemeinen Verwirrung kehrt deren Urheber wieder ins Dorf zurück, da er aus Bedenken vor der Strafe seinen Plan aufgegeben hat, und es lässt sich nicht nachweisen, dass er einen Anfang der Ausführung der beabsichtigten Handlung bethätigt hat. Der Mann kann nicht aus § 126 bestraft werden, weil er sich einer Störung des öffentlichen Friedens durch Androhung eines gemeingefährlichen Verbrechens nicht schuldig gemacht hat; er kann es überhaupt nicht, (auch nicht aus § 241), ausser natürlich etwa auf Grund des allgemein hülfsbereiten berühmten Groben-Unfugsparagraphen!

Im Anschluss hieran drängt sich nun folgender Gedanke auf, der allerdings, so viel ich sehe, in der Litteratur nirgends beachtet wird, was umsomehr auffallen muss, als im übrigen der Begriff und die Abgrenzung der gemeingefährlichen Verbrechen und Vergehen ziemlich allgemein eine lebhafte und übrigens sehr berechtigte Kritik gefunden hat. Es liegt bekanntlich dieser Kriminalisirung gewisser Thatbestände ein doppelter Gesichtspunkt zu Grunde: Dass eine Gefahr für Leib, Leben oder Eigentum unbestimmt und unbestimmbar welcher und wie vieler Personen hervorgerufen wird, und zwar durch — ganz allgemein ausgedrückt — die Entfesselung von Naturkräften, Elementen, mögen nun diese noch in rein elementarem Zustand sein, oder erst mit Hülfe künstlicher Mechanismen dienstbar gemacht, oder aber durch andere notwendige Einrichtungen mit den erforderlichen Sicherungsmassregeln oder Schranken versehen, um einem bestimmten Kulturzweck dienen zu können. Nun wäre in dieser letzteren Beziehung, abgesehen von vielen anderen Bedenken, welchen die positive Regelung durch den 27. Abschn. Rstgb. unterliegt, doch vor allem Vollständigkeit nötig gewesen, in dem Sinn, dass auch wirklich die hierbei überhaupt in Betracht kommenden elementaren Gewalten vollständig und gleichmässig Berücksichtigung finden: Dass diese in eingehendem Masse der Seegefahr, welche in den verschiedenen Fällen bei mangelnden Sicherheitsmassregeln der Meerschiffahrt droht, zu Teil geworden ist, kann in einer Vereinigung von Staaten, wie dem Deutschen Reich, wo verschiedene in ausgedehntem Masse an das Meer reichen, nur zweckmässig sein. Ebenso sicher aber wären mit Rücksicht auf andere Staaten Schutzbestimmungen gegen andere, ebenso «gemeine Gefahren» nötig gewesen: In den Hochgebirgsgegenden Bayerns etwa kann durch die Herbeiführung eines Bergsturzes oder einer Lawine eine ebenso grosse Gefahr für eine Allgemeinheit, im oben erwähnten Sinn, herbeigeführt werden, als in Preussen durch Unsichermachung der Küste. Hierauf hätte doch, bei Ausdehnung des für den Norddeutschen Bund geschaffenen Strafgesetzbuchs auf süddeutsche Staaten, mit ganz anderen geographischen Verhältnissen, Rücksicht genommen werden müssen. Falls man glaubte, ein Konglomerat so verschiedener Staaten als Mitglieder eines Bundesstaats einheitlich behandeln und unter einheitliche Gesetze bringen zu können, so wäre es doch in erster Linie nötig gewesen, auf die so verschiedenartigen Verhältnisse der einzelnen Rücksicht zu nehmen. Das jetzige Verhalten der Gesetzgebung legt allzu sehr die Vermutung eines bekannten politischen Standpunktes nahe: Preussen hat ausgedehnte Küsten, dagegen keine hohen Berge; die meisten anderen Staaten haben zwar keine Küsten, aber dafür teilweise hohe Gebirge; also muss das Reichsstrafgesetzbuch Schutzmassregeln für die Schiffahrt gewähren, solche gegen Gefahren im Gebirge sind überflüssig!

Sodann vergleiche man bezüglich der bereits angedeuteten vom Gesetz beliebten Nichtdurchführung des Anschlusses der Nahrungsverfälschungsdelicte im Nahrungsmittelgesetz an die betreffende im 27. Abschn. Rstgb., im Gegensatz zu der Einbeziehung der Sprengstoffdelicte, folgende Resultate: Ein Wirt, der den öffentlichen Frieden durch die Drohung stört, (unter welchen Umständen, des näheren, ist gleichgültig), bei ihm würde dem ausgeschenkten Branntwein eine gehörige Menge Blausäure zugesetzt, ist nach § 126 strafbar, denn es ist ein gemeingefährliches Verbrechen, — § 324 Rstgb., — wenn Jemand vorsätzlich Gegenständen, welche zum öffentlichen Verkaufe bestimmt sind, Stoffe beimischt, von denen ihm bekannt ist, dass sie die menschliche Gesundheit zu zerstören geeignet sind. Er ist dagegen nicht strafbar, wenn er mit dem gleichen Erfolg droht, auf die gleiche Weise Unerfahrenen reine Blausäure als Branntwein zu verkaufen; denn es gehört nicht zu den gemeingefährlichen Verbrechen, — § 12 Z. 1 und 13 Ges. 1879, — wenn Jemand wissentlich Gegenstände, von denen ihm bekannt ist, dass sie die menschliche Gesundheit zu zerstören geeignet sind, als Genussmittel verkauft! Gewiss ein besonders treffendes Beispiel für die Absurdität der positiven Abgrenzung des Begriffs der Gemeingefährlichkeit, und infolge dessen speziell des Thatbestandes des § 126.

Ferner denke man, bezüglich des Missstandes, wie wenig die so rein mechanische und willkürliche Abgrenzung gerade der gemeingefährlichen Verbrechen für die Zwecke des § 126 geeignet ist, an folgende Fälle: Zweifellos sind Hoch- und Landesverrat, namentlich unter gewissen Verhältnissen, die in Wahrheit gemeingefährlichsten aller Verbrechen, denn sie stellen unter Umständen durch einen Schlag die Existenz des ganzen Staatswesens und mithin wichtigste Lebensinteressen der Allgemeinheit in Frage. Nach den einseitigen Begriffen des Gesetzgebers gehören sie aber nicht zu den gemeingefährlichen, deren Gruppirung, wie oben bemerkt, ein ganz anderer Gedanke zu Grunde liegt. Wenn also z. B. in revolutionären Zeiten ein allgemein gefürchteter Führer der Opposition wilde Drohreden über die demnächstige Beseitigung des Monarchen,

Sturz der Verfassung, oder auch Provozirung eines Krieges mit einem mächtigen Nachbarstaat, dem das Land in die Hände gespielt werden soll, hält, so jedoch, dass er hierbei, was leicht möglich ist, die Bestimmungen über vorbereitende Handlungen zum Hochverrat, Aufruhr, u. s. w. zu umgehen weiss, so ist trotz der Entstehung einer noch so schweren Rechtsfriedensstörung und Unruhen mit allen ihren bedenklichen Folgen nicht einmal § 126 gegen ihn anwendbar! Auf ein weiteres treffendes Beispiel weist v. Buri hin, a. a. O., nämlich einen Fall von drastischer Drohung mit Mord, — unter Vermeidung der Bedrohung, — gegen unbestimmt viele Personen. Wie wenig konsequent überhaupt der Gesetzgeber in derartigen Fragen vorgegangen ist, zeigt der Vergleich mit einem ganz analogen Fall, nämlich dem Thatbestand des § 254 Rstgb., wo als besonders qualifizirte Erpressungshandlungen diejenigen unter Bedrohung mit Mord, Brandstiftung oder Verursachung einer Ueberschwemmung aufgefasst werden; hier also zwei recht willkürlich herausgegriffene formell gemeingefährliche neben dem schwersten gewöhnlichen Verbrechen. — (Auch bei Anwendung des bereits erwähnten § 139 Rstgb. dürfte übrigens das Thatbestandsmerkmal der «Gemeingefährlichen Verbrechen» zu recht eigentümlichen Resultaten führen!)

Es lässt sich wohl zum Schluss das Gesammtresultat der obigen Untersuchung des § 126 Rstgb., namentlich auch auf Grund seiner Beleuchtung durch verschiedene Beispiele, in eine kurze Kritik dahin zusammenfassen: Es ist zwar nicht zu leugnen, dass diese Bestimmung zum Schutz einer Seite des Rechtsfriedens im Grunde einem durchaus zutreffenden Gedanken und einer sehr vernünftigen Rechtsauffassung entspricht, und dass sie in den gewöhnlichen Fällen auch praktisch wohl geeignet sein mag, ihren Zweck zu erfüllen. Dagegen leidet sie, um ihren Platz richtig ausfüllen zu können, speziell an zwei grossen Mängeln: Sie ist einerseits zu eng eingeschränkt, andrerseits dagegen in ihrer Tragweite wiederum zu unbestimmt; beides, namentlich aber ersterer Fehler eine Folge der willkürlichen und casuistischen Bindung der Mittel der Begehung an den streng einseitig und ziemlich mechanisch abgegrenzten

Begriff der «gemeingefährlichen Verbrechen». Abgesehen davon, dass derselbe nicht einmal die wirklich gefährlichsten umfasst, kann es ja, wie oben ausgeführt, gar nicht darauf ankommen, eine Gruppe von Delicten herauszugreifen, welche die Allgemeinheit oder einen weiteren Kreis betreffen, vielmehr nur darauf, dem Begriff der «gefährlichen» Handlungen, ganz im allgemeinen, Ausdruck zu verleihen. Warum diese Verbrechen oder überhaupt nur strafrechtliche Delicte sein müssten, ist durchaus unerfindlich. — Selbstverständlich kann nun nicht jener Begriff der Gefährlichkeit schlechthin als Thatbestandsmerkmal aufgenommen werden, weil sonst zu leicht eine, namentlich auch in politischer Beziehung bedenkliche Kautschukbestimmung entstehen könnte. Es wird vielmehr später Sache eines Versuchs positiver Normirungen sein, die in dieser Beziehung nötigen Einschränkungen zu suchen, ohne doch den Charakter relativer Bestimmbarkeit des Drohungsinhalts aufzugeben.

Endlich ist noch, in zweiter Linie, bezüglich des Strafmasses des geltenden § 126 ein Uebelstand zu erwähnen. Auch hier fehlt es nämlich an der nötigen Elastizität, und zwar nach beiden Seiten hin: Einmal kann das Strafmaximum von einem Jahr Gefängnis leicht zu niedrig sein, mit Rücksicht auf die denkbaren besonders schweren Fälle, welche ja wohl sehr dicht an die Verursachung von Landfriedensbruch, Aufruhr u. dgl. heranreichen und wenigstens indirekt sehr schwere Folgen nach sich ziehen können. Es würde sich wohl empfohlen haben, einige geeignete bestimmte Fälle dieser Art herauszugreifen und unter einem erhöhten Strafrahmen zu normiren. — Sodann aber sind doch wieder sehr leichte Fälle denkbar, zumal wenn man die Bestimmung so fasste, dass z. B. auch thatsächliche Undurchführbarkeit des Drohungsinhalts zu berücksichtigen wäre, sodass die alleinige obligatorische Freiheitsstrafe nicht gerechtfertigt erscheint, vielmehr, vielleicht unter ausdrücklicher Voraussetzung einer besonders leichten Sachlage, wahlweise Zulassung von Geldstrafe angemessen gewesen wäre. Und insbesondere müsste, mit Rücksicht auf die spezielle politische Tendenz, die sehr leicht Delicten gegen § 126 zu Grunde liegen kann, wo also gewöhnlich dem Thäter seine keineswegs unehrenhafte Gesinnung zu gute zu halten ist, als Freiheitsstrafe neben der Gefängnis- und Festungshaft wahlweise nachgelassen sein. — Einem ähnlichen Gedanken verleiht auch Oetker[15]) Ausdruck.[16])

[15]) a. a. O. III princ. (8. Februar).

[16]) In der erwähnten Abhandlung des Verfassers finden sich, S. 500 f., dem § 126 Rstgb. entsprechende Bestimmungen einiger älterer deutscher Strafgesetzgebungen mitgeteilt, welche besonders jene richtigere Methode sorgfältigerer Normirung des Einzelthatbestandes, in elastischerer relativer Weise, veranschaulichen. (Krimin. G. B. f. d. Hzgt. Braunschweig vom 10. Juli 1840, art. 103; Krimin. G. B. f. d. Kgr. Hannover vom 8. August 1840, art. 192; St. G. B. f. d. Kaisert. Oesterreich vom 27. Mai 1852, aus artt. 98—100.

Sodann seien hier noch die Fassungen schweizerischer Strafgesetze erwähnt, welche dem § 126 Rgstb. wenigstens einigermassen entsprechen, allerdings in ganz anderer, spezialisirender Methode:

Code pénal du Canton de Fribourg, du 1 Janvier 1874,

art. 319. Celui qui, méchamment, arbore, vend, répand ou porte dans des réunions ou lieux publics, des signes d'association ou de ralliement propres à propager l'esprit de rébellion ou à troubler la paix publique, sera puni d'un emprisonnement de 15 jours au moins, ou d'une amende qui ne pourra pas excéder 500 francs.

Noch spezieller und sehr casuistisch bezüglich des subjektiven Thatbestandes:

Projet de Code pénal du canton de Neufchâtel, du 5 Mars 1889,

187. Ceux qui troublent la paix publique dans le but de porter atteinte au libre exercice de l'industrie, à la liberté de la presse, à celle de l'enseignement, au droit de réunion, seront punis de l'emprisonnement jusqu'à trois mois et de l'amende jusqu'à 500 francs, sans préjudice de condamnations qu'ils pourraient encourir si ces actes étaient accompagnés de délits plus graves [wahrscheinlich!].

La prison civile peut être substituée à l'emprisonnement pour ceux qui n'ont pas joué le rôle principal de chefs ou d'organisateurs.

Ganz merkwürdig nur einen einzelnen ganz speziellen Fall herausgreifend, wohl nur auf Grund einer besonderen politischen Lage verständlich:

Bundesgesetz vom 1. Mai 1853, Revision des Bundesstrafrechts (Beschlüsse der Expertenkommission vom 23. April 1890),

48ter. Wer im Dienste oder Solde einer fremden Polizei stehend (?) zu Handlungen aufreizt, welche die öffentliche Ordnung oder den öffentlichen Frieden gefährden, oder durch falsche Berichte die öffentliche Meinung aufregt, wird mit Gefängnis, in schweren Fällen mit Zuchthaus bestraft.

Gegen Ausländer ist ausserdem auf Landesverweisung zu erkennen.

§ 12.
Fortsetzung.

b. Die Anreizung zum Klassenkampf nach § **130** Rstgb.

Die nächst weitgehende Bestimmung ist eine gegen den objektiven Rechtsfriedenszustand gerichtete, nämlich § 130. Sie bildet in mancher Beziehung ein gewisses Seitenstück zu der eben besprochenen des § 126, wenn ihr auch, wie sofort erhellen wird, infolge der Bindung des Thatbestandes durch Spezialisirung der Modalitäten der Friedensstörung, vom prinzipiellen Standpunkt aus eine geringere Tragweite zukommt, als jener.

An sich wäre man ja berechtigt, hier, auf der oblektiven Seite überhaupt, befriedigendere Zustände zu erwarten, da es sich ja um ein leichter zu behandelndes, weil konkreteres, gewissermassen sinnlich greifbares Angriffsobjekt und äusserlich konstatirbare Verletzungen handelt, einen Zustand anstatt eines Gefühls, was nicht nur für die richterliche Beurteilung des einzelnen Falles, sondern auch für die notwendig damit im Zusammenhang stehende Behandlung des Gesetzgebers von vorn herein, eine grosse Erleichterung ist. Ob nun der positive Rechtszustand dieser Erwartung entspricht, wird zumal die Erörterung des § 130 zeigen, welcher ja am geeignetsten wäre, um die Aufgabe einer prinzipiellen Regelung zu erfüllen.

Das Delict der sogenannten Anreizung zum Klassenkampf hat, wohl besonders der politischen Seite wegen, die häufig dabei in Betracht kommt, weitgehendes Interesse hervorgerufen und findet sich auch in der strafrechtlichen Litteratur viel besprochen.[1]) Speziell für die vorliegende Untersuchung kommen

---

[1]) Es sei für die zahlreichen hier nicht besonders interessirenden hauptsächlich praktischen Einzelfragen auf die Kommentirung des Paragraphen bei Oppenhoff, S. 393 f., und Olshausen, Bd. I S. 524 f., sowie die daselbst zum grossen Teil angeführten ausserordentlich zahlreichen Entscheidungen der Praxis hingewiesen, von denen übrigens die wichtigsten von einem anderen Gesichtspunkt aus früher hier besprochen worden sind.

auch in Betracht die Ausführungen v. Buris,[2]) welche allerdings dadurch beeinträchtigt werden, dass er zum Ausgangspunkt seiner ganzen Argumentirung jene für § 130 abgelehnte subjektive Auffassung des Rechtsfriedensbegriffs nimmt, sowie besonders die sehr interessante Darstellung von John,[3]) welcher die Besprechung des § 130 ganz vom Gesichtspunkt eines Vergleichs mit dem Thatbestand des § 111 durchführt.

Dass wir es hier mit einem Delict gegen den objektiven öffentlichen Rechtsfriedenszustand zu thun haben, ist bereits dargethan worden. Das erste, was für uns nun weiter in Betracht kommt, ist, dass der Thatbestand in zwei Hauptteile zerfällt: es müssen einmal «verschiedene Klassen der Bevölkerung zu Gewaltthätigkeiten gegen einander öffentlich angereizt», und sodann muss hierdurch «der öffentliche Frieden» gefährdet» worden sein. Diese beiden ganz selbständigen Merkmale, — es ist auch vom Standpunkt des Gesetzgebers aus auch eine Anreizung u. s. w. ohne Gefährdung des öffentlichen Rechtsfriedenszustandes möglich, — werden häufig nicht bestimmt genug auseinander gehalten, wenn nicht überhaupt verwechselt, zumal es in Praxi ja allerdings nicht häufig vorkommen wird, dass eine öffentliche Anreizung jener Art den öffentlichen Friedenszustand nicht stört. Treffend ist in dieser Beziehung eine Entscheidung des Reichsgerichts vom 7. Januar 1895.[4])

Des weiteren ist es doch wohl auf den ersten Blick klar, was zunächst jenen zweiten Teil des Thatbestandes angeht, dass eine Verletzung, Störung des öffentlichen Friedens nicht erforderlich ist. Auch dieser Charakter des § 130, als bloses Gefährdungsdelict, wie ihn doch der Wortlaut nicht hätte deutlicher ausdrücken können, wird bisweilen nicht genug betont. Er ist jedoch deshalb sehr wichtig, weil für den Thatbestand nunmehr alles das von Bedeutung ist, was von dem Begriff der Gefährdung und der Gefahr überhaupt gilt, das aus-

---

2) a. a. O. (cf. vor. § 11 Anm. 2), S. 232 ff.
3) in Holtzend. Handb. Bd. III, S. 168 ff.
4) Entsch. R. G. Bd. XXVI, S. 349 f.

drückliche Erfordernis konkreter Gefährdung aufgestellt ist. Da auf diese Begriffe im Rahmen dieser Untersuchung nicht näher eingegangen werden kann, sei aus der einschlägigen Litteratur besonders verwiesen auf die bereits erwähnte Abhandlung v. Rohlands, Die Gefahr im Strafrecht.

Im allgemeinen scheint man nun über unsere Frage in Theorie und Praxis dahin einig zu sein, dass die — thatsächlich festzustellende — Hervorrufung einer Möglichkeit, einer gewissen Wahrscheinlichkeit der zu befürchtenden Störung des öffentlichen Friedens zum Thatbestand des § 130 gehöre. Innerhalb dieses allerdings noch sehr weiten Begriffs gehen aber dann die Ansichten alsbald besonders dahin auseinander, ob eine «nahe liegende Wahrscheinlichkeit» der Störung vorhanden sein müsse, oder ob schon eine «entfernte Möglichkeit» genüge. Diese erste Auffassung wird z. B. vertreten von v. Buri,[5]) in der poetischen Form eines «dunkeln beachtenswerten Punktes am Horizont», welcher schon hinreiche. (Es ist übrigens zu bemerken, dass auch hier jene subjektive Auffassung des Rechtsfriedens seitens v. Buris von Einfluss ist und seine ausserordentliche Strenge bei der Anwendung der Bestimmung überhaupt zur Folge hat.) Ebenso aus der Praxis u. a. die Entscheidung des Preussischen Ober-Tribunals vom 17. Mai 1876,[6]) sowie diejenige des Reichsgerichts vom 24. Oktober 1881,[7]) und sehr ausdrücklich die vom 22. Dezember 1886,[8]) «jede erregte Gefahr, wenn auch noch so weit liegend», übrigens mit einem eigenartigen Argument, auf das sofort noch zurückzukommen sein wird; und auch die soeben erwähnte Entscheidung vom 7. Januar 1895. — Jene andere Auffassung, von der «nahen Wahrscheinlichkeit», findet sich u. a. bei Olshausen a. a. O., Oppenhoff a. a. O., v. Liszt,[9]) und aus der Praxis seien angeführt, in merkwürdigem Gegensatz zu den eben erwähnten Urteilen: Entscheidung des Preus-

---

[5]) a. a. O. S. 232.
[6]) Oppenhoff, Rechtspr. Bd. XXIV, S. 349 f.
[7]) Rechtspr. R. G. Bd. III, S. 632 ff.
[8]) Entsch. R. G. Bd. XV, S. 116 ff.
[9]) a. a. O. § 121, IV, S. 398.

sischen Ober-Tribunals vom 19. März 1873,[10]) und des Reichsgerichts vom 17. Dezember 1888.[11]) Extrem in dieser Auffassung ist Geyer[12]): es müsse «wenigstens eine dem Ausbruch von Gewaltthätigkeit geneigte Stimmung erzeugt» worden sein.

Jene Entscheidung vom 22. Dezember 1886 erwähnt nämlich u. a. (S. 118) die Verschiedenheit der Strafmasse in § 126 und 130 als Argument, auf Grund folgender Erwägung: Der Begriff des öffentlichen Friedens in § 126 und 130 sei gleich bedeutend. (Bezüglich dieses Irrtums ist die Entscheidung schon oben, § 6, angeführt worden! Die in letzterer Bestimmung angedrohte Strafe nun, welche milder sei als die des § 126, genüge wohl bei der geringeren Gefahr für den öffentlichen Frieden, welche im Delict des § 130 liege, nicht aber bei der grösseren in dem des § 126. Denn die in § 126 zugelassene Geldstrafe wäre keine geeignete Strafe, wenn die nahe liegende Möglichkeit eines Ausbruchs von Gewaltthätigkeiten zu seiner Anwendbarkeit gefordert werden müsste. — Diese Argumentation fällt, abgesehen von ihrer unhaltbaren Voraussetzung der Gleichwertung des Friedensbegriffs in beiden Thatbeständen, mit der irrtümlichen Vergleichung der Strafmasse: Die Annahme, dass der Strafrahmen «Gefängnis bis zu einem Jahr», strenger sei als derjenige «Geldstrafe bis zu sechs hundert Mark oder Gefängnis bis zu zwei Jahren», beruht auf einer allerdings auch sonst mehrfach in Urteilen des Reichsgerichts hervortretenden falschen Wertung der Geldstrafe als unbedingt, absolut, milder als eine Freiheitsstrafe, ohne jede Rücksicht auf die Beträge. Es ist dies eine Folge der Verwechslung von objektiver Milde einer Strafdrohung, nach fester, autoritativer Abschätzung des Gesetzgebers, und subjektiver Annehmlichkeit des zu Bestrafenden, der allerdings vielfach, — man denke namentlich an die Thäter bei politischen Delicten, wie sie ja gerade bei § 126 und 130 häufig sein werden, — eine hohe Geldstrafe der geringsten Freiheits-

---

10) Oppenhoff, Rechtspr. Bd. XIV, S. 210.

11) Entsch. R. G. Bd. XVIII, S. 314 ff.

12) Grundr. z. Vorlesgn. über d. gem. D. StrafR. Bd. II, S. 95.

strafe vorziehen wird. Die Sache liegt vielmehr so, dass im ganzen Strafgesetzbuch sich kein Anhaltspunkt dafür findet, dass die Geldstrafe in der Mildescala des Strafensystems der Freiheitsstrafe unbedingt vorgehe, vielmehr umgekehrt in vielen Bestimmungen deutlich erkennbar ist, dass die Geldstrafe je nach ihrem Betrage parallel neben den verschiedenen Freiheitsstrafen hergeht, als eine nicht geringere, sondern blos andere, nämlich sich an ein anderes Rechtsgut wendende Strafe.[13]) Sodann ist speziell zu § 130 keineswegs anzunehmen, dass etwa neben der Gefängnisstrafe die Geldstrafe für besonders leichte Fälle angedroht ist, vielmehr zeigt bei unbefangener Betrachtung das gleichstellende «oder», dass beide Strafmasse ex aequo neben einander hergehen. — Es kann also nicht zweifelhaft sein, dass gerade umgekehrt das Strafmass des § 130, welches bis zu zwei Jahren Gefängnis geht, strenger ist als dasjenige des § 126 mit seiner Maximalstrafe von einem Jahr.[14])

Es lässt sich nun wohl bestimmt dies eine sagen, dass vom richtigen Standpunkt aus, welcher den Begriff des Rechtsfriedens in § 130 objektiv fasst, eine Gefährdung fraglicher Art desselben regelmässig dann vorhanden sein wird, wenn eine Störung des subjektiven Friedensbewusstseins vorhanden ist: Denn wenn die Anreizung u. s. w. eine derartige war, dass sie in einer Oeffentlichkeit eine solche Störung hervorgerufen hat, so wird man in Praxi ohne weiteres annehmen können, dass sie in der Regel auch Gefahr für den objektiven Zustand in der Oeffentlichkeit in sich trägt. (Durch die Frage nach diesem Zusammenhang erklärt sich nämlich auch zum Teil die vielfache Unklarheit und Unbestimmtheit der Ansichten, hauptsächlich in der Praxis.)

Allein unrichtig wäre es, dies als den entscheidenden Punkt für die oben aufgeworfene Frage hinzustellen, da durch

---

[13]) Cf. die eingehendere Darstellung bei Goehrs, Das mildeste Gesetz im Sinne des § 2 Abs. 2 Reichsstrafgesetzbuchs, Strassburger Inauguraldissertation 1897; S. 72 ff.

[14]) Alles nähere bei Goehrs a. a. O. S. 60 f. u. 71. Anderer Meinung z. B. v. Liszt, Lehrb. § 56 extr., S. 226.

nichts erwiesen ist, dass etwa der Gesetzgeber jenen causalen Zusammenhang zwischen der Störung der subjektiven und der Gefährdung der objektiven Seite als derartig begrifflich notwendig angesehen hätte, dass er diesen Gedankengang als stillschweigende unwiderlegliche Gesetzespräsumption dem § 130 zu Grunde gelegt hätte, was übrigens auch für die Praxis keineswegs ausnahmslos zutreffend wäre, und da ja vor allem umgekehrt eine solche Gefährdung des objektiven Rechtsfriedens bestehen kann, auch ohne dass das entsprechende subjektive Rechtsfriedensbewusstsein gestört ist. Auch in diesem Fall sind vielmehr objektiver und subjektiver Rechtsfrieden prinzipiell unabhängige Begriffe. Jedenfalls ist insofern Geyer Recht zu geben, als zweifellos dann immer eine Friedensgefährdung nach § 130 vorliegt, wenn eine zum Ausbruch von Gewaltthätigkeiten geneigte Stimmung erzeugt worden ist. Allein diese Ansicht geht nicht weit genug, jenes ist nicht nur dann der Fall, die Feststellung jener Stimmung ist blos ein, wenn auch wohl das wichtigste Symptom für eine Gefährdung des öffentlichen Friedenszustandes. Im übrigen ist zu bemerken, dass der Unterschied zwischen «naher» und «entfernter» Möglichkeit, «Wahrscheinlichkeit» u. s. w., doch nur ein Gradunterschied ist, dass es sich da um sehr fliessende Begriffe handelt, und auf diese abstrakte Bezeichnungen, unter denen sich Jeder etwas anderes vorstellen kann, überhaupt kein festes Prinzip sich aufbauen lässt. Jedoch ist auf alle Fälle ein derartig vager Begriff, wie «auch eine sehr entfernte Möglichkeit» nicht genügend; mit treffendem Spott bemerkte diesbezüglich der Abgeordnete Munkel bei der Besprechung des § 130 der Umsturzvorlage, in der (11.) Reichstagssitzung vom 10. Januar 1895,[15]) das Reichsgericht «hätte schon herausgefunden, dass es gar nicht schade, wenn die Gefährdung des öffentlichen Friedens auch erst nach einem Menschenalter eintreten sollte,» dies wohl auf Grund der bereits oben (§ 6) erwähnten nur nach der Zitirung durch die Motive zur Umsturzvorlage 1894

---

[15]) cf. Stenogr. Berichte, IX. Legisl. per., 3. Sess. 1894/95, Bd. I, S. 238.

bekannten Entscheidung des Reichsgerichts vom 25. Oktober 1894. Es muss vielmehr jedenfalls eine auf konkrete Umstände gegründete Wahrscheinlichkeit feststellbar sein, dass eine bestimmte Störung des öffentlichen Friedenszustandes bedenklich drohte. — Einen sicheren Beweis gegen das andere Extrem aber, die zu enge Beschränkung der Anwendbarkeit auf eine ganz unmittelbare, gewissermassen greifbare Gefährdung in ganz spezieller Beziehung, der merkwürdiger Weise m. W. nirgends beachtet wird, liefert gleichsam in der Form der authentischen Interpretation der bereits erwähnte § 23 Z. 3 Pressgesetzes, welcher bezüglich der Zulässigkeit der Beschlagnahme von Druckschriften ohne richterliche Anordnung aus den Fällen der Verletzung des § 130 diejenigen ausdrücklich herausgreift, wo «dringende Gefahr» besteht, dass bei Verzögerung der Beschlagnahme die Aufforderung oder Anreizung ein Verbrechen oder Vergehen unmittelbar zur Folge haben werde.[16]) — Dass es übrigens auf die besonderen Verhältnisse des Momentes, etwaige besonders aufgeregte Stimmung in gewissen Volkskreisen u. dgl. sehr ankommt, wie auch mehrfach in der Praxis betont wird, ist jedenfalls richtig. Denn der Begriff des öffentlichen Friedens ist insofern kein fester, abstrakt unveränderlicher, sondern je nach den konkreten zeitlichen und örtlichen Verhältnissen verschieden, nämlich mehr oder weniger empfindlich gegen Angriffe; und das Gesetz bezweckt natürlich den Schutz gerade des Rechtsfriedens der jeweiligen betreffenden Begehungszeit, Gegend u. s. w.

Noch eine merkwürdige Auffassung ist zu erwähnen, die sich übrigens auch bei dem Begriff der Gefährdung im allgemeinen vertreten findet. Es wird nämlich behauptet, cf. z. B. mehrere bei Ohlshausen a. a. O. zitirte Entscheidungen der Praxis, dass eine Gefährdung bestehe oder vielmehr bestanden habe, könne immer nur nachher daraus festgestellt werden, dass das gefährliche Uebel wirklich eingetreten sei, denn sonst

[16]) Man vergleiche auch die allerdings ziemlich tendenziös im Sinne eines Plaidoyers gegen staatsgefährliche revolutionäre Ideen gehaltenen Bemerkungen über den § 130 in den bereits erwähnten Motiven zur Umsturzvorlage, a. a. O. S. 12.

sei es eben nicht gefährdend gewesen; wo kein Erfolg, da auch vorher keine Gefahr dieses Erfolgs. Diese Argumentation, ex eventu, welche jetzt wohl für den wissenschaftlichen Begriff der Gefahr im Strafrecht als überwunden betrachtet werden kann, würde natürlich für die specielle Frage des § 130 dahin führen, dass auf diesem Umweg doch wieder das in anderem Zusammenhang bereits abgelehnte Resultat erreicht würde, zu § 130 eine thatsächlich erfolgte Rechtsfriedensstörung zu verlangen.

Uebrigens gehört auch bei § 130 zum erforderlichen Vorsatz keine besondere Gefährdungsabsicht, wie dies z. B. auch die Entscheidung des Reichsgerichts vom 8. Januar 1894[17]) anerkennt, dagegen muss er auch hier ebenso sehr die Beziehung zum Rechtsfrieden umfassen, als den anderen Teil des Thatbestandes, die öffentliche u. s. w. Anreizung. Man vergleiche das entsprechende zu § 126 bemerkte, welcher auch insofern ein Seitenstück zu § 130 bildet.

Ueber den Begriff des öffentlichen Friedens sodann ist bereits ebenfalls das nötige gesagt worden. — Sodann ist auch bei § 130 wieder hervorzuheben, dass ein Zusammenhang zwischen den betreffenden Klassen der Bevölkerung und dem gefährdeten öffentlichen Frieden prinzipiell nicht besteht, d. h. dass nicht notwendiger Weise gerade die Klassenangehörigen, gegen welche zu Gewaltthätigkeiten angereizt wird, selbst auch in ihrem Rechtsfriedenszustand bedroht zu werden, auch nicht zu der darin bedrohten Oeffentlichkeit zu gehören brauchen, dass es vielmehr bei dem klaren Wortlaut des Gesetzes genügt, wenn überhaupt eine Oeffentlichkeit in jener Weise bedroht wird. Es ist auch hierbei noch zu bemerken, dass überhaupt der objektive Rechtsfriedenszustand etwas viel allgemeineres, weniger persönliches hat, als das subjektive Rechtsfriedensbewusstsein, dass eine Verletzung des ersteren, den man auch als Verkehrsfrieden bezeichnen könnte, sich regelmässig für die Allgemeinheit geltend machen wird, was für das Rechtsfriedensgefühl, an sich einen viel individuelleren Begriff, seltener,

---

17) Entsch. R. G. Bd. IX, S. 417.

jedenfalls aber fasst nie in demselben Masse der Fall zu sein pflegt. Es ist sozusagen die thatsächliche Ansteckungsgefahr beim objektiven öffentlichen Frieden viel grösser als beim subjektiven, die Mitleidenschaft weiterer Kreise lässt sich mit grösserer Sicherheit berechnen. (Die Entstehung jener bekannten unberechenbaren, meist unbegründeten und unerklärlichen Paniken kommt hier nicht in Betracht.)

Der andere Hauptteil des Thatbestandes sodann, die öffentliche Anreizung verschiedener Klassen der Bevölkerung zu Gewaltthätigkeiten gegen einander, interessirt hier besonders, weil gerade darin die hemmende Modalität liegt, welche die gewissermassen normale, uneingeschränkte Entfaltung eines Prinzips, wie wir es für einen Begriff wie den des Rechtsfriedens postulirten, unmöglich macht.

Im einzelnen zeigt sich hier folgendes: Zunächst ist nach dem früheren über den Begriff des öffentlichen Anreizens nichts mehr zu bemerken. Auch das «Anreizen» gibt zu keinen weiteren Erörterungen Anlass, als dass in bekannter Weise dieser Begriff dem Auffordern am nächsten steht, jedoch, weniger speziell als dieses, in Betreff des persönlichen Objekts und der angewendeten Mittel weiter geht. Man vgl. den Sprachgebrauch des Gesetzes in § 112, sowie — teilweise — die Ausführungen von v. Liszt;[18]) einen anderen Gesichtspunkt betont John a. a. O. — Auch der Begriff der Gewaltthätigkeiten dürfte keine Schwierigkeiten machen, zumal bei Berücksichtigung des oben erwähnten Grundes, weswegen er bei der Reichstagsberatung an Stelle von «Feindseligkeiten» in das Gesetz aufgenommen wurde, sowie der bei dieser Gelegenheit zum Vergleich herangezogenen Formulirungen durch Gesetze, welche auf einem verschiedenen Standpunkt stehen, (§ 4). Man wird ihn wohl am besten definiren als böswillige schädigende Angriffseinwirkung irgend welcher Art (auf die Substanz), gegen ein menschliches oder sachliches Angriffsobjekt. So übrigens auch die ganz entsprechende Normirung im Schweizerischen Bundesgesetz vom 1. Mai 1853, (Revision des Bundesstraf-

---

[18]) Lehrb. § 51 Anm. 3, S. 208.

rechts, Beschlüsse der Expertenkommission vom 23. April 1890): 48 bis «.... wer [zweite Alternative] in einer den öffentlichen Frieden gefährdenden Weise zur gewaltthätigen Verfolgung ganzer Bevölkerungsklassen auffordert oder aufreizt».

Hervorgehoben werden mag noch, dass infolge der weiten Fassung des Wortlautes weder die direkt «angereizten» Personen selbst die Gewaltthätigkeiten zu begehen, noch letztere sofortige und von ganz bestimmter Art, etwa gerade die vom Anreizenden genannten oder erwarteten zu sein brauchen. Es würde also z. B. genügen, — die übrigen Erfordernisse des § 130 vorausgesetzt, — wenn ein revolutionärer Agitator Leute zur Ermordung von verhassten Persönlichkeiten auffordert, («anreizt»,) es dann zwar hierzu nicht kommt, jedoch infolge der in die Familien hineingetragenen Aufregung und Erbitterung die gute Saat dahin aufgeht, dass die Kinder der direkt Angereizten jenen Personen die Fenster einwerfen. Zu vgl. auch teilweise das Urteil des Preussischen Ober-Tribunals vom 19. März 1873.[19]) — Auch dass die Gewaltthätigkeiten sofort begangen werden sollen, ist nicht erforderlich, wenn nur ein Causalzusammenhang mit der Anreizung nachweisbar ist; es kann sogar nach § 130 zu Gewaltthätigkeiten angereizt werden, welche positiv erst an einem bestimmten späteren Zeitpunkt begangen werden sollen.

Es bleibt also nunmehr noch zu untersuchen der für uns wichtigste Begriff: «verschiedene Klassen der Bevölkerung gegeneinander». Dass derselbe französischen Ursprungs ist, wurde bereits hervorgehoben. Was nun unter «Klassen» der Bevölkerung zu verstehen ist, wollen die Motive des Gesetzes (S. 90) selbst angeben, verlieren sich aber in Folge der Schwierigkeit des Begriffs in eine derartig weite Fassung, dass die Vorsichts halber hinzugefügte Einschränkung: «vage Abstraktionen, denen eine fassbare äussere Gestaltung nicht entspricht, können nicht genügen,» eigentlich eine vernichtende Selbstkritik ist. Jedenfalls wird man der Schlussbemerkung

[19]) Oppenhoff, Rechtsprechung Bd. XIV, S. 210; auch mitgeteilt in Goltd. Arch. Bd. XXI, S. 280f.

nur beipflichten können, dass es sehr auf die «thatsächliche Würdigung im besonderen Fall ankommt». Es hat sich nämlich in der Praxis trotz der Unbestimmtheit des Begriffs eine ziemlich allgemein feststehende Interpretation gebildet, welche mit der Tendenz der Motive wie den prinzipiellen Postulaten wohl ganz im Einklang steht: Man fasst hiernach unter «Klassen der Bevölkerung» solche Personenkreise zusammen, welche — kurz gesagt — durch besondere Anschauungen und Interessen irgend welcher Art verbunden und gegen andere abgegrenzt sind, mögen es nun politische, nationale, religiös-konfessionelle, Standes- und Berufs- u. a. m. Interessen und Anschauungen sein, selbst soziale, wenn auch hierbei dem krankhaft sozialen Zeitgeist entsprechend zum Teil viel zu weit gegangen worden ist, so in dem bekannten Urteil des Reichsgerichts vom 4. Januar 1892,[20]) mit seiner übertriebenen Betonung der «gesellschaftlichen Gliederung des Volks». — Die zahlreichen Aufzählungen von Beispielen, welche sich in der Litteratur finden, mit den immer wiederkehrenden Kategorien, von den «Juden» bis zu den «Proletariern», hier um eine zu vermehren, hat keinen Zweck, zumal es für die vorliegende Untersuchung gerade auf diese Spezialisirung weniger ankommt; es sei nur kurz auf die Ausführungen in einigen weniger bekannten, aber besonders treffenden Entscheidungen aus der älteren Praxis hingewiesen, welche auch gute Beispiele bringen: nämlich die Urteile des Preussischen Ober-Tribunals vom 19. März 1873, (bereits soeben bezüglich eines anderen Punktes erwähnt), vom 21. Mai 1873,[21]) vom 12. Juni 1874[22]) und vom 17. Mai 1876.[23]) — Und zum Beweis dafür, dass die Praxis sehr wohl eine richtige Grenze zu finden gewusst hat, sei das Urteil des Reichsgerichts vom 29. Juni 1894[24]) erwähnt, wo die Bezeichnung «Brotverteurer» mit Recht als nicht ge-

---

20) Entsch. R. G. Bd. XXII, S. 293.

21) Oppenhoff, Rechtsprechung Bd. XIV, S. 385; auch mitgeteilt in Goltd. Arch. Bd. XXI, S. 345.

22) Desgl. Bd. XV, S. 399, bezw. Bd. XXII, S. 422.

23) Oppenhoff, Rechtsprechnng Bd. XVII, S. 353.

24) Entsch. R. G. Bd. XXVI, S. 63.

nügend für den Begriff der Klasse bezeichnet wird. — Betont sei nur noch, dass der Begriff insofern kein fester, sondern ein unbestimmter und veränderlicher, weil relativer ist, als jeweils von jenen verschiedenartigen verbindenden und abgrenzenden Anschauungen und Interessen abhängig. Dass aber diese selbst, welche ja auf den verschiedensten Lebens- und Kulturgebieten liegen, mit den wechselnden allgemeinen Ideen und Zeitströmungen stets im Fluss sind, ist klar. So sind, um nur ein (dem Verfasser kürzlich in Praxi vorgekommenes) Beispiel anzuführen, die Kategorien «Arbeiter» und «Arbeitgeber» als von dem Moment an unter den Begriff der Bevölkerungsklassen im Sinn des § 130 fallend zu betrachten, wo es eine Arbeiterfrage im modernen Sinn, einen Lohnkampf gibt, wie wir sie haben; und diese Klassenabgrenzung wird um so schärfer empfunden werden und um so selbstverständlicher erscheinen, je intensiver die hier in Frage stehenden Gegensätze werden, je verbreiteter und erbitterter der Kampf geführt wird, heute in unvergleichlich stärkerem Masse wie vor zwanzig Jahren. Es kommt bei der Frage nach dem Vorhandensein einer, oder vielmehr verschiedener gegensätzlicher «Klassen» stets an auf die betreffenden Umstände des Ortes, der Zeit u. ähnl.

Für eine Untersuchung vom Standpunkt des Rechtsfriedens aus ist nämlich in Betreff des sogenannten Klassenkampfes ein ganz anderer, in der Litteratur m. W. sehr wenig berücksichtigter Punkt von überwiegender Bedeutung; abgesehen von der selbstverständlichen Bemerkung, dass «gegen einander» nicht die urgirte Bedeutung haben kann, dass nun auch wirklich die beiden betreffenden Klassen zu wechselseitigen Gewaltthätigkeiten angereizt worden zu sein brauchen, dass vielmehr die gewählte Fassung soviel bedeutet, wie «eine Klasse der Bevölkerung gegen eine (verschiedene) andere Klasse der Bevölkerung». Es wird nämlich durch den Wortlaut des Gesetzes und die Betonung, welche auf den Begriff der Klassen gelegt wird, gezeigt, dass nicht der durch In Aussicht Stellen von Gewaltthätigkeiten gegen bestimmte Individuen selbst, als solche, etwa gefährdete Rechtsfrieden der Oeffentlichkeit geschützt werden soll, präziser also: die verschiedenen, wenn auch sehr zahlreichen Individuen in ihrem Rechtsfrieden, sondern nur wenn und insoweit solche als Angehörige einer bestimmten Bevölkerungsklasse betroffen werden, gewissermassen in der Unversehrtheit ihrer Klassen-, ihrer Standespersönlichkeit, wenn der Ausdruck zulässig ist. In Betracht kommt, m. a. W. geschützt wird eigentlich, das Interesse des Staates an dem friedlichen Nebeneinanderbestehen der einzelnen Bevölkerungsklassen, anstatt dass dieselben infolge von gegenseitigen Anfeindungen und Rechtsfriedensgefährdungen zu feindlichen Parteien, fest abgeschlossenen Cliquen werden, die sich kampfbereit gegenüber stehen, welche schliesslich die ganze Bevölkerung spalten würden. Es genügt also in Praxi für den Thatbestand des § 130 nicht, dass infolge der Thätigkeit eines Anreizenden ein oder mehrere Angehörige einer Klasse in einer den Friedenszustand einer Oeffentlichkeit gefährdenden Weise zu Gewaltthätigkeiten gegen ein oder mehrere Individuen einer anderen Klasse angereizt werden, mag auch die dadurch hervorgerufene Friedensgefährdung noch so bedeutend sein, mag sie selbst in eine bedenkliche Störung des öffentlichen Friedens ausarten; sondern es muss die Anreizung so gefasst sein, dass eine ausdrückliche Beziehung zum Klassenverhältnis feststeht, es müssen der oder die Angefeindeten gerade als Angehörige der betreffenden Klasse gemeint sein. Wenn also z. B. ein Agitator in einer Arbeiterversammlung gegen einen Fabrikanten A, einen Rittergutsbesitzer B und einen Banquier C, individuell, ohne irgendwie diese Berufs-, gesellschaftliche, Vermögens- u. s. w. stellung derselben zu berühren, durch Behauptung irgend welcher angeblich von ihnen begangener verbrecherischer oder verächtlicher Handlungen seine Zuhörer in der von § 130 geforderten Weise anreizt, und mit der Aufforderung schliesst: Darum schlagt die Kerle tot, wenn Ihr sie findet! — und nun Jene, einmal aufgehetzt und in revolutionäre Stimmung gebracht, die Häuser irgend welcher Personen, mögen es auch Fabrikanten, Rittergutsbesitzer oder Banquiers, ja sogar A, B oder C selbst sein, demoliren, anzünden, oder die Personen selbst beschädigen u. s. w., so kann jener Agitator aus § 130 nicht bestraft werden. Hat er dagegen seine aufreizenden, (etwa mit kommunistischen Ausführungen durchsetzten) Reden gegen jene drei mit dem üblichen geschmackvollen Résumé geschlossen: Aber so sind die Reichen alle, darum auf, unterdrückte Proletarier, und stecht sie ab, die Kapitalisten, die sich mit Eurem Schweiss mästen! — so wäre der Thatbestand des § 130 allerdings gegeben. Es braucht zwar auch die Seite des Klassengegensatzes nicht so ausdrücklich äusserlich bezeichnet zu sein, es wird vielmehr in sehr vielen Fällen auch ohnedies aus concludenten Handlungen mit Sicherheit darauf geschlossen werden können: Man nehme z. B. an, in einem konfessionell gespaltenen Dorfe wartet eine Bande von Angehörigen der einen Partei unter Anführung ihres Geistlichen und mit irgend welchen konfessionellen Abzeichen versehen, (Jesuitenmonogramm, das Wappen Luthers), während eines Gottesdienstes der anderen Konfession, am Reformationstag bezw. Frohnleichnam, vor der Thür des Versammlungsortes, um beim Heraustreten Jener auf ein bestimmtes Zeichen ihres Anführers über sie herzufallen. Hier brauchte wohl zum Punkt des Klassengegensatzes nichts mehr nachgewiesen zu werden. Allein prinzipiell wird dadurch nichts an dem Umstand geändert, welcher für unsere Untersuchung im § 130 am meisten interessirt:

In § 130 kann eben das Prinzip des Rechtsfriedensschutzes nicht rein zum Ausdruck kommen, weil es durch den darin aufgenommenen Begriff des Klassengegensatzes getrübt wird, oder vielmehr modifizirt, im Sinne einer Sicherung des Bestandes der einmal gegebenen gesellschaftlichen u. dgl. Organisation, und damit der darauf basirten staatlichen Ordnung gegen Zersetzungsprozesse mit der Richtung auf auflehnende Parteiungen gegen die Einigkeit und die ruhige Coëxistenz der verschiedenen Elemente unter den Staatsangehörigen, in letzter Linie, wenn man so will, auf den Bürgerkrieg.

Am allerwenigsten aber ist der § 130 geeignet die, wie wir früher sahen, gänzlich mangelnde Bestimmung zum Schutz des Rechtsfriedenszustandes des Einzelnen abzugeben, natürlich nicht prinzipaliter, da ja das begriffliche Angriffsobjekt der öffentliche Friedenszustand ist, dagegen vielleicht indirekt, thatsächlich auch den des Einzelnen mit umfassend: Gerade durch jenes Betonen des Klassengegensatzes wäre es nämlich auf den ersten Blick sehr wohl denkbar, dass auch der Rechtsfrieden eines einzelnen Angehörigen einer bestimmten Klasse mit umfasst würde, dieser gewissermassen als Repräsentant der Klasse gedacht, sodass also der Begriff «öffentlicher» Frieden in diesem gleichsam korporativen Sinn im Verhältnis zu der Klasse zu verstehen wäre. Ganz abgesehen von dem praktischen Umstand, dass dabei der Einzelne doch nur sehr auf Umwegen und in seltenen Fällen in seinem Friedenszustand geschützt wäre, nämlich nur gegen Gefährdungen desselben, welche ihn in seiner Eigenschaft als Angehörigen seiner Klasse durch Gewaltthätigkeiten seitens Angehöriger einer entsprechenden anderen Klasse, und zwar ebenfalls in solcher Eigenschaft, beträfen, müsste jedoch hierzu vor allem der Begriff «öffentlicher Frieden» im § 130 dahin interpretirt werden können, dass es sich um den Friedenszustand ausschliesslich der Angehörigen einer Klasse der Bevölkerung handelte, während doch, wie wir gesehen haben, infolge der absoluten Fassung der Bestimmung es nur derjenige einer beliebigen Oeffentlichkeit sein kann.

Man sieht also, dass auch auf dem Gebiet des objektiven Rechtsfriedens die am weitesten gehende Bestimmung doch noch derartig eingeengt ist, dass von einer konsequenten Durchführung des Prinzips des Rechtsfriedensschutzes als solchen, ohne weiteres, wie wir sie im geltenden Strafrecht suchen, nicht die Rede sein kann.

§ 13.

Fortsetzung. c. Die Bedrohung nach § 241 Rstgb.

Es folgt, gemäss dem früher dargelegten Gruppirungsprinzip, das Delict der selbständigen Bedrohung nach § 241, welches nun wieder, wie früher ausgeführt, gegen das subjektive Rechtsfriedensbewusstsein, und zwar des Einzelnen gerichtet ist.

Und von vornherein fällt hier wohl der enge Zusammenhang und die Gleichartigkeit der Tendenz mit dem Thatbestand des § 126 auf.[1]) Es ist daher auch insofern die in der Litteratur mehrfach wiederkehrende Bezeichnung als «privates Analogon» zu jenem Delict durchaus treffend.

Sodann aber fällt auch sofort, speziell von dem uns hier interessirenden Standpunkt aus, ein Hauptunterschied auf, nämlich dass hier gerade der Begriff des Rechtsfriedens nicht als Thatbestandsmerkmal aufgenommen worden ist, dass er, obgleich er ja das Angriffsobjekt des Delicts ist, überhaupt nicht genannt wird. — Die Bedeutung dieses Unterschiedes, welcher für unsere Untersuchung sehr wichtig ist, die Rolle, welche gerade hier die Rechtsfriedensnatur spielt, wird noch eingehend zu betonen sein.

Vorerst jedoch ist für unsere Zwecke die Bedeutung der beiden Begriffe des Thatbestands klar zu legen, durch welche die Tragweite der Bestimmung in erster Linie bedingt wird, nämlich derjenigen der Bedrohung und des Verbrechens. Während der letztere Begriff sehr einfach und mit wenigen Worten zu erledigen ist, bedarf der erstere eines genaueren Eingehens.

Zunächst, ganz abgesehen von jeder Einzelinterpretation, versteht sich, sowie erst nachgewiesen ist, dass dieser Begriff der Bedrohung noch enger, weil spezieller ist, als derjenige der Drohung, ohne weiteres von selbst, dass die Bestimmung noch viel weniger geeignet sein kann, ein allgemeines Prinzip zum Ausdruck zu bringen. Auch wird nämlich erhellen, dass,

[1]) Diese Seite besonders sucht die erwähnte Abhandlung des Verfassers, Zeitschrift Bd. XIX, klar zu legen, cf. S. 528 ff. Auch finden sich daselbst, bei der Interpretation des § 241 überhaupt, S. 502 ff., zahlreichere Litteraturangaben, auch über die vielen in diesem Zusammenhang hier teilweise weniger interessirenden Einzelfragen, zu welchen der Thatbestand Veranlassung gibt. — Ferner sei, im allgemeinen, verwiesen auf die oben in § 6, namentlich in Anm. 33 und ff. Citirten. Sehr gute Angaben, zu rascher Orientirung, finden sich bei Olshausen a. a. O., S. 876 ff., besonders Nr. 5.

obgleich hier keine Bindung durch das Moment ausdrücklich erfolgter Rechtsfriedensstörung besteht, trotzdem keine anderweitige Erweiterung des Anwendungsgebietes eintritt.

Es ist bereits darauf hingewiesen worden, dass der Begriff der Bedrohung, des Bedrohens, auf demjenigen der Drohung, des Drohens beruht, als ein besonderer darauf aufgebaut ist. Also ist einmal hier alles das zu berücksichtigen, was bei Erörterung des § 126 über die Bedeutung der Androhung gesagt worden ist, denn dass diese durchaus identisch ist mit dem Begriff der Drohung, ist bei jener Gelegenheit dargethan worden. Dazu tritt aber sodann folgendes:

Die Bedrohung setzt, — dies ist ihre spezifische Bedeutung, — begrifflich einen von der Drohung Betroffenen, kurz gesagt, ein Objekt voraus. Hierin liegt der Kernpunkt des Begriffs, namentlich im Gegensatz zur Androhung (Drohung), bei welcher zwar natürlich der Inhalt auch ein persönliches Objekt hat, nämlich Denjenigen, welcher von dem Uebel betroffen werden soll, nicht aber auch die Drohungshandlung selbst. Diese selbst muss also, zur Bedrohung, gegen eine bestimmte Person gerichtet sein, und zwar, wie ohne weiteres erhellt, gegen die nämliche, welcher das Uebel, der Drohungsinhalt, zugedacht ist. — Etwas eigentümlich formulirt wohl den gleichen Gedanken Zimmermann,[2]) wenn er sagt, die Bedrohung könne immer nur mit Rücksicht auf die konkreten Umstände als solche erkannt werden. — Man könnte auch sagen: die Bedrohung ist, verglichen mit der — absoluten — [An]drohung, ein relativer Begriff.

Insbesondere aber: Sie ist im Gegensatz zu der, wie oben betont, einseitigen [An]drohung ein zweiseitiger Begriff, der noch nicht in der Person des Thäters zur Vollendung kommt, vielmehr essentiell eines objektlichen Correlates bedarf.

Merkwürdigerweise wird der ganze, praktisch sehr bedeutsame Unterschied vielfach überhaupt nicht erkannt, so ge-

---

2) In seiner bereits erwähnten Abhandlung, Nr. 26 im Gerichtssaal Bd. XXXIII, S. 600 ff. «Zur Auslegung der §§ 240 und 241 des deutschen St. G. B., (Nötigung und Bedrohung)»; S. 620.

braucht z. B. auch v. Buri in seiner mehrerwähnten Abhandlung Drohung, Androhung und Bedrohung abwechselnd als gleichwertige Begriffe. Eine gleiche Verwechslung in mündlicher Erörterung von autoritativer Stelle wird später in anderem Zusammenhang zu erwähnen sein, (cf. unten § 19 Anm. 1).

Aus jenen Sätzen ergeben sich nun folgende Konsequenzen, gerade im Gegensatz zu dem Begriff der Drohung, als spezifische der Bedrohung:

Zunächst auf der objektiven Thatseite: Der Bedrohte, also zugleich der, dem der Drohungsinhalt zugedacht ist, muss von der Drohung Kenntnis erlangt haben, d. h. sie sowohl sinnlich perzipirt, als auch verstandesmässig in ihrer Bedeutung erfasst haben.[3] So würde auch ein Irrtum in letzterer Beziehung, ein Verkennen der Bedrohung, — sei es der Drohung, sei es ihrer Richtung, oder sonstwie, — den Begriff ausschliessen.

Bezüglich der Kenntnis ist nicht zu verlangen, dass sie von dem Drohenden an den Betroffenen direkt, unmittelbar erfolgt, wenn auch stets die Vollendung des Begriffs erst mit der Kenntnis eintritt. Es wird dieser Fall indirekter Kenntnisnahme bezüglich einer anderen Seite später nochmals zu erwähnen sein.

Sodann muss der Bedrohte auch das wirkliche persönliche Angriffsobjekt, im gewöhnlichen Sinn, des Drohungsinhalts sein; es genügt nicht, dass es etwa auch ein Uebel für ihn ist, er insofern auch eine Art von gegen sich gerichteter Drohung empfindet. Dieses Erfordernis direkten Betreffens im strikten Sinn des strafrechtlichen Angriffsobjekts überhaupt ist eine unmittelbare Konsequenz aus jener Notwendigkeit der Identität der Objekte. Die entgegengesetzte Auffassung, welche sich mit einer blosen Einwirkung z. B. auf einen nahen Angehörigen des wirklichen Betroffenen begnügt, um diesen letzteren als bedroht im rechtlichen Sinn gelten zu lassen, so

---

[3]) Eine Reihe von Beispielen, von der Unmöglichkeit einer rein wörtlichen Bedrohung eines Tauben an, findet sich bei Goehrs a. a. O., S. 507.

Ohlshausen[4]) und v. Liszt,[5]) würde auch praktisch zu einer doppelten Unmöglichkeit führen, einer Unbegrenztheit sowohl des Kreises dieser angeblich auch Bedrohten (deren vornehmste die «Angehörigen» sein sollen), als auch der in Betracht zu ziehenden hervorgerufenen Bedrohtseinsempfindungen: Schliesslich könnte dann jeder brave Staatsbürger, der in der Zeitung von einem anonymen wilden Drohbrief liest, welchen eine bekannte und beliebte Persönlichkeit empfangen hat, und nun darüber in Aufregung gerät, sei es aus verletztem Rechtsgefühl, aus Mitleid, aus ästhetischer Abscheu vor der cynisch rohen Fassung, oder aus irgend einem anderen Grund, von dem Verfasser jenes Briefes «bedroht» sein im Sinne des § 241?! — Stets ist also der Bedrohte, nur der, welcher auch persönliches Angriffsobjekt des Drohungsinhalts ist.

Damit ist zugleich auch z. B. gesagt, dass gewisse Uebel überhaupt nie den Inhalt einer Bedrohung ausmachen können, so, um bei § 241 Rstgb. zu bleiben, unter den Verbrechensthatbeständen alle diejenigen, welche, ohne persönliches Objekt, direkt gegen den Staat, öffentliche Interessen gerichtet sind, wie Hochverrat, Meineid, Münzfälschung u. a.; andere können es je nach den Umständen nicht, wie Nötzucht Männern gegenüber. Wer einem Angeklagten damit droht, er werde, um seine Verurteilung herbeizuführen, als beeideter Zeuge falsch gegen ihn aussagen, der bedroht ihn ebenso wenig, im Sinne des Gesetzes, als wer einem Ehemann droht, er werde, um ihn der Nachkommenschaft zu berauben, eine gewaltsame Abtreibungshandlung gegen dessen Frau unternehmen.

Sodann auf der subjektiven Thatseite:

Auch hier muss eine gleiche Beziehung zu dem persönlichen Objekt bestehen, das in dem Begriff des Bedrohens liegende engere Verhältnis zwischen Thäter und Betroffenem erfordert hier eine bestimmte Willensrichtung von jenem auf diesen, welche über den blosen Vorsatz, der ja, da schon in dem Begriff der Drohung essentiell enthalten, selbstverständ-

---

[4]) Kommentar Bd. II, Nr. 4 zu § 241.

[5]) a. a. O. Abs. 3, § 120.

lich vorliegen muss, hinausgeht. Und zwar äussert sich diese weitergehende Willensrichtung als Drohungsabsicht des Thäters. Während bezüglich des Vorsatzerfordernisses nur, dem allgemeinen Wesen des Vorsatzes gemäss, ein Bewusstsein, eine Kenntnis, des Thäters bei seinem Handeln notwendig ist, nämlich also von der Natur des Drohungsinhalts als eines Uebels für den Betroffenen und von dem in Aussicht Stellen eben dieses Uebels an ihn, dem Gelangen lassen der Vorstellung davon an das identische persönliche Objekt, so dass er also z. B. in dem oben erwähnten Fall indirekter Vermittelung der Kenntnis, über Andere, auch diesen Weg, diese Weitervermittelung umfassen muss, erfordert jene Absicht mehr; und gerade hierbei nun kommt das wenn auch unausgesprochene Angriffsobjekt des Delikts, das Rechtsfriedensbewusstsein zu seiner Bedeutung: Dessen Verletzung nämlich muss, während es für die Frage des Vorsatzes noch gleichgültig bleibt, der Thäter bezwecken; d. h. also, dass der von der Drohung Betroffene durch das in Aussicht gestellte Uebel, die Furcht vor seiner Verwirklichung, allgemein gesagt: erschrecke, in seiner Zuversicht auf den gesicherten Bestand der Rechtsordnung gegenüber seinen Rechtsverhältnissen, seiner Rechtssphäre gestört werde. — Unter Betonung der subjektiven Seite würde also die Definition der Bedrohung lauten: eine gegen Jemand in der Absicht, dessen Rechtsfriedensbewusstsein zu stören, geäusserte Drohung.

Auffallender Weise ist dieser wichtige Umstand, eine strenge Konsequenz aus dem Begriff der Bedrohung, zwar in der Praxis bestimmt anerkannt, man vergleiche die Urteile des Reichsgerichts vom 24. Februar 1881,[6]) vom 30. November 1881,[7]) und vom 23. Januar 1890,[8]) in der Theorie dagegen zum Teil sehr bestritten worden; die richtige Ansicht findet sich besonders vertreten von Hälschner[9])

---

6) Entsch. R. G. Bd. IV, Nr. 5, S. 10.

7) Entsch. R. G. Bd. V, Nr. 71, S. 214 f.

8) Entsch. R. G. Bd. XX, Nr. 62, S. 182.

9) Strafrecht a. a. O. Bd. II, § 39, S. 132, sowie Anm. 4 mit weiteren Nachweisen, auch von Gegnern.

und Bruck,[10]) weniger deutlich von v. Meyer,[11]) dessen Citirung von Binding[12]) indessen unverständlich erscheint. — Interessant zu beobachten, unter Berücksichtigung des soeben bemerkten, ist die Verwechslung Zimmermanns,[13]) welcher von dem zur Bedrohung nötigen Vorsatz spricht, den Anderen durch die Androhung in der Weise zu bedrohen, dass dieser sich für gefährdet halten kann.

Dieses subjektive Erfordernis ergibt nun sofort die beiden folgenden Konsequenzen: Einmal muss der Thäter den Eintritt dieser Wirkung erwarten, nämlich dass der Betroffene jene Beängstigung empfinden werde, also vor allem, dass er seine, des Thäters Verwirklichungsabsicht ernst nehme, daran glaube. Aehnlich spricht sich aus, beiläufig, die bereits an anderer Stelle erwähnte Entscheidung des Reichsgerichts vom 30. November 1881. Sodann aber muss er, was wieder die notwendige Voraussetzung hierzu ist, selbst an die Geeignetheit seiner Handlung zur Hervorrufung einer Rechtsfriedensstörung glauben. Diese beiden, anscheinend ebenso gleichgültigen als selbstverständlichen Punkte haben ihre Bedeutung, wie sofort ersichtlich sein wird, weil offenbar sie es gewesen sind, die zu einigen allerdings nahe liegenden Missverständnissen in der Interpretation des Bedrohungsbegriffs Anlass gegeben haben.

Hierin nun erschöpft sich dieser Begriff, das spezifische, was zu demjenigen der Drohung in der früher erörterten Tragweite hinzukommt, um ihn zur Bedrohung zu machen. Um diesen scharf abgegrenzten Thatbestand noch deutlicher in das richtige Licht zu setzen und namentlich dabei auch seine Ausdehnung bezüglich des Schutzes des Rechtsfriedens näher zu beleuchten, seien kurz in negativer Beziehung diejenigen Momente hervorgehoben, welche besonders, weil gerade ein Missverständnis besonders nahe liegt, fälschlich mit in den Thatbestand hereingezogen werden.

---

10) Willensfreiheit a. a. O., S. 51.
11) a. a. O. 4., § 107.
12) Normen Bd. II, § 68, III, Anm. 769, S. 535.
13) a. a. O., S. 620.

Die Hauptfrage hängt gerade mit dem hier interessirenden Begriff des Rechtsfriedens zusammen, nämlich das sehr umstrittene angebliche Erfordernis der Geeignetheit der Bedrohung zur Rechtsfriedensstörung. Richtig ist, dass der Gesetzgeber, ausgehend von dem von ihm zugrunde gelegten Schutzobjekt nur solche Drohungen treffen wollte, welche dieses verletzen. Schon die Vergleichung mit dem «öffentlichen Analogon» des § 126 Rstgb. weist darauf hin. Anstatt nun wie dort vorzugehen und zu kriminalisiren: «Wer einen Anderen bedroht und dadurch dessen Rechtsfriedens stört ......», sollte eine allgemeinere und — angeblich — sicherere Form gewählt werden, welche, dies war jedenfalls der hauptsächlichste Gedanke, eine jedesmalige Untersuchung über eine thatsächlich erfolgte Rechtsfriedensstörung in concreto unnöthig machte, ausschlösse, da man eine derartige Feststellung, welche ja allerdings häufig zu grossen Zweifeln Anlass bieten wird, als zu schwierig, weil zu relativ unbestimmt, fürchtete. Es sollte zu diesem Behuf der Thatbestand an eine fest bestimmte Geeignetheit des Drohungsinhaltes zur Verletzung des Rechtsfriedens des Betroffenen gebunden werden. War schon dieser erste Schritt nicht ohne Bedenken, so war der weitere, auf den später noch zurückzukommen sein wird, welcher nach dieser Verallgemeinerung nun auch concretisiren wollte, nämlich zur «Vereinfachung» den Begriff dieser Geeignetheit zur Friedensstörung auf denjenigen des Verbrechens als Drohungsinhalt, als angeblich identisch, zurückführen, noch ungleich bedenklicher. Wir haben es auch hier mit einer Verquickung von Trugschlüssen zu thun, ganz parallel den oben bei der Interpretation von § 126 erörterten, welche zwar in Praxi, in den landläufigen Fällen, den beabsichtigten Erfolg des Gesetzes nicht besonders beeinträchtigen mögen, ihrer prinzipiellen Inkonsequenz wegen, und der infolge dessen in nicht seltenen Fällen zu Tage tretenden Unzulänglichkeit und Unhaltbarkeit, jedoch durchaus zu verwerfen sind.

Bleiben wir nun vorerst bei jenem ersten Punkt, der Frage der thatsächlichen Geeignetheit zur Rechtsfriedensstörung. Schon aus dem obigen geht wohl zur Genüge hervor, dass ein derartiges Erfordernis nicht besteht. Die entgegengesetzte Ansicht ist jedenfalls durch eine doppelte Verwechslung hervorgerufen worden: Einmal mit jener logisch notwendigen Subintelligirung, dass der Thäter selbst an die Geeignetheit glauben muss, wegen der, auf der subjektiven Thatseite, erforderlichen Absicht; sodann aber, dass für diese rein ideell zu Grunde liegende, apodiktische Voraussetzung im Gedankengang des Gesetzgebers, nun in concreto das thatsächliche Vorhandensein für jeden Einzelfall irrtümlicher Weise postulirt wird. Vertreter dieser abgelehnten Auffassung sind insbesondere Rüdorff-Stenglein[14]) und Zimmermann.[15]) Bei letzterem macht sich gerade an dieser Stelle ein Umstand bemerkbar, der leider mehrfach seine zum Teil äusserst treffenden Ausführungen beeinträchtigt, nämlich dass er, wozu ihm sein Doppelthema allerdings Veranlassung bot, zur Interpretation der Bedrohung nach § 241 vom Thatbestand der Nötigung nach § 240 ausgeht und sich beeinflussen lässt, und diesen wiederum, wohl ganz ungerechtfertigter Weise, ausdrücklich auf den civilrechtlichen Begriff der *vis* im Sinne der Pandekten aufbaut. Unter solchen Umständen mag dann allerdings die Versuchung nahe liegen, auch mit der Idee einer *vis atrox, metus non vani hominis, sed qui merito et in homine constantissimo cadat,* operiren zu wollen, d. h. eine — in Wahrheit ganz willkürliche — Unterscheidung je nach einer prinzipiell konstruirten Geeignetheit der Drohung zur Rechtsfriedensstörung zu machen.

Die oben dargelegte richtige Ansicht ist übrigens die herrschende, sie wird u. a. vertreten von Olshausen,[16]) Merkel,[17]) v. Liszt.[18]) Auch in der Praxis findet sie sich vertreten, so adoptirt sie das Reichsgericht in seiner bereits anderweitig erwähnten Entscheidung vom 24. Februar 1881, a. E. — Von diesem Standpunkt aus ist dann eine schwierige, weil jeden Anhaltspunktes zur Entscheidung er-

---

[14]) Kommentar, N. 2 zu § 241, S. 515.

[15]) a. a. O., S. 620.

[16]) Kommentar a. a. O. N. 5.

[17]) a. a. O. § 135, S. 348.

[18]) Abs. 2 a. a. O. § 121.

mangelnde Frage ohne weiteres abgeschnitten, welche bei einer Rücksichtnahme auf die Geeignetheit der Drohungen, wie sie z. B. mehrere der älteren Gesetzgebungen ausdrücklich vorschrieben, — verschiedene allerdings auch mit ausdrücklicher Entscheidung, — entsteht, nämlich welches Mass dieses, sehr relativen, Geeignetheitsbegriffs anzulegen ist, ob persönliche Verhältnisse, besondere Gebrechlichkeit u. s. w. zu berücksichtigen sind, oder vielmehr eine Art von normaler Vernünftigkeit, mittelmässiger Unerschrockenheit, ein für alle Mal objektiv zu Grunde gelegt werden soll. Hier stellt z. B. Zimmermann a. a. O. auf Grund seines bezeichneten Gedankengangs den Begriff des *non vanus homo* auf.

Natürlich kann sodann noch viel weniger erfordert werden, dass eine solche Rechtsfriedensstörung wirklich erfolgt ist, wie irrtümlicher Weise z. B. die von Olshausen a. a. O. citirte Entscheidung des Münchener Obersten Gerichtshofs vom 2. Januar 1874 auf Grund der Rechtsfriedensschutztendenz des § 241 argumentiren will, was ja noch nicht einmal dann notwendig wäre, wenn die eben erörterte Frage nach der Erforderlichkeit der Geeignetheit zu bejahen wäre. M. a. W., es ist ganz gleichgültig, ob die Drohung überhaupt irgend eine Wirkung gehabt hat oder nicht. Merkel (mündlich) fasst dies treffend dahin, das Rechtsfriedensdelict der Bedrohung sei kein Erfolgsdelict. Auch das Reichsgericht hat diese Ansicht ausdrücklich ausgesprochen, so in der bereits erwähnten Entscheidung vom 30. November 1881; um so auffallender ist, — weshalb auch gerade dieser an sich nach dem vorhergehenden selbstverständliche Punkt hier noch betont wird, — dass die Untergerichte noch regelmässig überflüssiger Weise eine Rechtsfriedensstörung, Gefährdungsempfindung des Bedrohten durch dessen ausdrückliche Erklärung thatsächlich feststellen, gewöhnlich in der bekannten Form: Ich habe die Drohung ernst genommen.[19])

---

[19]) Auch die bereits erwähnte, (cf. oben § 3 Anm. 4), Begründung der Zuchthausvorlage 1899 enthält den Bericht eines Ersten Staatsanwalts, welcher fälschlich das Bewusstsein der Ernstlichkeit beim Bedrohten erfordert, S. 2285 princ. a. a. O.

Blos eine Spezialisirung der obigen Frage nach dem Erfordernis der Geeignetheit, und daher bereits mit ihr erledigt ist diejenige nach dem der Tauglichkeit des Mittels der Drohung. Ein diesbezügliches Erfordernis ist also zu verneinen, und zwar ohne Rücksicht auf den Grund und die Art der Untauglichkeit, ob sie eine allgemeine, oder besondere des Specialfalls, objektive Unmöglichkeit, (nach den Naturgesetzen u. s. w.), oder subjektive Unfähigkeit, gerade in der Person des Thäters oder auch des Betroffenen liegende, ist. Erst recht gleichgültig ist alsdann die subjektive Auffassung eines Beteiligten von diesen Punkten, etwa ein Irrtum in irgend einer Richtung. Für eine Reihe von Beispielen, (Bedrohung mit Verhexen, mit Totschlagen seitens eines vollständig Gelähmten u. s. w.), sowie eine merkwürdige Controverse zwischen Geyer und Zimmermann, welch letzterer auch hier in verschiedenen Einzelpunkten von der konsequenten Auffassung abweicht, vgl. man die ausführlichere Darstellung des Verfassers in der Zeitschrift a. a. O. S. 513—515. Treffend äussert sich über einen derartigen Fall, welcher besonders häufig vorkommen wird, nämlich das als genügend zu erachtende Bedrohen mit Erschiessen, mittels einer ungeladenen Pistole, eine Entscheidung aus der älteren Praxis des Reichsstrafgesetzbuchs, nämlich das Urteil des Preussischen Obertribunals vom 5. Oktober 1876.[20]) — Selbstverständlich ist es auch hier wie sonst ganz gleichgültig, ob die Drohung bei dem Betroffenen einen Erfolg hat, eine Rechtsfriedensstörung hervorruft, oder nicht, z. B. liegt eine echte Bedrohung vor, auch wenn der Bedrohte den Bedrohenden herzhaft auslacht, weil er sofort merkt, das der Dolch, den ihm jener auf die Brust setzt, ein harmloser in den Stiel sich einschiebender Theaterdolch ist. — Die gleiche Ansicht vertritt z. B. auch Schütze.[21])

Allerdings wird man gut thun, gerade hierbei den früher entwickelten Satz nicht ausser Acht zu lassen, dass der Thäter,

---

20) Mitgeteilt in Goltd. Arch. Bd. XXIV, S. 581.

21) Lehrbuch § 87, Anm. 9, S. 412.

infolge der bei ihm erforderlichen Absicht auf Rechtsfriedensstörung des Betroffenen, selbst voraussetzen, erwarten muss, dass dieser an die Verwirklichung glaubt. Es wird nämlich dies nicht selten Ausschlag gebend sein in Fällen von offenbar ganz untauglichem, unmöglichem Drohungsinhalt, wenn ohne weiteres klar ist, dass der Thäter eine solche Erwartung gar nicht gehabt haben kann.

Dies führt weiter direkt zur Entscheidung einer viel umstrittenen Frage, nämlich nach der Bedeutung der sogenannten scherzhaften Bedrohungen. (Man vgl. das bereits über den diesbezüglichen Drohungsbegriff bemerkte, oben § 11 princ.) So kurz ausgedrückt lässt sich eine Antwort nicht geben, daher jedenfalls auch die vielfachen irrtümlichen Bemerkungen und Missverständnisse. Es muss nämlich zweierlei scharf auseinander gehalten werden, was vielfach innerhalb des scheinbar einheitlichen Begriffs der Drohung zum Scherz verwechselt wird: Wenn damit der Fall gemeint ist, wo der Thäter, z. B. wegen der Unsinnigkeit des Inhalts bestimmt erwartete, dass der Betroffene den Scherz gar nicht werde verkennen können, er mithin — natürlich — eine Beunruhigung u. dgl. gar nicht bezweckte, so kann aus diesem früher erörterten Grund der Begriff der Bedrohung nicht Platz greifen, wenn auch thatsächlich trotzdem eine noch so starke Rechtsfriedensstörung erfolgt ist. Ist dagegen die Scherzhaftigkeit nur dahin zu verstehen, dass der Thäter entschlossen war, seine Drohung nicht zur Ausführung zu bringen, sondern nur dem Anderen «Angst zu machen», so bleibt — und nun selbstverständlich auch, wenn die Drohung ganz ohne Wirkung auf diesen geblieben ist — jener Entschluss ganz ohne Einfluss auf den wenn im übrigen erfüllten Begriff der Bedrohung, da deren subjektives Zweckthatbestandsmerkmal, die auf eine Friedensstörung gerichtete Absicht, ja dann gegeben ist.

Eine Verwechslung der oben bezeichneten Art, speziell zu der zweiterwähnten Eventualität, begeht z. B. Schütze,[22] wenn er in die Definition des Bedrohungsbegriffs aufnimmt:

---

[22]) Lehrbuch a. a. O., II.

«die den Umständen nach als ernstlich gemeint erscheinende Androhung eines .... Uebels».

Nur der Vollständigkeit halber sei noch eine merkwürdige Ungenauigkeit in einem Urteil des Reichsgerichts, vom 23. Januar 1890,[23]) hervorgehoben, welche auf einer Verwechslung von Bedingung und Befristung zu beruhen scheint: es solle auch eine «bedingte Drohung» zum Bedrohungsbegriff genügen, mit der Begründung, dass ja im Grunde jede Drohung bedingt sei, weil erst in der Zukunft liegend. In Wahrheit lässt sich übrigens eine derartige absolute Gleichstellung aller bedingten Drohungen ohne Rücksicht auf die concreten Einzelumstände nicht behaupten, (cf. Goehrs, Zeitschrift a. a. O., S. 516 f.).

Im übrigen sei schliesslich nochmals betont, dass, da dem Begriff der Bedrohung derjenige der einfachen Drohung (Androhung) zu Grunde liegt, ohne weiteres alles früher über diesen ausgeführte ebenfalls Geltung hat. Als interessanter praktischer Fall z. B. für die Möglichkeit der sogenannten indirekten Drohung, und also auch Bedrohung, sei der dem bereits erwähnten Urteil des Reichsgerichts vom 30. November 1881 zu Grunde liegende Thatbestand mitgetheilt: Der Angeklagte hatte im Verlauf eines Streites mit verschiedenen in seinem Hofe befindlichen Personen seinem auf seiner Seite stehenden Bruder zugerufen: «Karl, schiess', jetzt müssen sie alle tot!»; und zwar nachdem dieser seine Bereitwilligkeit zu einem derartigen Eingreifen bereits bewiesen hatte, indem er schon einen Schuss aus seinem Revolver auf die Gegner seines Bruders abgegeben hatte. Mit Recht wurde in dieser Drohung «mit intellektueller Beeinflussung» ein Vergehen der Bedrohung nach § 241 erblickt.

Der zweite Begriff sodann, der des Verbrechens, macht, wie gesagt, keine wesentlichen Schwierigkeiten. Es kann sich hier, ebenso wie in § 126, nur um den Sprachgebrauch des Gesetzes selbst handeln, also um die Massgabe des § 1 Abs. 1 Rstgb.; und zwar auch hier nur um den ob-

---

23) Entsch. R. G. Bd. XX, Nr. 62, S. 180 f.

jektiven Charakter als Verbrechen, ohne Rücksicht auf die rechtliche Auffassung eines Betheiligten. Infolge dessen müssen, bei erschöpfender Auslegung dieser Objektivität, jedenfalls auch diejenigen Thatbestände ausgeschlossen werden, welche, an sich blose Vergehen, nur infolge besonderer zumal persönlicher Merkmale vom Gesetz, eigentlich wohl nur im Sinne der Strafschärfung, als Verbrechen gewertet werden. Man denke hauptsächlich, zunächst auf Seiten des Thäters, an die Fälle des Rückfalls. Es leuchtet ja auch praktisch ohne weiteres ein, dass die alsbald noch zu besprechende ratio legis, weshalb gerade der Begriff des Verbrechens in § 241 aufgestellt ist, nämlich die vom Gesetzgeber präsumirte Geeignetheit zur Rechtsfriedensstörung, dabei gar nicht auf ihre Rechnung käme, weil der Betroffene, welchem z. B. mit einem einfachen Diebstahl gedroht wird, ja in der Regel keineswegs weiss oder beurteilen kann, ob sich der Drohende im Fall der Ausführung im wiederholten Rückfall, und zwar unter den Voraussetzungen des § 244 Rstgb., befinden würde. Diese Meinung ist übrigens auch die herrschende, man vgl. insbesondere Hälschner,[24]) v. Liszt[25]) und v. Meyer.[26]) Näheres über diesen Punkt, speziell auch gegen die ganz vereinzelte und sehr merkwürdige Gegenansicht Villnows,[27]) finden sich in der mehrerwähnten Abhandlung des Verfassers, Zeitschrift a. a. O., S. 503 und 504.

Der gleiche Gedanke muss nun aber auch, was m. W. allgemein übersehen wird, auf der passiven Seite zutreffen, in den allerdings seltenen Fällen, wo ein bloses Vergehen infolge persönlicher Merkmale des betroffenen Objekts zum Verbrechen im Sinne des Gesetzes wird. Man nehme z. B. an, ein fanatisirter Hurrahgermanist verleihe seinen Gefühlen den entsprechenden Ausdruck, indem er gegen einen seiner partikularistischen Tendenzen wegen bekannten Bundesfürsten, der

---

24) Strafrecht a. a. O., Anm. 3.

25) a. a. O. Abs. 3, S. 296.

26) Lehrbuch § 107, 3., S. 617.

27) In seiner kurzen und wertlosen Besprechung des § 241 in Goltd. Arch. Bd. XXIV, § 19, S. 123.

nicht sein Landesherr ist und sich auf der Durchreise in einem fremden Bundesstaat befindet, mit einem Stock drohende Bewegungen macht. Der Inhalt dieser Drohung könnte an sich nur das Vergehen der gefährlichen Körperverletzung nach § 223 a sein, jedoch macht ihn der § 98 Rstgb. unter solchen Umständen zu einem Verbrechen. Trotzdem könnte hier von dem Thatbestand des § 241 keine Rede sein. Praktisch rechtfertigt sich ebenfalls dieses Resultat hier dadurch, dass die besondere Qualifizirung der Thätlichkeiten gegen Bundesfürsten auf staatspolitischen Erwägungen beruht, nicht auf einer grösseren Empfindlichkeit des Rechtsfriedensbewusstseins der Schutzobjekte, (welches ja natürlich nicht etwa mit deren besonderem Autoritäts- und Souveränetätsempfinden verwechselt werden darf).

Natürlich genügt sodann auch zum fraglichen Begriff des Verbrechens, dass der Thatbestand nur überhaupt ein solches bildet, wobei aber gleichgültig bleibt, welches speziell. In der That wäre auch eine Feststellung letzterer Art praktisch oft unmöglich, weil es sich ja gerade um nicht wirklich erfolgte Ereignisse handelt, bei welchen also gewisse, rechtlich gerade Ausschlag gebende Momente unentschieden bleiben können; man denke z. B. vor allem an den häufigsten und wichtigsten Fall, die Bedrohung mit — naturgemäss immer vorsätzlicher — Tötung, wo es in der Regel unmöglich wäre nachzuweisen, ob es sich um Mord oder Totschlag handelt. Uebrigens ist es, schon ohne weiteres auf Grund des Wortlautes selbst: «mit der Begehung eines Verbrechens», geradezu auffällig, dass diese Frage überhaupt aufgeworfen werden und in Praxi bis zur Kognition der Revisionsinstanz kommen konnte; sie findet sich treffend erörtert in dem Urteil des Reichsgerichts vom 22. Juni 1881.[28])

Indessen wird schon die allerdings erforderliche Feststellung, dass es sich wirklich um einen Verbrechensthatbestand handelt, unter Abgrenzung von demjenigen eines vielleicht nahe heranreichenden Vergehens, leicht Schwierig-

[28]) Entsch. R. G. Bd. IV, Nr. 119, S. 326 ff., 328.

keiten machen können. Da sich die sehr blumenreiche Sprache, die meist bei Bedrohungen üblich ist, nicht speziell in juristischen Ausdrücken zu bewegen pflegt, ausserdem gerade bei solchen Gelegenheiten gern in rohen Uebertreibungen geschwelgt wird, deren Realisirbarkeit vielfach überhaupt unmöglich ist, so ist die Frage oft ganz unlösbar. Es sei hier nur ein sehr treffendes (mündliches) Beispiel Merkels angeführt: Ich werde Dich hauen, dass Du Deine Knochen korbweise nach Hause tragen kannst. Soll hier wirklich der Thäter bei Wort genommen, der Thatbestand des § 224, bezw. 225 angenommen, und infolge dessen der § 241 für anwendbar erklärt werden, da es doch andrerseits recht glaubhaft klingt, dass mit diesem anmutigen Bild nur eine tüchtige Tracht Prügel, also ein geringes Vergehen der einfachen Körperverletzung nach § 223, gemeint war? — Erst recht ins bodenlose gerät man aber in Fällen rein thätlicher, pantomimischer Bedrohungen, mittels eines Messers, einer Keule u. s. w. Es kann dabei an sich die ganze Stufenleiter: Körperverletzung mittels gefährlichen Werkzeugs, schwere Körperverletzung, beabsichtigte schwere Körperverletzung, auch Körperverletzung mit nachgefolgtem Tod, Totschlag oder Mord in Betracht kommen, ohne dass sich in der Regel der geringste Anhaltspunkt für eine sichere Entscheidung finden lassen wird!

Selbstverständlich muss in allen derartigen Fällen, nach allgemeinen Rechtsgrundsätzen, der Verbrechenscharakter, als Thatbestandsmerkmal, ausdrücklich nachgewiesen werden, im Zweifel also § 241 nicht einschlagen.[29])

Wenn zuletzt Einzelheiten über den Verbrechensbegriff etwas genauer ausgeführt worden sind, um dessen Unzulänglichkeit auch in concreten Einzelfragen zu zeigen, so ist ungleich bedenklicher sein grosser Mangel in prinzipieller, und zwar gerade der hier interessirenden Rechtsfriedensbeziehung.

---

29) Auch die mehrerwähnte Begründung der Zuchthausvorlage betont diesen Missstand, (auch schon beim Thatbestand der Nötigung nach § 240, «Verbrechen oder Vergehen»), bezüglich Fällen von schwerer Vergewaltigung und ähnlichen Ausschreitungen bei Arbeiterbewegungen, S. 2285, 2295 und speziell 2296 princ.

Es ist bereits oben angedeutet worden, was gerade der Begriff des Verbrechens in diesem Zusammenhang soll: Man wollte zum Ausdruck bringen, dass die Drohung geeignet sein müsse, den Rechtsfrieden zu stören, und man griff dabei zum Mittel einer absoluten Umgrenzung dieses Begriffs. Von dem Gedanken ausgehend, dass die Verbrechen, die vom Strafrecht am schwersten gewerteten, weil die schwersten Angriffe auf die Rechtsgüter Anderer repräsentirenden widerrechtlichen Handlungen nun auch stets, absolut, für diejenigen, denen sie zugedacht sind, als die schwersten Uebel erscheinen, ausserdem aber, — und hierin insbesondere lag der grosse Fehler, — dass andrerseits auch nur sie diese Eigenschaft hätten, wurde kraft unwiderleglicher Legalpräsumption fixirt, dass accurat die Verbrechen, als solche, die zur Rechtsfriedensstörung geeigneten Drohungsinhalte abgäben. Ist auch nicht anzunehmen, dass man sich vollständig der Erkenntnis verschloss, dass bei der Kriminalisirung eines Delicts zum Verbrechen durch das Gesetzbuch denn doch ganz andere Momente in erster Linie mitgewirkt hatten, als der oben erwähnte Gedanke des Furchtgrades der diesem Delict Ausgesetzten, und vor allem, dass gerade die Abgrenzung nach unten, die Annahme, dass nur Verbrechensthatbestände zur Rechtsfriedensstörung geeignete Drohungsinhalte bilden könnten, eine willkürliche und verfehlte sein müsse, sowie dass dieser ganze Begriff der Geeignetheit zur Rechtsfriedensstörung ein essentiell relativer im früher erörterten Sinn, und daher nur relativ feststellbar sei, so war doch das Bequemlichkeitsstreben, ein für alle Mal einen festen absoluten Massstab zu haben, so gross, dass man ihm die sehr gerechtfertigten Bedenken richtiger Erkenntnis opferte. Allerdings waren nun durch diese von v. Liszt a. a. O. sehr euphemistisch als «praktisch leicht handbar» bezeichnete Formulirung die immerhin bedeutenden Schwierigkeiten, welche das Erfordernis konkreter Feststellung jener Geeignetheit im Einzelfall mit sich bringen kann, vermieden, man hatte, was man wollte, eine feste Formel; allein in Wirklichkeit hatte man den Teufel durch Beelzebub ausgetrieben, das Resultat war ein äusserst bedenkliches. Betrachten wir, um die Konsequenzen gleich praktisch zu würdigen, folgendes Doppelbeispiel: [30])

Ein schwächlicher Mensch schreibt an einen stämmigen Bauern zwei wütende Drohbriefe. In dem einen kündigt er ihm an, er werde sich seiner durch Gewalt «bemächtigen», um ihn in Sklaverei zu bringen, (§ 234 Rstgb.); er ist dabei, wenn auch ungerechtfertigter Weise, davon überzeugt, dass der andere, den er vielleicht für besonders dumm hält, schon angesichts der Heftigkeit des Tones ihn für besonders mächtig und zu jenem Vorhaben befähigt halten, sich infolgedessen, wie beabsichtigt, beunruhigt fühlen wird. Im anderen Brief droht er, er werde ihm in seinen Stallungen heimlich die Maul- und Klauenseuche einführen, bekanntlich ein, namentlich zur Zeit einer solchen Epidemie, sehr leichtes Unternehmen; (§ 328, 303 Rstgb.) Ueber die erste Bedrohung, mit Menschenraub, wird der Empfänger, nachdem er mit einiger Mühe herausstudirt hat, warum es sich eigentlich handelt, herzhaft lachen, und das ganze Dorf mit ihm. Ueber den zweiten Brief wird nicht nur er, sondern auf seine Mittheilung hin die ganze Gegend mit Recht in den grössten Schrecken und Aufregung geraten. Zufällig kommen beide Fälle zur Kenntnis der Behörde: Für den ersten muss der Thäter bestraft werden, — nicht etwa wegen unerlaubter Veranstaltung von öffentlichen Belustigungen, sondern — aus § 241, wegen einer Rechtsfriedensverletzung im Sinne des Gesetzgebers; für den zweiten dagegen ist ihm weder wegen Bedrohung noch sonst überhaupt etwas anzuhaben, falls nicht etwa wieder der alle Zeit gefällige § 360 Z. 11, (oder, sehr zweifelhaft, § 185), aushilft!

Uebrigens ist auch der Widerspruch gegen die so unglaublich ungeschickte und bedenkliche Fassung des Bedrohungsthatbestandes durch § 241 Rstgb. bei denjenigen, die sich etwas näher mit demselben befassen, ziemlich allgemein. So spricht z. B. mit Recht Geyer a. a. O. von einer «Verirrung

---

[30]) Auch dieses etwas weiter ausgeführte Beispiel ist in der Abhandlung des Verfassers in Zeitschrift Bd. XIX mitgeteilt, S. 518, sei jedoch hier des scharfen Hervortretens der Gegensätze wegen wiederholt.

des Gesetzgebers», ferner vgl. man u. a. auch Hälschner, v. Meyer, Finger, zögernd auch v. Liszt, bei ihrer jeweiligen Erörterung der Bestimmung. Der Hauptfehler, neben im vorhergehenden berührten Einzelheiten, ist eben auch hier, wie wir es schon bei § 126 fanden, an jener unglücklichen Idee, dass man bei einem so weiten und schwer zu objektivirenden Begriff wie dem des Rechtsfriedens, mit oberflächlich unterscheidenden und recht mechanischen, obendrein noch zum Teil casuistisch eingeengten Spezialbestimmungen auskommen könne. Es wird im letzten Teil unserer Untersuchung auf die Frage einer zweckentsprechenden Normirung zurückzukommen sein, welche des weiteren sodann, dies ist wohl im obigen genugsam angedeutet worden, vor allem auf einer relativen Bestimmbarkeit der in Frage stehenden Begriffe zu beruhen haben wird.[31]) Hier sei vorläufig nur soviel bemerkt, dass

---

[31]) Gerade in dieser Beziehung sei auch auf die zahlreichen älteren deutschen Strafgesetze und ihre Kritik in der Arbeit des Verfassers, Zeitschrift a. a. O. S. 519 ff. hingewiesen, deren Normirungen, trotz mannigfacher Missstände im einzelnen, dem Reichsstrafgesetzbuch bei der Aufstellung des Bedrohungsthatbestandes hätten als Vorbild dienen können. (St. G. B. für das Kaisert. Oesterreich vom 27. Mai 1852, § 98 f. — St. G. B. f. d. Kgr. Sachsen v. 13. August 1855, art. 206. — St. G. B. f. d. Kgr. Württemberg v. 1. März 1839, art. 282. — St. G. B. f. d. Grhzgt. Baden v. 5. Februar 1851, § 280. — St. G. B. f. d. Grhzgt. Hessen v. 17. September 1841, art. 171. — St. G. B. f. d. Hzgt. Nassau v. 14. April 1849, art. 169. — Krim. G. B. f. d. Hzgt. S. Altenburg v. 3. Mai 1841, art. 170. — St. G. Bücher der Thüringischen Staaten, 1850 ff., art. 160.

Unbrauchbar dagegen, infolge gleicher, noch verstärkter Fehler, wie in § 241 Rstgb.: St. G. B. f. d. Preussischen Staaten v. 14. April 1851, § 213. — Krim. G. B. f. d. Hzgt. Braunschweig v. 10. Juli 1840, § 179. — Und vor allem, beinahe eine strafrechtliche Karrikatur, *Code pénal des Français du 13 Février 1810*, artt. 305—308, 436.

Mehrere treffende Momente, im Verhältnis zu § 241 Rstgb., zeigt auch die Schwedische Kriminalisirung des Bedrohungsthatbestandes, § 23 Kap. 15 des Strafgesetzes. Dieselbe macht ihn auch zum Antragsvergehen, (§ 24: «Privatklage» [?]), wie es ebenfalls mehrere jener älteren deutschen Gesetze gethan haben, m. E. zutreffender Weise wenigstens für nicht besonders erschwerte Fälle. (Ueber das nähere zu vgl. die mehrerwähnte Abhandlung des Verfassers, a. a. O. S. 527 f. Daselbst

diese Normirung nicht einzeln vorgenommen werden kann, unter Lostrennung eines Spezialthatbestandes wie der des § 241 Rstgb., sondern nur im Zusammenhang mit der Regelung der Rechtsfriedensschutzbestimmungen überhaupt.[32])

§ 14.
Fortsetzung.

d. Der Landfriedensbruch nach § **125** Rstgb., und e. Die Aufforderung zu Sprengstoffverbrechen bezw. Glorifizirung solcher nach § **10 Abs. 1 und 2 Sprengstoffgesetzes** vom 9. Juni 1884.

Die Bestimmung über das Delict des Landfriedensbruchs sodann ist allerdings von grosser Tragweite und praktischer Bedeutung für den Schutz des Rechtsfriedens, und zwar, wie früher ausgeführt, des öffentlichen objektiven Rechtsfriedenszustandes. Allein es ist auf den ersten Blick ersichtlich, schon ohne genaueres Eingehen auf den Thatbestand, dass

---

befindet sich allerdings die irrtümliche Behauptung, dass durch die Strafgesetznovelle vom 26. Februar 1876, bis zu welcher ja auch die Bedrohung Antragsdelict war, die sämtlichen Verbrechen des geltenden Strafgesetzes Offizialdelicte geworden seien, wobei die Fälle der §§ 102, 179, 236 übersehen worden sind.)

[32]) Die früher bereits erwähnte Begründung zur sogen. Zuchthausvorlage 1899, (oben § 3 Anm. 4), bringt in ihren interessanten statistischen Angaben über die wachsende Zahl der Verurteilungen wegen verschiedener Delicte durch die deutschen Gerichte, S. 2239 f., auch die stetig steigenden Ziffern bezüglich des § 241 in den letzten fünf Jahren, auf welche sich die statistischen Untersuchnngen erstreckten:

1892: 7.832; 1893: 8.648; 1894: 9.333; 1895: 10.046; 1896: 10.289; 1897: 10.266.

Es wird ausdrücklich hinzugefügt, dass diese Zunahme wie die bei einigen anderen Vergehen ein vielfaches von derjenigen der strafmündigen Zivilbevölkerung in fünf Jahren beträgt.

Auch die Verurteilungen wegen Landfriedensbruchs müssen nach jenen Mitteilungen in den gleichen Jahren eine ganz ausserordentliche Vermehrung aufweisen.

auch hier sehr weitgehende Einschränkungen die Entwickelung eines Prinzips hemmen, sowie ganz besonders, dass ebenfalls sekundäre Schutzobjekte bei der Kriminalisirung berücksichtigt worden sind, nämlich die Integrität der Person der vom Delict Betroffenen, sowie ganz besonders ihrer Sachen, denn sonst im Reichsstrafgesetzbuch bestehen ja für die Angriffe auf Sachen nicht so mannigfache und differenzirte Bestimmungen, wie für die Körperverletzungen und Tötung, samt den in gleicher Weise für die «Gewaltthätigkeiten» des § 125 in Betracht kommenden Thatbeständen der Nötigung, Freiheitsberaubung, thätlicher Beleidigung u. a. m. Man beachte z. B. auch, dass im preuss. St. G. B. 1851 der unserem § 125 ganz entsprechende § 284 unter die Rubrik der «Vermögensbeschädigungen» hinter die Fälle der Sachbeschädigung eingereiht war; (cf. auch oben § 4).

Die im Thatbestand selbst liegenden Einschränkungen sind die folgenden: Es gehört zum Delict mindestens die wenn auch im weiteren passive Theilnahme an einer öffentlich erfolgten Zusammenrottung einer Menschenmenge, welche mit vereinten Kräften gegen Personen oder Sachen Gewaltthätigkeiten begeht. Zwar ist nicht erforderlich, dass der Thäter bei den gewaltthätigen Handlungen selbst mitgewirkt hat, er muss jedoch, dies geht aus dem Begriff der Teilnahme hervor, Kenntnis von der öffentlichen Zusammenrottung als solcher gehabt und sich trotzdem der Bewegung angeschlossen haben. Dieser Begriff der Zusammenrottung nun enthält folgendes: Es muss zunächst eine grössere Anzahl von Personen gegeben sein; wenn Schultze[1]) nur zwei verlangt, so widerspricht dies wohl offenbar der Bedeutung des Ausdrucks «Menschenmenge»; soviel ist allerdings richtig, dass es auf die Würdigung des konkreten Falles ankommt, eine abstrakte numerische Angabe sich nicht machen lässt.[2]) Diese Menschenmenge muss sich sodann zusammengerottet haben, d. h. zu einer Ansamm-

---

[1]) Der Begriff der Oeffentlichkeit im Reichsstrafgesetzbuch, S. 25.

[2]) Vgl. die bezüglich dieses Punktes sehr treffende und ausführliche Entsch. R. G. vom 23. Oktober 1883, Bd. IX, Nr. 42, S. 143 ff., speziell 147, wo auf alle Fälle ein Hinausgehen über die Zweizahl verlangt wird.

lung zusammengethan haben, welche zwar äusserlich in sich abgeschlossen und in ihrer räumlichen Ausdehnung erkennbar, aber deshalb nicht etwa, — im Gegensatz zur organisirten Truppe, — auch in der Weise in sich abgeschlossen sein müsste, dass neu Hinzutretende, ganz Fremde, sich nicht ohne weiteres anschliessen könnten; dass dies im Gegenteil sehr im Gedankenkreis des Gesetzgebers liegt, beweist vielmehr das dritte Merkmal, das der Oeffentlichkeit, welche naturgemäss einen derartigen ohne weiteres möglichen freien Anschluss vorsieht, wobei übrigens der Ort selbst natürlich nicht ein sogenannter öffentlicher zu sein braucht, falls nur — kurz ausgedrückt — unbestimmt welchen und wie vielen Menschen daselbst gerade zum Zweck der Zusammenrottung Zutritt gewährt wird. Ueberdies wäre ja sonst die Zusammenrottung nur auf Grund vorheriger Verabredung, also unter Bekannten möglich. Gegen dieses Moment vgl. z. B. auch die Entscheidung des Preussischen Obertribunals vom 17. Oktober 1873.[3]) Ferner gehört aber noch zu der Zusammenrottung ein subjektives Moment, nämlich dass jenes Sich vereinigen in gemeinsamer Tendenz, Absicht, Zweckbewusstsein erfolgt sei, und zwar in einer unerlaubten Absicht, speziell mit einem Hinblick auf das Aufrührerische, (Revolutionäre).[4])

Und ferner muss die Menschenmenge, welcher sich der Thäter mit Kenntniss aller dieser Umstände angeschlossen hat, Gewaltthätigkeiten gegen Personen oder Sachen, in der früher besprochenen Bedeutung, und zwar mit vereinten Kräften begangen haben, es genügt also nicht einmal, wenn noch so viele, vielleicht alle Zusammengerotteten, jeder auf eigene Faust eine Gewaltthätigkeit begeht, hier der eine einen Menschen verwundet, dort ein anderer ein Haus anzündet, noch anderswo ein Dritter Thüren und Fenster eines Gebäudes zertrümmert, ein Vierter Jemanden gewaltsam einsperrt, u. s. w., wenn dies

3) Mitgeteilt in Goltd. Arch. Bd. XXI, S. 517.

4) Insofern kann Schultze a. a. O. beigestimmt werden, wenn er beiläufig bemerkt, der Begriff der Zusammenrottung umfasse mehr als eine Verabredung.

alles selbständig geschieht, ohne ein Zusammenwirken, eine gegenseitige wenigstens indirekte Unterstützung, deretwegen man von «vereinten Kräften» sprechen könnte: denn mag zu diesem Begriff auch nicht erforderlich sein, dass die Mehreren auch thatsächlich gemeinschaftlich handeln, etwa im gesetzlichen Sinn z. B. Mitthäter sind, so muss doch jedenfalls ein Zusammenwirken insoweit bestehen, dass eine gegenseitige Unterstützung stattfindet, insbesondere dadurch wenigstens, dass die Genossen die thatsächlich Handelnden durch ihre Anzahl unterstützen, etwa durch ihr drohendes Benehmen die Betroffenen einschüchtern, ihren Widerstand unmöglich machen, sie gewissermassen moralisch vergewaltigen, und zwar im — ausdrücklichen oder stillschweigenden — Einvernehmen mit dem oder den direkt handelnden Thätern. M. a. W.: Das Delict des Landfriedensbruchs kann begrifflich nie von einem Einzelnen begangen werden, es ist — in diesem Sinne! — ein essentielles Teilnahmedelict, und hierin liegt die hauptsächlichste missliche Abschwächung seiner Bedeutung für die prinzipielle Frage der Rechtsfriedensverletzung. Dazu kommen dann noch jene anderen Umstände, die Gebundenheit an ein sekundäres fremdartiges Angriffsobjekt und, damit zusammenhängend, an zahlreiche für den Rechtsfriedensbegriff gleichgültige und daher die praktische Tragweite willkürlich beeinflussenden Einzelmerkmale.

So wichtig daher auch thatsächlich die Bestimmung des § 125 für den Schutz des Rechtsfriedens sein mag, indem gewiss ein quantitativ und qualitativ nicht unbeträchtlicher Teil der in Praxi vorkommenden Verletzungen desselben sich thatsächlich unter den Thatbestand des Landfriedensbruchs wird subsumiren lassen, so muss trotzdem betont werden, dass auch diese Bestimmung in keiner Weise eine grundsätzliche Rechtsfriedensnorm im postulirten Sinne abgibt, welche unseren Rechtsfriedensbegriff konsequent zur Durchführung bringt. Sie ist, um ein civilrechtliches Bild zu gebrauchen, zwar vielleicht nicht geradezu accidentell, jedenfalls aber nicht essentiell, sondern höchstens naturell eine Rechtsfriedensbestimmung.

Und am allerwenigsten könnte sie, wie schon eine rein äusserliche Betrachtung des § 125 mit seiner Urgirung von ganz anderen Momenten im Thatbestand, im oben erörterten Sinn, zeigt, irgendwie den Anforderungen genügen, welche man an einen ernsthaften Versuch des Gesetzgebers zur Regelung einer so wichtigen und komplexen Materie in selbständiger Weise zu machen berechtigt wäre, bei welcher doch eine prinzipale Behandlung ex professo unerlässlich notwendig wäre. Es ist übrigens auch durchaus kein Anhaltspunkt dafür vorhanden, an eine solche legislatorische Absicht bei der Bestimmung über den Landfriedensbruch zu denken, jedenfalls weit weniger als bei den §§ 130 und besonders 126.

Noch viel weniger kann nun aber von der Durchführung eines Prinzips die Rede sein bei den zwei letzten gegen den subjektiven Rechtsfrieden, und zwar den öffentlichen, gerichteten Bestimmungen, den beiden des § 10 Sprengstoffgesetzes. Denn auch abgesehen von allem anderen, müssen die betreffenden Handlungen, (Aufforderung u. s. w.), in Bezug auf ganz bestimmte Sprengstoffverbrechen, gegen § 5 oder 6 desselben Gesetzes, erfolgen, also würden die fraglichen Thatbestände selbst dann noch immer viel mehr spezialisirt sein, als derjenige des § 126, wenn nicht regelmässig auch schon das durch Anpreisen oder als etwas Rühmliches Darstellen erfolgende Anreizen oder Verleiten, sowie das Auffordern, ein engerer Begriff wäre als das «Androhen»: zwar nicht in der Weise enger, dass jene Begriffe immer und notwendig in diesem, als einem gleichartigen höheren Begriff enthalten wären, wohl aber wird man in Praxi sehr häufig in einem jener Thatbestände zugleich ein zweifelloses Androhen finden, dagegen selten und nur accidentell im Androhen ein Anreizen durch Anpreisungen u. s. w. Und auf alle Fälle verlangen auch noch die Begriffe «öffentlich vor einer Menschenmenge», «durch Verbreitung oder öffentlichen Anschlag oder öffentliche Ausstellung von Schriften oder anderen Darstellungen oder in Schriften oder Darstellungen», viel mehr als das blose «Androhen» des § 126, selbst wenn man sich in Bezug auf letzteres der abgelehnten Auffassung anschliessen wollte, dass die Androhung selbst öffentlich erfolgen muss;[5]) man vgl. die guten Bemerkungen bei Schultze[6]) im Anschluss an die übrigens wohl selbstverständliche Aeusserung, dass «öffentlich» und «vor einer Menschenmenge» kein Pleonasmus ist, vielmehr jeder Begriff selbständig bestehen kann. — Das gleiche gilt von dem Mittel der «Verbreitung», welche wohl richtig mit v. Liszt[7]) als Veröffentlichung im allgemeinen Sinn zu fassen ist, sowie vom «öffentlichen Anschlag oder öffentlicher Ausstellung». Und auch der Begriff «in Schriften oder anderen Darstellungen», wobei allerdings keine Oeffentlichkeit vorausgesetzt wird, was dem Thatbestand eine geradezu ungeheure Ausdehnung gibt, verlangt im Gegensatz zum § 126 noch speziell die schriftliche Form, also ist das gewöhnliche Androhen in jenem immer noch allgemeiner.

Abgesehen aber von allen diesen Einzelpunkten sind die beiden Bestimmungen des § 10, — und dies macht zugleich jede weitere Einzelinterpretation derselben für unsere Zwecke überflüssig, — ganz spezielle, man könnte fast sagen Ausnahmegesetze, welche ihre Begründung in dem beabsichtigten ganz besonderen Vorgehen des Gesetzgebers gegen Sprengstoffdelicte, zumal anarchistische Attentate, finden. Es ist hierauf schon hingewiesen worden, insbesondere auf die sonst, im Verhältnis zu den gewöhnlichen Rechtsgrundsätzen ganz unbegreifliche Strenge des ganzen Gesetzes.[8]) Dies zugegeben kann aber natürlich von einem in einer Bestimmung dieses Gesetzes zum Ausdruck gebrachten allgemeinen Rechtsprinzip im Verhältnis zu irgend einem Rechtsgut nicht mehr die Rede sein; es folgt dies unmittelbar aus der Natur des Spezialgesetzes.

---

5) Diese irrtümliche Ansicht v. Buris ist früher besprochen worden.

6) a. a. O. S. 24.

7) Lehrbuch § 108, II u. Anm. 4, S. 369 f., mit näheren Litteraturangaben.

8) Das auffallendste und bekannteste Beispiel hierfür ist ja der § 5 Abs. 3 Ges. im Vergleich mit § 211 Rstgb. — Sehr richtig bemerkt sodann auch z. B. v. Liszt a. a. O., dass in der That durch § 10 cit. der Versuch der Anstiftung zur Teilnahme an Vorbereitungshandlungen zu einem Delict unter Strafe — und zwar bis zu 15jähriger Zuchthausstrafe! — gestellt wird; gewiss ein strafrechtliches Unikum.

Infolge dessen können die beiden Bestimmungen für unsere Untersuchung nur etwa für die besondere Frage in Betracht kommen: Welchen Schutz gewährt das Reichsstrafrecht dem Rechtsfrieden, insoweit er speziell auf Sprengstoffverbrechen Bezug hat. Und diese besondere (Neben)frage ist wohl im bisherigen, zumal im zuletzt bemerkten hinreichend dahin erörtert worden, dass direkt zwar nur das öffentliche sujektive Rechtsfriedensbewusstsein, dieses aber nicht nur durch sehr strenge Strafen, sondern auch durch eine sehr weit gehende Fassung des Thatbestandes geschützt wird.

Darüber hinaus, für unsere allgemeine Untersuchung, kann den beiden Bestimmungen eine prinzipielle Bedeutung nicht zukommen.

Man sieht also, dies ist das Ergebnis der Prüfung der ersten und bei weitem wichtigsten Kategorie unseres Materials, wie wenig schon diese prinzipalen Rechtsfriedensschutzbestimmungen geeignet sind, die Aufgabe prinzipieller Regelung der Materie zu erfüllen, und wie sehr auch praktisch durch ihre mangelhafte Regelung sich empfindliche Lücken geltend machen.

§ 15.

Der Uebergang von den prinzipalen zu den nebensächlichen Rechtsfriedensdelikten.

Der Kanzelmissbrauch nach § **130 a Abs. 1 und 2** Rstgb.

Es ist bereits darauf hingewiesen worden, dass und in welcher Beziehung sodann zwei zusammengehörige Bestimmungen, der Doppelthatbestand des sogen. Kanzelparagraphen, eine Ueberleitung von der eben besprochenen ersten Kategorie primärer, hauptsächlicher Rechtsfriedensbestimmungen, zu der zweiten, sekundärer, nebensächlicher bildet. Denn obgleich dieselben in einer Beziehung, ihren objektiven Thatbeständen, dem § 130 am nächsten stehen, enthalten sie doch andrerseits, mit Rücksicht auf ihre Handlungssubjekte, Standes-, so zu sagen Amtsdelicte. M. a. W., für unsere Frage: Schon dadurch, dass sie nur von einem «Geistlichen oder anderen Religionsdiener in Ausübung oder in Veranlassung der Ausübung seines Berufes u. s. w.» begangen werden können, wird ihre Wirksamkeit auf einen begrifflich wie praktisch sehr geringen Teil der möglichen Rechtsfriedensverletzungen beschränkt. Es muss daher geradezu als naïv bezeichnet werden, wenn v. Buri,[1]) auf dessen im einzelnen mitunter ganz ungeheuerliche Auffassung des § 130a noch zurückzukommen sein wird, behauptet, dass § 130a, da er im Gegensatz zu § 126 und 130 jede Friedensgefährdung durch Besprechung staatlicher Angelegenheiten, — schon dieses, ja keineswegs speziellste, Moment ist doch kaum weniger einschränkend, soweit ein Vergleich überhaupt möglich ist, als dasjenige der Anreizung verschiedener Klassen der Bevölkerung zu Gewaltthätigkeiten gegen einander, — bestraft, «mithin nahezu einen Reat der Störung bezw. Gefährdung des öffentlichen Friedens in seiner Allgemeinheit hinstellt, da er ihn nur (!) der Person und dem Orte nach einschränkt».

Ohne hier näher auf den Doppelthatbestand einzugehen, als es für die beabsichtigte Untersuchung nötig ist, sei zunächst nur bemerkt, dass sowohl was den Begriff der Gefährdung des öffentlichen Friedens als was den der Oeffentlichkeit der Handlung anbelangt, ganz auf das zu § 130 bemerkte zu verweisen ist, im Anschluss an welchen ja die beiden Absätze des § 130a später gebildet worden sind. Auch diese doppelte nachträgliche Einstellung in das System, als richtige Gelegenheitsgesetze, wie oben bemerkt, würde schon an sich beweisen, wie wenig die Durchführung eines Prinzips überhaupt beabsichtigt war. Von den übrigen Begriffen bedürfen wohl die Ausübung und Veranlassung der Ausübung des Berufes, die Kirche, die anderen zu religiösen Versammlungen bestimmten Orte, die Menschenmenge,[2]) die Verkündigung oder Erörterung, die Schriftstücke, das Ausgeben, das Verbreiten,[2]) keines näheren Eingehens.

---

[1]) Gerichtssaal a. a. O. S. 234.

[2]) cf. hierüber oben § 14.

Hervorzuheben wäre höchstens, dass es hierbei in mehrfacher Beziehung auf kirchenrechtliche Gesichtspunkte ankommen kann, so z. B. wann Jemand als Geistlicher oder — bei nicht privilegirten Kirchen u. s. w., als Religionsdiener seiner Religionsgesellschaft anzusehen ist, sowie auch zur Interpretation des Begriffs der Berufsausübung oder Ausübungsveranlassung. Was übrigens letzteren Begriff anbelangt, so sei als Beispiel für seine grosse Tragweite auf den sehr interessanten Fall hingewiesen, welcher der Entscheidung des Preussischen Obertribunals vom 14. Juli 1873[3]) zu Grunde liegt. (Man vgl. ferner unten, Schluss u. Anm. 11.) — Auch für die meisten übrigen Verhältnisse des § 130a kann auf die entsprechenden zu § 130 gemachten Bemerkungen ohne weiteres verwiesen werden, z. B. muss ebenso der Vorsatz das Bewusstsein der Gefährdung des öffentlichen Friedens mit umfassen, ist jedoch andrerseits eine besondere hierauf gerichtete Absicht nicht erforderlich. Gute Ausführungen aus der Praxis über diese verschiedenen Fragen finden sich hauptsächlich in den Entscheidungen des Preussischen Obertribunals vom 22. Juni 1875,[4]) und des Reichsgerichts vom 16. Februar 1885,[5]) — Verhältnis zu § 130, — sowie besonders vom 11. Dezember 1885.[6]) Was speziell den Vorsatz angeht, so sei schliesslich noch auf die ganz merkwürdigen Ausführungen von v. Buri a. a. O. hingewiesen, die überhaupt gerade über den § 130a in fast allen Beziehungen sich eher wie ein staatsanwaltschaftliches Plaidoyer anhören, als wie eine objektive Untersuchung, und sich wohl nur aus den besonderen kirchenpolitischen Verhältnissen ihrer Zeit, (1874—75), erklären lassen, und aus der Beeinflussung durch — an sich und politisch gewiss richtige — Gedanken wie z. B.: «Hauptsächlich durch die Agitation der katholischen Kanzel ist gegenwärtig in so

---

[3]) mitgeteilt von Oppenhoff, Rechtspr. Bd. XIV, S. 502, sowie in Goltd. Arch. Bd. XXI, S. 518.

[4]) mitgeteilt in Goltd. Arch. Bd. XXIV, S. 509.

[5]) Rechtspr. R. G. Bd. VII, S. 108 f.

[6]) Entsch. R. G. Bd. XIII, S. 169 ff. (171), und Rechtspr. R. G. Bd. VII, S. 740 ff., 1. Teil.

hohem Grade und in solcher Ausdehnung über Deutschland der Geist der Auflehnung gegen die Staatsgewalt hervorgerufen worden,» u. s. w. v. Buri behauptet nämlich geradezu, dass in § 130a — im Gegensatz zu § 130 (?!) — überhaupt kein Vorsatz in Betreff der Gefährdung nötig sei, vielmehr eine culpose Gefährdung genüge. Gerechtfertigt werden soll dieser Standpunkt, abgesehen von der höchst unklaren und absonderlichen Anschauung, dass da, wo das Gesetz nicht besonders zu erkennen gibt (?), ob zu einem Delictsthatbestand Vorsatz oder Fahrlässigkeit erfordert wird, auch eine culpose, (soll heissen: fahrlässige!) Begehung genügen wird, sowie einer unberechtigten Unterscheidung zwischen dem Wortlaut des § 130 und 130a, in einer nicht ganz verständlichen Hindeutung auf § 131, anscheinend insbesondere durch den Zweck der Bestimmung, «welcher ein so bedeutender ist, dass der Staat die Aufbietung aller Sorgfalt von seinen Angehörigen fordern darf». Auf die Verirrung einer derartigen Argumentirung braucht wohl nicht näher eingegangen zu werden.

Ein Begriff in den beiden Thatbeständen des § 130a ist dagegen noch etwas eingehender zu erörtern, weil er für die Tragweite der Bestimmungen vom Standpunkt des Rechtsfriedens aus mit Ausschlag gebend ist. Die bezeichneten Rechtsfriedensstörungen von Seiten der Religionsdiener durch Verkündung, Verbreitung u. s. w. sind nämlich nur dann strafbar, wenn sich der Thäter mit «Angelegenheiten des Staates» befasst. Dieser Begriff ist, streng an sich genommen, ja sehr unbestimmt und dehnbar, auch je mit dem herrschenden politischen Prinzip wechselnd, da z. B. vom Standpunkt des aufgeklärten Despotismus und des polizeilichen Wohlfahrtsstaates aus schliesslich alles und jedes, was überhaupt die Unterthanen angeht, nicht zuletzt rein religiöse Fragen, eine Staatsangelegenheit ist. Man wird dabei an den drastischen Fall jenes Redners einer politischen Volksversammlung in einer oberelsässischen Stadt erinnert, welcher auch auf die Religion zu sprechen kam und dabei sich gegen den Glauben an den Teufel wandte, worauf er vom überwachenden Polizeibeamten aufgefordert wurde, sich des Angriffs und der Lächerlichmachung von Staatseinrichtungen zu enthalten: er zog auch sofort die logische Konsequenz daraus, indem er schlagfertig erwiderte, was übrigens die Schliessung der Versammlung zur Folge hatte: Nachdem hier soeben von kompetenter Seite der Teufel zu einer Staatseinrichtung erklärt worden ist, ...

Natürlich kann nun in den Thatbeständen des § 130a der Begriff jene angedeutete Bedeutung im allerweitesten Sinn nicht haben, da ja sonst schliesslich alles, was ein Geistlicher überhaupt zu sagen in die Lage käme, eine Angelegenheit des Staates wäre. In seinem Zusammenhang ist vielmehr der Begriff wohl zweifellos aufzufassen als gegensätzlich einerseits zu rein privaten, andrerseits zu rein religiösen Angelegenheiten. Wenn hier v. Liszt[7]) statt religiösen von kirchlichen Angelegenheiten spricht, so wird dies leicht missverständlich, da ja auch die ganze eine Seite der kirchlichen Angelegenheiten, das sogenannte Staatskirchenrecht, *jus in sacra* und vor allem *circa sacra,* zweifellos Staatsangelegenheiten betrifft; legt man aber z. B. die römisch katholische Auffassung zu Grunde, so wären eine Menge Angelegenheiten als «rein kirchlich» dem § 130a entzogen, welche darunter zu subsumiren kein Richter irgendwie Bedenken tragen wird, man denke nur an die Frage der Eheschliessung, Ehescheidung u. s. w., (ein kirchliches Sakrament!), der konfessionellen Schulen, der Pfarrstellenbesetzung und viele andere.

Einen Fingerzeig für die richtige Ausdehnung des Begriffs geben sodann auch die Ueberschriften zu den beiden einschlägigen Delictskategorien des *Code pénal* 1810, da dieser ja dem Reichsstrafgesetzbuch für § 130 als Vorbild gedient hat, nämlich die noch mitzuteilenden artt. 201—203 und 204—206: «*Des critiques, censures ou provocations dirigées contre l'autorité publique dans un discours pastoral prononcé publiquement*», desgl. «*dans un écrit pastoral*». Es liegt in dieser Ausdrucksweise die treffende Auffassung, dass der Begriff des Staats hier soviel bedeutet, wie das Machtverhältnis der rechtmässig bestehenden Regierungsgewalt. Auch unserem § 130a

---

7) Lehrbuch § 121, V. 2., S. 399.

liegt in Anlehnung hieran der Gedanke zu Grunde, dass eine Verkündigung oder Erörterung von Aeusserungen und Bethätigungen dieser Regierungsgewalt, namentlich wenn sie von Geistlichen u. s. w. ausgeht, d. h. von Beamten, Organen einer Kirche oder ähnlichen religiösen Genossenschaft, welche ja begrifflich wie erfahrungsgemäss leicht dazu neigt, einen Staat im Staate und vielfach auch gegen den Staat zu bilden, — dass eine solche Verkündigung oder Erörterung von «Angelegenheiten des Staats» sehr leicht und häufig zu einer abfälligen Kritik seiner Thätigkeit werden und dadurch zu einer beginnenden Auflehnung gegen seine Herrschaft ausarten wird. Denn wenn es nur auf die Gefährdung des öffentlichen Friedens durch Kanzelreden u. s. w., u. s. w. ankäme, warum wäre dann der Thatbestand an die Behandlung gerade staatlicher Angelegenheiten geknüpft, warum nicht gerade so gut auch rein kommunaler, rein sozialer, rein kirchlicher u. ähnl., welche in jener Beziehung ebenso bedeutsam sein können?

Einige Beispiele aus der Praxis zu dem Begriff der staatlichen Angelegenheiten vgl. man übrigens in den Entscheidungen des Preussischen Obertribunals vom 14. Juli 1873,[8]) — das Verhältnis zweier Staaten, Preussens und Bayerns, zu einander —; und vom 8. April 1875,[9]) — das Verhältnis der preussischen Regierung zu den Altkatholiken —; sowie des Reichsgerichts vom 21. Oktober 1895,[10]) — das politische Wahlrecht.

Es ist ja auch diese Betonung staatlicher Angelegenheiten durchaus begreiflich, wenn man die Epoche bedenkt, zu welcher das Gesetz entstanden ist, und welche öffentlichen Interessen damals von den Religionsdienern, (es sei nochmals besonders auf die bayerische katholische Geistlichkeit hingewiesen), von ihrem Standpunkt aus auch durchaus nicht verwerflich, am meisten angegriffen wurden: Die ewige Frage der Vorherrschaft zwischen Staat und Kirche, (Kulturkampf u. s. w.), und sodann besonders der einheitliche Bestand des

---

8) mitgeteilt in Goltd. Arch. Bd. XXI, S. 518.

9) daselbst Bd. XXIII, S. 432 ff.

10) Entsch. R. G. Bd. XXVII, S. 429 ff.

neuen Deutschen Reichs. Allein es zeigen sich auch hier sofort wieder die bedenklichen Folgen davon, wenn man in ein Gesetz, welches, wie es selbst in seinem Wortlaut angibt, auf den Schutz eines bestimmten Rechtsgutes abgestellt ist, — hier der öffentliche Rechtsfriedenszustand, — nun gewissermassen hinterher in sekundärer Weise noch ein anderes Angriffsobjekt aufnehmen, mitschützen will, das begrifflich ganz selbständig und von jenem hauptsächlichen vollständig verschieden, also ein heterogenes ist. Infolge dieser Duplizität kommt es dann notwendiger Weise zu bedeutenden Störungen in der konsequenten Durchführung des ursprünglich zu Grunde gelegten Rechtsprinzips, das sich infolge des neu hinzugetretenen heterogenen Elementes nicht frei entfalten kann. Einige Beispiele mögen dies bezüglich des § 130a belegen:

Vor längeren Jahren erwähnte ein katholischer Geistlicher in einer elsass-lothringischen Gemeinde während der Predigt in heftiger tadelnder Weise die Teilung und Annexion des ehemaligen Königreichs Polen durch Oesterreich, Russland und Preussen, und betonte das Unrecht, das darin liegt, *«de se partager un pays comme on partage un gâteau»*. Die Sache wurde über das Dorf hinaus ruchbar, eingewanderte Deutsche nahmen an den Bemerkungen, welche sie als aktuelle politische Demonstration auffassten, Aergernis, es wurde von dem Gericht, — auf Grund welcher Thatsachen, ist mir nicht mehr erinnerlich, — eine Gefährdung des öffentlichen Friedens festgestellt, die ja in der That leicht gegeben sein konnte; der Geistliche wurde aus § 130a verurteilt. Inwiefern nun die unmittelbar Beteiligten, die Bewohner des Dorfes, durch jene aufreizenden Bemerkungen irgendwie betroffen wurden, wäre wohl schwer zu sagen: höchstens haben wohl in diesem merkwürdigen Gottesdienst einige elsass-lothringische Bauern, soweit sie nicht während der Predigt geschlafen haben, gelegentlich erfahren, dass es einmal im 18. Jahrhundert ein Königreich namens Polen gegeben hat. — Nun nehme man andrerseits an, in einem Orte, wo Katholiken und Protestanten auf sehr gespanntem Fusse leben, betet der evangelische Geistliche, etwa bei einem besonderen Anlass, wie die neuerlichen berüchtigten päpstlichen Encyclicen und Aeusserungen gegen die Haeretiker und Schismatiker, seiner Gemeinde ein altes, — in manchen Gesangbüchern unglaublicher Weise noch beibehaltenes — Lied vor, in welchem eine Strophe geschmackvoll lautet: «Erhalt' uns, Herr, bei Deinem Wort, Und wehr' des Papstes und Türken Mord, Die Jesum Christum, Deinen Sohn, Stürzen wollen von seinem Thron.» Natürlich wird der Vorfall an dem Orte allgemein bekannt werden, und auf katholischer Seite grosse Aufregung und Aergernis entstehen, wodurch auch die äusserlichen bereits gestörten Verkehrsverhältnisse sich leicht in bedenklicher Weise zuspitzen, wie für jeden Kenner derartiger konfessioneller Verhältnisse namentlich auf dem Land, ohne weiteres einleuchtet. Wie steht es nun mit diesem Fall, zunächst etwa mit der Strafbarkeit auf Grund anderweitiger Bestimmungen, überhaupt?

§ 130 ist regelmässig nicht gegeben, wenn sich nicht speziell die nahe liegende Möglichkeit bestimmter Gewaltthätigkeiten nachweisen lässt. § 166 greift nicht leicht Platz, da «der Papst», besonders im obigen Fall, in diesem Zusammenhang nicht wohl mit dem Papsttum identificirt und so als «Einrichtung» der katholischen Kirche aufgefasst werden kann, ohne dem Begriff Gewalt anzuthun. Wegen Beleidigung u. s. w. nach §§ 185—187 Strafantrag zu stellen, kann man dem Papst nicht wohl zumuten, auch würde diese Lösung keineswegs den Kernpunkt der Sache treffen. Auch § 103 Rstgb., der in letzterer Beziehung schon näher liegen würde, versagt, da seit 1870 die Voraussetzung der Gegenseitigkeitsverbürgung nicht mehr bestehen kann, und der Papst, wenn auch noch Souverän, nicht mehr «Landesherr eines Staates» ist.

Der erste Gedanke in einem solchen Fall bezeichnet ja natürlich unseren § 130 a, der doch speziell für Exzesse von Geistlichen in Ausübung ihres Berufs geschaffen ist, und bei richtiger Fassung derartigen Thatbeständen gegenüber ein durchaus entsprechendes Anwendungsgebiet hätte. Er ist aber zweifellos unanwendbar, da der Papst, ebenso wenig wie die Türken, eine Staatsangelegenheit ist. Also müsste ein solcher Geistlicher straflos bleiben, abgesehen natürlich wieder von einer Anwendung des Generalhelfers in der Not, des Groben

Unfugsparagraphen. Bezüglich dieses letzteren kommt jedoch, abgesehen davon, dass das Strafmaximum von sechs Wochen Haft unter Umständen sowohl für den eingetretenen Erfolg. wie für die an den Tag gelegte frivole Gesinnung, keineswegs eine ausreichende Sühne sein wird, speziell auch im Vergleich zu dem Strafmass des § 130 a, noch ein prinzipieller Uebelstand in Betracht, welcher mit der polizeilichen Natur jener Bestimmung zusammenhängt und später im Zusammenhang zu erörtern sein wird (cf. unten § 17). — Ein ferneres Beispiel liefern die üblichen katholischen Ketzeranathematisirungen u. dgl.

Die Schwäche des § 130 a liegt darin, dass man in der sehr berechtigten Absicht, eine Sonderbestimmung gegen Rechtsfriedensverletzungen seitens Geistlicher in ihrem Berufe aufzustellen, diesen Gesichtspunkt, vorübergehenden allgemeinpolitischen Strömungen der Entstehungsepoche zuliebe, mit einem solchen der Staatshoheit verquickte. Man hätte entweder den Begriff der öffentlichen Friedensgefährdung weglassen sollen, dann hätten wir es mit einem gewöhnlichen Delict gegen die Staatsgewalt u. s. w. zu thun, das für unsere Frage ganz ausser Betracht bliebe, so gut wie § 131, 134 u. a. Rstgb.; oder aber man hätte durch Beiseitelassen des Moments der Erörterung gerade staatlicher Angelegenheiten ein reines —, allerdings nur Amts-Rechtsfriedensdelict geschaffen und es dadurch zumal vermieden, infolge jener Heranziehung eines anderen legislatorischen Gedankens eine bedenkliche Einschränkung gerade da herbeizuführen, wo dem Auftreten von Religionsdienern gegenüber doch naturgemäss am allerbesten eine Schutzmassregel notwendig ist, nämlich auf interkonfessionellem Gebiet. Dies um so mehr, als man doch die erwähnten Bestimmungen des *Code pénal* sich zum Muster nahm, welcher ja, in dieser Beziehnng in aussergewöhnlich richtigem Instinkt, in seiner Anordnung der artt. 201—206 die verschiedenen Thatbestände bei Kanzeldelicten (im weitesten Sinn) ganz treffend auseinander hält und folgendermassen unterscheidet:

art. 201. *Les ministres des cultes qui prononceront, dans l'exercice de leur ministère, et en assemblée publique, un discours contenant la critique ou censure du gouvernement, d'une loi, d'un décret impérial (ordonnance royale . . . . .) ou de tout autre acte de l'autorité publique, seront punis d'un emprisonnement de trois mois à deux ans.*

art. 202. *Si le discours contient une provocation directe à la désobéissance aux lois ou autres actes de l'autorité publique, ou s'il tend à soulever, armer une partie des citoyens contre les autres, le ministre du culte qui l'aura prononcé sera puni d'un emprisonnement de deux à cinq ans, si la provocation n'a été suivie d'aucun effet; et du bannissement, si elle a donné lieu à la désobéissance, autre toutefois que celle qui aurait dégénéré en sédition ou révolte.*

art. 203. *Lorsque la provocation aura été suivie d'une sédition ou révolte dont la nature donnera lieu contre l'un ou plusieurs des coupables à une peine plus forte que celle du bannissement, cette peine, quelle qu'elle soit, sera appliquée au ministre coupable de la provocation.*

Die artt. 204—206 normiren sodann ganz übereinstimmend, jedoch mit erhöhten Strafdrohungen, bezüglich *tout écrit contenant des instructions pastorales, en quelque forme que ce soit.* [11])

---

11) Sehr lehrreich und interessant in mehrfacher Beziehung ist der (bereits oben, Anm. 1 zu § 10, erwähnte) jüngste Gesetzentwurf, betreffend Zusätze zu diesem art. 204 (und 205), vom 13. Februar 1900. Anlässlich augenblicklich in Frankreich sich entwickelnder kulturkampfartiger Tendenzen wäre gegen verschiedene wider die Regierung aufreizende staatsgefährliche schriftliche Aeusserungen Geistlicher, insbesondere höherer, einzuschreiten gewesen. Der art. 204 cit. ergab sich jedoch als unanwendbar, da es sich nicht um *écrits contenant des instructions pastorales* handelte, vielmehr hauptsächlich um Zeitungsartikel u. s. w., welche zwar von dem Verfasser voll unterzeichnet waren, jedoch ohne in der Form die jeweiligen Curialien für Hirtenbriefe u. s. w. zu beobachten. (So vor allem die in der Form eines Briefes an die klerikale Zeitung *La Croix* von dieser veröffentlichtenAngriffe des Erzbischofs von Aix auf den Ministerpräsidenten.) Zweifellos war dieser Weg, auf welchem natürlich das gewünschte Resultat ebenso sicher zu erreichen war, nur gewählt worden, um jenen präzisirenden art. 204 zu umgehen. Es musste also dem schon an anderer Stelle hervorgehobenen chronischen Kardinalfehler des *Code pénal,* eine oft ganz unbegreiflich enge und concretisirte Casuistik, Mangel an jeder vernünftigen Elastizität, auf dem Wege der Gesetzgebung abgeholfen werden, was die Begründung des Entwurfs mit einem kurzen Hinweis auf die angeblichen «*nouveaux*

moyens» zur Begehung der fraglichen Delicte, welche der Gesetzgeber von 1810 nicht habe voraussehen können, diskret zu entschuldigen versucht. Es heisst dann, derartige Handlungen unter Benutzung der Presse, *«s'ils ne sont pas accomplis dans l'exercice du ministère pastoral, le sont certainement à l'occasion de ce ministère»*. Also ganz der nämliche Gedanke, wie ihn der § 130 a Rstgb. von vornherein durch die ganz selbstverständlich dünkende Hinzufügung: «oder bei Anlass der Ausübung seines Berufes» ohne weiteres adäquat durchführte. — Der neu vorgeschlagene al. 2 art. 204 lautet:

> *«Toute critique ou censure dirigée publiquement par les ministres du culte, sous quelque forme que ce soit, contre les actes de l'autorité publique, sera punie d'une peine de quinze jours à six mois d'emprisonnement.»*.

Bedeutungsvoll ist sodann auch die Begründung der zu al. 1 art. 204 vorgeschlagenen Herabsetzung der Strafe des *bannissement*, (wie in dem im Text mitgeteilten art. 202, 2. Eventualität), auf eine Gefängnisstrafe von drei Monaten bis zu zwei Jahren, (was immer noch recht streng ist!): *«La sévérité de cette disposition* [Strafe der Verbannung, und zwar, art. 32 al. 2 C. pén., von mindestens fünf bis zu zehn Jahren], *a eu pour résultat d'en écarter toute application. Plus de modération dans la peine ne fera que lui donner plus d'efficacité.»* — Diese letztere sehr vernünftige kriminalpolitische Erwägung könnte nämlich, allerdings im kleinen, auch manchen Bestimmungen des geltenden Rstgb. gegenüber empfohlen werden, man denke nur an die zahlreichen totalen Freisprechungen bei Anklagen wegen qualifizirten Hausfriedensbruchs nach § 123 Abs. 3, in der Praxis jedes Schöffengerichts, wo der wahre Grund der ist, dass das Strafminimum von einer Woche Gefängnis blos deshalb, weil ein — an sich zweifellos des Hausfriedensbruchs Schuldiger — zufällig einen Stock bei sich trug, mit Recht exorbitant erscheint. Aehnliches lässt sich über § 316, 1. Eventualität, speziell bezüglich Strassenbahnen, beim Mangel der Nachlassung einer Geldstrafe sagen, und auch zu § 181 Z. 2 werden sich mit der Zeit unfehlbar solche Zustände ergeben, wenn es nicht gelingt, das Reichsgericht von seiner Verirrung bezüglich der angeblichen «Unzucht» selbst in jedem Fall eines bestehenden Verlöbnisses abzubringen, (da ja für das Zustandekommen einer lex Heinze, welche u. a. auch in weitem Masse mildernde Umstände für jene Spezialfälle beabsichtigt, bis jetzt wenig Aussicht vorhanden zu sein scheint).

Weiteres über den mitgeteilten Ergänzungsvorschlag zu art. 204 C. pén. ist bis jetzt nicht bekannt, kann auch noch kaum erfolgt sein; die Vorlage selbst und ihre Begründung ist zur Zeit nur erst durch Zeitungsberichte zugänglich, (cf. *Le Temps*, 13. Februar 1900, Nr. 14129, S. 4 unter *Dernières Nouvelles*).

§ 16.

3. Die nebensächlichen Rechtsfriedensdelicte.

Das verbotene Waffenaufsammeln nach § **360 Z. 2** und das verbotene Waffentragen nach § **367 Z. 9** Rstgb., das Hausiren mit Waffen oder dergleichen nach § **56 Abs. 2 Z. 8** und **56 b Abs. 2** mit § 42 a **R. Gew. O.**

Was sodann die übrigen vom Standpunkt des Rechtsfriedens noch in Betracht kommenden Bestimmungen anlangt, die in der Ueberschrift genannten vier Uebertretungsparagraphen, (die beiden der Gewerbeordnung mit der Strafsanktion des § 148 Z. 7 a), so lässt sich ihre Bedeutung für die hier obliegende Kritik ziemlich kurz erledigen. Denn einmal handelt es sich dabei, wie früher dargethan, nur um gewissermassen accessorische, nebensächliche Rechtsfriedensbestimmungen, welche für unsere Frage durchaus hinter den bisher betrachteten zurückstehen. Es äussert sich diese blos accessorische Natur in folgenden Richtungen: Zunächst ist bezüglich aller vier Delicte, Uebertretungen, im Zusammenhang nochmals auf den früher bereits erwähnten Gesichtspunkt des sogenannten Polizeiunrechts hinzuweisen, der sich in der bekannten Weise, unter dem Einfluss des Präventivmoments, dahin gehend macht, dass ein eigentliches, sachliches Schutzobjekt des Thatbestandes sehr in den Hintergrund gedrängt wird, im Vergleich zu den allgemeinen und etwas unbestimmten formalen der äusseren öffentlichen Ordnung, öffentlichen Ruhe und Verkehrssicherheit u. ähnl. Schon aus diesem Umstand geht hervor, wie viel weniger als bei allen anderen einschlägigen Bestimmungen wir nach der gesetzgeberischen Etablirung eines allgemeinen Prinzips suchen dürfen, ganz abgesehen davon, dass schon die Stellung, im 29. Abschnitt des Gesetzbuchs, sowie in einem speziellen Einzelgesetz, eine solche Deutung nicht zulässt.

Sieht man aber auch hiervon ganz ab und geht trotzdem auf die prinzipale Idee der Bestimmungen zurück, so sind sie auch sonst alle vier nur von sehr geringer Bedeutung für unsere Frage, infolge der so sehr spezialisirenden Thatbestände. Sie verhalten sich nämlich alle vier zu einer — ideellen — generellen Rechtsfriedensschutzbestimmung rein kasuistisch, die betreffenden Uebertretungshandlungen können nur als blose Beispiele, und zwar ganz spezialisirte Beispiele von Rechtsfriedensverletzungen aufgefasst werden. Auch von der letzten, der Blanketbestimmung des § 56 b Abs. 2 Gew. O. gilt dies, obgleich anscheinend der näheren Verwaltungsverordnungen vorbehaltene Thatbestand ganz unbestimmt gelassen ist. — In der That: Wenn auch zweifellos, — man denke z. B. an Zeiten starker politischer Bewegung, — der Rechtsfrieden dadurch schwer bedroht sein kann, dass im verborgenen Waffen und Munition in grossem Massstab angesammelt wird, dass im Publikum die Gewohnheit des heimlichen Waffentragens überhand nimmt, dass Waffen und eventuell, (§ 56 b cit.), ähnliche gefährliche Gegenstände auf dem Wege des schwer kontrolirbaren und überall hin wirksam werdenden Hausirhandels Jedem zugänglich und gewissermassen in die Hand gedrückt werden können, und wenn auch erfahrungsgemäss, in Praxi, sehr häufig auf derartige Weisen aufrührerischen Bewegungen Vorschub geleistet, jedenfalls der Rechtsfrieden verletzt oder doch bedroht wird, so ist es doch, wie auf der Hand liegt, nur ein ganz enges Gebiet, auf welchem jeweils die Störung des öffentlichen Friedens in Betracht kommen kann. Ein kurzes Eingehen auf die einzelnen Bestimmungen, soweit ihre Exegese hier überhaupt von Bedeutung ist, wird dies ohne weiteres ergeben:

Nach § 360 Z. 2 Rstgb. ist das Aufsammeln von Waffenvorräten oder Schiessbedarf überhaupt nur strafbar, wenn es ausserhalb eines Gewerbebetriebs erfolgt. Infolge dessen werden also gerade diejenigen Thäter nicht betroffen, denen einmal die Handlung am nächsten liegt und am leichtesten fällt, weil sie in diesen Artikeln fachmännische Kenntnisse besitzen, die Bezugsquellen kennen und aus ihnen leichter grosse Lieferungen erhalten, und bei welchen andrerseits die Kontrole und Ueberwachung der Bezüge am leichtesten wäre, sowie auch von welchen aus am natürlichsten und bequemsten eine Weiterverbreitung der Kampfmittel erfolgt. Auch ist keineswegs ersichtlich, bei dem zu Recht bestehenden Prinzip allgemeiner Gewerbefreiheit, wonach also der Betrieb des Waffenhandels Jedermann ohne grosse Schwierigkeiten frei steht, warum gerade, wenn das Gesetz in diesem Punkt eine allgemeine Rechtsfriedensschutzbestimmung aufstellen wollte, von Waffenhändlern und ähnlichen Gewerbetreibenden eine Verletzung weniger zu befürchten wäre, als von irgend welchen anderen Personen, und sie von der angeblichen generellen Repression von Friedensgefährdungen eximirt sein sollten? — Ohne auf eine weitere Merkwürdigkeit näher einzugehen, dass nämlich der Gesetzgeber dann auch, so lange kein Verbot der Behörde, (welche ist gemeint?) ergangen ist, ein nicht heimlich, — übrigens ein etwas vager, in Grenzfällen schwer festzustellender Begriff! — erfolgendes Aufsammeln als nicht gefährlich für den Rechtsfrieden betrachten müsste, ist sodann die grosse Milde der Strafdrohung zu beachten, deren Maximum sogar, 150 Mark oder sechswöchentliche Haft, nebst fakultativer Einziehung der Waffenvorräte u. s. w., in auffallendem Missverhältnis zu dem gefährdeten Rechtsgut, und übrigens auch zu den Sätzen z. B. der §§ 126 und 130 steht.

Ganz ähnlich verhält es sich sodann mit der zweiten jener Bestimmungen, § 367 Z. 9 Rstgb., wenigstens insofern es sich um das Mit sich Führen verborgener Waffen handelt. Hier ist übrigens der ordnungsmässige Waffenhandel an sich nicht von dem Verbot ausgeschlossen, da in der zweiten Alternative von einem Feilbieten gegen ein ergangenes gesetzliches Verbot schlechthin, ohne jede Einschränkung, die Rede ist. Abgesehen auch hier von dem Missverhältnis der Milde der Strafe, (gleiche Höhe wie im vorigen Fall), wäre schon deshalb der Bestimmung die Eigenschaft einer prinzipiellen Regelung bezüglich des Rechtsfriedens abzusprechen, weil dann nicht ersichtlich wäre, warum das entscheidende Gewicht auf das Verborgensein der Waffen, und dazu noch speziell in Stöcken, Röhren oder auf ähnliche Weise, gelegt ist. Denn wenn auch zweifellos durch die Möglichkeit, dass sogar in dem harmlos aussehenden Spazierstock oder gar Regenschirm jedes Vorübergehenden vielleicht eine Waffe verborgen ist, eine starke Verletzung des öffentlichen Rechtsfriedenszustandes herbeigeführt werden kann, so ist eine solche bei gleichen Verhältnissen, etwa den nämlichen politischen Unruhen u. s. w., in hypothesi doch ebenso leicht gegeben mit der Möglichkeit, dass z. B. gewöhnliche Waffen, unter den Kleidern verborgen, getragen werden, oder andrerseits, dass die Bevölkerung sich offenkundig bewaffnet in der Oeffentlichkeit bewegt.

Bei den beiden letzten, eng zusammengehörigen Bestimmungen, den beiden aus der Gewerbeordnung, könnte man vielleicht eher auf den Gedanken kommen, dass ein weiter gehender und mehr prinzipieller Rechtsfriedensschutz zum Ausdruck gelangen soll. Und zwar deshalb, weil sie viel weniger durch Einschränkungen verklausulirt sind. Zwar ist zunächst, unter einem andern Gesichtspunkt, das Anwendungsgebiet der letzten, generellen Bestimmung in formeller Hinsicht ziemlich eingeengt durch die Beschränkungen, welche der staatsrechtliche Charakter einer Notverordnung mit nachträglicher obligatorischer Einholung der Zustimmung des Reichstags mit sich bringt. Abgesehen davon aber wird durch diese Bestimmung, zumal in Verbindung mit der vorhergehenden des § 56 Abs. 2 Z. 8, im Zusammenhang mit welcher sie auch hier zur Betrachtung steht, jede durch den Hausirhandel, hier stets in dem durch § 42a verschärften Sinn gemeint, zu begehende Störung des öffentlichen Rechtsfriedenszustandes, — denn dass es sich in beiden Bestimmungen nur um den Rechtsfrieden im objektiven Sinn handeln kann, ist früher bereits dargelegt worden, — betroffen. Das Verhältnis der beiden nahe verbundenen Bestimmungen zu einander ist so aufzufassen, dass zunächst Z. 8 cit., die spezielle, rein gesetzlich vollständige, diese Aufgabe für den besonderen Fall des Umgehens mit Waffen erledigt; sodann generalisirt dies aufs weitgehendste die Blanketbestimmung § 56b Abs. 2, welche durch ihre ganz allgemeine Fassung: «ausser den ..... aufgeführten ..... auch noch andere Gegenstände und Leistungen», — also irgend welche! — jede Einschränkung verwirft.

Von grösster Wichtigkeit sind nun aber für unsere Untersuchung die einleitenden Worte: «Aus Gründen der öffentlichen Sicherheit». (Die andere Alternative: «sowie zur Abwehr oder Unterdrückung von Seuchen», interessirt hier natürlich nicht.) Es verhält sich hiermit folgendermassen: In jener Z. 8, welcher die Bedeutung eines vollkommenen und in sich abgeschlossenen, vollendeten Gesetzes zukommt, brauchte der Gesetzgeber das besondere Motiv, den Schutz des öffentlichen Rechtsfriedens, nicht besonders anzugeben, als Thatbestandsmerkmal aufzunehmen; die einfache Anordnung genügte. Bei § 56b Abs. 2 dagegen, wo wir es mit einer unvollkommenen Norm, einem Blanketgesetz mit Hinweis auf ergänzende Verordnungen zu thun haben, musste dem Missbrauch vorgebeugt werden, welcher mit einer derartig weitgehenden Befugnis des Verordnungsweges, zumal ihm ja wie gesagt in Bezug auf die ausschliessbaren Gegenstände des Hausirhandels selbst gewissermassen plein pouvoir gelassen wurde, getrieben werden könnte. Es musste daher, abgesehen von den anderen Vorsichtsmassregeln, sowohl staatsrechtlicher Natur, als auch in der Sache selbst, z. B. der Beschränkung der Gültigkeit der Verordnung auf bestimmte Dauer, auch noch das besondere Motiv, aus welchem sie allein zulässig sein sollte, ausdrücklich in den Thatbestand aufgenommen werden. Denn eine Grenze gegen die Einschränkung des Hausirhandels auf arbiträre Weise, aus irgend einem Grund, hätte sonst nicht mehr bestanden. Es tritt also gewissermassen auf diese Weise in der Form einer Cautel gegen Missbräuche des Verordnungsweges, die Tendenz der Bestimmung deutlich zu Tage, und zugleich diejenige in Z. 8: Denn bei dem offenbaren engen Zusammenhang beider Bestimmungen, von denen die zweite ausdrücklich auf die erste Bezug nimmt, ist sie zweifellos die gleiche. Nun ist der Begriff der öffentlichen Sicherheit weiter, oder vielmehr allgemeiner, als der des öffentlichen Rechtsfriedenszustandes, besonders indem er im Gegensatz zu diesem auch das polizeiliche Moment praeventiven Schutzes, bürgerlicher Verkehrsruhe hervorkehrt. Jedenfalls enthält ein Schutz der öffentlichen Sicherheit auch einen solchen des öffentlichen Rechtsfriedens, sodass man vom Standpunkt unserer Frage aus und bei Annahme einer Ausnutzung jener Blanketbestimmung, aus der Kombination jener beiden Bestimmungen folgende — neben anderem mit enthaltene — allgemeine Schutzbestimmung für den öffentlichen Frieden herauslesen kann: «Ausgeschlossen vom Gewerbebetrieb, d. h. Ankauf oder Feilbieten, im Umherziehen, auch in der Gemeinde des Wohnortes oder der gewerblichen Niederlassung selbst, sind sämtliche Gegenstände, durch welche der öffentliche Rechtsfriedenszustand verletzt werden kann, insbesondere Stoss-, Hieb- und Schusswaffen. Zuwiderhandlungen werden mit Geldstrafe bis zu 150 Mark und im Nichtbeitreibungsfall mit Haft bis zu 4 Wochen bestraft.» — Anlass zu irgend welchen Zweifeln kann wohl dabei im einzelnen keiner dieser Begriffe bieten. Das Feilbieten einer Ware definirt treffend ein sich auf die herrschende Ansicht berufendes Urteil des Preussischen Kammergerichts vom 4. Juli 1898[1]) als «das Bereithalten derselben zum Verkauf an einer dem Publikum zugänglichen, zum Verkauf bestimmten Stelle».

Hiermit wird nun also allerdings für das Gebiet des Hausirhandels ein prinzipielles und umfassendes Rechtsfriedensgesetz gegeben. Allein der Umstand, dass dasselbe gewissermassen aus Einzelbestimmungen herausgesucht und zusammengesetzt werden muss, dass eine starke Hervorhebung einer Nebentendenz, des polizeilichen Praeventivmoments erkennbar ist, sowie dass auch hier die Strafe eine sehr milde und dazu ohne Abstufungen nur ein Strafmass zugelassen ist, — die Haftstrafe im Gegensatz zu § 360 Z. 2 und 367 Z. 9 nicht alternativ, sondern nur subsidiär, — zeigen doch wohl deutlich, dass der Gesetzgeber nicht einmal auf diesem speziellen Gebiet an die Aufstellung einer umfassenden prinzipiellen Rechtsfriedensnorm dachte. Und hierzu kommt nun noch der Umstand, wie relativ geringfügig und speziell doch dieses Gebiet des Hausirhandels, trotz seiner eventuellen Wichtigkeit in Einzel-

1) Mitgeteilt in der Spruchpraxis der Deutschen Juristen-Zeitung Bd. IV Nr. 1, (1. Januar 1899), III, Nr. 2.

fällen, im Verhältnis zu dem der gesamten Lebensverhältnisse ist, welches die gewöhnlichen Strafgesetze betreffen; so gering, dass unsere ganze «allgemeine» Norm von diesem allgemeinen Gesichtspunkt aus sich fast wieder wie eine casuistische Einzelbestimmung ausnimmt, so dass auch bei ihr von irgend welcher Wichtigkeit vom Standpunkt unserer Untersuchung nach einer allgemeinen ex professo-Regelung in bewusster, prinzipieller Weise seitens des Gesetzgebers, nicht die Rede sein kann, geschweige denn von einem die eingangs unserer Untersuchung dargelegten dringenden grundsätzlichen Postulate irgendwie befriedigenden Versuch der Lösung unseres Problems.

2. Kapitel.

Die Frage der Aushülfe durch anderweitige Bestimmungen.

§ 17.

Etwaige Surrogatbestimmungen des geltenden Strafrechts auf dem Gebiet des Rechtsfriedensschutzes. Insbesondere § 360 Z. 11 Rstgb.

Mit dem bisherigen ist die Würdigung der sämtlichen Rechtsfriedensbestimmungen des geltenden Reichsstrafrechts, soweit sie für unsere Untersuchung in Betracht kommen, erledigt. Man ersieht also aus dieser Kritik, dass im geltenden Recht überhaupt der Schutz des Gutes des Rechtsfriedens eine befriedigende Regelung in keiner Weise gefunden hat; dass zwar der Gesetzgeber eine Lösung dieser Aufgabe, eine prinzipielle Behandlung der Rechtsfriedensverletzungen wohl im Auge gehabt hat, besonders bei den §§ 126 und 130 Rstgb., dass dabei jedoch einmal er es versäumt hat, vorerst auf Grund eines logischen Gedankengangs in richtiger Einteilung der Materie die verschiedenen Bestimmungen aufzustellen, — objektiver Rechtsfriedenszustand und subjektives Rechtsfriedensbewusstsein, beides beim Einzelnen und bei der Oeffentlichkeit, — wohl deshalb, weil er sich dieser einzelnen Unterschiede nicht klar bewusst geworden ist, und dass andrerseits die verschiedenen Einzelbestimmungen, welche die unlösbare Aufgabe erfüllen sollen, in mehr oder minder casuistischer Weise das nachzuholen, was der Mangel einer unerlässlichen prinzipiellen Regelung versäumt hatte, zwar in Praxi vielfach vorteilhaft eingreifen und manche der in Frage kommenden Fälle betreffen werden, so besonders § 125 Rstgb., dabei doch nicht nur auch praktisch häufig versagen, sondern vor allem in theoretischer, systematischer Beziehung sich als ungenügendes und für den Bedarfsfall keine Sicherheit bietendes Stückwerk erweisen, nicht nur weil sie zu sehr spezialisiren, sondern besonders auch weil sie vielfach, von einem ganz anderen Gesichtspunkt des strafrechtlichen Systems ausgehend, im Grunde ein anderes Rechtsgut ins Auge fassen und ex professo die entsprechende andere Materie regeln, so dass der Schutz des Rechtsfriedens in eine nebensächliche, schiefe Lage gerät; so z. B. in § 130a und vor allem in den Uebertretungsbestimmungen polizeilichen Charakters, in der oben jeweils dargelegten Weise.

Bevor wir uns nun zu weiteren hier interessirenden gesetzgeberischen Bestimmungen und Versuchen wenden, von denen die einen einmal Reichsgesetz waren, die anderen dagegen es werden sollten, sei noch eine andere Frage geprüft, deren Untersuchung zu einer erschöpfenden Kritik des Standpunkts des geltenden Strafrechts auf dem Gebiet des Rechtsfriedens unerlässlich erscheint. Jene anderen Bestimmungen sind nämlich wohl mehr als gesetzgeberische Experimente, de lege ferenda, aufzufassen, so dass ihre Besprechung zugleich den Ausgangspunkt zu der Frage nach der zweckmässigsten Lösung des Rechtsfriedensschutzproblems, de lege ferenda, bilden wird, deren anhangsweise Skizzirung hier zum Schluss noch versucht werden soll.

Es liegt nämlich der Gedanke nahe, ob nicht etwa der Gesetzgeber, absichtlich oder doch rein thatsächlich, in anderen Bestimmungen für jenen Mangel ein Surrogat geschaffen hat, das eine Handhabe zu wenigstens teilweiser Ausfüllung der Lücke in Praxi bietet.

Zuvörderst ist hier nur kurz erinnernd auf eine Art von Rechtsfriedensschutzbestimmungen im weiteren Sinn zurückzuverweisen, welche eingangs bei der dogmatischen Entwickelung des eingehenderen besprochen worden sind, nämlich betreffend die daselbst als zweite Kategorie von Rechtsfriedensdelicten bezeichneten Thatbestände, Delicte, welche auch mit gegen den Rechtsfrieden gerichtet sind, während sie allerdings principaliter andere Rechtsgüter verletzen. Als anschaulichste Beispiele wurden u. a. erwähnt die Nötigung, Hauptangriffsobjekt:

die persönliche Freiheit, und die Erpressung: das Vermögen. Man vgl. im übrigen oben § 3, (auch 7 ff.)

Selbstverständlich kann nun dieser Kategorie für unsere Frage keine Bedeutung mehr zukommen, da es sich hier um Bestimmungen handelt, die für mangelnde echte Rechtsfriedensbestimmungen etwa Ersatz bieten sollen, also nicht mit solchen gedient ist, wo der Rechtsfrieden nur sekundäres Schutzobjekt ist; denn wir haben ja soeben schon unter den nicht zureichenden, ersatzbedürftigen Bestimmungen besonders auch solche gefunden, bei welchen er zwar immer noch Hauptschutzobjekt, aber nicht einziges ist, und welche schon deshalb nicht genügen können. M. a. W.: Wenn solche Bestimmungen jener zweiten Kategorie überhaupt je in der hier fraglichen Beziehung, d. h. also zum Schutz des Rechtsfriedens speziell, mit oder ohne einer anderen Wirkung von Nutzen sind, so ist es nicht sowohl, weil sie sich sekundär auch auf den Rechtsfrieden beziehen, als vielmehr ganz unabhängig hiervon, rechtlich accidentell.

Es fragt sich dagegen, ob nicht vielleicht unter den sonstigen strafrechtlichen Bestimmungen, die also prinzipiell mit dem Rechtsfrieden überhaupt nichts zu thun haben, — denn dass in einem weitesten Sinn, cf. oben § 1 und 3, die in letzterem bezeichnete dritte Kategorie, alle strafbaren Handlungen ohne Ausnahme sich als Rechtsfriedensverletzungen auffassen lassen, hat natürlich für unsere positivrechtliche Untersuchung keine Bedeutung, — sich nicht solche finden, deren Thatbestand, etwa infolge seiner weiten Fassung auch einer Rechtsfriedensstörung an und für sich, gewissermassen Unterkunft gewährt.

Es ist oben bei Besprechung einzelner Delicte schon verschiedentlich auf die Rolle hingewiesen worden, welche auf Grund verbreiteter Praxis der Grobe Unfugsparagraph 360 Z. 11 Rstgb. als Lückenbüsser etwa spielen könnte. Eingehender über den Missbrauch sich zu verbreiten, welchen die Judicatur mit diesem strafrechtlichen Mädchen für Alles überhaupt getrieben hat, ist hier nicht der Ort, und ausserdem ist schon seit längerer Zeit häufig so treffend und kategorisch gegen jede Verwischung der scharfen Grenze, welche die Begriffe «ruhestörender Lärm ungebührlicher Weise» und «grober Unfug» ergeben, aufgetreten worden, dass wohl in dieser Beziehung kaum etwas neues vorzubringen wäre. [1])

Nun ist ja allerdings ohne weiteres zuzugeben, dass vielfach eine Rechtsfriedensstörung, namentlich eine solche des öffentlichen objektiven Friedenszustandes, zugleich eine solche der öffentlichen Ruhe und Ordnung ist, wie dies ja übrigens auch bei anderen Delicten, man denke z. B. an Sprengstoffverbrechen, der Fall ist. Andrerseits liegt auch unter den Umständen, wo richtiger Ansicht nach von einer Anwendung der Bestimmung über groben Unfug nicht die Rede sein kann, gerade auf dem Gebiet der Rechtsfriedensstörungen die Versuchung einer laxen Interpretation des Thatbestands des § 360 Z. 11 nahe, durch eine Anlehnung an den Begriff der Ruhestörung, indem in unzulässiger extensiver Weise diese vom Gesetz ganz wörtlich und im Sinne der öffentlichen Ruhe,

---

1) Man vgl. z. B. nur, aus der Praxis, die Entscheidungen des Reichsgerichts vom 27. April 1880, Bd. I, Nr. 187, S. 400 ff., und vom 3. Juni 1889, Bd. XIX, Nr. 85, S. 294 ff. — Und als ein erfreuliches Zeichen für das Andauern der richtigen Erkenntnis ist es anzusehen, dass wenn neuerdings die alte Verirrung nochmals auftaucht, sie sofort die verdiente Zurückweisung energisch erfährt; so z. B. die gute Abfertigung, welche David in der Deutschen Juristen-Zeitung Bd. IV Nr. 7, (1. April 1899), S. 153 f. einem derartigen Unterfangen, einen neuen «Gast in die Universalzwangsherberge, die mit grossem Talent verkautschukte Norm, zu pferchen», angedeihen lässt, nämlich dem ganz ungeheuerlichen Vorschlag Meilis, a. a. O. Bd. III Nr. 18/19, (1. September 1898), S. 382 f., welcher nach einer übrigens an sich sehr guten Untersuchung über die in dem betreffenden Falle in Frage kommenden Thatbestände des Diebstahls, (auch des qualifizirten), Betrugs und Sachbeschädigung, es allen Ernstes als groben Unfug auffassen will, wenn Jemand aus einem Stollwerkschen Automaten ein Chocoladetäfelchen mittels eines Messing- oder Bleistückes anstatt des geforderten Zehnpfennigstückes herausholt, resp. die sonstige Leistung sich verschafft, und zwar, weil es sich bei derartigen «inkorrekten Handlungen» vielfach «im Grunde doch um einen gewissen Uebermut und eine etwas weit getriebene Freude an Spielereien» handle; vielleicht das unglaublichste, was auf diesem Gebiet — und das will etwas heissen — noch jemals geleistet worden ist!

Ordnung auf der Strasse u. s. w. verstandene Ruhe als der Zustand moralischer Beruhigung, Sicherheit im Recht, also als subjektives Rechtsfriedensbewusstsein, in dem von unserem Standpunkt hier stets gebrauchten Sinn, aufgefasst wird, wobei also auch noch ein Umspringen von einem objektiven Zustand, — nämlich der Ordnung und Sicherheit in jenem anderen Sinn, — auf dessen subjektives Seitenstück stattfindet. Ein solches Missverständnis im Verein mit dem Bedürfnis nach Ersatz für die mangelnden gesetzlichen Rechtsfriedensbestimmungen, worauf noch eingehender zurückzukommen sein wird, hat wohl vor allem dazu beigetragen, dass der «grobe Unfug in der Rechtsprechung» gerade auf unserem Gebiet so besonders grassirt. Namentlich ist dies der Fall bei einem speziellen Punkt, welcher neuerdings ebenfalls viel umstritten und mit Recht auf das energischste bekämpft wird, der Begehung von grobem Unfug durch die Presse, was sich wieder daraus erklärt, dass gerade das moderne Presswesen ein sehr fruchtbares Gebiet für die Verletzungen des Rechtsfriedens, und zwar des öffentlichen, ist, sodass gerade hier jener gesetzgeberische Mangel besonders häufig und störend bemerkbar wird.

Auch diese verunglückte Konstruktion von einer Verübung groben Unfugs durch die Presse überhaupt, ist hier nicht weiter zu behandeln. [2]) Dagegen seien drei gerade auf unserem speziellen Gebiet neuerdings ergangene sehr interessante, wenn auch in ihren praktischen Resultaten sehr bedenkliche Entscheidungen hier etwas ausführlicher mitgeteilt, weil sie jene unsichere Handhabung des § 360 Z. 11 und ihre Konsequenzen sehr deutlich veranschaulichen, und zugleich an concreten Fällen die praktische Seite der aufgeworfenen Frage beleuchten, ob etwa der Grobe Unfugsparagraph ein Ersatzmittel für eine Rechtsfriedensbestimmung abgeben kann. — Die erstere gehört auf den ersten Blick nicht direkt hierher, zeigt aber gerade, namentlich in den Schlussworten, gewisser-

---

[2]) Gute Ausführungen auch in dieser speziellen Richtung bringt die erwähnte Entscheidung des Reichsgerichts vom 3. Juni 1889.

massen als ein Zwischenglied, den Uebergang, welcher von der ursprünglichen richtigen Anwendung des § 360 Z. 11 zu der viel ausgedehnteren erzwungenen und unnatürlichen geführt hat. Alle drei Entscheidungen sind vom Oberlandesgericht München als Revisionsgericht erlassen, das ja bekanntlich auf diesem Gebiet in neuerer Zeit mit einer eigenartigen, sehr bedauerlichen Judicatur besonders hervorgetreten ist, und sind mir zur Zeit nur in der von v. Staudinger der Spruchpraxisbeilage der Deutschen Juristen-Zeitung mitgeteilten Fassung zugänglich.

1.) Urteil vom 3. Juni 1897: [3])

«Zur ungebührlichen Erregung ruhestörenden Lärms gestaltet sich auch ein durch Betrieb eines an sich statthaften Gewerbes veranlasster Lärm, wenn durch die Ausübung des Gewerbebetriebes die zustehende Befugnis in einer die Allgemeinheit unnötig belästigenden Weise überschritten wird, so dass der Gewerbebetrieb mit der bestehenden, durch das friedliche Zusammenleben der Menschen gebotenen öffentlichen Ordnung unverträglich ist.»

2.) Urteil vom 30. März 1897: [4])

«Zeitungsartikel, welche nicht blos grobe Beleidigungen der bei einer Aburteilung beschäftigten Richter, sondern auch gehässige Uebertreibungen bezüglich der Handhabung der jetzigen Justizpflege überhaupt und verletzende Angriffe gegen den gesamten Richterstand nebst dem Vorwurfe der Verletzung beschworener Pflichten durch gewaltthätige Missachtung des Rechtes, der äusseren Rechtsnormen und des Rechtsgefühls, dann auch mit dem Richtereide unvereinbares Hinwegsetzen über Gesetzgebung und Gerechtigkeit bei Richteramtshandlungen enthalten, können als «grober Unfug» bestraft werden. Es genügt dazu die Feststellung, dass durch diese Artikel eine unbegrenzte Anzahl von Personen in ihrem

3) a. a. O. Bd. II Nr. 24, (15. Dezember 1897), IV Nr. 11, S. 496.
4) a. a. O. Bd. III Nr. 3, (15. Januar 1898), IV Nr. 2 a, S. 63.

Frieden beunruhigt und belästigt werden könnte, dass weiter der Redakteur bei der ihm obliegenden Ueberlegung zu der Ueberzeugung kommen musste, es werde durch die eine Ungebühr darstellende Verbreitung der Artikel ein unbegrenzter Leserkreis beunruhigt und in der Empfindung ungebührlich verletzt werden können, endlich dass sich der Redakteur der Rechtswidrigkeit seiner Kundgebung bewusst war.»

3.) Urteil vom 26. Juni 1897: [5])

«Strafbar kann sein nach St. G. B. § 360 Ziff. 11 ein Zeitungsartikel, in welchem die Juden mit Wanzen verglichen sind und die christliche Bevölkerung aufgefordert wird, ihre mosaischen Mitbürger auszuhungern und auf diese Weise zu vertreiben. Zur Bestrafung genügt die Feststellung, jener Vergleich sei geeignet, die Israeliten, sohin eine ganze Bevölkerungsklasse, unbestimmt viele Personen, einen nicht begrenzten Personenkreis, unmittelbar zu belästigen, bei ihm Aergernis zu erregen und ihn zu beunruhigen. Ebenso liegt die Sache hinsichtlich der weiteren Feststellung, dass jeder anständig denkende christliche Leser sich beunruhigt und beängstigt fühlen müsse, wenn er gleichberechtigt neben ihm lebende Mitbürger in dieser Weise blosgestellt und herabgewürdigt sieht, dass ferner jene Aufforderung geeignet sei, verschiedene Bevölkerungsklassen gegen einander aufzuhetzen, Unfrieden in weite Kreise zu tragen, eine unbestimmte Anzahl von Personen zu beunruhigen und zu belästigen, und dass endlich das Publikum ungebührlich belästigt wurde.» [6])

---

5) a. a. O. IV Nr. 2 b.

6) Auch zwei Entscheidungen des Reichsgerichts, auf welche später noch besonders einzugehen sein wird, vom 26. November 1881 und besonders vom 7. Juli 1892, sind in diesem Zusammenhang zu nennen.

Es sei hierzu folgendes bemerkt:

Den Erwägungen der ersten Entscheidung ist an sich wohl durchaus beizutreten, insofern sie auf den ihr vorliegenden Thatbestand den § 360 Z. 11 für anwendbar erklärt: Die zu Recht bestehende Gewerbefreiheit kann in der That nicht ein Recht involviren, das Publikum durch übermässigen Lärm zu belästigen, es liegt dann eben trotzdem ein «ungebührlicher Weise erregter ruhestörender Lärm» vor. Auch der Hinweis auf die öffentliche Ordnung ist durchaus zutreffend. Dagegen ist unangebracht und befremdend, und in dem oben erwähnten Sinn eine Handhabe zu irrtümlicher Ausdehnung des Thatbestandes bietend, der Hinweis auf ein angebliches Moment des «friedlichen Zusammenlebens der Menschen». Dem klaren Thatbestand des § 360 Z. 11, der es nur mit der äusserlichen Ruhe und Ordnung in der Oeffentlichkeit zu thun hat, nicht aber mit dem Gesichtspunkt des Friedens, auch nur in dessen primitivsten und äusserlichsten Sinn, d. h. dem Nichtvorhandensein von Streitigkeiten, also noch viel weniger mit dem Gesichtspunkt des Gefühls hiervon, eines subjektiven Friedens, — müsste doch sonst jede, auch nicht öffentliche Körperverletzung, oder mindestens jede Schlägerei zugleich in Idealkonkurrenz ein Delict des groben Unfugs enthalten! — diesem Thatbestand ist jenes Moment begrifflich ganz fremd und rein willkürlich, zu Uurecht, eingefügt. Und wenn auch in jener Entscheidung noch nicht deutlich von der Verletzung speziell des Rechtsfriedens die Rede ist, dieser sogar gerade in dem Fall so weit als nur irgend ein anderes Rechtsgut abzuliegen scheint, so ist doch leicht ersichtlich, wie sehr in einem anderen, auf irgend ein sonstiges, an sich weniger deutlich als heterogen erkennbares Rechtsgut bezüglichen Fall, durch weiteres Beschreiten des einmal eingeschlagenen Abwegs in der Interpretation des § 360 Z. 11 es zu einer Anwendung gerade zum Schutz des Rechtsfriedens kommen konnte. Bemerkenswert ist im obigen Fall noch der Umstand, dass die erste Alternative dieser Bestimmung, der doch jedenfalls viel speziellere und einfachere Fall der Lärmerregung den Anlass zu missbräuchlichen Erweiterungen gegeben hat, und nicht etwa die zweite, die wie zugegeben werden muss, weniger klare und bestimmte der Verübung «groben Unfugs», welcher sonst die Hauptrolle in der mehrfach erwähnten irrtümlichen Praxis zufällt.

Viel deutlicher und schon vollständig in dem gekennzeichneten Irrtum befangen spricht sich sodann die zweite jener Entscheidungen aus: Es wird behauptet, der Thatbestand des groben Unfugs könne dann durch die grobe Beleidigung (!) einzelner Personen, insbesondere bezüglich ihrer Amtsthätigkeit, oder auch, durch Verallgemeinerung, des ganzen Standes, zu welchem sie gehören, erfüllt werden, — wobei offenbar die Häufung und Schärfe der zur Charakterisirung dieser Beleidigungen gebrauchten Ausdrücke für den im Grunde doch wohl sehr empfundenen prinzipiellen Mangel des Begriffs aushelfen, also die Intensität einen Artunterschied verdecken soll, — wenn, objektiv, die blose Möglichkeit der Beunruhigung oder Belästigung einer Oeffentlichkeit «in ihrem Frieden» vorliegt, und, subjektiv, der Thäter (Zeitungsredakteur) bei pflichtmässiger Ueberlegung die Erwartung («Ueberzeugung»), von der durch seine «Ungebühr» erfolgenden «Beunruhigung und Verletzung in der Empfindung» haben musste, sowie wenn er sich der Rechtswidrigkeit (?) seiner Kundgebung bewusst war. Es wird also hierin, übrigens noch mit einem wohl nicht ganz unbedenklichen Anklang an den dolus eventualis, ausdrücklich der öffentliche Rechtsfrieden, und zwar wieder der subjektive, das Rechtsfriedensgefühl einer Oeffentlichkeit, zum Schutzobjekt des § 360 Z. 11 gemacht, dieser somit in nahen Anschluss an den § 126 Rstgb. gebracht!

Geradezu unsinnig gestaltet sich jedoch das Verhältnis auf Grund der Auffassung der dritten jener Entscheidungen, die thatsächlich zwischen den Thatbeständen der Beleidigung gemäss § 185, der Friedensstörung nach § 126 und der Anreizung zum Klassenkampf gemäss § 130 hülflos herumirrt und Elemente von allen dreien im Thatbestand des groben Unfugs vereinigt finden will, dabei übrigens noch die beiden im fraglichen Fall gerade im Gegensatz stehenden Teile, die

Israeliten, welche direkt von dem inkriminirten Artikel betroffen werden, und einen eigens konstruirten «anständig denkenden christlichen Leser» in ganz gleicher Weise schützend in Betracht zieht, und sich schliesslich noch gerade genügend auf den wirklichen Thatbestand des groben Unfugs besinnt, um alles vorhergehende, in Wahrheit gar nicht zur Sache gehörige durch die ganz unvermittelt angehängte Generalklausel von der ungebührlichen Belästigung des Publikums zu salviren! Eine stärkere Verzerrung des richtigen Groben Unfugsbegriffs lässt sich wohl kaum denken und übertrifft an Vielseitigkeit der Missverständnisse sogar noch das neuste Urteil des nämlichen Gerichts, in der bekannten Sache gegen Maximilian Harden, wo ziemlich eingestandener Massen der Thatbestand des § 360 Z. 11 dafür herhalten musste, dass der Gesetzgeber in den Bestimmungen über Majestätsbeleidigung die Ermächtigungsvorschriften mangelhaft geregelt hat.

Dass der § 360 Z. 11 bei richtiger Auffassung unmöglich eine Rechtsfriedensverletzung betreffen kann, selbst ganz abgesehen von einer Begehung durch die Presse, ist zweifellos, und es genügt zur Begründung auf das wenige hinzuweisen, was oben zu seiner Interpretation ausgeführt worden ist.

Sehr zu betonen sind sodann auch in dieser Beziehung, — womit zugleich noch etwas näher auf die eigentümliche Stellungnahme des Reichsgerichts eingegangen wird, — die Erwägungen, mit welchen der höchste Gerichtshof in seinem bereits früher erwähnten eingehenden und höchst treffenden Urteil vom 3. Juni 1889 [7]) für die richtige Tragweite des Thatbestandes des § 360 Z. 11 eintritt. Es hatte das Landgericht Bautzen, ähnlich wie in seinem oben angeführten Urteil das bayerische Revisionsgericht, in dem Thatbestand des groben Unfugs ein merkwürdiges und unklares Mittelding zwischen denjenigen des § 126, 130 und 166 (!) gefunden, und ihn namentlich geradezu als eine Ergänzung zu dem letzteren Religionsvergehen betrachtet: Der ihm zur Cognition vorliegende Zeitungsartikel sei geeignet, «den öffentlichen

---

7) Oben Anm. 1 princ.

Frieden zu stören, insofern er den Anspruch der Staatsbürger auf Achtung ihrer politischen und religiösen Ueberzeugung verletze, dadurch zu Erwiderungen und selbst zu Gewaltthätigkeiten anreize»; und, — clausula generalis salvatoria! — «er behellige das Publikum». Nach gebührender Zurückweisung der juristischen Phantasterei von einem angeblichen rechtlichen «Anspruch des Staatsbürgers auf Achtung seiner Ueberzeugungen», hebt das Urteil, welches übrigens auch einige bemerkenswerte Ausführungen über den früher erörterten Thatbestand des § 130, zumal angesichts des Gegensatzes zum § 100 preuss. St. G. B. 1851, sowie über denjenigen des § 166 bringt, zunächst zutreffend den für die Anwendung des § 360 Z. 11 kritischen Unterschied zwischen dem äusseren Bestand der öffentlichen Ordnung und Sicherheit, und einem im Verhältnis hierzu indirekten, dem persönlichen Sicherheits- und Rechtsfriedenszustand hervor, sowie zwischen mittelbarer und unmittelbarer Verletzung, und zwischen dem Publikum und bestimmten Personenkreisen oder -klassen. Sodann wird in ganz durchschlagender Weise ausgeführt, die abgelehnte Auffassung des Landgerichts würde dahin bringen, «dass die ursprünglich nur bubenhaften Strassenunfug verbietende Strafnorm eine subsidiäre Strafvorschrift unbestimmtester Allgemeinheit wird, welcher der Strafrichter alles zu unterstellen befugt ist, was ihm «ungehörig» erscheint und doch unter die sonstigen Strafandrohungen mit ihren wohlerwogenen begrifflichen Grenzen nicht passt»; auch fiele dann, je nach dem persönlichen Standpunkt des Urteilenden, die ganze politische und Streitschriftenlitteratur unter § 360 Z. 11, der doch nur «die polizeiliche Ordnung, die äussere Ruhe und den sittlichen Anstand auf den öffentlichen Strassen und Plätzen» betreffe.

Dem gegenüber hat sich nun allerdings auch das Reichsgericht nicht immer von dem verbreiteten Missbrauch, der mit dem Thatbestand des groben Unfugs getrieben wird, fern gehalten, und zwar auch gerade bezüglich des hier interessirenden Punktes. Und ganz besonders wird der Missstand in solchen Fällen fühlbar, wo noch ein politisches

Moment mitwirkt, — trotz der so richtigen diesbezüglichen Bemerkung am Schluss der soeben erwähnten Entscheidung! — und so die Bestimmung, was sich wohl der Gesetzgeber bei ihrer Normirung nie hätte träumen lassen, dazu dienen soll, die Aeusserungen «illoyaler» Tendenzen zu treffen, denen man auf andere Weise nicht beikommen kann.

So muss vor allem, abgesehen von der ganz schiefen Entscheidung vom 26. November 1881,[8]) wo übrigens § 360 Z. 11, (vielleicht an Stelle des § 241!) für die nicht anwendbaren §§ 176 Abs. 3, (183), 185 herhalten musste, und welche in höchst bedenklicher Weise mit jenen Begriffen mittelbarer und unmittelbarer Verletzung, Interessen konkreter Einzelner und einer abstrakt konstruirten Allgemeinheit, sowie besonders denjenigen des Publikums umspringt, das Urteil vom 7. Juli 1892 [9]) den drei oben besprochenen des Münchener Oberlandesgerichts ganz an die Seite gestellt werden. Es bestätigt nämlich die Entscheidung — übrigens des Landgerichts München — welche in dem bekannten Fall des Tragens einer roten Fahne bei sozialdemokratischen Umzügen u. dgl. schon deshalb den Thatbestand des groben Unfugs findet, weil «verschiedene Zeugen des Vorfalls, welche der sozialdemokratischen Partei nicht angehörten, durch denselben in erheblichem Grade beunruhigt und in ihren Gefühlen verletzt worden seien und (?) dem auch entsprechenden Ausdruck gegeben hätten; es genüge dies zu einer «Belästigung des Publikums», wie sie § 360 Z. 11 verlange. Also wie man sieht, genau die nämliche Verwechslung äusserer, so zu sagen polizeilicher Ruhe und Ordnung und intellektuellen Beunruhigungsgefühls, sowie die ganz unberechtigte Hereinziehung des Elements des Rechtsfriedensbewusstseins, wenn auch nicht so deutlich durchgeführt, wie in jenen drei Erkenntnissen des bayerischen Gerichtshofs, namentlich dem zweiten, vielmehr eher ein Uebergang von der richtigen zur missverständlichen Deutung des Thatbestandes des § 360

---

[8]) Entsch. R. G. Bd. V, Nr. 103, S. 299 f.

[9]) Entsch. R. G. Bd. XXIII, Nr. 64, S. 207 ff.

Z. 11 erkennbar ist, ähnlich wie dies oben von der ersten jener Münchener Revisionsentscheidungen ausgeführt wurde, als Folge der die begriffliche Grenze verwischenden Verwechslung von Ruhe und Ordnung einer- und Rechtsfriedensgefühl andrerseits in einem vagen und zweideutigen Begriff der «Beunruhigung» u. ähnl. Es ist sehr zu bedauern, dass das Reichsgericht in dieser Weise seine frühere Ansicht geändert oder doch wenigstens in so schiefer und zweideutiger Weise zum Ausdruck gebracht hat, und es kann nicht genug auf die klaren und präzisen Ausführungen jener früheren Entscheidungen hingewiesen werden, welche sich streng konsequent an den Thatbestand des § 360 Z. 11 hielten und jede missbräuchliche Anwendung auf dem Gebiet der Rechtsfriedensverletzungen als solcher ausschlossen.

Schliesslich sei noch als Beispiel dafür, dass auch sonst in der Rechtsprechung, wie ja schon längst in der Theorie, sich die Reaktion gegen diesen Missbrauch des Groben Unfugsparagraphen geltend macht, eine ebenfalls auf politischem Boden stehende und in unser Gebiet einschlagende Entscheidung erwähnt, deren Ausführungen geradezu wohlthuend jenen Verirrungen gegenüber berühren; ein allerdings nicht letztinstanzliches Urteil aus neuster Zeit, nämlich des Landgerichts Berlin von Anfang November 1898, welches daher auch m. W. bis jetzt noch nicht nach wissenschaftlichen Quellen kontrolirbar ist. Es lag, wenn man den Zeitungsberichten trauen darf, [10]) folgender Thatbestand vor:

Sozialdemokratisch gesinnte Einwohner von Adlershof bei Berlin, die am 18. März 1898, (als dem 50jährigen Gedenktag der Revolution von 1848), ihre Fenster illuminirt hatten, waren deshalb vom Amtsvorsteher mit einer Geldstrafe von je 15 Mark belegt worden, unter der Begründung, dass sie die Revolution verherrlicht, dadurch den öffentlichen Frieden bedroht und (?!) groben Unfug verübt hätten. Das Schöffengericht in Köpenick, bei dem auf gerichtliche Entscheidung angetragen worden war, hatte die

---

10) cf. «Strassburger Post», 11. November 1898, Nr. 895, S. 1.

Strafe bestätigt. Das Berliner Landgericht aber sprach alle Angeklagten frei. In der Urteilsbegründung hiess es: Nach Ansicht des Gerichtshofes beschränkt sich die Anwendung des § 360 Z. 11 Rstgb., der «grobe Unfug», auf Handlungen, die sich gegen den äusseren Bestand der öffentlichen Ordnung richten und in ihrer unmittelbaren Wirkung die öffentliche Ordnung gefährden und das Publikum stören. Blose denkbare und mittelbare Wirkungen der Handlungen reichen nicht aus, darin sind Theorie und Praxis bisher einig.[11]) Hier liegen aber nur solche mittelbare Wirkungen der an sich nicht störenden Hinstellung der Lichter ans Fenster vor, und nur mittelbar ist das Aergernis bei verschiedenen Personen hervorgerufen worden. Für ihre Gedanken können die Angeklagten nicht bestraft werden, ebenso wenig für ihre Zugehörigkeit zur sozialdemokratischen Partei nach Lage der Gesetzgebung. Es fehlt daher an den objektiven Thatbestandsmerkmalen, und daraus folgt die Freisprechung . . . . . .

Zur richtigen Beleuchtung des Verhältnisses des geltenden Groben Unfugsparagraphen zum Gebiet des Rechtsfriedens sei noch vergleichsweise folgendes beachtet: Allerdings könnte sich die Sachlage für unsere Frage ganz anders gestalten, wenn der § 360 Z. 11 etwa den sehr detaillirten und genau unterscheidenden Bestimmungen des Italienischen *Codice penale* vom 30. Juni 1889 nachgebildet wäre, deren Thatbestände in der That, in ihrer Gesamtheit betrachtet, nicht mehr als «grober Unfug» in unserem Sinn bezeichnet werden können, sondern, wie übrigens schon ihr Titel andeutet, wesentlich über diesen Begriff hinausgehen:

III. Buch. Von den Uebertretungen [überhaupt]. — Tit. 1. Uebertretungen betreffend die öffentliche Ordnung (*concernenti l'ordine pubblico*). — Kap. VIII. Störung der öffentlichen und privaten Ruhe. (*Del disturbo della quiete pubblica e privata.*)

---

[11]) In diesem Punkt allerdings kann, wie aus dem vorhergehenden ersichtlich ist, leider der Darstellung nicht beigepflichtet werden!

art. 457. Wer durch Lärm oder Geschrei, missbräuchliches Läuten von Glocken oder anderen Instrumenten, oder aber durch Ausübung lärmender Berufe oder Gewerbe entgegen den Bestimmungen des Gesetzes oder der Reglemente die Beschäftigungen oder die Ruhe der Bewohner oder die öffentlichen Vereinigungen stört, wird mit Geldstrafe bis zu 30 Lire bestraft, welche bei Rückfall in dieselbe strafbare Handlung bis auf 50 Lire erhöht werden kann.

Ist die Handlung zur Nachtzeit nach elf Uhr begangen, so tritt Geldstrafe von 20 bis zu 50 Lire ein, welche bei Rückfall in dieselbe strafbare Handlung bis auf 100 Lire erhöht werden kann.

Ist die Handlung geeignet, Befürchtungen im Publikum zu erregen, so kann neben der Geldstrafe auf Haft bis zu einem Monat erkannt werden.

«*tale da produrre apprensione nel pubblico*», also ohne jede einschränkende Erklärung, als ganz allgemeiner Begriff!

art. 458. Wer öffentlich, aus Mutwillen oder einem anderen tadelnswerten Beweggrund [*per petulanza o altro biasimevole motivo*] [12]) Jemanden belästigt oder in seiner Ruhe stört, wird mit Geldstrafe bis zu 100 Lire oder mit Haft bis zu fünfzehn Tagen bestraft.

«*ne turba la quiete*», desgleichen.

Und im gleichen Sinn sind zu nennen die allerdings etwas sonderbar gefassten, merkwürdig zersplitterten entsprechenden Bestimmungen eines anderen modernen Strafgesetzes, des Niederländischen *Wetboek van Strafrecht* vom 3. März 1881:

Zunächst enthält schon unter den Verbrechen bezw.

---

[12]) Eine derartig vage und elastische Fassung der subjektiven Thatseite dürfte allerdings nicht ohne Bedenken sein und muss jedenfalls zur guten Wirkung der Bestimmung eine geschulte und feste Praxis der Gerichte voraussetzen!

Vergehen,[13]) im Tit. V des 2. Buchs, betreffend diejenigen «gegen die öffentliche Ordnung», [*Misdrijven tegen de openbare orde*], der art. 142 einen Thatbestand, welcher sich wohl in erster Linie, — es wird allerdings auch noch in anderem Zusammenhang darauf zurück zu kommen sein, — als eine Unfugsübertretung darstellt:

> Wer vorsätzlich durch falsche Alarmrufe oder Signale die Ruhe stört [*door valsche alarmkreten de rust verstoort*], wird mit Gefängnis bis zu zwei Wochen oder Geldstrafe bis zu 60 Gulden bestraft.

Sodann findet sich an der kompetenten Stelle des Systems, im 3. Buch, unter den Uebertretungen, neben zwei Spezialbestimmungen, die eine im Tit. I, «Uebertretungen betreffend die allgemeine Sicherheit [*algemeene veiligheid*] von Personen und Gütern», dem eigentümlichen, ausschliesslich gegen die «Sicherheitsgefährdungen» seitens Betrunkener gerichteten art. 426, die andere der ebenfalls casuistisch eingeengte art. 431 in Tit. II, «Uebertretungen betreffend die öffentliche Ordnung [*de openbare orde*]», über die «Erregung von Lärm, wodurch die Nachtruhe gestört werden kann», in jenem Tit. I die ganz generelle Bestimmung an die Spitze gestellt:

> art. 424. Wer auf oder an einem öffentlichen Wege oder an einem dem Publikum zugänglichen Ort gegen Personen oder Sachen eine Bosheit (!) verübt, wodurch Gefahr oder Schaden entstehen kann [*tegen personen of goederen eenige baldadigheid pleegt, waardoor gevaar of nadeel kan worden teweeggebracht*], [14]) wird wegen

---

13) Das Gesetzbuch folgt nämlich dem System der Zweiteilung der strafbaren Handlungen, in *Misdrijven* und *Overtredingen*.

14) Eine doch gar zu gemütliche Formulirung des Thatbestandes! Es lässt sich gar nicht ausdenken, welche Groben Unfugsorgien die deutsche Praxis der ersten Zeiten des Reichsstrafgesetzbuchs auf Grund einer so ungebundenen Bestimmung gefeiert hätte, und es wäre interessant zu erfahren, wie sich die niederländische Rechtsprechung dazu gestellt hat.

Strassenunfugs [*als schuldig aan straatschenderij*] mit Geldstrafe bis zu 15 Gulden bestraft.

Ist zur Zeit der Begehung der Uebertretung noch kein Jahr verflossen, seitdem eine frühere Verurteilung des Schuldigen wegen der gleichen Uebertretung rechtskräftig geworden ist, so kann an Stelle der Geldstrafe Haft bis zu drei Tagen verhängt werden. —

Wenn nun also, wie bereits betont, die Grobe Unfugsbestimmung des Reichsstrafgesetzbuchs keinesfalls eine solche zum Schutz des Rechtsfriedens abgeben kann, auch nicht eine gewissermassen subsidiäre, aushülfsweise, so ist auch noch auf einen anderen Umstand hinzuweisen, speziell im Zusammenhang mit den Strafsätzen auch der soeben mitgeteilten ausländischen Bestimmungen: Selbst zugegeben, dass eine solche Ausnutzung des § 360 Z. 11 begrifflich zulässig wäre, würde er praktisch doch noch keineswegs die gesuchte Abhülfe gewähren, wie ein Blick auf seinen Strafrahmen zeigt: Eine Bestimmung mit einem Strafmaximum von 150 Mark oder sechs Wochen Haft hat nur eine verschwindende Bedeutung als Surrogat für Strafnormen wie diejenigen der §§ 126 und 130!

Dagegen ist für unsere Untersuchung hier der § 360 Z. 11 und ganz besonders mehrere der erwähnten gerichtlichen Entscheidungen seinen Thatbestand betreffend, von grossem Interesse, — es ist dies auch der Grund, weswegen dieser Punkt eingehender besprochen worden ist, — allerdings auf einem anderen Gebiet, nämlich der symptomatischen Bedeutung wegen: Dass es nämlich so leicht dazu kommen konnte, auch gerade auf dem Gebiet des Rechtsfriedensschutzes missbräuchlich den Groben Unfugsparagraphen heranzuziehen. Es ist ja allerdings zu bedenken, dass wenn doch überhaupt einmal die Gewohnheit Platz griff, einen solchen Missbrauch mit der Interpretation dieses Thatbestandes überhaupt zu treiben, der immerhin sehr weite und nicht ganz einfach zu fassende Begriff des — öffentlichen — Rechtsfriedens dadurch, dass er für die Betrachtung leicht etwas unbestimmt und vag wird, noch mehr als mancher andere zu einer solchen heterogenen Deutung sich eignete, auch ganz abgesehen davon, dass wie bemerkt in Praxi häufig die beiden fraglichen Thatbestände, wenn auch begrifflich ganz accidentell, doch faktisch in gewissen Punkten übereinstimmen werden. Allein der wahre, tiefer liegende Grund, weshalb eine solche Zwangsinterpretation und künstliche Zuhülfenahme des § 360 Z. 11 gerade auf unserem Gebiet mit solcher Vorliebe betrieben wird, ist das unabweisliche Bedürfnis der Praxis nach einer allgemeinen, prinzipiellen und nicht casuistisch eingeschränkten Rechtsfriedensschutzbestimmung, das eben vom Gesetzgeber sonst in keinerlei genügender Weise befriedigt worden ist. — Und ganz ausser Betracht wird selbstverständlich dabei noch eine leider bisweilen bemerkbare Tendenz gelassen, welche aus Bequemlichkeit bei der Aufgabe der Subsumirung der konkreten Thatbestände unter die jeweils zutreffenden Bestimmungen des Strafgesetzes sich möglichst nach einer recht vagen und dehnbaren Universalbestimmung umsieht, die dem Richter erlaubt, alles was ihm aus irgend einem Grund schädlich, gefährlich, ungehörig, unmoralisch «nicht recht» vorkommt, unterschiedslos in eine grosse Verlegenheitskategorie zusammen zu werfen und «nach Gelegenheit und Gestalt, Grösse der Sache» zu bestrafen! — Dem, wie unsere ganze vorhergehende Untersuchung wohl zur Genüge bewiesen hat, völlig missglückten legislatorischen Versuch soll nun auf andere Weise, durch das heterogene Mittel der Gesetzesinterpretation, auf Grund anderweitiger, ganz fremder Vorschriften abgeholfen werden, da die Bedürfnisse der Praxis eben eine solche Abhülfe gebieterisch fordern. Dass aber ein derartiges Flickwerk bei einer so wichtigen Frage wie der des Rechtsfriedens einem so tief gehenden Mangel abzuhelfen nicht im Stande ist, beweisen eben u. a. praktisch jene verunglückten Experimente mit dem Groben Unfugsparagraphen. Es kann hier nicht durch ein, notwendiger Weise schwächliches Uebergreifen der Gesetzesauslegung und -anwendung, und wäre sie auch viel weniger gekünstelt und ungesund, das wieder gut gemacht werden, was eine andere Kompetenz, die Gesetzgebung, versäumt hat: Nur diese selbst kann hier durch eigenes Nachholen des Versäumten die so nötige Abhülfe schaffen.

So bestätigt, in negativer Weise, diese Betrachtung des § 360 Z. 11 die Richtigkeit dessen, was die ganze vorhergehende Einzeluntersuchung über die positiven Rechtsfriedensschutzbestimmungen des geltenden Strafrechts als Endresultat ergeben hat: Die gesetzgeberische Insuffizienz des geltenden Rechtszustandes und seine absolute Reformbedürftigkeit von prinzipiellen Gesichtspunkten aus.

§ 18.

Weitere gesetzgeberische Ansätze auf dem Gebiet des Rechtsfriedens.

1. Die unechten Bestimmungen des § **1 Abs. 2** und § **11** (§§ 17—25) des sogen. **Sozialistengesetzes** vom **21. Oktober 1878.**

Mit der anhangsweisen Erörterung des § 360 Z. 11 Rstgb. in Bezug auf sein etwaiges Verhältnis zu den Rechtsfriedensverletzungen ist die Untersuchung von der Situation dieses Rechtsgutes im geltenden Reichsstrafrecht auch im weiteren Sinn abgeschlossen. Das recht unbefriedigende Resultat derselben ist bereits dargelegt worden, ebenso seine Uebersetzung vom negativen ins positive, zu dem — sehr gebieterischen — desideratum de lege ferenda an den Gesetzgeber, der nicht überhaupt die grosse Bedeutung des Gutes des Rechtsfriedens, in subjektiver wie objektiver Beziehung, für ein modernes Strafrechtssystem verkennt: gründliche Reform des bestehenden Rechtszustandes durch eine prinzipielle und einheitliche Regelung der Materie ex professo in besonderen Bestimmungen.

Bevor nun in einem letzten Abschnitt der vorliegenden Abhandlung dieser Frage im einzelnen etwas näher getreten wird, soll noch auf zweierlei Normirungen hingewiesen werden, welche der Gesetzgeber in unserer Frage unternommen hat, und die sich, von dem heutigen Stand der Gesetzgebung aus, nur als vorübergehende Versuche bezeichnen lassen. Sie sind zugleich ein treffender Beweis dafür, dass jene gebieterischen Postulate in unserer Materie die Gesetzgebung nicht zur Ruhe kommen lassen, andrerseits auch besonders dafür, dass ein ungeschicktes Anfassen des Problems nach der alten Methode des Herausgreifens von Einzelthatbeständen unmöglich die Lösung bringen kann, zumal bei Verquickung des nur undeutlich und unvollständig zum Bewusstsein gekommenen Rechtsfriedensschutzobjektes in ein und derselben Normirung mit Tendenzen ganz anderer Art.

Die beiden gesetzgeberischen Versuche, auf welche hier in dieser zweifachen Richtung, der einfachen positiven und der symptomatischen, einzugehen ist, haben nämlich zweierlei gemeinsam: Einmal die Anlehnung an den ursprünglichen, bestehenden Rechtszustand, und zwar direkt, durch genaue Beziehung der neuen Bestimmungen auf die alten, in der Form bloser Zustände, oder doch durch Befolgung der gleichen Methode casuistischer Einengung der beabsichtigten neuen Normen; sodann aber das ganz überwiegende Betonen eines dem Rechtsfrieden begrifflich ganz fremden Elementes, nämlich des politischen, welches aber thatsächlich ganz in den Vordergrund tritt und den eigentlichen Rechtsfriedenscharakter der Bestimmungen fast vollständig verdrängt. Und es wird wohl aus den früheren Ausführungen zur Genüge hervorgehen, dass schon einer dieser Umstände allein genügt hätte, um die Möglichkeit jedes nennenswertes Erfolges derartiger Versuche vom Standpunkt des Rechtsfriedensschutzes aus notwendig auszuschliessen.

Die erste jener Normirungen findet sich im Reichsgesetz gegen die gemeingefährlichen Bestrebungen der Sozialdemokratie vom 21. Oktober 1878, welches bekanntlich nach mehrfacher Erneuerung am 1. Oktober 1890 ausser Kraft getreten ist, also keine positivrechtliche Bedeutung mehr hat. Aus demselben kommen in Betracht:

§ 1 Abs. 2, in welchem verboten werden:

«Vereine [oder Verbindungen], in welchen sozialdemokratische, sozialistische oder communistische, auf den Umsturz der bestehenden Staats- oder Gesellschaftsordnung gerichtete Bestrebungen in einer den öffentlichen Frieden, insbesondere die Eintracht der Bevölkerungsklassen gefährdenden Weise zu Tage treten»;

ferner: § 11 mit seinem Verbot für Druckschriften solcher Art mit wörtlich übereinstimmender Charakterisirung. — Strafsanktion geben die §§ 17 bis 25 in verschiedenen Abstufungen, je nach der Art der Bethätigung jener Tendenzen, mit Geld-, Haft- und Gefängnisstrafen, sowie Nebenstrafen, unter welchen sich die eigentümliche der Aufenthaltseinschränkung (=versagung) befindet.

Dass hier der Begriff des öffentlichen Friedens im ganz spezifischen, übrigens noch des näheren zu prüfenden Sinne gemeint ist, beweist der Umstand, dass das Gesetz den verwandten aber keineswegs identischen Thatbestand der «Gefahr für die öffentliche Sicherheit» in § 28, Eingang und Z. 3, an ersterer Stelle sogar ausdrücklich, daneben verselbständlicht.

Interessant und sehr lehrreich ist nun für unsere Frage die Vorgeschichte des Gesetzes. Der Regierungsentwurf enthielt nämlich keine einzige directe Beziehung zum Begriff des Rechtsfriedens, der Ausdruck kommt überhaupt nicht darin vor, und auch die Begründung desselben berührt in ihrer Motivirung der einzelnen Paragraphen [1]) ebenfalls diesen Begriff nicht; nur in dem vorhergehenden allgemeinen Teil der Motive, (S. 9—15 a. a. O.), findet sich eine einzige einschlägige Bemerkung, S. 11:

«Die fortgesetzte Beunruhigung und Störung des öffentlichen Friedens, welche durch die sozialdemokratische Agitation hervorgerufen wird, schädigt empfind-

[1]) cf. Sammlung sämtlicher Drucksachen des Deutschen Reichstags, 4. Legislaturper., I. Sess. 1878, Nr. 4, S. 9 ff.; speziell S. 15—21.

lich das Gemeinwohl und hindert eine gedeihliche und normale Entwickelung auf wirtschaftlichem wie auf politischem Gebiet.»

Dagegen hebt nun dieser allgemeine Teil der Motive, welcher übrigens eine sehr gute gedrängte Uebersicht über den damaligen Stand und Bestrebungen der Sozialdemokratie bringt, auch sonst wiederholt und sehr ausdrücklich hervor, dass es sich bei dem Entwurf um ein Ausnahmegesetz, ein Sondergesetz speziell gegen die Sozialdemokraten handelt, [2]) indem die bestehenden «repressiven» Gesetze, selbst bei etwaigen Abänderungen und Verschärfungen, nicht ausreichten, und auf dem Boden des Press-, Vereins- und Versammlungsrechts, wie auch des Strafgesetzbuchs die Lösung der Aufgabe nicht erreichbar erscheine; der Entwurf wendet sich ausschliesslich gegen die gemeingefährlichen Bestrebungen der Sozialdemokratie.

Dem gegenüber trat nun eine «Minorität» in der (IV.) Reichstagskommission zur Beratung des Entwurfs [3]) aus politischen Gründen gegen eine derartige Ausnahmegesetzgebung auf und wollte die auch von ihr als notwendig angesehene Abhülfe durch «Reformen auf dem Boden des gemeinen Rechts schaffen», was praktisch in dem Antrag (Hänel u. Gen.) seinen Ausdruck fand, durch einen einfachen Zusatz zu § 130 Rstgb., wie er uns noch bei anderer Gelegenheit alsbald beschäftigen wird, alle die Ausschreitungen, die der Entwurf nur bezüglich der Sozialdemokraten berücksichtigte, überhaupt und ohne Rücksicht darauf unter Strafe zu stellen, welcher politischen Partei der Contravenient angehöre. Im Zusammenhang hiermit sollte auch für die Anwendung des Gesetzes, besonders bezüglich des Schliessens von Vereinen u. s. w., nicht das vom Entwurf vorgeschlagene ziemlich komplizirte verwaltungsrechtliche Prozessverfahren eintreten, sondern das gewöhnliche vor den ordentlichen Gerichten, mit nur nebensächlicher Rolle der Verwaltungsorgane.

---

2) vgl. z. B. besonders S. 12 a. a. O.

3) man vgl. S. 3 und besonders 4 f. des eingehenden Kommissionsberichts, Drucksachen a. a. O. Nr. 23.

Die Majorität der Kommission schloss sich jedoch nach Ablehnung dieses Systems dem Standpunkt des Entwurfs an, den sie allerdings im einzelnen viel weiter ausbaute und auch abänderte, und ihre Auffassung wurde nach geringen Abänderungen durch das Plenum des Reichstags zum Gesetz von 1878 erhohen. — Wir haben also folgendes Resultat;

Gesetz wurde die ursprünglich von der Regierung beabsichtigte Methode, welche das erstrebte Ziel, die Bekämpfung der sozialistischen und gleichgestellten Bestrebungen, durch ein avouirtes Ausnahmegesetz zu erreichen suchte. Ausnahmegesetz insofern, als es nur gegen eine bestimmte Klasse, eine politische Kategorie von Thätern gerichtet war, und ferner, als es nicht «nur nachträglich repressiv wirken», sondern «das Uebel an der Wurzel fassen und ihm präveniren» sollte, (S. 4 Kommissionsbericht a. a. O.), also auch ein polizeilicher Gesichtspunkt; und ausserdem noch insofern, als es im Verfahren von der festen regulären Bindung, aber auch den Garantien des gewöhnlichen Rechtsweges vor den ordentlichen Gerichten abging zu Gunsten eines Verfahrens, auf welches das leichter zu handhabende und elastische, aber auch eher zu diskretionärer Willkür geneigte, nämlich speziell wieder politischer Beeinflussung zugänglichere Verwaltungsprozessverfahren überwiegenden Einfluss hatte. Und man war sich dieses Charakters eines Spezialgesetzes wohl bewusst, suchte doch bereits jene Begründung des Entwurfs das Odium des Ausnahmegesetzes durch den kräftigen Hinweis auf die «ausserordentlichen und krankhaften Zustände, welche den Staat bedrohten», abzuwälzen: «Die Sozialdemokratie hat dem Staate und der Gesellschaft offen den Krieg erklärt und deren Zerstörung als ihr Endziel proklamirt; sie hat damit selbst den Boden des für Alle gleichen Rechtes verlassen und kann sich deshalb nicht beschweren, wenn ihr dasselbe nur insoweit zu Gute kommen soll, als es mit der Sicherheit und Ordnung des Staates vereinbar ist.» [4])

Die andere, nicht durchgedrungene Methode, vertreten

[4]) S. 13 Regierungsentwurfs Nr. 4 a. a. O.

durch jene Minorität in der Reichstagskommission, wollte dagegen das nämliche Ziel auf einem anderen, sich streng an das gemeine Recht haltenden Weg erreichen, indem die neuen Vorschriften weder gegen eine bestimmte, politische Kategorie von Delinquenten gerichtet sein, noch jenen polizeilichen Präventivcharakter haben, noch auch das Verfahren ein besonderes, von dem gewöhnlichen Strafprozess verschiedenes sein sollte. Diese Auffassung wollte also Reformgesetze ohne jenen Ausnahmecharakter, die einfach eine allgemeine Verschärfung der bestehenden in denjenigen Richtungen bedeuteten, in welchen sich die sozialistischen Bestrebungen spezifisch äusserten. Mit anderen Worten: Die Sozialisten, Kommunisten u. s. w. sollten nicht als solche, wegen der Bethätigung dieses ihres politischen Glaubensbekenntnisses bestraft werden, sondern nur wegen der nämlichen nach den beabsichtigten neuen gesetzlichen Bestimmungen sich als Delicte darstellenden Handlungen, wie Andere auch; stillschweigend vorausgesetzt dabei allerdings: weil sie Sozialisten u. s. w. sind, werden gerade sie — erfahrungsgemäss — solche Handlungen am meisten begehen, werden also ihre spezifischen Handlungen am ehesten von diesen neuen Strafgesetzen erfasst werden. Es sollte gewissermassen dieses für notwendig erachtete Vorgehen gegen die Sozialdemokraten dazu benutzt werden, um an gewissen Punkten die allgemeine, prinzipielle Verbesserung des geltenden Strafrechtssystems vorzunehmen, in welchen es sich als unzureichend erwiesen hatte. Und ein vornehmlicher Punkt, welcher auf diese allgemeine Weise verbessert werden sollte, war derjenige des Rechtsfriedens. Die nach dieser Methode in Form eines Zusatzes zu § 130 Rstgb. geplante Verbesserung lautete:

»Wer in einer den öffentlichen Frieden gefährdenden Weise, oder wer durch beschimpfende Aeusserungen über die religiösen Ueberzeugungen Anderer, oder über die Einrichtung der Ehe, der Familie oder des Staates, oder über die Ordnung des Privateigentums die Angehörigen des Staates zu feindseligen Parteiungen gegen einander öffentlich auffordert oder aufreizt, wird mit Geldstrafe bis zu 600 Mark oder mit Gefängnis bis zu Einem Jahr bestraft.»

Und auf Grund dieser Normirung sollte gegen contravenirende Vereine und Versammlungen, wie bemerkt im ausschliesslichen Wege der ordentlichen Gerichtsbarkeit vorgegangen werden.

Auf verschiedene ganz unhaltbare Einzelpunkte einer derartigen Bestimmung einzugehen, ist hier nicht der Ort, zumal demnächst im Zusammenhang auf einen anderen Versuch gleichen Inhalts zurückzukommen sein wird. Hier interessirt soviel, dass jene Bestimmung, welche also den Schwerpunkt nicht auf eine gewisse Kategorie von Thätern oder auf einen politischen Begriff verlegen und einen polizeilichen Charakter vermeiden, dagegen ein materielles Rechtsgut in den Vordergrund stellen wollte, wenn sie Gesetz geworden wäre, allerdings eine echte Rechtsfriedensnorm abgegeben hätte, die ihre wichtige Stelle, vom dogmatischen Standpunkt aus, im Rechtssystem eingenommen hätte und, da sie vielleicht, trotz ihres höchst bedenklichen Charakters, dauernder Bestandteil des Reichsstrafgesetzbuchs geblieben wäre, die Stellung unserer Materie im geltenden Strafrecht und damit das Resultat der vorliegenden Untersuchung wesentlich beeinflusst und modifizirt hätte.

Gerade zum entgegengesetzten Ergebnis führt dagegen jene andere, zum Gesetz von 1878 erhobene Ansicht, welche zwar «der Ueberzeugung ist, dass durch eine Revision und Ergänzung der bestehenden Gesetze die Mittel beschafft werden können und müssen, um auf dem Boden des für alle Bürger geltenden gemeinen Rechts Ausschreitungen der erwähnten Art dauernd entgegen zu wirken und beziehungsweise unter das Strafgesetz zu stellen», [5]) dabei jedoch aus rechtspolitischen Zweckmässigkeitsgründen, deren Richtigkeit aprioristisch jedenfalls nicht ohne weiteres geleugnet werden konnte, die sich aber nachher thatsächlich

---

[5]) S. 4 des Kommissionsberichts, a. a. O. Drucksachen Nr. 23.

als ganz unzutreffend erwiesen, eine raschere und energischere Bekämpfung der speziellen sozialistischen u. s. w. Gefahr, als sie durch umfassende allgemeine Reform möglich erschien, auf dem Wege eines sofortigen besonderen, eines speziellen Ausnahmegesetzes mit «ausserordentlichen gesetzlichen Vollmachten für die Behörden» verlangte: Denn es liegt auf der Hand, dass wenn auch gerade in diesem Zusammenhang von einer «Bewahrung des öffentlichen Friedens» die Rede ist, — übrigens ohne jede weitere Bemerkung oder gar Begründung, sodass also, mit Rücksicht auf die so stark betonten andersartigen Tendenzen und Zwecke, mehr oder weniger zugegeben wird, dass es mehr darauf ankam, der Sache überhaupt einen Namen zu geben, als einen Begriff zu präzisiren, — bei einer derartigen gesetzlichen Regelung, wie sie ja dann auch thatsächlich zu Stande kam, vor dem Ausnahmecharakter des Gesetzes, auf dessen Zweckmässigkeit ja alles ankam, vor dem polizeilichen, und, was die Hauptsache ist, vor dem politischen Charakter, irgend ein weiteres materielles Rechtsgut sehr in den Hintergrund treten musste, den Interessen eines absoluten Schutzes der Staatssicherheit und bestehenden Ordnung vor gefährlich dünkenden revolutionären Bestrebungen, oder einem ähnlichen Gedanken allgemeinster Art geopfert wurde. Es kann mit anderen Worten bei einem solchen Gesetz nicht der etwaige Rechtsfriedenscharakter, oder überhaupt ein Charakter, das besondere zu schützen beabsichtigte Rechtsgut, auf welchen gewisse Thatbestandsmerkmale hinzudeuten scheinen, irgendwie urgirt werden, die Hauptrolle in der prinzipiellen Konstruktion des Thatbestandes spielen, wie es sonst und normaler Weise bei dem jeweiligen echten Angriffsobjekt einer gewöhnlichen Bestimmung der Fall ist. Ein ähnlicher Gedanke ist ja bereits früher, (cf. oben § 4 und 16), bezüglich der für den Rechtsfrieden in Betracht kommenden Uebertretungen, mehr polizeilicher Art, aus dem Strafgesetzbuch und der Gewerbeordnung ausgeführt worden, wenn auch dort die betreffenden hemmenden Momente sich nicht so einschneidend fühlbar machten wie hier, bei dem Ausnahmegesetz. — Sehr bezeichnend ist übrigens für diese prinzipielle Bedeutung des

Unterschiedes zwischen jenen beiden Methoden im Schosse der Kommission, was deren Bericht (a. a. O. S. 5) konstatirt: «Allseitig war man darin einverstanden, dass mit der Annahme dieses Antrags, [nämlich der Minderheit, gehend auf eine allgemeine, prinzipielle Reform, in der Form eines ordentlichen Gesetzes], der Entwurf [d. h. die Absicht singulärer Regelung durch ein politisches Ausnahmegesetz ohne Rücksicht auf prinzipielle gesetzgeberische Stellungnahme] in seinem vollen Umfange beseitigt sei.»

Wenn nun trotzdem das gemäss dem Standpunkt des Entwurfs und der Kommissionsmehrheit zu Stande gekommene Gesetz mit dem Begriff des Rechtsfriedens operirt, so ergibt sich, bezüglich unserer Untersuchung, ja schon aus dem obigen die Antwort auf die hier interessirende Frage, in wie weit diesem Begriff im Verhältnis zu dem gewöhnlichen, in den ordentlichen Gesetzen, Bedeutung zukommt, d. h. ob wir es dabei im gleichen Sinne mit einer prinzipiellen Rechtsfriedensbestimmung zu thun haben können? Zweifellos ist die Frage entschieden zu verneinen. Das Gesetz ist in bewusster und absichtlicher Weise als ein Ausnahmgesetz mit vorwiegend politischer Tendenz geschaffen worden, gewissermassen als ein persönliches privilegium odiosum von Sozialisten u. s. w. Hauptursache war ihm ausgesprochener Massen die Bekämpfung und Vernichtung sozialdemokratischer und verwandter Bestrebungen, also ein politisches Moment, wenn man will: Schutz der Staatshoheit, der Staatsraison, ähnlich wie bei den Bestimmungen gegen Hochverrat; höchstens vielleicht noch ein Moment der polizeilichen Ordnung im weitesten Sinn. Dagegen verschwand daneben vollständig der allerdings nominell erwähnte Gesichtspunkt des Rechtsfriedens. Gerade letzterer Umstand ist eine Merkwürdigkeit dieses Gesetzes. Jener wurde nur insofern im Thatbestand verwertet, als nach der durch eine gewisse Empirie begründeten Erwartung des Gesetzgebers die spezifisch sozialistische u. s. w. Thätigkeit sehr leicht gerade hier einsetzt, besonders häufig gerade den Rechtsfrieden, und zwar wohl meist das subjektive Rechtsfriedensbewusstsein Anderer, nämlich der Nichtsozialisten verletzt, sie also hier am leichtesten concret zu fassen war. Es wurde also das, was bei einer echten Rechtsfriedensschutzbestimmung der Zweck sein muss, hier als bloses Mittel zum Zweck, nämlich zu einem politischen Zweck, herabgesetzt. Wir haben es mit einem Seitenstück zu jenen am Anfang unserer Untersuchung erörterten mehrerwähnten Fällen der sogenannten Rechtsfriedensdelicte der zweiten Kategorie, der auch gegen den Rechtsfrieden gerichteten Vergehen zu thun, deren eigentliches und Hauptangriffsobjekt aber ein anderes Rechtsgut ist (Erpressung, Hausfriedensbruch u. s. w.).

Damit ist aber ohne weiteres entschieden, dass derartige gesetzliche Bestimmungen nicht zu den Rechtsfriedensgesetzen in dem hier gebrauchten Sinn gezählt werden können, dass sie also, auch wenn das Socialistengesetz noch in Geltung wäre, nicht jenen im Strafrechtssystem beigeordnet werden könnten. Auch die Begründung ihrer Formulirung seitens der Kommission, welche daraufhin auch in den schliesslichen Gesetzestext überging, beweist dies: Es ist bereits hervorgehoben worden, dass der ursprüngliche Regierungsentwurf den Begriff des Rechtsfriedens überhaupt nicht enthielt. In der Kommission wurde sodann, wie deren Bericht (a. a. O. S. 7) ausführlich darlegt, an zwei Stellen, § 1 und 6, die oben angeführte Formulirung aufgenommen, — wobei übrigens zu bemerken ist, dass prinzipiell beide durchaus zusammenfallen, indem § 6 blos das, was § 1 für Vereine und Versammlungen ausspricht, für Druckschriften wörtlich wiederholt; und zwar auf Grund folgenden Gedankenganges: Zunächst wurde der von der Regierung vorgeschlagene § 1, hauptsächlich nur in präziserer Fassung, ohne wesentliche Aenderung des Inhalts wiedergegeben; alsdann aber wurde ein zweiter Absatz hinzugefügt:

> «Dasselbe gilt von Vereinen, in welchen sozialdemokratische, sozialistische oder communistische, auf den Umsturz der bestehenden Staats- oder Gesellschaftsordnung gerichtete Bestrebungen in einer den öffentlichen Frieden oder die Eintracht der Bevölkerungsklassen gefährdenden Weise zu Tage treten».

Und zwar wurde der Unterschied dahin angegeben, dass durch Abs. 1 Vereine betroffen werden sollten, welche den gesamten Inhalt ihrer Thätigkeit auf jenen Umsturz richteten, entweder ausdrücklich, oder doch mit deutlich erkennbarer (?) bloser Vorschiebung anderer Zwecke als Vorwand, und durch Kennzeichnung dieser Tendenz in der gesamten Thätigkeit und Wirksamkeit; durch den beabsichtigten neuen Abs. 2 dagegen solche Vereine, welche in Wahrheit anderen, zulässigen Zwecken dienten, daneben aber jene verpönten Bestrebungen zum erkennbaren Ausdruck brächten. Und nun sollte diese letztere, ja viel gelindere Bethätigung nur dann strafbar sein, wenn sie zugleich auch eine Gefährdung des öffentlichen Friedens involvirte; es wird «in den Fällen des Abs. 2 die Gefährdung des öffentlichen Friedens als das entscheidende Merkmal angesehen und auf diese Gefährdung neben den erwähnten Bestrebungen das Verbot begründet», (S. 8 a. a. O.). Das Motiv aber hierzu war, dass alsdann «keineswegs daher die Befürchtung als gerechtfertigt angesehen werden kann, dass jede Besprechung oder Verteidigung sozialdemokratischer oder communistischer Fragen und Forderungen in Reden [und Schriften] unter dieses Gesetz gestellt werden könne».

Mit anderen Worten also: Man fürchtete, — worin man übrigens sehr Recht hatte, — Härten und besonders die Möglichkeit der Willkür, wenn man durch die Fassung des Gesetzes in jenen bedeutend leichteren Fällen der sozusagen nebenher auf den Umsturz gerichteten Bestrebungen die Anwendung ebenso uneingeschränkt zuliess, als in den gewöhnlichen des Abs. 1, wo ausschliessliche und prinzipielle umstürzlerische Bestrebungen erfordert werden. Infolge dessen suchte man nach einem moderirenden Element im Thatbestand und glaubte einen solchen Moderator passend zu finden in der Aufstellung der Gefährdung des öffentlichen Friedens als eines weiteren, zur Strafbarkeit erforderlichen Thatbestandsmerkmals, obgleich dieselbe prinzipiell und an sich keineswegs zu dem Thatbestand eines im Grunde ganz politischen, auf die Staatsautorität bezüglichen Delicts passte, und nur eine erfahrungsgemäss allerdings nicht seltene Begleiterscheinung des letzteren ist. Hiermit ist also deutlich zugegeben, dass, wie man sich übrigens auch in der Kommission seitens Einzelner, wenn auch nur dunkel, wohl bewusst geworden zu sein scheint,[6]) die ganze Beziehung des Rechtsfriedens im Sozialistengesetz nur eine nebensächliche, nicht prinzipiell bedingte Rolle, als aus rechtspolitischen Gründen herangezogener Notbehelf, — diejenige eines Sicherheitsventils — spielt, in thatsächlich politischen, den Bestand der Staatshoheit und der herrschenden Gesellschaftsordnung betreffenden Delictsthatbeständen. (Dass diese Heranziehung eine noch so richtig gedachte und unter Umständen praktisch zweckmässige gewesen sein mag, thut natürlich nichts zur Sache.)

Aus all dem erhellt also mit Bestimmtheit, dass Bestimmungen aus dem Gesetz vom 21. Oktober 1878 keineswegs den echten Rechtsbestimmungen in dem hier interessirenden Sinn zuzuzählen sind, wobei das eigentümliche darin liegt, dass es an zwei Stellen den «öffentlichen Frieden» ausdrücklich in seinen Thatbestand aufnimmt, während wir gesehen haben, dass mehreren gesetzlichen Bestimmungen jene Eigenschaft zukommt, obgleich sie dies nicht thun.[7])

Obgleich nun mit dieser Feststellung das Gesetz für die vorliegende Untersuchung erledigt ist, sei doch der Vollständigkeit halber noch kurz darauf eingegangen, in welchem Sinn der herangezogene Begriff des Rechtsfriedens wohl gemeint war. Dass es sich um den öffentlichen Frieden handelt, sagt das Gesetz selbst. Dagegen könnte vielleicht auf den ersten Blick zweifelhaft erscheinen, ob der objektive Rechtsfriedenszustand oder das subjektive Rechtsfriedensbewusstsein der Oeffentlichkeit gemeint ist. Entscheidend, und auch für diese Begriffe im allgemeinen sehr lehrreich sind in dieser Beziehung die verschiedenen Wandlungen, welche der in Frage stehende Passus des Gesetzes durchgemacht hat: Während

[6]) cf. die Bemerkungen des Kommissionsberichts S. 9 med. a. a. O.

[7]) Auf einen interessanten ganz ähnlichen Fall wird sogleich bei Besprechung des zweiten der erwähnten gesetzgeberischen Versuche, im folgenden § 19 hinzuweisen sein.

nämlich die wie erwähnt von der Kommission in erster Lesung adoptirte Fassung lautete:

«in einer den öffentlichen Frieden **oder** die Eintracht der Bevölkerungsklassen gefährdenden Weise», wurde zunächst die Streichung der Worte: «oder die Eintracht der Bevölkerungsklassen» vorgeschlagen, und zwar, weil hierin eine «überflüssige und selbst zu falschen Auslegungen Anlass gebende Bezeichnung der erwähnten Bestrebungen» liege. — Hiergegen wurde nun von der anderen Seite wieder geltend gemacht, dass zwar die Gefährdung der Eintracht der Bevölkerungsklassen allerdings als ein Unterfall der Gefährdung des öffentlichen Friedens sich darstelle und daher an sich dessen besondere Hervorhebung nicht nötig wäre, dass sie sich jedoch trotzdem deshalb empfehle, sowohl weil sie an eine bereits vorhandene Bestimmung des Strafgesetzbuchs, (§ 130), sich eng anschliesse und den Behörden eine gute Direktive für die Anwendung dieses § 1 Ges. gebe, als auch weil gerade in dieser Anreizung zum Klassenhasse ein besonders hervortretendes Merkmal der sozialistischen Agitation sich wiederfinde. — Ein Antrag, demgemäss und zur Kennzeichnung der Bestimmung als eines Unterfalles der Friedensgefährdung das Wort «oder» in «insbesondere» zu verwandeln, wurde zwar eventuell angenommen, dagegen wurden die Worte «insbesondere die Eintracht der Bevölkerungsklassen» in zweiter Lesung mit 12 gegen 7 Stimmen überhaupt wieder gestrichen, und die übrigen Schlussworte: «in einer den öffentlichen Frieden gefährdenden Weise» allein, mit 13 gegen 7 Stimmen beibehalten.

Bei der Beratung dieser endgültigen Kommissionsfassung des Gesetzes im Plenum wurde sodann, unterm 8. Oktober 1878,[8]) einerseits ein Antrag (v. Schmid u. Gen.) auf Streichung auch jener letzterwähnten Schlussworte, entsprechend dem von vorn herein, bei der ersten Kommissionsberatung zum Ausdruck gekommenen Standpunkt einer Kommissionsminorität, für den Fall von deren Aufrechterhaltung jedoch, auf Wiedereinschal-

---

[8]) cf. die Nos 26 und 27 Drucksachen des Reichstags cit.

tung der Worte: «insbesondere die Eintracht der Bevölkerungsklassen» eingebracht; andrerseits ein solcher (Ackermann u. Gen.), auf blose Wiedereinschaltung der Worte: «insbesondere die Eintracht der Bevölkerungsklassen». Und diese letztere Fassung wurde Gesetz.

Wichtig und für unsere Frage entscheidend ist hieran, dass die alternative Formulirung «den öffentlichen Frieden oder die Eintracht der Bevölkerungsklassen», also die beide Begriffe verselbständigende und koordinirende, ausdrücklich als unlogisch empfunden wurde, und zwar selbst von denjenigen, welche sie aus Zweckmässigkeitsgründen verteidigten; dass vielmehr bei streng begrifflicher Betrachtung nur darüber gestritten wurde, ob der zweite Begriff — als selbstverständlich — ganz weggelassen, oder durch «insbesondere» eingereiht werden sollte, wie es schliesslich geschah. Dass aber diese beiden Möglichkeiten keine Gegensätze bilden, sondern über den Begriff des öffentlichen Friedens identisches aussagen, liegt auf der Hand, da die eine von dem Standpunkt der Ueberflüssigkeit einer blosen Wiederholung ausging, die andere mit der Einführung des zweiten Begriffs durch das blos exemplifizirende «insbesondere» ihn als dem ersten, also dem allgemeinen, der Gattung, subordinirt, bereits in ihm enthalten darstellte. Somit beweist diese schliessliche Fassung, welche die Eintracht der Bevölkerungsklassen als eine vornehmliche Unterart der Friedensgefährdung bezeichnet, deren Aufnahme in den Wortlaut eigentlich, begrifflich, überflüssig sei, sowie besonders weiter die bewusste Anlehnung an § 130, deutlich, dass unter dem Rechtsfrieden hier nur der objektive Rechtsfriedenszustand gemeint sein kann, indem die Annahme des subjektiven Friedensgefühls aus den früher, besonders zu § 130 Rstgb. erörterten Gründen, auf welche hier nicht weiter zurückzukommen ist, ausgeschlossen erscheint.

Wenn in letzterem das Sozialistengesetz und namentlich dessen Vorgeschichte in so eingehender Weise behandelt worden ist, obgleich daran festgehalten werden muss, dass ein eigentliches Rechtsfriedensgesetz darin nicht zu finden ist, so geschah dies, weil dieses Gesetz, vielleicht gerade deshalb, insbesondere in seiner Entstehungsgeschichte sehr dazu geeignet ist, auch praktisch zu veranschaulichen, und daher de lege ferenda zu beleuchten, was zur Schaffung von Bestimmungen zum Schutz des Rechtsfriedens im eigentlichen Sinn nötig ist, und wie wenig dieses Rechtsgut sich dazu eignet, als Lückenbüsser in irgend welchen ganz fremden Thatbeständen aufzutreten, von deren ungenügender Spezialisirung man praktische Missstände befürchtet; wie sehr vielmehr der Rechtsfrieden bei richtiger Auffassung ein ganz spezieller, namentlich von politischen Strömungen prinzipiell ganz unabhängiger Begriff ist, der infolge dessen auch einer selbständigen gesetzlichen Regelung bedarf, nicht aber in irgend welchen anderen, im Grunde ganz fremdartigen Bestimmungen auf Grund unklarer Vorstellungen teils nebensächlich mitgeregelt, teils als bloses Mittel zum Zweck zur Verbesserung jener beigezogen werden darf. Es ist allerdings zuzugeben, dass gerade ein solcher Missbrauch, einmal wegen des vielfach vielleicht unbewusst hereinspielenden am Anfang unserer Untersuchung betonten Gedankens, dass, dogmatisch wie historisch, im weitesten Sinn alle Delicte gegen den Rechtsfrieden gerichtet sind, daneben ausserdem einige, die mehrfach erwähnte zweite Kategorie, auch direkt den Rechtsfrieden, wenn auch nur in zweiter Linie und nebensächlich betreffen, dass er sodann aber speziell bei Delicten politischer Art nahe liegt, wo ja allerdings vielfach, wenn auch nur thatsächlich, eine Friedensstörung, namentlich des öffentlichen Rechtsfriedensbewusstseins, mit den in erster Linie gegen die Staatsautorität u. dgl. gerichteten Angriffen Hand in Hand geht, weil schon durch jede energische und leidenschaftliche Bethätigung oder Aeusserung politischer Opposition eine solche Störung bei den Anhängern der bestehenden Ordnung entstehen wird. Der Missbrauch jedoch, der auf diesem Gebiet durch tendenziöse Anwendung besonders leicht möglich ist, zeigt, wie notwendig gerade beim Rechtsgut des Rechtsfriedens, das seiner vielfach abstrakten, ideellen Natur wegen mehr als andere zur vagen Verallgemeinerung und Verflüchtigung neigt, eine scharf begrenzende Begriffsbestimmung ist. Die Gründe allgemeiner, namentlich politischer Art, weswegen das Sozialistengesetz unmöglich günstig wirken und auf die Dauer in Geltung erhalten werden konnte, und die folgenschwere Unterschätzung eines Feuers, das sich mit einem Glase Wasser nicht mehr löschen liess, sind hier nicht zu erörtern. Wenn aber das Gesetz, man kann wohl getrost sagen: in jeder Beziehung mehr Schaden als Nutzen gestiftet hatte, so ist ein technisch juristischer Hauptgrund hierfür darin zu finden, dass man es unternommen hatte, das schon an sich bedenkliche Mittel des persönlichen Ausnahmegesetzes, noch dazu politischer Art,[9]) mit allgemeinen Begriffen ordentlicher Gesetze zu verquicken oder vielmehr seine Anwendung durch sie zu bedingen, wodurch naturgemäss angesichts der auf dem Ausnahmeweg erstrebten besonderen Zwecke auch jenen allgemeinen Begriffen allmählich in tendenziöser Weise Zwang widerfahren musste. Dass aber stets in solchen Fällen hierdurch wieder nicht nur praktisch höchst ungesunde Resultate sich ergeben werden, sondern auch diese Verzerrung jener Begriffe sich auf ihre sonstige allgemeine Bedeutung erstrecken wird, liegt auf der Hand. — Es mag dies einen wichtigen

[9]) Trefflich beleuchtete einmal diesen Punkt in anderem Zusammenhang, nämlich in seiner sogleich noch bezüglich der Umsturzvorlage zu erwähnenden Reichstagsrede vom 12. Januar 1895, (Stenogr. Ber. S. 289), der Abgeordnete Spahn:

«Es ist das Charakteristische des Ausnahmegesetzes, dass durch Strafbestimmungen die Tendenzen getroffen werden sollen, die gewissen Kreisen eigentümlich sind, dass man also nicht versucht, nur die Handlungen als solche zu treffen. Und darin tritt der Schaden des Ausnahmegesetzes hervor, dass nachher in dem Verfahren vor Gericht die Parteirichtung, zu der der Angeschuldigte gehört, ein mitbestimmendes Moment für die Gerichtshöfe ist in der Abwägung der Beweisfrage, ob die Handlung unter dies Gesetz fällt oder nicht.»

(Uebrigens war es im Grunde eben so wenig das Sozialistengesetz, als die zur Beratung stehende Umsturzvorlage, welchem diese äusserst treffende Darstellung zu verdanken ist, sondern vielmehr das parteiliche ceterum censeo, bei welchem der Redner nach längeren, teilweise sehr energisch gehaltenen Ausführungen denn auch glücklich anlandete, — das Jesuitengesetz. Selbverständlich ist dies indessen bei einer rein theoretischen Beleuchtung des Wesens des Ausnahmegesetzes überhaupt, ein blos äusserlicher, ganz gleichgültiger Umstand.)

Fingerzeig für die demnächst zum Schluss vorzunehmende summarische Untersuchung de lege ferenda bezüglich des Rechtsfriedensschutzes abgeben.

§ 19.

Fortsetzung.

2. Die §§ **126** und **130** Rstgb. in der Fassung der sog. **Umsturzvorlage** vom **5. Dezember 1894.**

Die zweite jener Normirungen, zugleich der letzte Reformversuch, der vom Reichsstrafrecht auf dem Gebiet des Rechtsfriedensschutzes gemacht wurde, ist auch vom gesetzlichen Standpunkt aus ein bloser Versuch geblieben und war allerdings derartig, dass er auch praktisch, de lege ferenda, kaum ernsthaft genommen zu werden verdient. Es handelt sich nämlich um den unter dem Namen «Umsturzvorlage» berüchtigten

> «Entwurf eines Gesetzes betreffend Aenderungen und Ergänzungen des Strafgesetzbuchs, des Militärstrafgesetzbuchs und des Gesetzes über die Presse, vom 5. Dezember 1894».

Ueber den höchst bedenklichen Charakter dieses Machwerks und die geradezu verhängnisvollen praktischen Konsequenzen, welche es, zum Gesetz geworden, auf jedem Gebiet moderner Kultur in Deutschland gehabt hätte, noch ein Wort zu verlieren, ist hier nicht der Ort; übrigens bedürfte es dessen, angesichts der glänzenden Abfertigung seitens des Reichstags auf Grund einer gewaltigen Agitation im gesunden Rechtsgefühl des Volkes, wohl überhaupt nicht. Auch für die Zukunft dürfte eine solche Normirung nie mehr von praktischer Bedeutung werden, da schon die blose Bezeichnung eines «Umsturz»gesetzes ein solches Odium trägt, und jeder derartige Versuch im Volk wie bei den Fachleuten einen so gewaltigen Widerspruch hervorrufen würde, dass eine Wiederholung jenes unglücklichen Gedankens wohl in keiner Weise zu befürchten ist. Nur insofern muss der Inhalt dieser Vorlage hier trotzdem zur Besprechung kommen, als die bezüglich zweier Bestimmungen des Strafgesetzbuchs, nämlich der §§ 126 und 130 vorgeschlagenen Abänderungen für unsere Untersuchung von Interesse sind und zugleich als nützliche Warnungstafeln für unüberlegte gesetzgeberische Experimente auf diesem Gebiet dienen können.

Zunächst unterscheidet sich von vorn herein die Tendenz dieses Gesetzentwurfs von dem Sozialistengesetz in einem wichtigen Punkt: Er war kein Ausnahmegesetz in der erwähnten Bedeutung, dem es vor allem auf die Bekämpfung der Thätigkeit und des Wesens bestimmter, politisch abgegrenzter Personenklassen ankommt, und das hierauf so sehr den Schwerpunkt verlegt, dass daneben alles andere, selbst die juristische Korrektheit der aus dem allgemeinen Strafrechtssystem herübergenommenen Begriffe gänzlich zur Nebensache wird. Zwar konnte der verborgene politische Hintergrund des Entwurfs in seiner speziell gegen sozialistische Bestrebungen gerichteten Tendenz keinem Kundigen verborgen bleiben, wenn auch die sonst sehr geschickte [1]) Rede, mit welcher der Staatssekretär des Reichsjustizamts den Regierungsentwurf im Reichstag einführte, [2]) sowie die des preussischen Justizministers [3]) energisch bestritten, dass die Vorlage «ein verkapptes Sozialistengesetz» sei, und behaupten wollten, dass sie sich vielmehr durchaus «auf dem Boden des gemeinen Rechts bewege»; und der Abgeordnete Munckel in seinen zum Teil ausgezeichneten Ausführungen [4]) mit bitterer, aber nur gerechter Kritik bemerkte, es höre sich ja hübsch an, dass man den Entwurf nicht auch noch als Ausnahmegesetz bezeichne, son-

1) abgesehen davon, dass es einem Juristen nicht vorkommen dürfte, wiederholt von der durch § 126 Rstgb. bezweckten «Verhinderung der Bedrohung ganzer Bevölkerungsklassen mit Verbrechen» zu reden, (S. 177)!

2) in der (8.) Sitzung vom 17. Dezember 1894, Stenogr. Ber über die Verhandlungen des Reichstags, 9. Legislat. per. III. Sess. (1894/95), Bd. I, S. 173 ff.

3) in der (11.) Sitzung vom 10. Januar 1895, a. a. O. S. 242.

4) in der nämlichen Sitzung, a. a. O. S. 238.

dern ihn gemeines Recht nenne, dies sei allerdings auch das einzige, was sich aus der Vorlage hübsch anhöre; auch blos praktisch, politisch, dem Abgeordneten Spahn durchaus Recht zu geben ist, wenn er in seiner Rede [5]) hervorhebt, alle Ausführungen, (auch der Minister), können nicht verdecken, dass es sich hier in der That um ein Ausnahmegesetz in demselben Sinne handele, in welchem das Sozialistengesetz es gewesen sei, aber mit einer anderen Fassung: und den Worten des Abgeordneten Lenzmann in seinen sonst vortrefflichen Ausführungen[6]): «..... ein derartiges Gesetz, das ich nicht anders bezeichnen kann, als ein polizeiliches Ausnahmegesetz so ungeheuerlicher Art, wie es dem deutschen Volk bisher noch nie geboten worden ist», bei theoretischer Betrachtung des Charakters der Vorlage nur bezüglich der Wertschätzung beigetreten werden kann. Denn es ist doch zu betonen, dass die thatsächliche Anordnung formeller Art, welche ja für unsere Frage allein massgebend ist, jeden Ausnahmecharakter persönlicher Art streng vermeidet und nur gewöhnliche Bestimmungen allgemeiner Art für die sämtlichen Rechtsunterthanen enthält. So äusserte sich u. a. auch auf das klarste der Reichskanzler bei seiner Besprechung der Vorlage im Reichstag [7]): Zwei Wege hätten sich zur Durchführung des Zwecks der Vorlage geboten, der des Ausnahmegesetzes und derjenige der Verschärfung einzelner Bestimmungen des Strafgesetzbuchs; sachliche Erwägungen hätten zu dem Entschluss geführt, die Reform auf dem Boden des gemeinen Rechts auszuführen; die neuen Vorschriften sollten die betreffenden Handlungen umfassen, von welcher Seite sie auch kommen möchten.

Jene missverständlichen Widersprüche lassen sich wohl dahin erklären, dass eine Verwechslung stattfindet, zwischen dem formellen und einem gewissermassen materiellen Begriff des Ausnahmegesetzes: Ein Gesetz mag insofern Ausnahmezwecke verfolgen, als es nach der gleichsam geheimen

---

5) in der (13.) Sitzung vom 12. Januar 1895, a. a. O. S. 289, (bereits in anderem Zusammenhang erwähnt, cf. vor. § 18, Anm. 9.)

6) in der (88.) Sitzung vom 9. Mai 1895, a. a. O. Bd. III, S. 2165.

7) in der (13.) Sitzung vom 12. Januar 1895, a. a. O. Bd. I, S. 295.

Absicht des Gesetzgebers gegen ganz besondere, persönlich spezialisirte Thäter wirken soll, in Anlehnung an eine eigenartige, bei der Normirung des allgemeinen Strafrechtssystems nicht bekannte oder nicht vorgesehene Zeitströmung, meistens politischer oder sozialer Art. Zu einem echten Ausnahmegesetz wird es indessen erst dadurch, dass es auch formell sich als gegen derartige Spezialtendenzen gerichtet darstellt, dass es so zu sagen Farbe bekennt, und auch in der für seine Anwendung vor allem massgebenden Richtung, in seinem eigenen Wortlaut, seine Beschränkung auf Ausnahmeverhältnisse selbst zum Ausdruck bringt. Gerade die Vergleichung des Sozialistengesetzes und der Umsturzvorlage ist wegen der Uebereinstimmung des inneren Zweckes des Gesetzgebers geeignet, den Unterschied besonders deutlich hervortreten zu lassen und die juristische Natur der letzteren Normirung als eines gewöhnlichen Gesetzes, (Gesetzentwurfs), mag es auch praktisch und nach der Anschauung des gewöhnlichen Lebens als ein — politisches, vielleicht auch soziales — Ausnahmegesetz erscheinen, klar zu legen.

Im übrigen befolgte ja nun bekanntlich der Entwurf auch im einzelnen die Methode strengsten Anschlusses an die bestehenden Bestimmungen des Strafgesetzbuchs, der Art, dass von keinem einzigen eigentlichen neuen Gesetz die Rede sein kann, indem im wesentlichen nur die bestehenden Vorschriften durch Erhöhung der Strafe oder Erweiterung des Thatbestandes, — höchstens durch eine sich sehr eng anschliessende Analogie — verschärft werden sollten. Ausserdem wird stets der viel genannte und berüchtigte «Umsturz der bestehenden Staatsordnung» dermassen in den Vordergrund gerückt, dass speziell auch das Moment des Rechtsfriedens, in den beiden von der Vorlage betroffenen Bestimmungen, welche überhaupt Rechtsfriedensbestimmungen sind, den §§ 126 und 130, auf diesem Gebiet keinerlei Neuerungen erfährt, und nur in dem beabsichtigten zweiten Absatz zu § 130 eine Erweiterung versucht wird. Auch die Begründung des Regierungsentwurfs[8])

---

[8]) Nr. 49 der Sämtlichen Drucksachen des Reichstags, 9. Legislat. per. III. Sess. Bd. I, S. 4 ff.

geht in ihrem kurzen allgemeinen Teil, welcher übrigens im Gegensatz zu den meisten Motiven von Reichsgesetzvorlagen nur als ein höchst unbedeutendes Elaborat bezeichnet werden kann und sich schon eher wie der Leitartikel einer nationalliberalen Zeitung liest, auf den Begriff überhaupt nicht ein.

Diese beiden Bestimmungen bringen nun folgendes:

Im bestehenden § 126 wird nur das Wort «gemeingefährlichen» [Verbrechens] gestrichen; dagegen wird folgender Absatz 2 hinzugefügt:

> «Hat der Thäter in der Absicht gehandelt, auf den gewaltsamen Umsturz der bestehenden Staatsordnung hinzuwirken oder darauf gerichtete Bestrebungen zu fördern, so tritt Zuchthausstrafe bis zu fünf Jahren ein; auch kann auf Zulässigkeit von Polizeiaufsicht erkannt werden.»

Und der bestehende § 130 bleibt überhaupt unverändert, es tritt ihm nur folgender Absatz 2 hinzu:

> «Dieselbe Strafe, [d. h. Geldstrafe bis zu 600 Mark oder Gefängnis bis zu zwei Jahren] trifft denjenigen, welcher in einer den öffentlichen Frieden gefährdenden Weise die Religion, die Monarchie, die Ehe, die Familie oder das Eigentum durch beschimpfende Aeusserungen öffentlich angreift.»

Es wird also zunächst bezüglich § 126 der Thatbestand nur insofern geändert, nämlich erweitert, als den Inhalt der rechtsfriedensstörenden Androhung jedes Verbrechen, nicht blos ein gemeingefährliches, bilden kann. Hiermit wird allerdings ein Umstand beseitigt, der seiner Zeit, (vgl. oben § 11 gegen Ende), als ein grosser Fehler des § 126 in seiner bestehenden Fassung dargelegt worden ist, nämlich die rein schematische Abgrenzung des strafbaren Drohungsinhalts durch den festen Begriff der Gemeingefährlichkeit, die ganz willkürliche Identifizirung der gefährlichen, den öffentlichen Rechtsfrieden zu verletzen geeigneten Drohung, welche der Gesetzgeber offenbar im Auge hatte, mit der auf ein Verbrechen des 27. Abschnitts Reichsstrafgesetzbuchs oder des Sprengstoffgesetzes bezüglichen. Es könnte also eine durch den Fortfall des Wortes «gemeingefährlichen» erfolgende Abänderung nur mit Freuden begrüsst werden, wenn eben jene bestehende Identifizirung blos absolut ein Fehler, bezüglich der Schwere der betreffenden Delictsart zu eng wäre, nicht auch relativ falsch, bezüglich des Charakters des Inhalts überhaupt. Mit anderen Worten: Wenn die Begründung der Vorlage zu § 126, welche übrigens an dieser Stelle den bereits erwähnten auffallenden Fehler begeht, die im «Gesetz gegen den verbrecherischen und gemeingefährlichen Gebrauch von Sprengstoffen» enthaltenen Verbrechen nicht zu den gemeingefährlichen zu zählen, sagt,[9]) es liege kein Grund vor, unter den Verbrechen noch eine Auswahl zu treffen, d. h. nämlich bezüglich des Charakters als gemeingefährlich — in dem durch das Gesetz fixirten Sinn — oder nicht, so ist dem durchaus beizustimmen; ebenso, wenn es weiter heisst: «Soweit sie [die Verbrechen] überhaupt geeignet sind, um, in Form allgemeiner Drohungen angekündigt, die Stimmung der Bevölkerung zu vergewaltigen, so weit muss gegen ihre Verwendung zu solchen Zwecken Vorsorge getroffen werden.» Und andrerseits ist es auch durchaus zutreffend, wenn am Anfang der Ausführungen zu § 126 aufgestellt wird, dass die Einschüchterung und Beunruhigung der Bevölkerung durch das Androhen von Verbrechen in erster Reihe stehe und der sicherste Weg sei, um die Energie der Bevölkerung lahm zu legen, — nämlich rein thatsächlich! Das stillschweigend vorausgesetzte Verbindungsglied zwischen diesen beiden Gedankengängen aber, dass nämlich gerade eine Androhung von Verbrechen – irgend welcher Art, — deshalb auch vornehmlich eine Rechtsfriedensstörung hervorzurufen geeignet sei, ist willkürlich aus der Luft gegriffen und auf keine Art nachweisbar. Es beruht auf dem nicht seltenen Trugschluss, eine erfahrungsgemäss und rein thatsächlich allerdings häufig vorkommende Erscheinung als prinzipiell, als eine ursächlich zusammenhängende Entwickelung aufzufassen.

Somit wird durch den Vorschlag des Entwurfs der ur-

---

[9]) Nr. 49 a. a. O. S. 11.

sprüngliche Fehler, die falsche Identifizirung, nicht beseitigt, sondern nur verschoben. Und diese Verschiebung hat eher noch schlimmere Konsequenzen im Gefolge: denn die Argumentation: Prinzipiell ist nur die Androhung eines Verbrechens geeignet, den öffentlichen Frieden zu verletzen, und es ist daher der überhaupt zu berücksichtigende Drohungsinhalt soweit abzustecken, ist nicht nur prinzipiell ebenso falsch als diejenige: Nur die Androhung eines gemeingefährlichen Verbrechens ist grundsätzlich dazu geeignet; sondern während dieser letztere Standpunkt gewöhnlich der Praxis zu enge Schranken einer Bestrafungsmöglichkeit setzt, lässt jene erweiterte Form der Vorlage vielmehr die Möglichkeit einer viel zu weit gehenden, willkürlichen Anwendung zu, was doch gerade bei der erwähnten hochpolitischen Tendenz der neuen Bestimmungen und ihrer starken Strafverschärfung äusserst bedenklich gewesen wäre. Es muss also, in Praxi, von einem Gesichtspunkt der Vorsicht aus, die ursprüngliche Form des § 126 mit ihrem blos negativen Missstand, der ungenügenden Tragweite, der neu vorgeschlagenen, welche prinzipiell nichts verbessert und nur thatsächlich verschlechtern kann, noch immer vorgezogen werden, gerade auch bei der Betrachtung vom Begriff des Rechtsfriedens aus.

Der zu § 126 vorgeschlagene Zusatz speziell bringt sodann für unsere Frage nichts neues und ist nur sehr typisch für den ganzen Charakter der Vorlage:[10]) Ganz besonders schwerwiegend, und zwar unter einer geradezu exorbitanten Verschärfung des Strafmasses, soll eine Verletzung des öffentlichen Rechtsfriedens der nämlichen Art dann sein, wenn sie in einer umstürzlerischen Absicht erfolgt ist, und dies selbst dann, wie auch die Motive betonen, wenn der Thäter damit nur schon bestehende fremde Umsturzbewegungen zu unterstützen bezweckt. Als hinreichender Grund für eine derartige drakonische Strenge, die dazu noch das Gut des Rechtsfriedens mit einem ihm ganz heterogenen des Staatsinteresses künstlich zusammenleimt, wird bezeichnender Weise ein «Gebot der

---

[10]) Man vgl. die Bemerkungen in Anm. 18 unten.

Selbsterhaltung für den Staat» ausfindig gemacht, mit der merkwürdigen Berufung auf die «gegenwärtigen Verhältnisse, unter welchen es so leicht ist, derartige verbrecherische Bestrebungen von weit entlegenen Orten, vielleicht vom Ausland aus zu leiten». — Aeusserst charakteristisch aber für den ganzen Geist der Vorlage und im Interesse des Begriffs des Rechtsfriedens nicht energisch genug zu bekämpfen ist der Umstand, dass die nachgerade zur fixen Idee gewordene Beziehung auf den gewaltsamen Umsturz dermassen alles andere verdrängt, dass sogar in dem ersten, auf den Abs. 1 § 126, der ja mit einer politischen Tendenz prinzipiell nicht das geringste zu thun hat, bezüglichen Teil der Begründung, und zwar von vornherein, mit der «Vorbereitung oder Förderung von Unternehmungen, die gegen die bestehende Staatsordnung sich richten, ... namentlich auch neuerdings von anarchistischer Seite» und von der «Abhaltung der Bevölkerung davon, die obrigkeitlichen Gewalten bei der Abwehr oder Unterdrückung solcher Unternehmungen zu unterstützen», gewirtschaftet wird. Das unverhohlen in den Vordergrund Rücken derartiger Momente bei der Behandlung eines rein und ausschliesslich den öffentlichen Frieden betreffenden Delicts, welches von Anfang an bestanden hatte ohne überhaupt den leisesten Gedanken an diese plötzlich seinem Thatbestand hinterher künstlich aufgepfropften heterogenen Elemente, ist ein geradezu unverantwortliches Unternehmen, den ohnehin für die wissenschaftliche Betrachtung und die praktische Anwendung schwierigen, die präziseste und vorsichtigste Behandlung erfordernden Begriff des Rechtsfriedens zu verrücken und zu verflüchtigen. — Wie unbrauchbar und gedankenlos diese neue Bestimmung des Abs. 2 auch im einzelnen war, zeigt übrigens auch ein Umstand, auf welchen Oetker hinweist:[11]) Dadurch, dass alle Verbrechen als möglicher Drohungsinhalt einbezogen werden, kann es sich ja in concreto auch um ein solches handeln, auf welches das Gesetz wahlweise Festungshaft setzt. Infolge dessen wäre auf Grund der hochweisen Entwurfsbestimmung leicht

[11]) a. a. O. 8. Februar 1895, III princ.

denkbar, mit Rücksicht auf § 20 Rstgb., dass ein Thäter wegen der blosen Androhung eines Verbrechens, für dessen Begehung er nur mit Festungshaft bestraft würde, mit Gefängnis belegt werden muss!

Der bestehende § 130 sodann sollte nach der Vorlage unverändert bleiben; und zwar heben die Motive hervor,[12]) dass man von einer Erweiterung der Bestimmung durch Beseitigung des einschränkenden Erfordernisses der Aufreizung zu Gewaltthätigkeiten abgesehen habe, obgleich es nicht nur den früheren Gesetzbüchern und auch dem Entwurf zum Reichsstrafgesetzbuch fremd gewesen sei, sondern auch Veranlassung gegeben habe, die Vorschrift vielfach für unzulänglich zu erachten; es folgen sodann die bereits erwähnten ziemlich dürftigen und wenig geschickten Ausführungen über die Zweifel, zu welchen die Anwendung des § 130 in dieser Beziehung Veranlassung gegeben hat. Welche Ausschlag gebende Bedeutung das Vorhandensein jenes Merkmals für die prinzipielle Natur des Rechtsfriedens im § 130, nämlich seine Objektivität, und infolge dessen für die ganze Tragweite der Bestimmung hat, ist früher bei deren Erörterung dargelegt worden. Es ist also hier nur darauf hinzuweisen, dass demnach durch die Regierungsvorlage von 1894 eine Aenderung nicht eingetreten wäre; denn die erwähnten sich anschliessenden Ausführungen der Motive, welche die Bestimmung in einer schärferen Bedeutung auszulegen versuchen, — man vgl. ihre Konklusion: «Wird die Vorschrift so verstanden, dann darf bis auf weiteres erwartet werden, dass sie in ausreichendem Masse die Möglichkeit, zum Schutze der staatlichen Ordnung gegen gemeingefährliche Klassenverhetzungen einzuschreiten, gewährt»; — wären ja, glücklicher Weise, auf keine Art rechtsverbindlich gewesen, gegenüber dem widersprechenden Sinn des Gesetzes selbst. Es ist also hier der früheren Erörterung bezüglich des § 130 weiter nichts hinzuzufügen.

Einige Aufmerksamkeit verdient dagegen der bereits mitgeteilte beabsichtigte zweite Absatz, die gleichwertende Ein-

---

12) Drucksachen Nr. 45 cit. S. 12.

beziehung der durch beschimpfende Aeusserungen öffentlich erfolgenden Angriffe auf die Religion, die Monarchie, die Ehe, die Familie oder das Eigentum, in einer den öffentlichen Frieden gefährdenden Weise.

Eine derartige Normirung war nun keineswegs neu. Abgesehen von älteren deutschen partikularrechtlichen und älteren wie neuen ausländischen Bestimmungen, welche ähnliches enthalten, und von denen die Vorlage verschiedene mitteilt,[13] soll hier nur auf die näher liegenden Versuche hingewiesen werden, welche auf dem Boden des Reichsstrafrechts selbst gemacht worden sind, die übrigens noch dazu die beiden von der Vorlage getrennt gehaltenen Thatbestände des § 130 in einen einzigen Absatz verquicken wollten.

In der Regierungsvorlage zur ausgedehnten Novelle zum Strafgesetzbuch vom 26. Februar 1876 lautete der § 130:[14])

> «Wer in einer den öffentlichen Frieden gefährdenden Weise verschiedene Klassen der Bevölkerung gegen einander öffentlich aufreizt, oder wer in gleicher Weise die Institute der Ehe, der Familie oder des Eigentums öffentlich in Rede oder Schrift angreift, wird mit Gefängnis [!!] bestraft.»

(Die über den früheren und noch jetzigen Thatbestand und Strafsätze hinausgehenden Teile wurden jedoch sodann vom Reichstag vernünftiger Weise wieder gestrichen.)

Und zwar findet sich schon damals in der Motivirung dieser Abänderungen, (a. a. O. S. 38 und 39), ein Hinweis auf «gewisse offenkundige Parteibestrebungen, welche gegen die Grundlagen des gegenwärtigen Kulturzustandes gerichtet sind», (nämlich Ehe, Familie und Eigentum).[15])

---

13) Drucksachen a. a. O. Anlage II, S. 17 f.

14) Drucksachen des Reichstags, 2. Legislat. per. III. Sess., 1875/76, Bd. I. Nr. 54, S. 7.

15) Die weitere Begründung: Der bei der bisherigen Fassung jeweils zu erbringende Beweis bezüglich des Momentes der Gewaltthätigkeiten in concreto sei zu schwierig und mache daher häufig die Bestimmung illusorisch, ist schon früher, (oben § 4), in ihrer prinzipiellen Bedeutung für den § 130 erörtert worden.

Sodann, hiervon bedeutend verschieden, in mancher Beziehung noch weiter gehend, jedoch wenigstens infolge vorsichtiger Verklausulirung und sogar Herabsetzung des früheren, (noch jetzigen), Strafmasses weniger exorbitant, der Vorschlag jener Kommissionsminorität bei Beratung des Sozialistengesetzes von 1878, welche kein Ausnahmegesetz, sondern eine Reform auf dem Boden des allgemeinen Rechts wollte, (cf. vor. § 18), Antrag Hänel u. Gen.:

> «Wer in einer den öffentlichen Frieden gefährdenden Weise, oder wer durch beschimpfende Aeusserungen über die religiösen Ueberzeugungen Anderer, oder über die Einrichtungen der Ehe, der Familie oder des Staates, oder über die Ordnung des Privateigentums die Angehörigen des Staates zu feindseligen Parteiungen gegen einander öffentlich auffordert oder aufreizt, wird mit Geldstrafe bis zu 600 Mark oder mit Gefängnis bis zu Einem Jahre bestraft.»

Es ist oben ausgeführt worden, wie diese ganze, einem Ausnahmegesetz entgegenarbeitende Tendenz nicht zum Durchbruch kam, und mit ihr fiel auch dieser Vorschlag, der dann im Plenum des Reichstags überhaupt nicht mehr zur Sprache kam. —

Es ist nun hier nicht der Ort, auf die Ungeheuerlichkeit des von der Vorlage 1894 vorgeschlageen Abs. 2 § 130 einzugehen, übrigens sind die vielfachen und zum Teil sehr geschickt gegen den Entwurf vorgebrachten Nachweise über die geradezu kulturfeindlichen Folgen, welche die sehr leicht mögliche tendenziöse Anwendung eines solchen Kautschukparagraphen mit sich gebracht hätten, wohl noch in Aller Gedächtnis. Dagegen kommt aus jener Bestimmung speziell folgendes über den Rechtsfrieden in Betracht: Wie es zweifellos ist und schon aus der Tendenz jeder einzelnen Bestimmung der Vorlage hervorgeht, dass ihr Hauptgesichtspunkt auf den Schutz der bestehenden Staats- und Gesellschaftsordnung gegen Umsturzbestrebungen politischer Art gerichtet ist, so lassen auch in Sonderheit bezüglich des neuen Abs. 2 § 130 die Motive (S. 12 u. 13) hierüber keinen Zweifel. Und es ist deutlich erkennbar, dass hier in ganz analoger Weise, wie wir es oben bei dem Sozialistengesetz gesehen haben, wenn auch vielleicht nicht so krass hervortretend, der Begriff der Rechtsfriedensverletzung, (-gefährdung), gewissermassen nur als schützendes Mäntelchen einer reaktionär politischen Bestimmung umgehängt werden sollte. An sich, begrifflich hat der Rechtsfrieden mit dem wahren Angriffsobjekt und der Richtung der Bestimmung gar nichts zu thun, und hieran sollte auch offenbar durch seine Aufnahme als Thatbestandsmerkmal nichts geändert werden, vielmehr nur ein sonst doch gar zu bedenklich aussehendes Gesetz, so zu sagen durch Ablenkung der Aufmerksamkeit von der jeden Unbefangenen sofort stutzig machenden Tendenz leichter durchgedrückt werden, vielleicht auch wenigstens Bedenken, die sogar dem Verfasser der Vorlage selbst gekommen waren, durch Bindung der Anwendbarkeit an ein weiteres Merkmal gehoben werden, wobei faute de mieux der als Verlegenheitsbegriff empfundene öffentliche Frieden den Lückenbüsser abgeben musste.[16]) Der Schluss der Begründung scheint fast dies direkt andeuten zu wollen, wenn nach längerer Motivirung des angeblichen Schutzbedürfnisses von Monarchie, Religion, Ehe, Familie und Eigentum gegen die umstürzlerischen Zeitströmungen ganz unvermittelt hinzugefügt wird: «Die Fassung des § 130 wird die Gefahr einer missbräuchlichen Anwendung ausschliessen. Strafbar soll nur sein, wer die fraglichen Einrichtungen in einer, den öffentlichen Frieden gefährdenden Weise durch beschimpfende Aeusserungen öffentlich angreift».

---

16) Ein eigentümliches Seitenstück hierzu bildet neuerdings der § 3 des Gesetzes über die Presse für Elsass-Lothringen, vom 8. August 1898, welcher vom Feilbieten im Umherziehen ausschliesst «Druckschriften, welche in einer den öffentlichen Frieden gefährdenden Weise die Grundlagen der bestehenden Staatsordnung angreifen». Der gleiche, im Text soeben hervorgehobene Irrtum würde hier dazu führen, diese Vorschrift — als angebliche echte Rechtsfriedensbestimmung — als eine gesetzliche Analogie zu der früher besprochenen über die den vom Hausirhandel ausdrücklich ausgeschlossenen Sachen assimilirbaren «anderen Gegenständen und Leistungen», in der Blanketbestimmung des § 56b Abs. 2 Gew. O. aufzufassen!

Es ist somit nicht einmal weit genug gegangen, wenn Oetker[17]) gegen die beabsichtigte Bestimmung ausführt, es seien in ihr «disparate Dinge vereinigt, das Requisit der Friedensgefährdung passe nur zum Teil darauf», und unterscheiden will: Angriffe auf die Monarchie und das Eigentum seien allerdings geeignet, die Gefahr des Friedensbruchs zu ergeben, — was in concreto, unter Umständen, auch Niemand leugnen wird! — Herabwürdigung von Religion, Ehe und Familie übten dagegen nur einen indirekten, unterminirenden Einfluss aus, durch das Bestreben, die Fundamente der bestehenden Staats- und Gesellschaftsordnung allmählich zu lockern und so den Umsturz, «den grossen Rechts- und Friedensbruch der Zukunft» vorzubereiten; eine nachweisbare konkrete Gefahr für den öffentlichen Frieden werde damit nur selten verbunden sein. (Es folgt sodann eine eingehende Erörterung darüber, wie die beabsichtigte Bestimmung durch andere besser ersetzt werden könnte, so namentlich auf Grund des § 166, dessen Interpretation m. E. allerdings nicht beizutreten ist, ebenso wenig wie den einzelnen Versuchen, in der Tendenz des Abs. 2 § 130 einiges brauchbare herauszufinden; im übrigen wird Charakter und Art des letzteren gebührend abgefertigt.)

In Wahrheit liegt das Verhältnis so, dass eine Unterscheidung jener Art gänzlich unbegründet ist, vielmehr Angriffe auf die Monarchie und das Eigentum begrifflich ebenso wenig mit dem Gut des Rechtsfriedens zu thun haben, als solche auf die Religion, die Ehe oder die Familie, allerdings die einen wie die andern vielleicht häufig Rechtsfriedensstörungen, — nicht nur -gefährdungen! — enthalten werden, dann aber, genau genommen, stets nur accidentell, rein thatsächlich, in ganz identischer Weise aber nicht-prinzipiell, nicht begrifflich, worauf es doch hier allein ankommt. Dann wären schliesslich noch die Motive zum Regierungsentwurf vorzuziehen, welche wenigstens ohne Umschweife den wahren Grund zu der Aufstellung gerade dieser Angriffsobjekte nennen, nämlich das politische Staatsinteresse an der bestehenden Gesellschafts-

---

17) a. a. O. III. S. 6, und IV. (Beilage 9. Februar 1895).

ordnung, und wo ganz offen z. B. bezüglich der Monarchie der (jedenfalls preussische) Verfasser mit grosser Liebenswürdigkeit gegen die drei republikanischen Bundesstaaten von der «monarchischen Idee, ohne welche eine gedeihliche Entwickelung unserer Zustände nicht gedacht werden kann», spricht.

Es kann übrigens, um auch diesen Punkt nicht unerwähnt zu lassen, der im vorgeschlagenen zweiten Absatz genannte öffentliche Frieden, im Gegensatz zu dem in Abs. 1, wohl nur der subjektive, das öffentliche Rechtsfriedensbewusstsein sein. Es scheint dies mit Sicherheit einmal daraus hervorzugehen, dass nicht von der Aufreizung zu Gewaltthätigkeiten die Rede ist, — man vgl. die frühere eingehende Erörterung der Ausschlag gebenden Bedeutung dieses Momentes, — sodann aber daraus, dass nur allgemein von einem Angriff auf gewisse Rechtsinstitute die Rede ist, und zwar von solchen durch das Mittel der «beschimpfenden Aeusserungen», von welchen ungefähr das gleiche zu sagen ist, wie früher bei Gelegenheit des § 126 Rstgb. über das Mittel der Drohung, dass nämlich die Wirkungen desselben begrifflich in erster Linie stets nur intellektuell sein, das Bewusstsein treffen können, — dass als Folgeerscheinung hiervon sehr leicht eine verletzende Beeinflussung des objektiven Friedenszustandes eintreten kann, kommt ja hierbei nicht in Betracht.

Der Vollständigkeit halber seien schliesslich noch die beiden Nebenumstände erwähnt, dass nach art. II der Vorlage den Thatbeständen, wegen welcher im Falle der Begehung durch den Inhalt einer Druckschrift auf Grund des § 23 Z. 3 des Gesetzes über die Presse eine Beschlagnahme ohne richterliche Anordnung, (aber mit den beschränkenden Kautelen der §§ 24 ff.), verhängt werden kann, u. a., (der § 130 natürlich in seiner neuen Doppelfassung), auch der des § 126 hinzutreten sollte, und zwar ohne die bisherige weit gehende Einschränkung speziell bei § 130; sowie dass durch art. III der geltende § 42 Mil. Str. G. B. vom 20. Juni 1872 dahin erweitert werden sollte, dass ein besonderes Verfahren des Militärgerichts zur Entscheidung darüber, ob auf Dienstentlassung oder auf Degradation zu erkennen sei, auch angeordnet werden könne, wenn gegen eine Person des Beurlaubtenstandes während der Beurlaubung wegen einer in dem Rstgb. Teil II, Abschn. 6 oder Abschn. 7 vorgesehenen strafbaren Handlungen auf Gefängnis von mehr als sechs Wochen erkannt worden ist.

Letztere Bemerkungen jedoch nur nebenbei. Jedenfalls haben wir es, und das ist für uns hier die Hauptsache, also auch in dem beabsichtigten Abs. 2 zu § 130, trotz dessen Wortlauts und wenn er auch andrerseits keineswegs, wie das Sozialistengesetz, ein Ausnahmegesetz ist, nicht mit einer echten, prinzipiellen Rechtsfriedensbestimmung zu thun, wie sie die vorliegende Untersuchung allein interessirt[18]); und somit würde,

---

[18]) Sehr interessant und bezeichnend für den wahren Charakter der Bestimmung ist der Umstand, wie sehr stets bei ihrer Erörterung, wie derjenigen der ganzen «Umsturz»vorlage, der Schwerpunkt ganz auf die beabsichtigte Bekämpfung der — kurz gesagt, — sozialdemokratischen Bewegung gelegt wurde, und fast ausschliesslich der politische Charakter des Gesetzes, die Richtung gegen die staats- und gesellschaftsfeindlichen Tendenzen hervorgehoben wurde. Abgesehen von dem schon eingangs, zur Entstehungsgeschichte der Vorlage, angeführten, sei hier noch auf folgendes hingewiesen: Nur ganz vereinzelt findet sich, wie z. B. in der langen Rede des preussischen Ministers des Inneren in der (12.) Reichstagssitzung vom 11. Januar 1895, (Stenogr. Ber. a. a. O. S. 270), eine Berührung der von der Bestimmung erforderten Thatbestandsmerkmale, zumal der Gefährdung des öffentlichen Friedens. Sonst ist durchweg sogar das Wort «Rechtsfrieden» äusserst selten zu finden. Diese Erscheinung lässt sich deutlich durch die verschiedenen Stadien des Entwurfs verfolgen: Das häufige energische Hinmalen des «Roten Gespenstes» in den Motiven, (cf. insbesondere S. 11—13 das.), ist bereits mehrfach erwähnt worden. Sodann hiess es in der Thronrede, (vom 5. Dezember 1894, zur Eröffnung der Reichstagssession 1894/95, Stenogr. Ber. a. a. O. S. 1 extr., 2): «Soll aber dieses Bestreben, [durch Milderung der wirtschaftlichen und sozialen Gegensätze das Gefühl der Zufriedenheit und Zusammengehörigkeit im Volke zu erhalten und zu fördern], in seinem Erfolge gesichert werden, so erscheint es geboten, dem verderblichen Gebahren derjenigen wirksamer als bisher entgegen zu treten, welche die Staatsgewalt in der Erfüllung ihrer Pflicht zu stören versuchen. Die Erfahrung hat gelehrt, dass die bestehende Gesetzgebung nicht die erforderlichen Handhaben hierzu bietet. Die verbündeten Regierungen erachten deshalb eine

auch wenn es das Verhängnis gewollt hätte, dass die Bestimmung geltendes Recht werde, sich dadurch ebenso wenig etwas an der Stellungnahme des geltenden Reichsstrafrechts zu dem Gut des Rechtsfriedens, und an dem kritischen Resultat unserer Untersuchung hierüber ändern, als es z. B. für den Rechtszustand der Zeit von 1878 bis 1890 wegen der Herrschaft des Sozialistengesetzes der Fall ist.

Dagegen haben beide Normirungen, das letztgenannte Gesetz wie die Umsturzvorlage, für unsere Untersuchung grosse Bedeutung auf einem anderen Gebiet, und es ist dies auch der Grund, weshalb sie nicht bereits im Allgemeinen Teil, bei

---

Ergänzung unseres gemeinen Rechts für geboten. Es wird Ihnen unverzüglich ein Gesetzentwurf vorgelegt werden, welcher vornehmlich durch Erweiterung der geltenden Strafvorschriften den Schutz der Staatsordnung verstärken will.»

Bei der Diskussion im Reichstag selbst verlas sodann, in noch ungleich deutlicherer Stellungnahme als die oben zur Frage bezüglich des Charakters des Entwurfs als Ausnahmegesetz oder nicht, zitirten Ausführungen verschiedener Abgeordneter und Minister, der Abgeordnete v. Kardorff in der (87.) Sitzung vom 8. Mai 1895, (Stenogr. Ber. a. a. O. Bd. III S. 2152), folgende schriftliche Erklärung namens seiner Partei: «Die Deutsche Reichspartei hat als den eigentlichen Zweck der dem Reichstag unter N° 49 der Drucksachen zugegangenen Gesetzesvorlage den Schutz der bürgerlichen Gesellschaft gegen die auf den Umsturz der bestehenden Staats- und Gesellschaftsordnung gerichteten Bestrebungen der sozialdemokratischen Partei angesehen.»

Die zum Teil wilden Expektorationen der sozialdemokratischen Redner gar, deren unendliche Menge hier nicht erst durch Beispiele illustrirt zu werden brauchen, kamen aus der ausschliesslichen Betonung dieser Tendenz überhaupt nicht heraus und sahen auch in den neuen §§ 126 und 130 nur die gegen sie gerichteten politischen Vernichtungsbestrebungen.

Sogar in der juristischen Litteratur findet sich allgemein die überwiegende Betonung dieser Seite, wobei die Beachtung nicht etwa blos der einzelnen Thatbestandsmerkmale, sondern auch der angeblichen Rolle des Rechtsfriedens als Angriffsobjekt völlig in den Hintergrund gedrängt wird. — Kurz, es ist zweifellos, dass an keiner der massgebenden Stellen auch nur einen Augenblick der wahre Charakter unserer Bestimmungen verkannt, und sie etwa als gewöhnliche Rechtsfriedensschutzgesetze, was sie doch angeblich sein wollten, angesehen worden sind.

der Zusammenstellung der positiven Rechtsfriedensbestimmungen, nämlich, (oben § 5—7), als nicht dazu gehörig, besprochen worden sind:

Beide Bestimmungen sind, wie schon in den zuletzt gemachten Ausführungen wiederholt angedeutet, sehr interessant und lehrreich de lege ferenda, und zwar hauptsächlich in Betreff zweier alsbald zu nennender Gesichtspunkte; also bezüglich der Frage, wie die Materie der Rechtsfriedensverletzungen am besten zu regeln ist, und insbesondere, wie auf dem Boden des geltenden Reichsstrafrechts die, wie sich aus der ganzen bisherigen Untersuchung zweifellos ergibt, durchaus notwendige Reform oder vielmehr völlige Neuschaffung der betreffenden Normen sich zu gestalten haben wird. Es sollen die hierüber anzustellenden Erörterungen und die praktischen Verbesserungsvorschläge nunmehr den letzten Teil dieser Abhandlung bilden.

Anhang.

Das Problem des Rechtsfriedensschutzes de lege ferenda.

§ 20.

A. Die hauptsächlichsten theoretischen Gesichtspunkte.

Bevor ein letzter Teil unserer Aufgabe, die Betrachtung des Gutes des Rechtsfriedens in legislatorischer Beziehung, insbesondere in den im obigen mehrfach angedeuteten Richtungen, in Angriff genommen wird, sei hier vorerst zur Richtigstellung ein Umstand betont, welcher schon im Vorwort hervorgehoben wurde, und auf den es dem Verfasser wesentlich ankommt: Hauptzweck der vorliegenden Abhandlung war eine möglichst vollständige Untersuchung einmal über das Gut des Rechtsfriedens und seine Verletzungen, die Rechtsfriedensdelicte, in abstracto und prinzipiell; sodann über ihre Behandlung im geltenden Reichsstrafrecht; beides rein dogmatisch. Und ferner zugleich eine kritische Beleuchtung der Resultate dieser letzten Untersuchung, hauptsächlich auf der Grundlage der ersteren, der sich aus den verschiedenen Seiten des Rechtsfriedensbegriffs und der Rechtsfriedensverletzung ergebenden Postulate. — Wenn nun, anstatt mit dem dargelegten negativen Ergebnis abzuschliessen, im weiteren noch anhangsweise versucht werden soll, wenigstens in den bedeutendsten Zügen auszuführen, wie wohl die nötige Reform auf diesem Gebiet sich etwa zu gestalten haben würde, so sei vorweg ein doppeltes wohl bemerkt: Einmal, dass der Verfasser sich wohl bewusst ist, dass eine nach allen Seiten hin völlig befriedigende Lösung der legislatorischen Aufgabe gerade auf diesem Gebiet zu den schwierigsten gesetzgeberischen Aufgaben überhaupt gehört; es zeigt dies einerseits, praktisch, die Erfahrung der bisherigen wenigstens teilweisen Versuche, und die sehr bedenklichen Abwege, auf welche ein Gesetz gerät, welches es z. B. auch nur im geringsten an der nötigen Bestimmtheit, Bindung an feste Merkmale, fehlen lässt und dadurch zur Kautschukbestimmung wird; und ausserdem, theoretisch zeigt es auch die Betrachtung der schwierigen und ausserordentlich empfindlichen, weil sich zum guten Teil auf intellektuellem Gebiet bewegenden Rechtsmaterie, deren Bestimmbarkeit durch einzelne Thatbestandsmerkmale auf das sorgfältigste erwogen werden muss, um nicht entweder in eine ganz enge und daher für die gewöhnlichen allgemeinen Fälle unbrauchbare casuistische Normirung zu verfallen, oder aber andrerseits eine solche Bestimmung zu schaffen, welche durch Missbrauch, wegen ihrer Unbestimmtheit, ein bedenkliches allzeit gefügiges Werkzeug im Dienst irgend welcher zeitweiliger Tendenzen und Strömungen allgemeiner Art wird, zum Allerweltsparagraphen, ähnlich wie es die Grobe Unfugsbestimmung lange Zeit gewesen ist und zum Teil noch ist.

Und zweitens sei nochmals betont, dass der Verfasser auf Grund dieser ganz besonderen Schwierigkeiten, welche die Lösung der Aufgabe einigermassen vollständig nur bedeutender theoretischer Wissenschaftlichkeit, wie insbesondere gründlicher praktischer Erfahrung gelingen lassen könnten, das folgende nur als einen keineswegs massgebenden Versuch zu dieser Lösung betrachtet und berücksichtigt wissen will, vielmehr den Schwerpunkt seiner Erwägungen in die vorhin erwähnten dogmatischen und kritischen Untersuchungen gelegt hat. —

Beginnen wir nunmehr die Ueberlegung bei jenen beiden Gesichtspunkten, welche die Betrachtung des Sozialistengesetzes und der Umsturzvorlage für unsere Frage ergibt. Sie liefern zunächst in negativer Beziehung einen wichtigen Doppelgrundsatz: Sorgfältig zu vermeiden ist für eine gesetzgeberische

Regelung der Materie des Rechtsfriedens einmal die Abhängigkeit derselben von irgend einer anderen Materie, die Verquickung mit anderen Rechtsgütern: die Behandlung des Rechtsfriedensschutzes verträgt keine Pertinenzqualität, sie muss eine vollkommen unabhängige und selbständige sein. Und sodann muss, was im Grunde als Spezialerscheinung mit dem ersteren Erfordernis zusammenhängt, das Gut des Rechtsfriedens streng juristisch und als reiner Begriff gefasst werden, ohne jede Beeinflussung der gesetzgeberischen Stellungnahme durch irgend welche vorübergehende besondere Zeittendenzen, zumal politische, sozialpolitische und dergleichen Elemente, also ohne Beeinflussung durch ein Interesse des Staates, d. h., — da ja prinzipiell natürlich jedes Delict gegen das Staatsinteresse im weiteren Sinn verstösst, — durch ein spezielles Interesse der Staatsautorität im engeren Sinn: die Behandlung des Rechtsfriedensschutzes verträgt insbesondere auch kein, in diesem Sinn, opportunistisches Element.

Ein dritter, mehr praktischer Gesichtspunkt, welcher sich hauptsächlich an den soeben genannten zweiten anschliesst, dass es nämlich auch nicht genügt, wenn es der Gesetzgeber direkt vermeidet, die Rechtsfriedensschutzbestimmungen durch seine Art der Normirung unter die Einwirkung solcher heterogener Elemente zu stellen, sondern dass er auch indirekt nicht durch eine zwar begrifflich reine, aber zu weite Fassung der Thatbestände die Möglichkeit zulassen darf, dass bei der praktischen Handhabung des Gesetzes durch die Rechtsprechung und namentlich die administrativ abhängige Anklagebehörde hinterher einer solchen tendenziösen Anwendung der gekennzeichneten Art Raum verstattet wird: also das Postulat genügender Bestimmtheit und Konkretisirung der Thatbestände durch Bindung an gewisse eigentümliche Momente, soll alsbald besprochen werden, da es sich auch noch aus anderen Umständen ergibt, nämlich den Schwierigkeiten aus der Natur eines so empfindlichen und speziellen Begriffs, wie es der Rechtsfrieden ist.

Die theoretischen Fehler und zum Teil auch die praktischen Unzulänglichkeiten, zu welchen die Nichtbeachtung jener beiden Punkte führt, ist wohl durch die eingehende Erörterung der beiden in Frage stehenden Gesetze, welche gerade zu diesem Zweck länger ausgedehnt wurde, bereits zur Genüge illustrirt worden. Es wird daher hier im folgenden gleich des näheren an die positive Regelung herangetreten werden können.

Gemäss der im ersten Teil unserer Untersuchung entwickelten abstrakten Begriffe des Rechtsfriedens wurden als notwendige Schutzobjekte einer richtigen Normirung dargelegt der private und öffentliche objektive Rechtsfriedenszustand und das private und öffentliche subjektive Rechtsfriedensbewusstsein. Somit würde sich prinzipiell die Regelung der gesamten Materie durch die Aufstellung von vier Hauptstrafbestimmungen erledigen, mit den kurzen Thatbeständen:

Wer den Rechtsfriedenszustand eines Anderen stört, (verletzt, gefährdet, angreift u. s. w.), ...

Wer den öffentlichen Rechtsfriedenszustand stört, ...

Wer das Rechtsfriedensbewusstsein eines Anderen stört, . . .

Wer das öffentliche Rechtsfriedensbewusstsein stört, ...

Auf diese Weise würde also die nähere Bestimmung unseres Begriffs der Rechtswissenschaft und der Rechtsprechung überlassen bleiben. Allein hier greifen die früher erwähnten besonderen Schwierigkeiten unserer Materie Platz, die Eigenartigkeit und Empfindlichkeit des Rechtsfriedens und, als sich hieraus ergebende Konsequenz, das Erforderniss genügender Bestimmtheit der bezüglichen Normirungen. Allerdings machen sich diese Schwierigkeiten bei der einen Seite der Materie, dem objektiven Rechtsfrieden, nicht so sehr geltend. Denn wir haben es dabei mit einem festen, konkreten Verhältnis, einem äusserlich feststellbaren Zustand zu thun, wie dies auch sonst vielfach im geltenden Strafrecht der Fall ist, man denke z. B. an den — hier vielleicht am nächsten liegenden — Zustand der öffentlichen Sicherheit in § 366 Z. 10 Rstgb. und an verschiedenen Stellen der sogenannten Nebengesetze, den «willenlosen oder bewusstlosen Zustand» in § 176 Z. 2 und 177 Abs. 2 Rstgb., u. dgl. m. — Ganz anders liegt die Sache dagegen auf der subjektiven Seite, dem Rechtsfriedensbewusstsein. An sich schon bietet jedes auf rein intellektuellem Gebiet gelegene Rechtsgut, dessen Verletzung also als ein reines factum internum in die Erscheinung tritt, der Kriminalisirung Schwierigkeiten, zumal wenn zum Thatbestand verlangt wird, dass eine solche interne Verletzung, welche ja nicht kontrolirbar ist, bei einem Rechtssubjekt wirklich stattgefunden hat, und der Gesetzgeber sich nicht damit begnügt, auf dem Wege einer unwiderleglichen praesumptio juris et de jure die Erfüllung des ursprünglich und prinzipiell jeweils in concreto nachzuweisenden internen Vorgangs in das Vorhandensein gewisser äusserlicher oder noch nachträglich von Dritten nach eigenem Empfinden feststellbarer Momente zu verlegen, wie dies z. B. in der zweiten Alternative des § 166 für den beabsichtigten Schutz der Pietät, Verehrung u. dgl. der Angehörigen einer christlichen Kirche u. s. w. bezüglich den Einrichtungen und Gebräuchen ihrer Religion geschehen ist. Für jenen anderen Delictscharakter ist namentlich typisch die «Erregung öffentlichen Aergernisses», (in den §§ 166, erste Alternative, 183, 184, 360 Z. 13), und die Erfahrung lehrt, wie häufig es grosse Schwierigkeiten macht, wenn z. B. ein Angetrunkener nachts auf einsamer Strasse in etwas ungenirter Weise ein Bedürfnis befriedigt hat, einen anderen, klassischeren hierdurch Verletzten aufzutreiben, als den eifrigen Schutzmann, der am Schlusse seines Protokolls «nicht verfehlt hat, gehorsamst das vorschriftsmässige Aergernis zu nehmen».

Es braucht wohl kaum weiter darauf eingegangen zu werden, wie sehr viel schwieriger eine konkrete und gleichmässige Feststellung der Verletzung in solchen Fällen rein intellektueller Angriffsobjekte ist, wie sehr hier alles von höchstpersönlichen, bei jedem einzelnen Individuum leicht grundverschiedenen Momenten subjektiven Empfindens abhängt, welch letzteres wieder direkt von der Denkungsweise des Betreffenden auf politischem, sozialem, religiösem u. s. w. Gebiet bedingt wird, dem Einzelnen sogar vielfach unbewusst. Die berühmte Aufforderung, den letzten Fürsten an den Därmen des letzten Pfaffen aufzuhängen, wird in den Augen eines als Zeuge vernommenen orthodoxen Geheimen Rates die denkbar schwerste Rechtsfriedensverletzung sein, während ein überzeugter Sozialdemokrat ebenso bestimmt beschwören wird, keine Spur einer solchen Verletzung empfunden zu haben, selbst wenn beide in ganz gleichem Grade *non vani homines* und durchaus ehrliche Leute sind.

Aus diesem ohne weiteres in die Augen springenden Umstand ergibt sich also einmal schon für unsere Materie, dass niemals davon die Rede sein kann, beim subjektiven Rechtsfriedensbewusstsein die Schutzbestimmungen auf die Erfüllung blos rein interner Vorgänge als Thatbestandsmerkmale in concreto abzustellen, ihre Anwendbarkeit von der ganz arbiträren Bekundung irgend welcher Zeugen abhängig zu machen, sie hätten sich in ihrem Rechtsfriedensbewusstsein verletzt gefühlt. Es hiesse dies einen Kautschukparagraphen schlimmster Sorte schaffen, ein höchst gefährliches Werkzeug namentlich politischer Stimmungen und Leidenschaften, und noch im besten Fall wäre die vom Abgeordneten Fries bei der Reichstagsberatung über das Vergehen der Bedrohung nach § 241 Rstgb. [1]) erhobene Warnung vor einer zu weiten Fassung des Thatbestandes berechtigt, «wenn blos mit allgemeinen Redensarten die Gemütlichkeit, — was hier mit »öffentlicher Frieden« bezeichnet wird, — gestört wird».

Das nächst liegende wäre nun jedenfalls, die Fassung der Bestimmungen so einzurichten, dass die internen Thatbestandsmerkmale einer unparteiisch, auf Grund normaler Lebensanschauungen, des allgemein *common sense* des vernünftigen Menschen vorzunehmenden Prüfung gewisser Voraussetzungen unterlägen, d. h. also, dass sie dem freien richterlichen Ermessen anheim gestellt würden. Und es ist ja zweifellos, dass eine gesunde Praxis in solcher Beziehung schon vielfach das richtige getroffen und vernünftige, mit der Zeit fest bestimmte Begriffe gezeitigt hat; es sei nur an den hier nahe liegenden des zivilrechtlichen *metus justus* erinnert. Diese Methode mag z. B. auch beim strafrechtlichen Begriff der «un-

---

[1]) Bei der II. Lesung des Strafgesetzbuchs, in der (25.) Reichstagssitzung vom 21. März 1870, Stenogr. Ber. des Reichstags des Nordd. Bundes, I. Leg. lat. per. Sess. 1870, Bd. I, S. 438.

züchtigen» Handlungen, Schriften, Abbildungen u. s. w. ein gutes Resultat erzielt haben.[2]) Allein hier kommt sofort wieder die ganz besondere Empfindlichkeit eines Rechtsgutes wie speziell des unsrigen in Betracht: Der Begriff der Unzüchtigkeit wird von gebildeten und lebenserfahrenen, ohne Prüderie anständig denkenden und auch moralisch unabhängigen und unbefangenen Männern, — eine Qualifikation, welche der Allgemeinheit des Richterstandes doch wohl Niemand wird absprechen wollen, — ohne Mühe in einer im grossen und ganzen übereinstimmenden Weise innerhalb enger Grenzen festgelegt werden, wie auch die praktische Erfahrung zeigt. Geht man jedoch einen Schritt weiter, z. B. zu dem bereits erwähnten Begriff der Gotteslästerung, so liegt hier die Sache schon schwieriger: Zwar scheint es, als ob es, namentlich bei dem absichtlich spezialisirten Thatbestand -- «durch beschimpfende Aeusserungen Gott lästert» — und dem anerkannten gesetzgeberischen Gedanken, nicht etwa der Gottheit einen strafrechtlichen Schutz angedeihen zu lassen, sondern das religiöse Gefühl, den persönlichen Gottesbegriff des einzelnen Betroffenen, sein Verhältnis der Verehrung, des Vertrauens zu seinem Gott vor einer rohen Beleidigung zu schützen, bei auch nur einigermassen taktvollen und einsichtigen Beurteilern keine Schwierigkeiten machen könnte, das richtige Mass zur Prüfung eines konkreten Thatbestandes zu finden, ohne dass ihre eigene

---

2) Und doch sind auch hier grosse Schwierigkeiten zu überwinden, wie die zahlreichen, bis jetzt gescheiterten Versuche, eine Einigung der gesetzgebenden Faktoren über gewisse Reformen im 13. Abschnitt Rstgb. herbeizuführen, (lex Heinze), beweisen, speziell die vielen Schwankungen und Gegensätze bei Aufstellung von Begriffen, wie «die Absicht, das Scham- und Sittlichkeitsgefühl zu verletzen», «gröbliche Verletzung des Scham- [und Sittlichkeits]gefühls», «Anstandsgefühl», «geeignet, die geschlechtliche Lüsternheit zu erregen», Dinge, (Schriften u. s. w.) «welche ohne unzüchtig zu sein, das Schamgefühl gröblich verletzen», u. dgl. m., sowie insbesondere die so lebhaft geäusserten und zum Teil sehr einleuchtenden und glaubhaft belegten Befürchtungen unpassender und unberechenbarer Handhabung eines etwaigen «Theaterparagraphen» 184b, oder schon des blosen Begriffs der Unzüchtigkeit bei Schaustellungen u. ähnl.

Anschauung über religiöse Dinge nicht nur nicht von Einfluss sein könnte, sondern dabei überhaupt nicht in Betracht käme. Und doch lehrt die Unsicherheit der Entscheidungen in solchen Fällen, die Schwankungen in der Anwenduug der Bestimmung und die daraus hervorgehende Abneigung der Praxis, es, wenn die Sache nicht gar zu grob liegt, auch nur auf einen Versuch der Verfolgung ankommen zu lassen, wie sehr schon in dieser Frage die höchst persönliche, rein private religiöse oder nichtreligiöse Denkungsart der zur Beurteilung berufenen von entscheidendem Einfluss ist, wenn auch, dies mag ohne weiteres zugegeben werden, in sehr zahlreichen Fällen den Einzelnen unbewusst.

Und nun bedenke man erst die Lage auf dem Gebiet des Rechtsfriedensbewusstseins, wo es sich um ein ungleich unbestimmteres, weil sehr zahlreiche Richtungen umfassendes Rechtsgut handelt, indem ja der Rechtsfrieden, das Gefühl des Geschütztseins im Recht, in den gebührenden rechtlichen Verhältnissen, eben auf jedem Gebiet, wo solche Rechte oder Verhältnisse bestehen, also kurz gesagt in jeder Lebenssphäre in Betracht kommen. Es ist ja bereits im ersten Teil unserer Untersuchung, bezüglich der abstrakten Begriffe, ausgeführt worden, wie im modernen Rechtsstaat das ganze Dasein des Menschen in privater wie öffentlicher Beziehung, auch da wo sich seine Bethätigung nicht als Ausübung subjektiver Rechte im juristischen Sinn auffassen lässt, vollständig unter der Herrschaft der Rechtsordnung, eines jeweiligen speziellen Rechtsverhältnisses steht. Es käme also infolgedessen dem einfachen uneingeschränkten Begriff «Störung des Rechtsfriedens» ein ungeheures Anwendungsgebiet zu, und die oben erwähnten Schwierigkeiten für die Rechtsprechung bei Störungen religiöser Gefühle würden sich hier, namentlich auf dem politischen und sozialen Gebiet, wo die Gegensätze und wechselnden Parteileidenschaften noch ganz anders auf einander platzen, und wo besonders in viel rascherem Wechsel der Zeitströmungen der Einzelne ungleich heftiger mit in das Parteitreiben hereingezogen wird, noch ganz ausserordentlich häufen. Mag man auch jedes ungerechtfertigte Misstrauen gegen einen Richter entschieden zurückweisen, es darf doch bei aller Hochachtung vor der oft erprobten Unparteilichkeit und Selbständigkeit des Standes nicht übersehen werden, dass auch der einzelne Richter nicht, wie ein Priester eines unabänderlichen, in sich selbst erstarrten Rechts, über seiner Zeit steht und stehen kann, sondern fast mit Naturnotwendigkeit ein Kind seiner Zeit und in mancher Beziehung ein Produkt seines namentlich sozialen *Milieus* ist. Ins praktische übersetzt, für unsere Frage: Heute wird ein Richter einer ihn ganz unbeschränkt lassenden gesetzlichen Bestimmung gegenüber geneigt sein, bewusst oder unbewusst, Thatbestände unter den Begriff der Rechtsfriedensbewusstseinsverletzungen zu subsumiren, an welche ein ebenso unparteiischer und umsichtiger Richter vor fünfzig oder auch nur zwanzig Jahren in diesem Zusammenhang kaum gedacht haben würde, und nach wiederum zwanzig Jahren kaum denken würde. Man wende auch nicht ein, dass die Bildung und zumal die spezielle juristische Erziehung, welche zu einer rein objektiven, jedes nicht juristische Moment bei der Beurteilung eines Verhältnisses ausschliessenden Denkungsweise führt, den Erfolg haben muss, jede Befangenheit und Einseitigkeit der bezeichneten Art auszuschliessen, und dass man doch gewohnt ist, dem richterlichen Ermessen in einer Unmenge von Fragen delikatester Art mit vollstem Vertrauen die gänzliche Souveränetät zuzuerkennen: Gerade auf dem hier interessirenden Gebiet sind die allgemeinen Begriffe derartig empfindlicher Natur, dass auch ein an unabhängiger Individualität und Charakterfestigkeit über dem Durchschnitt Stehender unbewusst von all den Einwirkungen, und mögen es auch nur Imponderabilien sein, welche sein bereits erwähntes Milieu ausmachen, beeinflusst werden wird; man denke nur wieder an die mehrfach erwähnten heute so akut gewordenen Strömungen auf sozialem Gebiet. Mag man selbst die Bemerkung des Abgeordneten Planck[3]) in der Reichstagsdebatte etwas pessimistisch finden, der sogar bezüglich des immerhin noch

---

[3]) In der erwähnten Sitzung, zu § 130 Rstgb., a. a. O. (cf. Anm. 1) S. 440.

anderweitig detaillirten und an spezielle Merkmale gebundenen § 130 Rstgb. fürchtete, dass schon, wenn nicht, wie es dann auch unter Beifall auf seine Rede geschah, (Antrag Fries). durch Abänderung des ursprünglichen Begriffs «Feindseligkeiten» in «Gewaltthätigkeiten», ein «klarer Ausdruck in das Gesetz hineinkäme, es in der That dann heisse, den Thatbestand dieses Verbrechens abhängig zu machen — nicht etwa von der Diskretion, dem Ermessen, sondern ich möchte sagen, von dem Temperament des Richters», immerhin wird man soviel wenigstens zugeben müssen, dass eine ganz uneingeschränkte Bestimmung, welche dem richterlichen Ermessen vollkommen freien Lauf liesse, in unserer Rechtsmaterie einen geradezu verhängnisvollen zweiten Allerweltsparagraphen des groben Unfugs schlimmste Sorte schaffen würde, der bei der notwendig schärferen Strafsanktion noch viel bedenklicher werden würde, als der leider schon ausgebildete. Es wird doch wohl ein diesbezüglicher Schluss a fortiori von diesem § 360 Z. 11 in seiner im vorigen etwas näher beleuchteten Anwendung auf dem Gebiet des Rechtsfriedens sehr berechtigt sein. Und hierzu käme noch der weitere Umstand, dass, selbst einen sehr massvollen und richtigen Gebrauch durch die Rechtsprechung vorausgesetzt, der administrativ abhängigen Anklagebehörde speziell in politischer Beziehung ein sehr gefügiges Werkzeug in die Hand gegeben würde: Wenn dann auch in vielen derartigen Fällen schliesslich durch den Richter Freisprechung einträte, so wäre doch jeder Vertreter irgendwie missliebiger Tendenzen stets vorhergehenden langwierigen Verfolgungen und schweren Unannehmlichkeiten und Schädigungen ausgesetzt.

Es wird also, auch ohne weiter in Detailpunkte einzugehen, wohl keinem Zweifel unterliegen können, dass von einer ganz weit gefassten Bestimmung, welche blos den Begriff der Störung des Rechtsfriedensbewusstseins aufstellen wollte, ebenso wenig die Rede sein kann, als von einer solchen, welche die Erfüllung aller Thatbestandsmerkmale in unkontrolirbare rein interne Vorgänge bei irgend einem Betroffenen verlegen würde.

Es bleibt somit für eine brauchbare Regelung nur der eine bereits früher mehrfach angedeutete Weg offen, fest bestimmte, an konkrete Thatbestandsmerkmale gebundene Normirungen aufzustellen, welche das nötige Gegengewicht gegen die infolge des intellektuellen Charakters des Schutzobjektes naturgemäss begrifflich vorhandenen und unvermeidlichen rein internen Thatbestandsmerkmale bilden.

Andrerseits muss natürlich auch verhütet werden, dass man etwa, durch Uebertreibung dieser Methode in eine zu grosse Spezialisirung verfällt, welche durch kasuistische Einschränkungen schliesslich das Anwendungsgebiet der betreffenden Bestimmungen derart einengt, dass zahlreiche begrifflich durchaus geeignete Fälle wegen eines ganz accidentellen Umstandes nicht subsumirt werden können, wie dies früher bei Erörterung einzelner Rechtsfriedensdelicte des geltenden Rechts mehrfach gezeigt worden ist. Und ganz besonders ist davor zu warnen, in dem Streben nach grösserer Bestimmtheit des Thatbestandes Merkmale in denselben zu legen, welche begrifflich mit dem Delict gar nichts zu thun haben, und höchstens vielleicht erfahrungsgemäss in den meisten prinzipiellen Fällen eben auch, thatsächlich, zutreffen werden. Es wird hier hauptsächlich an das oben eingehender betonte Merkmal der gemeingefährlichen Verbrechen im Thatbestand des § 241 gedacht. Dieser Punkt hängt übrigens auch wieder mit dem erwähnten einen Hauptgrundsatz zusammen, dass die Regelung unserer Materie in durchaus reiner Weise, ohne Hereinspielenlassen, wie heterogener Angriffsobjekte, so auch heterogener Elemente überhaupt, vorgenommen werden muss.

Hiernach ist die Aufgabe, namentlich bezüglich des subjektiven Rechtsfriedens die, eine Zusammenstellung von Einzelmerkmalen zu finden, welche den ganzen Inhalt des Begriffs vollständig zur Darstellung bringen, ohne jedoch darüber hinausgehend die Subsumirung weiterer Momente zu verursachen oder doch zu ermöglichen; und sodann sind die allen diesen Einzelmerkmalen entsprechenden Verletzungshandlungen in praktische Ausdrücke umzusetzen. Zugleich müssen aber diese praktischen Ausdrücke, besonders wieder bei der subjektiven Seite der Materie, sorgfältig so gewählt werden, dass die darunter subsumirbaren Störungshandlungen nicht ganz geringfügiger Art sind. Denn wie bei der Kriminalisirung jedes rein intellektuellen und schwer zu konkretisirenden Schutzobjektes überhaupt das *minima non curat praetor* eine gewisse Rolle spielt, man denke nur an den Begriff der Beleidigung, so muss insbesondere hier gefordert werden, dass nur rechtserhebliche Angriffe auf den Rechtsfrieden, unter Anlehnung an den bereits mehrfach erwähnten Begriff des *nec vanus homo,* Berücksichtigung finden, um nicht die notwendiger Weise verhältnismässig schweren Strafdrohungen auch dann eintreten zu lassen, *si quis meticulosus rem nullam frustra timuerit.* Hierzu kommt dann noch in gleichem Zusammenhang ein weiteres Moment, welches trotz seiner Selbstverständlichkeit vielfach von Gesetzen zu ihrem Schaden ausser Acht gelassen worden ist, nämlich die stets relative Natur eines Angriffs auf den Rechtsfrieden, d. h. die Abhängigkeit von den Zeitumständen und namentlich den persönlichen Eigenschaften des Angreifenden und des Angegriffenen. Auf diese Umstände ist ebenfalls schon bei Gelegenheit einzelner Delicte hingewiesen worden, so dass eine nähere Erörterung an dieser Stelle überflüssig erscheint, und die demnächst unter den praktischen Vorschlägen gebrachten hierauf bezüglichen Thatbestandsmerkmale wohl ohne weiteres einleuchten werden.

Dagegen bedarf noch ein wichtiger Punkt näheren Eingehens. Von allen in der früheren Untersuchung gerügten Mängeln des geltenden Rechts ist stets am meisten betont worden derjenige einer erschöpfenden zusammenhängenden und in sich abgeschlossenen Regelung der ganzen Materie. Das Postulat einer solchen, und namentlich die enge Zusammengehörigkeit der Begriffe des objektiven Rechtsfriedenszustandes und des subjektiven Rechtsfriedensbewusstseins ergab sich bereits aus den ersten Ausführungen über die Grundprinzipien. Im übrigen ist es jedenfalls am zweckmässigsten für eine gesetzliche Normirung, mit der objektiven Seite als der konkreteren und leichter zu begrenzenden und festzulegenden zu beginnen und auf ihr dann die schwierigere und weniger einfach zu fassende subjektive Seite aufzubauen. Es ist auch über die erstere im unmittelbar vorhergehenden deshalb weniger bemerkt worden, weil sie bei ihrem ungleich weniger empfindlichen Charakter viel geringere Schwierigkeiten bietet und nach all dem früher bemerkten kaum Anlass zu Zweifeln über die Fassung der betreffenden Bestimmungen bieten dürfte. Auch die Frage nach dem Zusammenhang beider Seiten und infolgedessen auch demjenigen sie behandelnder Gesetzesbestimmungen erledigt sich zunächst durch das Resultat der im ersten Teil angestellten Untersuchung: In Praxi hängen beide Seiten so eng zusammen, dass thatsächlich durch eine Verletzung der einen regelmässig auch die andere in Mitleidenschaft gezogen werden wird, namentlich eine Störung des Rechtsfriedenszustandes eine solche des Rechtsfriedensbewusstseins fast immer mit sich bringen wird; prinzipell jedoch, begrifflich, ist ein solcher Zusammenhang nicht gegeben, und auf diese interne Selbständigkeit kommt es für eine systematische gesetzliche Regelung allein an. Ins praktische übersetzt bedeutet dies, dass von einer Abhängigkeit unter den Bestimmungen, namentlich des Thatbestandes der Bewusstseinsverletzung von demjenigen der Zustandsverletzung, etwa durch blos abändernde, ergänzende Bezugnahme, nicht die Rede sein kann, vielmehr von dem Erfordernis einer ganz selbständigen Neuregelung des zweiten Thatbestandes ausgegangen werden muss.

Allein hier entsteht bei näherem Zusehen eine Schwierigkeit: Es ist im bisherigen absichtlich die Frage offen gelassen worden, inwieweit de lege ferenda neben der vollendeten Verletzung des — objektiven und subjektiven — Rechtsfriedens auch noch der Versuch einer solchen, sowie andrerseits etwa auch die blose Gefährdung des Gutes zu berücksichtigen ist. Der Standpunkt des geltenden Rechts ist ja insofern recht eigentümlich, und beweist aufs neue die darin herrschende Systemlosigkeit, als die immerhin weitgehendste, prinzipiellste unter den Bestimmungen über den objektiven Rechtsfriedenszustand, der § 130 Rstgb., nur eine Gefährdung desselben normirt, nicht die rationeller Weise doch in erster Linie in Betracht kommende Verletzung. Nun wird man in dieser Frage de lege ferenda wohl zu unterscheiden haben: Bei dem objektiven Rechtsfriedenszustand ist jedenfalls sowohl ein

Versuch der Verletzung, als auch, man denke namentlich an den öffentlichen Frieden, schon eine Gefährdung strafrechtlich relevant, wobei allerdings der Thatbestand sorgfältig so abzustellen sein wird, dass hier wenigstens die berüchtigte Verirrung des — sogenannten — Versuchs mit ganz untauglichen Mitteln nicht Raum gewinnen kann, da dies sonst praktisch, im Erfolg, dem Fehler nicht genügender Bestimmtheit des Thatbestandes überhaupt und namentlich des Mangels der Berücksichtigung relativer Momente, der Zeitumstände u. s. w. ganz gleich kommen würde. Dagegen dürfte es doch wohl zu weit gegangen sein, auch den blosen Versuch, das Gefühl der Rechtssicherheit, mag es sogar dasjenige der Oeffentlichkeit sein, zu verletzen, oder gar die blose Herbeiführung einer Gefahr einer solchen Verletzung unter Strafe zu stellen. Diese verschiedene Behandlung der beiden Seiten des Rechtsfriedens, (über die sich ja vielleicht vom Standpunkt praktischer Zweckmässigkeit aus streiten liesse), findet m. E. ihre Rechtfertigung in dem soeben bereits des näheren ausgeführten eigenartigen Charakter des subjektiven Rechtsfriedens, insbesondere als eines sehr empfindlichen, weil nur schwer konkretisirbaren Begriffs, der daher schon bei Fällen vollendeter Verletzung, einer kontrolirenden Feststellung der internen Thatbestandsmerkmale grosse Schwierigkeiten macht, ganz abgesehen davon, dass bei Delicten mit rein intellektuellem Angriffsobjekt der Versuch überhaupt praktisch kaum von Bedeutung ist, man denke an die Bestrafung einer blos versuchten Beleidigung, Gotteslästerung, Aergerniserregung u. dgl.?!

Ein weiterer Unterschied erscheint sogar innerhalb der objektiven Seite selbst noch dahin angezeigt, dass die Gefährdung nur bei dem öffentlichen Rechtsfriedenszustand unter Strafe zu stellen sein wird, indem ein so weitgehender Schutz wohl nur bei dem höchst gewerteten der vier Teile am Platze ist. Denn auch der objektive Rechtsfriedenszustand des Einzelnen ist keine hinreichend schwere Verletzung, als dass nicht die Strafbarkeit äussersten Falls noch einer geeigneten Versuchshandlung genügte. Eine noch entferntere Einwirkungshandlung zuzulassen, würde doch die Gefahr chikanösen Missbrauchs nahe legen, namentlich einem wahren Querulantentum angeblich Verletzter Thür und Thor öffnen.

Was nun gerade jene Spezialfälle des Versuchs der Verletzung des Rechtsfriedenszustandes, sowie seiner Gefährdung angeht, so entsteht hier, im Anschluss an einen bereits erörterten Punkt, noch die folgende wichtige Frage: Besteht nicht vielleicht, trotz der dargelegten begrifflichen gegenseitigen Unabhängigkeit der objektiven und subjektiven Seite unserer Materie, schon auf Grund des hervorgehobenen thatsächlichen, praktischen Zusammenhangs ein derartiger, sagen wir Uebergang von der einen zur anderen, der sich etwa dahin äussern würde, dass in diesen Versuchs- und Gefährdungshandlungen, namentlich in den letzteren, — immer rein thatsächlich betrachtet, — eine Art besonders ausgezeichneter Spezialfälle von Verletzungen des entsprechenden subjektiven Rechtsfriedensbewusstseins zu finden wäre? Liegen nicht vielleicht, um aus dem geltenden Recht zu exemplifiziren, sehr zahlreiche Delicte gegen § 130 Rstgb., also Gefährdungsdelicte gegen den objektiven Rechtsfriedenszustand so, dass sie vor allem auch begrifflich die Thatbestandsmerkmale einer etwa bestehenden allgemeinen Schutzbestimmung des subjektiven Rechtsfriedensbewusstseins erfüllen würden? Das Normale, Ursprüngliche, bei einer jeden strafrechtlich relevanten Handlung ist doch stets die vollendete Handlung selbst, nicht die rücksichtlich eines anderen Rechtsgutes etwa darin enthaltene Versuchs- oder Gefährdungsthätigkeit. Es wird doch wohl Niemand vorschlagen wollen, z. B. aus den verschiedenen Arten qualifizirter Körperverletzungen nach § 223a Rstgb. den Fall: «mittels einer das Leben gefährdenden Behandlung» auszuscheiden und dafür den gleichen Thatbestand in etwas veränderter Fassung in dem entsprechenden anderen Zusammenhang des Systems, nämlich im 16. Abschnitt, unter den Verbrechen und Vergehen wider das Leben, als Gefährdungsdelict einzureihen. Und speziell bei der mehrfach erwähnten vielfachen praktischen Abhängigkeit des subjektiven vom objektiven Rechtsfrieden scheint der Versuch der Verletzung und namentlich die Gefährdung des letzteren, als ein so zu sagen abgeschwächtes Friedenszustandsdelict eine natürliche Ueberleitung zu den — in diesem rein thatsächlichen, aber sehr häufigen Verhältnis — noch mehr abgeschwächten, weil der vollendeten Verletzung des objektiven Rechtsfriedens noch ferner stehenden Vergehen gegen das Rechtsfriedensbewusstsein zu bilden. Gedacht wird hierbei an die etwaige Möglichkeit und Zweckmässigkeit, die letzteren Delicte in direkter Bezugnahme auf diejenigen gegen den objektiven Rechtsfrieden zu normiren, namentlich auf die Gefährdungshandlungen bezüglich des letzteren, so zwar, dass diese als der typische Fall der Störungen des öffentlichen Rechtsfriedensbewusstseins aufgefasst werden, wodurch also das hauptsächlichste über die subjektive Seite schon in den Normirungen über die objektive vorweg genommen und erledigt wäre, und nur noch eine allgemeine subsidiäre Rechtsfriedensbewusstseinsbestimmung nötig wäre, etwa in der Form: Wer ausser den Fällen des § ... [Gefährdung des öffentlichen objektiven Rechtsfriedens], u. s. w. [nämlich: eine Verletzung des subjektiven Rechtsfriedens begeht.] Denn es besteht ja vom Standpunkt des Gesetzgebers aus keineswegs die Notwendigkeit, zu schliesslichen Normen des positiven Rechts in irgend einer Materie die betreffenden theoretischen Begriffe genau so zu sondern, wie die abstrakten Grundprinzipien sie ergeben, ohne Rücksicht auf praktische etwa abweichende Zweckmässigkeitsmomente in der Anordnung des Stoffes, vorausgesetzt natürlich, dass dadurch keine der Bestimmungen in eine schiefe Lage kommt, und namentlich nicht etwa infolge dessen aus den durch die Vergleichung der Bestimmungen unter dem Standpunkt gegenseitiger Ergänzung und Zusammengehörigkeit für die Interpretation des gemeinschaftlichen Hauptbegriffes gewonnenen Argumenten dieser letztere alterirt, gefälscht wird.

Es ist dieser Punkt, wenn auch nicht der schwierigste, so doch vielleicht der unsicherste unter den auf die Anordnung des Stoffes in unserer Materie bezüglichen, weil wir es hier vielfach mit einem Ineinander- und Uebergreifen von Thatbeständen, namentlich der Grenzfälle, zu thun haben. Das zweckmässigste ist nun m. E. doch, eine derartig weitgehende Verknüpfung der Verletzung des öffentlichen subjektiven mit der Gefährdung des öffentlichen objektiven Rechtsfriedens, wobei die letztere als der typische und bei weitem hauptsächlichste Fall der ersteren aufgefasst wurde, angesichts der prinzipiellen Selbständigkeit der beiden Seiten des Rechtsfriedensbegriffs zu vermeiden, als zu Missverständnissen und Verdunkelung der subjektiven Seite leicht Veranlassung gebend.

Dagegen könnte man ja nun noch auf folgenden Gedanken kommen: Die objektive Seite unserer Materie ist zweifellos die bedeutsamere, Verletzungen des Rechtsfriedenszustandes schwerer zu werten, als solche des Rechtsfriedensbewusstseins. Wenn also eine Delictshandlung gegen beide Rechtsgüter gerichtet ist, in Idealkonkurrenz, so ist es ein prinzipielles Erfordernis, dass die Bestimmung bezüglich des objektiven Rechtsfriedenszustandes Platz greift. Im Falle nun, wo die Handlung bezüglich dieser objektiven Seite nur eine Gefährdung ist, auf der subjektiven dagegen eine vollendete Verletzung des Rechtsfriedensbewustseins, eine Kombination, die in Praxi besonders häufig eintreten wird, würde wohl nach allgemeinen Rechtsgrundsätzen keine Idealkonkurrenz angenommen werden, da, wie bereits angedeutet, bei dem Zusammentreffen von Gefährdung eines Rechtsgutes und Verletzung eines anderen, die der letzteren entsprechende Bestimmung, als lex specialis, zur Anwendung zu kommen hat. Infolgedessen müsste dann Vorsichts halber, um stets in solchen Fällen das obige Ziel, die Anwendung der den objektiven Rechtsfriedenszustand betreffenden Bestimmung zu erreichen, die Rechtsprechung durch eine besondere Clausel darauf hingewiesen werden, z. B. durch ein Anschliessen der Bestimmung über das öffentliche Rechtsfriedensbewusstsein an diejenige über die Gefährdung des öffentlichen Rechtsfriedenszustandes, etwa in der Fassung: «abgesehen von dem Fall des § ... [das Gefährdungsdelict]», oder «falls nicht § ... Anwendung findet».

Allein es greift hier ein anderes, allerdings rein praktisches Moment ein: Wie das demnächst aufzustellende System der einzelnen Bestimmungen zeigen wird, muss zweifellos für die vollendete Störung des öffentlichen subjektiven Rechtsfriedens ein viel schwereres Strafmass angesetzt werden, als für die blose Gefährdung des entsprechenden objektiven. Das erwähnte prinzipielle Wertverhältnis von objektiver und subjektiver Seite, an sich, wird hier umgekehrt, infolge desjenigen zwischen vollendetem Verletzungs- und blosem Gefährdungsdelict. Dass ein solches Ueberwiegen dieses letzteren Verhältnisses über das andere gerechtfertigt und unumgänglich ist, wird aus der Vergleichung der beiden Bestimmungen und ihrer Strafdrohungen ohne weiteres hervorgehen.

Nun hätten wir aber infolge der soeben erwähnten aus prinzipiellen Erwägungen hervorgehenden ausschliessenden Clausel folgendes absurde Resultat: Wenn der Thäter das öffentliche Rechtsfriedensbewusstsein der Art verletzt, dass er zugleich noch eine Gefahr für den öffentlichen Rechtsfriedenszustand herbeiführt, so wäre er d e s h a l b auf Grund einer bedeutend milderen Strafdrohung zu bestrafen, weil dann seine Handlung aus prinzipiellen Gründen nur unter dem Gesichtspunkt ihrer Richtung gegen den Rechtsfriedenszustand zu fassen wäre! — Selbstverständlich muss daher von der Durchführung jenes Gedankens eines durchgängigen Vorranges der Delicte gegen den objektiven Rechtsfrieden, und infolgedessen auch von der erwähnten anschliessenden Fassung desjenigen gegen den öffentlichen subjektiven Rechtsfrieden abgesehen werden. Es werden sich also jene Fälle des Zusammentreffens von Störung und Gefährdung derartig gestalten, dass das Vorliegen beider Delicte festgestellt wird, jedoch nach den Grundsätzen der Idealkonkurrenz nur die — strengere — Bestimmung über Verletzung des öffentlichen subjektiven Rechtsfriedensbewusstseins zur Anwendung kommt.

Der andere im ersten Teil unserer Untersuchung erwähnte thatsächliche Zusammenhang dagegen, dass in den allermeisten Fällen eine vollendete Verletzung des Rechtsfriedenszustandes auch eine solche des Rechtsfriedensbewusstseins mit sich bringt, bedarf bezüglich der Bestimmungen in keiner Richtung besonderer Berücksichtigung, da hier schon nach den gewöhnlichen Grundsätzen über Konkurrenz, die auf den objektiven Rechtsfriedenszustand bezügliche Bestimmung einzutreten hat, wie es auch den praktischen Bedürfnissen entspricht.

Im obigen sind wohl die wichtigsten für das Zustandekommen einer geeigneten gesetzlichen Regelung zu berücksichtigenden Grundsätze allgemeiner Art wenigstens berührt worden. Das weitere ist einem Versuch zweckmässigster Gestaltung der verschiedenen Einzelpunkte zu überlassen und wird noch im nunmehr folgenden jeweils, soweit notwendig, seine Begründung finden.

B. Vorschläge zur praktischen Normirung.

§ 21.

1. Der objektive Rechtsfriedenszustand.

Die hier vorgeschlagene Regelung der gesamten Rechtsfriedensmaterie soll in fünf Bestimmungen erfolgen, von denen je eine die Verletzung des Einzel- und des öffentlichen Rechtsfriedens der beiden Richtungen betrifft, während die fünfte, zwischengeschobene, von der blosen Gefährdung des öffentlichen Rechtsfriedenszustandes handelt.

Was zunächst die objektive Seite angeht, so muss hier in erster Linie darauf ausgegangen werden, das Angriffsobjekt, nämlich die Freiheit des Einzelnen in der Ausübung und dem Genuss der ihm von der Rechtsordnung zuerteilten Rechte und garantirten Rechtsverhältnisse, also ein überaus weites Gebiet auf dem des Rechts überhaupt, so bestimmt zum Ausdruck zu bringen, dass die unter Strafsanktion gestellten Rechtshandlungen die nötige Einschränkung erhalten, um nicht eine missbräuchliche, auf alle möglichen Thatbestände anwendbare vage und allgemeine Bestimmung abzugeben.

Hierzu erscheint in Praxi zweierlei nötig: Einmal, dass objektiv nicht jede Verletzung des von der Rechtsordnung garantirten Bestandes an Rechtsgütern einbegriffen wird, weil dies nicht nur alle sonstigen Delicte mit konkretem Angriffsobjekt, wie Totschlag, Diebstahl, Sachbeschädigung u. s. w. u. s. w. umfassen würde, sondern auch in sehr bedenklicher Weise eine unberechenbare Anzahl von Fällen einbezogen werden würden, welche vom Gesetzgeber absichtlich von der Strafverfolgung ausgeschlossen und dem Civilrecht überlassen worden sind, man denke z. B. an die Fälle des *furtum possessionis* und *furtum usus*. Es muss vielmehr das Hauptgewicht auf den prinzipiellen Begriff des Rechtsfriedens, das heisst den von der Rechtsordnung anerkannten Zustand der äusserlichen, gewissermassen physischen Ungestörtheit in dem Genusse der zuerkannten Rechtssphäre gelegt werden, mithin als das wichtigste Handlungsmerkmal der dem Frieden entsprechende negative, widersprechende Begriff betont werden. In erster Linie ist dies derjenige der Gewaltthätigkeit, über welche später noch eine kurze Bemerkung zu machen sein wird. Allerdings dieser nicht allein, da ja sonst fast nur solche Fälle betroffen würden, die schon unter die Bestimmung über Nötigung, nach § 240 Rstgb., fallen würden. Es müssen vielmehr solche Fälle gleichgestellt werden, in welchen ohne Anwendung direkter Gewalt von dem Thäter in jenen Zustand störend eingegriffen wird. Jedoch erscheint es geboten, zum Zweck der nötigen Präzision doch eine feste Grenze zu ziehen durch das Erfordernis materieller, körperlicher Einwirkung des Thäters auf Personen oder Sachen, und zwar einer unmittelbaren. Ausserdem aber wäre es wohl gefährlich, eine solche Einwirkung auf dem Verletzten fremde Personen, und namentlich Gegenstände, insbesondere solche des Thäters selbst, mit einzubegreifen, da alsdann wieder eine ausserordentliche Tragweite gegeben sein würde. Vielmehr erscheint es notwendig, einen insofern qualifizirten Eingriff in die Rechtssphäre des Verletzten zu erfordern, als es auch Personen und Sachen sein müssen, welche unter der Verfügungsgewalt des Verletzten selbst stehen. (Bezüglich der Personen denke man hauptsächlich an dessen Ehegatten, Kinder, Pfleglinge u. dgl.) Ausserdem sei noch bemerkt, dass unter den Begriff eines störenden Eingriffs nicht nur die vollständige Verhinderung an der Ausübung des Rechtes oder dem Genuss der rechtlichen Befugnis zu fassen ist, sondern auch die wesentliche Beeinträchtigung derselben, da diese in dem störenden Effekt gegenüber unserm Gut des Rechtsfriedenszustandes gleich zu werten ist, und die Wirkung der Bestimmung sonst in dieser Beziehung leicht durch den Einwand illusorisch gemacht werden könnte, dass eine absolute Unmöglichkeit der Ausübung oder des Genusses trotz des Angriffs des Thäters nicht vorgelegen hätte.

Und sodann zweitens erscheint auf der subjektiven Thatseite das Erfordernis des blosen Vorsatzes, zumal wenn man, wie es hier geschieht, von der strengeren Bewusstseinstheorie ausgeht, nicht hinreichend; es ist vielmehr eher das verstärkte der Böswilligkeit aufzustellen, welches auf eine bestimmte Absicht bei dem Thäter hinweist, *animus malitiae, damni injuria dandi,* nämlich das Motiv verwerflicher Schädigung des Verletzten, Schadenszufügung aus Freude am Schaden. Der Begriff ist ja dem geltenden Recht nicht unbekannt, cf. § 134, 135 Rstgb.

Bemerkt sei übrigens noch, dass durch jene Beziehung auf die, kurz ausgedrückt, von der Rechtsordnung garantirte Rechtssphäre die ausdrückliche Hervorhebung des Merkmals der Rechtswidrigkeit der Handlung als bereits enthalten überflüssig wird, da ja — begrifflich — in solchen Fällen, in welchen der Thäter ein Recht zum Eingriff in die Sphäre des Anderen hätte, z. B. auf Grund von Strafbefugnissen irgend welcher Art, eben von einer Verletzung zuerkannter Rechtsverhältnisse nicht mehr die Rede sein kann, soweit es übrigens dann nicht schon an der erforderlichen Böswilligkeit fehlt.

Hiernach wird für diese erste Bestimmung folgender Thatbestand vorgeschlagen:

> «Wer böswillig einen Anderen durch Gewaltthätigkeit oder andere unmittelbare thätliche Einwirkung auf Personen oder Sachen, über welche dieser eine Verfügungsmacht hat, verhindert, ein ihm zustehendes Recht auszuüben, oder eine ihm von der Rechtsordnung gewährleistete Befugnis zu geniessen, oder ihn bei dieser Ausübung oder diesem Genusse wesentlich stört.».

Als Strafe erscheint wohl alternative Gefängnis- und Geldstrafe im Höchstbetrag von zwei Jahren bezw. sechs hundert Mark angemessen,[1]) für leichtere Fälle mag an Stelle der Gefängnisstrafe Haftstrafe, also bis zur Dauer von sechs Wochen, nachgelassen werden. — Ein schärferes Strafmass oder gar Strafart aufzustellen, wegen der leicht denkbaren schwereren Fälle von Vergewaltigung erscheint, mit Rücksicht auf § 73 Rstgb., deshalb unangebracht, weil dann regelmässig andere Bestimmungen eingreifen werden, so namentlich diejenigen über Freiheitsberaubung und die verschiedenen Fälle der Körperverletzung oder gar Tötung. Andrerseits ist wegen des häufigen Vorkommens von leichten Fällen mit geringem Erfolg jedenfalls die Möglichkeit der niedrigsten Strafmasse vorzubehalten.

Nebenstrafen wären hier wohl ganz unangebracht, ausser der selbstverständlichen und ganz allgemeinen der Einziehung nach § 40 Rstgb., für den Fall des Gebrauchs von Werkzeugen u. s. w.

Was sodann den Versuch angeht, so ist hier, wie bereits angedeutet, grosse Vorsicht nötig, damit nicht auf diesem Wege mit der bereits erwähnten Benutzung der verhängnisvollen Lehre vom untauglichen Versuch, hinterher doch wieder

---

1) Es sei hier, zugleich auch für die folgenden Bestimmungen, bemerkt, dass die üblichen Sätze der Geldstrafe im Reichsstrafgesetzbuch, von 300, 600, 900 (oder 1000) Mark in der schwankenden Proportion zu ½, 1, 2, 3 Jahren Gefängnis übernommen werden, zwecks adaequater Einreihung der Bestimmungen in das Gesetz, obgleich m. E. jene Beträge überhaupt viel zu niedrig angesetzt sind. Die geradezu unverständliche Geringfügigkeit der Geldstrafen im Gesetzbuch durchweg, auch im Verhältnis zu denjenigen anderer Staaten, ist ja auch durch eine immer steigende Erhöhung in neueren Einzelstrafgesetzen glücklicher Weise erkannt und möglichst verbessert worden. — Ein ähnlicher Misstand, der sich auch gerade auf unserem Gebiet fühlbar macht, ist, dass das Reichsstrafgesetzbuch, ebenfalls im Gegensatz zu den meisten, namentlich neueren Strafgesetzen, aber auch z. B. schon dem französischen *Code pénal* 1810, bei der Geldstrafe nicht, wie sonst, verschieden hohe Mindestmasse aufstellt, sondern es unter allen Umständen und ohne Rücksicht auf die so verschiedenen Höchstmasse, bei dem in manchen Fällen geradezu lächerlichen konstanten Minimum in thesi, von 3 bezw. 1 Mark belässt.

eine gefährliche Kautschukbestimmung entsteht. Es ist vielleicht hiergegen, für diesen Einzelfall, eine Anlehnung an die ehemalige Doktrin vom *délit manqué* im Gegensatz zur blosen *tentative* insofern brauchbar, dass der Versuch, indem zugleich nur die schwerere Alternative der Anwendung wirklicher Gewalt berücksichtigt wird, dann für strafbar erklärt wird,

«wenn eine vollendete Gewaltthätigkeit der bezeichneten Art vorliegt».

Im übrigen dürfte der Begriff der Gewalt, welcher vom Gesetz bereits so häufig verwendet wird, man denke für unsere Fälle namentlich an die §§ 52 ff., jedenfalls in Theorie und Praxis so feststehen, dass die Abgrenzung von den anderen Einwirkungshandlungen in concreto nicht zu berechtigten Zweifeln Veranlassung geben würde.

Es folgt sodann der öffentliche Rechtsfriedenszustand. Hierbei ist, abgesehen von den erwähnten allgemeinen Grundsätzen, vorerst folgendes festzuhalten, und zwar insbesondere auch unter Zurückgreifen auf bei der allgemeinen Begriffsentwickelung in § 2 oben gebrachte Gesichtspunkte: Das neue Moment der Oeffentlichkeit kommt hier, nach der vorigen Bestimmung in so weit in Betracht, als damit besondere, spezifische Merkmale auf dem Gebiet des Rechtsfriedenszustandes verbunden sind. Es kommt ja hier darauf an, nicht etwa einfach im Anschluss an den soeben erörterten Schutz des Rechtsfriedenszustandes des Einzelrechtssubjekts die gleichen Gesichtspunkte für eine grössere Anzahl von Subjekten, in dieser Weise die Allgemeinheit, anzuwenden; solche, begrifflich nicht neue Fälle würden sich einfach als Summirung von Delicten der ersteren Art darstellen, und auch bezüglich ihrer erhöhten praktischen Würdigung dürfte, falls nicht auch die Voraussetzungen der Kumulation nach § 74 Rstgb. vorlägen, die Weite des Strafmasses genügen. Sondern es kommt vielmehr an auf das begriffliche Novum, den qualitativen Unterschied, der erst entsteht, wenn auf die Eigenart der Oeffentlichkeit, die spezifischen Postulate des Rechtsfriedenszustandes der Allgemeinheit als solcher der Schwerpunkt gelegt wird, indem die Schutzbestimmung auf die früher des breiteren erörterteten begrifflichen Momente des öffentlichen Rechtsfriedenszustandes abgestellt werden.

Gegenüber dem soeben besprochenen Schutz des privaten, Einzelrechtsfriedenszustandes, an welchen sich nunmehr die zweite Bestimmung, über die öffentliche Seite, äusserlich anreiht, muss also besonders betont werden, auch zwecks Vermeidung missverständlicher Annahmen eines inneren Zusammenhangs oder organischer Begründung der folgenden Bestimmung auf die eben konstruirte, dass, wie bereits bei jener früheren Gelegenheit ausgeführt worden ist, von einer entsprechenden Uebertragung weder der ersten, noch auch, streng genommen, der zweiten Alternative dieser unserer ersten Bestimmung die Rede sein kann: Denn nicht nur subjektive Rechte einer Oeffentlichkeit wären eine juristische wie auch schon rein logische Unmöglichkeit, da ja gerade der Begriff der — unpersönlichen — Oeffentlichkeit eine Negirung jeder, etwa korporativen, Organisation zu einem Rechtssubjekt ist; sondern desgleichen auch von dem Genuss einer dieser Oeffentlichkeit gewährleisteten Befugnis, Rechtsverhältnisses, kann genau genommen aus entsprechenden Gründen nicht geredet werden. Allerdings führt nun aber dieser letztere Gedankengang zum richtigen Standpunkt: Es wird, — unter Verschiebung des Angriffsobjekts, wie dies ebenfalls schon oben ausgeführt worden ist, — das in Wahrheit vorhandene rechtlich relevante Bethätigungsgebiet der Allgemeinheit, Oeffentlichkeit zum Gegenstand der besonderen Schutzbestimmung zu machen sein, die spezifische Signatur des öffentlichen Rechtsfriedens, welche bei der allgemeinen Begriffsentwickelung erörtert worden ist.

Es handelt sich also für uns darum, die Verletzung der im öffentlichen Verkehr unter den Rechtsunterthanen notwendigen internen Ruhe, die Rechtssicherheit in diesem Sinn, in dem Thatbestand mit genügender Umgrenzung und Präzision zum Ausdruck zu bringen. Dabei kann vielleicht eine Anlehnung an einen Gedanken des geltenden Rechts insofern stattfinden, als der Thatbestand des § 130 Rstgb. das auch hier, bei der öffentlichen Seite, sehr brauchbare Merkmal der Gewaltthätigkeiten enthält, als einer notwendigen Erscheinungsform der strafbaren Rechtsfriedensverletzung. Zwar erfordert ja begrifflich eine Störung auch des öffentlichen Rechtsfriedenszustandes dieses Merkmal keineswegs, stattgefundene Gewaltthätigkeiten werden sogar nur als schwerster Fall derselben aufzufassen sein; indessen erscheint es notwendig, um der Gefahr einer vagen Verallgemeinerung durch Verflüchtigung des spezifischen Thatbestandes zu entgehen, dieses Merkmal der Gewaltthätigkeiten doch zu Grunde zu legen, und darüber hinaus nur solche Merkmale zuzulassen, die sich eng daran anschliessen. Dass nur Vorgänge in Betracht kommen können, welche sich äusserlich feststellbar abspielen, ist selbstverständlich, aus der Natur des objektiven Rechtsfriedenszustandes. Im übrigen muss in Gegensatz zu § 130 Rstgb., einmal, da es sich um die Aufstellung eines vollendeten Störungs= und keines blosen Gefährdungsdelictes handelt, das thatsächliche Vorliegen der Gewaltthätigkeiten bezw. gleich zu stellender Vorgänge verlangt werden, sodann aber insbesondere von einem Element abgesehen werden, auf dessen beeinträchtigende Wirkung früher bei der Interpretation des § 130 des längeren hingewiesen worden ist, nämlich des Klassengegensatzes. Denn durch diesen Begriff, welcher ja den Charakter des § 130 so stark beeinflusst, dass das betreffende Delict geradezu als das der «Aufreizung zum Klassenkampf» schlechthin bezeichnet wird, oder jeden ähnlichen würde sofort wieder die Gefahr entstehen, dass die Bestimmung als ausdrücklicher Hinweis auf Gliederungen des Volks in politischer, sozialer, religiöser u. dgl. Beziehung aufgefasst und infolgedessen zu einem spezifisch parteilichen Gesetz, bezüglich zeitweiliger Geistesströmungen insbesondere politischer Art, missbraucht würde, wie es bereits mehrfach geschildert wurde, und ja gerade auf das sorgfältigste zu vermeiden ist.

Es muss also von jeder Einteilung der Rechtsunterthanen in besondere Gruppen, jeder Kategorisirung, und wäre es auch nur eine angebliche «natürliche Gliederung des Volksorganismus», wie sich das Reichsgericht ausdrückt, vollständig abgesehen und an deren Stelle das Verhältnis Aller gegen Alle gesetzt werden. Nur der Begriff der «Zusammenrottung» ganz im allgemeinen, welcher ja keinerlei Sammelbegriff auf Grund irgend welcher geistiger Strömungen, gemeinschaftlicher prinzipieller Tendenzen u. s. w. ist, erscheint zulässig und zweckmässig verwendbar.

Anzureihen dem in erster Linie stehenden Fall wirklicher Begehung von Gewaltthätigkeiten ist also das Hervorrufen von Zusammenrottungen; um diese näher zu kennzeichnen, erscheint es angemessen, feindselige Zusammenrottungen zu erfordern, wodurch eine zum Angriff u. s. w. gegen Andere bestehende Richtung derselben noch besonders hervorgehoben wird, und zwar gegen irgend welche Andere, da «feindselig» ein allgemeiner Begriff ist. Ausserdem aber soll als dritte, etwas weiter gehende Alternative das Hervorrufen von Unruhen vorgesehen werden, — bei dem herrschenden Sprachgebrauch ist wohl die Gefahr ganz ausgeschlossen, dass man hierunter etwa auch eine blose intellektuelle Beunruhigung verstehen könnte, — für solche Fälle, wo das Vorliegen der spezielleren Merkmale der Zusammenrottung zweifelhaft erscheinen könnte. (Vgl. über diese die früheren Ausführungen zu § 125 Rstgb., oben § 14). Des weiteren ist wohl notwendig, sowohl bei den Unruhen als bei den Zusammenrottungen nur das unmittelbare Herbeiführen zu berücksichtigen, da sonst leicht wieder eine chikanöse Ausdehnung der Bestimmung auf ganz weit abliegende Sachverhalte Platz greifen könnte, wenn sogar eine ganz indirekte, nur mittelbare und z. B. zeitlich schon sehr entfernte Thätigkeit genügen könnte, man denke u. a. an künstlich konstruirte Zurückführungen politischer Unruhen auf frühere aufreizende Artikel der oppositionellen Presse. Und endlich ist selbstverständlich auch hier das Erfordernis eines Kausalzusammenhanges zwischen der jeweiligen dieser verschiedenen Alternativen und dem wirklich erfolgten störenden Eingriff in die näher gekennzeichnete Rechtssphäre der Betroffenen auszudrücken.

In subjektiver Beziehung ist hier, bei dem schwereren Delict, wohl jede vorsätzliche Begehung als zur Strafbarkeit genügend zu erachten.

Auf Grund dieser Erwägungen wird die folgende Fassung des Thatbestandes vorgeschlagen:

«Wer vorsätzlich in der Oeffentlichkeit durch das Begehen von Gewaltthätigkeiten oder durch das unmittelbare Herbeiführen von feindseligen Zusammenrottungen oder von Unruhen die Ruhe und Ordnung stört und dadurch Andere an der Ausübung ihnen zustehender Rechte oder an dem Genuss ihnen von der Rechtsordnung gewährleisteter Befugnisse verhindert, oder sie bei dieser Ausübung oder diesem Genusse wesentlich stört»;

Als ordentliche Strafe erscheint Gefängnis im Mindestmass von zwei Monaten angemessen, was bei der oberen Grenze von fünf Jahren einen genügenden Spielraum zulässt. Mit Rücksicht auf besonders schwere Fälle, schon mehr revolutionärer Art, Zuchthaus=(resp. hohe Festungs=)strafe zuzulassen, erscheint deshalb unzweckmässig, weil unter solchen Umständen gewöhnlich unter Hinzutreten eines neuen derartigen Momentes der Auflehnung der Thatbestand eines Verbrechens gegen die Staatshoheit vorliegen wird, oder doch, allgemeiner, die Voraussetzung des schweren Aufruhrs oder Landfriedensbruchs, § 115 Abs. 2 oder 125 Abs. 2, — insbesondere «Rädelsführer!» — gegeben sein werden. Dagegen empfiehlt es sich wohl, wegen der Gemeingefährlichkeit derartiger Handlungen, als Nebenstrafe die Zulässigkeit von Polizeiaufsicht auszusprechen.

Daneben erscheint es jedoch notwendig, mit Rücksicht auf die Möglichkeit leichter Fälle mildernde Umstände zuzulassen, und alsdann die Strafe auf Gefängnis (von einem Tage) bis zu zwei Jahren anzusetzen. Dagegen wäre in diesem schwersten Fall der Rechtsfriedensdelicte die Nachlassung einer milderen Strafart, insbesondere einer Geldstrafe wohl ganz unangemessen.

Dass ferner hier ebenfalls der Versuch unter Strafe zu stellen ist, versteht sich nach dem vorausgeschickten, sowie insbesondere bei einem Vergleich mit dem vorhergehenden Delict gegen den privaten Rechtsfriedenszustand wohl von selbst, doch ist der Thatbestand hier, aus den nämlichen

Gründen, in der gleichen Weise näher zu bestimmen, blos wird es allerdings genügen, wenn die Vollendung einer jeden jener Alternativen zu der Erfüllung des strafbaren Versuchs als genügend angenommen wird.

Ausserdem kommt nun hier noch ein neuer Umstand in Betracht, welcher die Aufstellung einer weiteren Bestimmung bezüglich des öffentlichen Rechtsfriedenszustandes nötig macht: Es erscheint nämlich bei dieser Seite unserer Materie, wie bereits ausgeführt, zweckmässig, auch die blosen Gefährdungshandlungen unter Strafe zu stellen. Zu solchen soll nun nicht etwa eine bestimmte Handlungsweise erfordert werden, sondern jedwedes wie auch immer im einzelnen geartetes Verhalten genügen, durch welches der Thäter vorsätzlich verursacht, dass eine bestimmte Gefahr für den Rechtsfriedenszustand auf die gekennzeichnete Art entsteht. Er braucht also nicht selbst jene Gewaltthätigkeiten u. s. w. vorzunehmen: thut er dies, auch ohne dass eine Friedensstörung wirklich eintritt, so macht er sich ja eines — oben vorgegesehenen — Versuchs des Verletzungsdelictes selbst schuldig; es wird vielmehr an solche Fälle gedacht, wo er auf irgend eine dem Vorsatz zurechenbare Weise die Gefahr einer solchen Störung entweder selbst, z. B. auch indirekt, nicht durch unmittelbares persönliches Eingreifen verursacht, oder auch durch Benutzung Anderer, sowie besonderer Umstände sie entstehen lässt.

Es würde also wohl die folgende Normirung genügen:

> «Wer vorsätzlich eine nahe liegende bestimmte Gefahr einer solchen Störung des öffentlichen Rechtsfriedenszustandes herbeiführt;»

Das Erfordernis der Nähe und der Bestimmtheit der Gefährdung, also einer sowohl ernstlichen als konkreten Gefahr, ist wohl deshalb unumgänglich, weil sonst wieder das Bedenken einer zu vagen und dehnbaren Normirung entsteht, angesichts des prinzipiellen Begriffs der Gefährdung überhaupt. Zeigen doch die so verschiedenen, auch oben bei der Besprechung des § 130 (130a) Rstgb. erwähnten Ausführungen der Theorie wie insbesondere der Praxis über diesen Begriff der Gefährdung des öffentlichen Friedens, wie sehr er, allein genommen, infolge seines Mangels an Präzision geeignet ist, zu Schwankungen und Unsicherheiten für das thatsächliche Ermessen der Rechtsanwendung zu führen, welchem hier, wenn man die Empfindlichkeit des in Frage stehenden Objektes bedenkt, ein zu weiter Spielraum gelassen wurde. Man denke namentlich auch an die alsdann drohende Möglichkeit, in tendenziöser Dehnung der Bestimmung einerseits eine ganz allgemeine «Gefahr», das Ausgesetztsein irgend welchen bösartigen Absichten, andrerseits eine ganz entfernte, z. B. auch zeitlich noch weit in der Zukunft liegende Eventualität eines Uebels zu subsumiren.

Das Strafmass wird sich natürlich, wie bei jedem blosen Gefährdungsdelict, in verhältnismässig geringen Grenzen zu halten haben: Gefängnis bis zu einem Jahr oder Geldstrafe bis zu ein tausend Mark dürfte hier am Platze sein; übrigens erscheint es angemessen, diese Strafsätze in umgekehrter Reihenfolge anzudrohen, mit Rücksicht auf die Folge des § 28 Abs. 2 Rstgb. für den Fall der Nichtbeitreibbarkeit.

§ 22.

2. Das subjektive Rechtsfriedensbewusstsein.

Mit dem vorigen wäre dann die Materie des objektiven Rechtsfriedenszustandes erledigt, und es folgen nun noch die Vorschläge für die beiden Bestimmungen über das subjektive Rechtsfriedensbewusstsein des Einzelnen und der Oeffentlichkeit. In welcher Richtung dieses besonders empfindliche, rein intellectuelle Rechtsgut spezielle Vorsichtsmassregeln bei der Aufstellung von Strafnormen erfordert, ist bereits früher gezeigt worden, auch wurde andrerseits schon bei der Erörterung insbesondere der §§ 126 und 241 Rstgb. auf die bedenklichen Konsequenzen einer ungeeigneten und namentlich einer zu unbestimmten Fassung von Bestimmungen hingewiesen.

Es sei hier nun noch speziell auf folgende Punkte aufmerksam gemacht: Wenn oben bezüglich der Rechtsfriedensdelicte im allgemeinen als Hauptgrundsatz betont worden ist, dass der fragliche Begriff rein und ohne beeinflussende Vermischung mit anderen Schutzobjekten zur Darstellung gebracht werden müsse, so ist dies für das subjektive Rechtsfriedensbewusstsein hinsichtlich einer in der Gesetzgebungspraxis sehr häufig bemerkbaren speziellen Richtung noch ganz besonders zu beachten. Es findet sich nämlich in zahlreichen gesetzlichen Bestimmungen älteren und neueren Datums der Versuch, einmal, gewisse öffentlich und durch Verspottung, Schmähung, Herabwürdigung u. dgl. erfolgende Angriffe auf bestimmte, für die Existenz eines geordneten Staatswesens besonders wichtige Rechtsinstitute, — gewöhnlich Ehe, Familie und Eigentum, bisweilen auch noch Monarchie und Religion —; und andrerseits auch die Anreizung, Glorifizirung, das Als erlaubt Darstellen u. ähnl. von verbotenen Handlungen schlechthin, oder von Verbrechen, oder wenigstens von den als besonders gefährlich angesehenen unter den letzteren, zum Gegenstand einer besonderen Normirung zu machen, mit zum Teil recht hohen Strafdrohungen. Und zwar, worauf es hier ankommt, dies unter Umständen, — so die Verweisung auf andere Bestimmungen, Stellung im System, teilweise sogar durch ausdrückliche Bezeichnung, — welche mit aller Bestimmtheit erkennen lassen, dass diese Bestimmungen als diejenigen des betreffenden Gesetzbuchs zum Schutze des — öffentlichen — Rechtsfriedensbewusstseins gedacht waren, also in ganz anderem Sinn, als z. B. § 111 Abs. 2 Rstgb., über welchen bereits früher die diesbezüglichen Bemerkungen gemacht worden sind, (cf. oben § 9 princ.).

Man vergleiche in ersterer Beziehung unter anderem:

Strafgesetzbuch für das Grossherzogtum Baden vom 6. März 1845, (5. Februar 1851);

§ 630, 631. Oeffentlicher u. s. w. «Versuch der Anreizung gegen die konstitutionelle Monarchie, die Unverletzlichkeit des Grossherzogs oder die Thronfolge, untergrabende Angriffe gegen die Unverletzlichkeit des Eigentums und der Familie oder die Gebote der Sittlichkeit».[1])

Strafgesetzbuch für das Kaisertum Oesterreich vom 27. Mai 1852;

§ 305. Oeffentliche oder gleichgestellte «Herabwürdigung oder Erschütterungsversuch gerichtet gegen die Ehe, die Familie, oder die Rechtsbegriffe über das Eigentum». — [Ganz ähnlich auch in den neueren Gesetzentwürfen beibehalten.]

Bayerisches Strafgesetzbuch vom 10. November 1861;

art. 118^I. Qualifizirt öffentlicher «Angriff oder Behandlung mit Spott oder Verachtung der Rechtsinstitute der Familie, der Ehe, oder des Eigentums».

Strafgesetzbuch für das Königreich Sachsen vom 1. Oktober 1868, (13. August 1855);

art. 127. Durch öffentliche Mitteilung erfolgende «Herabwürdigung der Ehe, der Familie, oder des Eigentums, oder der bestehenden Staatsverfassung».

Ungarisches Strafgesetzbuch über Verbrechen und Vergehen vom 1. September 1880, (1878):

§ 172^II. Qualifizirt öffentliche «Anreizungen gegen die Rechtsinstitute des Eigentums oder der Ehe», [neben solchen von Bevölkerungsklassen, Nationalitäten oder Religionsgesellschaften zum Hasse gegen einander]; und, ausserordentlich kasuistisch,

§ 173. Derartige «Angriffe gegen die Unver-

---

1) Der letztere Thatbestand: «Wer sich Angriffe gegen die Gebote der Sittlichkeit erlaubt, welche die denselben schuldige Achtung zu untergraben geeignet sind», wird in seiner rührenden Biederkeit geradezu zur gelungenen Karrikatur jener Tendenz, welche durchaus Recht und Moral durcheinander werfen will, und verdient schon als Kuriosität gesetzgeberischer Verirrung, auch in der Materie des Rechtsfriedens, einer Anteil nehmenden Erwähnung. Einigermassen erreicht wurde seitdem dieses leuchtende Vorbild erst, wenn auch auf ganz anderem Gebiete, durch die neuste Errungenschaft nationalgermanischer Geistesarbeit, dem Bürgerlichen Gesetzbuch für das Deutsche Reich vom 18. August 1896 mit seinem Herz erhebenden und tugendsamen § 826.

letzlichkeit der Person des Königs, die gesetzliche Thronfolgeordnung, die verfassungsmässige Regierungsform, oder die verbindende Kraft des Gesetzes; Aufreizung gegen einzelne Institutionen der Verfassung, Verband mit dem anderen Staate der Monarchie, oder gegen die Staatsgemeinschaft zwischen jenen Ländern, welche den ungarischen Staat bilden, oder gegen die gesetzlichen Rechte des Königs, des Reichstags, der Reichstagsausschüsse, oder der zur Verhandlung der gemeinsamen Angelegenheiten berufenen Delegation ».

Ferner auch die bereits früher erwähnten, (cf. oben § 19), Entwürfe und Anträge zum geltenden Reichsstrafgesetzbuch, so insbesondere der

Entwurf u. s. w. vom 5. Dezember 1894, (sogen. Umsturzvorlage);

[§ 130 Abs. 2]. Oeffentlicher « beschimpfender Angriff — in einer den öffentlichen Frieden gefährdenden Weise — auf die Religion, die Monarchie, die Ehe, die Familie oder das Eigentum ».

Ganz besonders bezeichnend ist aber für unsere Frage ein sehr detaillirendes und kasuistisch unterscheidendes, in seinen Strafbestimmungen teilweise sehr strenges französisches [Ausnahme]gesetz, eine Art Sozialistengesetz, welches in eigenartiger Weise eine unwiderlegliche praesumptio juris et de jure für unseren Rechtsbegriff durch Bindung an Thatbestände wie die erwähnten aufstellt, nämlich die

Loi qui établit des Peines contre les Affiliés de l'Association internationale des Travailleurs, du 14 Mars 1872;

art. **1.** *Toute association internationale qui, sous quelque dénomination que ce soit et notamment sous celle d'Association internationale des travailleurs, aura pour but de provoquer à la suspension du travail, à l'abolition du droit de propriété, de la famille, de la religion ou du libre exercice des cultes, constituera, par le seul fait de son existence et de ses ramifications sur le* *territoire français, un attentat contre la paix publique.*

In jener zweiten Beziehung sodann, die — erfolglose, nicht accessorisch, als Anstiftungshandlung zu betrachtende — Aufforderung u. ähnl. zu Delicten, die Anpreisung u. s. w. solcher, ist allerdings von denjenigen neueren Bestimmungen ganz abzusehen, welche sich speziell auf die moderne anarchistische Bewegung beziehen, wie z. B. vor allem der oben bei Darstellung des geltenden Rechts in unserer Frage eingehend erörterte § 10 Abs. 1 und 2 des Sprengstoffgesetzes vom 9. Juni 1884, und die artt. 1 und 2 der «*Loi ayant pour objet de réprimer les menées anarchistes, du 28 Juillet 1894*», betreffend die «*incitation par provocation ou apologie*» bezüglich zahlreicher schwerer «*dans un but de propagande anarchiste*» unternommener Delicte. Denn diese, durch die immer gefährlicher werdende «Propaganda der That» hervorgerufenen Normen, welche schon durch ihre ganz unverhältnissmässig scharfen Strafdrohungen und äusserst weit gehenden Thatbestände[2]) den Stempel gewissermassen von dem ganzen sonstigen Strafrechtssystem unabhängiger, durch die Not plötzlich erforderter selbständiger Gesetze an sich tragen, — man vgl. auch die Motive z. B. zum deutschen Sprengstoffgesetz, — und insofern Ausnahmegesetze, im — wenigstens — materiellen Sinn sind, finden sich ja auch in Gesetzgebungen, welche sonst die Aufreizung u. s. w. zu strafbaren Handlungen unter dem Gesichtspunkt eines prinzipiellen Rechtsfriedensdelicts nicht kennen, wie das geltende Reichsstrafrecht, (man vgl. auch hier die bereits erörterte systematische Bedeutung der Delicte des § 110 und 111 Abs. 2 Rstgb., oben § 9).

Dagegen seien als hierher gehörig, zu der genannten zweiten Art, besonders erwähnt:

§ 305 cit. des österreichischen Strafgesetzbuchs:

Oeffentliche oder gleich gestellte «Aufforderung, Aneiferung, Verleitungsversuch, Anpreisung, Rechtferti-

---

2) Man vgl. hierüber bereits oben Anm. 8 zu § 14.

gungsversuch bezüglich unsittlicher (!) oder gesetzlich verbotener Handlungen». — [Ein neuerer Entwurf hält nur noch, (§ 119), die öffentliche Anpreisung von gesetzlich mit Strafe bedrohten Handlungen aufrecht.]

art. 127 cit. des sächsischen Strafgesetzbuchs: Oeffentliche «Darstellung der gesetzlich verbotenen Handlungen als ehrenvoll oder verdienstlich oder von Personen wegen solcher Handlungen als lobenswert».

Ungarisches Strafgesetzbuch cit.:

§ 171 Abs. 2. Qualifizirt öffentliche «erfolglos gebliebene [sonst cf. unten Abs. 1] unmittelbare Aufforderung zur Begehung eines Verbrechens oder Vergehens».

§ 174. Derartiges «Rühmen einer durch das Gesetz als Verbrechen oder Vergehen erklärten Handlung, oder Belobung oder öffentliche Auszeichnung Desjenigen, welcher ein Verbrechen oder Vergehen begangen hat».[3])

---

[3]) Allerdings könnte man auf den ersten Blick zweifelhaft sein, ob nicht diesen Bestimmungen zusammen mit den soeben angeführten des § 172 Abs. 2 und 173 ihrer Stellung und Zusammenhang nach eine andere Beurteilung zukommt, nämlich als nicht prinzipielle Rechtsfriedensdelicte, infolge etwaigen Praedominirens der Begriffe der Staatshoheit, Staatssicherheit u. dgl. als der wahren Angriffsobjekte. Dies um so mehr, als der bis jetzt nicht erwähnte Abs. 1 § 172 unter Strafe stellt die qualifizirt öffentliche «unmittelbare Aufforderung zum Ungehorsam gegen das Gesetz oder gegen eine seitens der Behörden innerhalb ihres gesetzlichen Wirkungskreises erlassene Anordnung, Verfügung oder Entscheidung, oder Verbreitung einer solchen Aufforderung», und ferner das betreffende ganze (VI.) Hauptstück, §§ 171—174, die Ueberschrift trägt: «Aufreizung gegen die Verfassung, das Gesetz, die Behörden oder die behördlichen Organe.» Diese Einwände treffen jedoch nicht ohne weiteres zu. Denn was die Titelüberschrift angeht, so ist sie offenbar ungenau, mit Rücksicht darauf, dass die fünf vorhergehenden Hauptstücke handeln von «Hochverrat», — «Thätlichkeit gegen den König und die Mitglieder des Königlichen Hauses, sowie Beleidigungen des Königs», — «Staatsverrat», — «Aufstand», — «Gewaltthätigkeit gegen Behörden, Mitglieder des Reichstages oder gegen behördliche Organe», und demgemäss auch

Die französische

Loi portant modification des artt. 24 § 1, 25 et 49 de la Loi du 29 Juillet 1881 sur la presse, du 12 Décembre 1893;

artt. 24 § 1, 3, art. 25. Qualifizirt und casuistisch spezialisirte öffentliche «*provocation directe*» und «*apologie*» bezüglich der Delicte des Diebstahls, des Totschlags, der Plünderung, Brandstiftung, der Zerstörung durch Sprengstoffe von Gebäuden, Schiffen, Magazinen, Arbeitsstätten (*chantiers*), sowie von Verbrechen gegen die äussere Staatssicherheit, gemäss artt. 75—78 C. pén. — art. 25 enthält eine dem § 112 Rstgb. ähnliche Bestimmung.

Codice penale Italiano, 30 Giugno 1889,

artt. 246, 247,

[als Pressvergehen, mit erweitertem Thatbestand und um die Hälfte erhöhtem Strafmass, in der *Legge sulla istigazione a delinquere e sulla apologia dei reati commessi col mezzo della stampa, 19 Luglio 1894, art. 1.*]:

Oeffentliche «*istigazione, [per il solo fatto della istigazione] a commettere un reato; apologia di un fatto, che la legge prevede come delitto, incitazione alla disobbedienza della legge*»; an die letzteren beiden Thatbestände bezeichnender Weise in dem nämlichen Strafgefüge

---

die echten Thatbestände zu jenen Angriffsobjekten enthalten, man vgl. namentlich die §§ 126 Z. 3, 127 Z. 1 u. 2, 130, 131, 134, 152, 153, 158, 163, 165, 168, 170; speziell zu § 172 Abs. 1 die vier letzteren Bestimmungen. Allerdings ist gerade dieser, im Verhältnis zu den übrigen Thatbeständen des VI. Hauptstücks übrigens recht heterogene Abs. 1 § 172 im Zusammenhang bezüglich der prinzipiellen Frage störend; trotzdem sind m. E. diese verschiedenen Bestimmungen der §§ 171—174 in ihrer Gesamtheit, besonders unter Berücksichtigung ihrer durch eine Vergleichung mit den erwähnten vorhergehenden Bestimmungen deutlich hervortretenden spezifischen Elemente, als Rechtsfriedensbestimmungen aufzufassen, (und zwar, wie keiner weiteren Begründung bedarf, Delicte gegen das öffentliche subjektive Rechtsfriedensbewusstsein betreffende).

des art. 247 anreihend, die «*incitazione all' odio fra le varie classi sociali in modo pericoloso per la pubblica tranquillità*», — (cf. § 130 Rstgb.!)

Einer besonderen Erwähnung bedarf sodann noch eine merkwürdige einschlägige Bestimmung. Es sagt nämlich das

Schweizerische Bundesgesetz vom 1. Mai 1853, (Revision des Bundesstrafrechts, Beschlüsse der Expertenkommission vom 23. April 1890),

§ 48bis. Wer mit Beziehung auf einen gewaltsamen Umsturz der gesellschaftlichen Ordnung zur Begehung von Verbrechen auffordert, aufreizt oder Anleitung gibt, oder wer in einer den öffentlichen Frieden gefährdenden Weise zur gewaltthätigen Verfolgung ganzer Bevölkerungsklassen auffordert oder aufreizt, wird mit Gefängnis, in schweren Fällen mit Zuchthaus bestraft.

Die zweite, dem § 130 Rstgb. sehr ähnliche Alternative ist bereits früher erwähnt worden, cf. oben § 12 med., hier interessirt dagegen die erstere. An sich wäre ein solches «Umsturz»gesetz κατ' ἐξοχήν wohl in keiner Weise mit dem Begriff des Rechtsfriedens in Verbindung zu bringen, vielmehr wohl der im unmittelbar folgenden erwähnten Kategorie einzureihen. Allein aus der Zusammenstellung mit der anderen Alternative und der Stellung des ganzen im System des Gesetzes ist doch zu schliessen, dass auch dieser Thatbestand sonderbarer Weise als Rechtsfriedensdelict vom Gesetzgeber aufgefasst worden ist.

Dagegen gehören prinzipiell nicht hierher, wegen ihres Zusammenhangs mit anderen Thatbeständen und ihrer Stellung im System des Gesetzes, als erste Bestimmung des Titels «Widerstand gegen die Staatsgewalt»,:

Strafgesetzbuch für die Preussischen Staaten vom 14. April 1851;

§ 87. Oeffentliche [«Anreizung oder Aufforderung zum Ungehorsam gegen die Gesetze oder Verordnungen oder gegen die Anordnungen der Obrigkeit, oder] Anpreisung durch Rechtfertigung von in den

Gesetzen als Verbrechen oder Vergehen bezeichneten Handlungen».

Strafgesetzbuch für die Freie und Hansestadt Lübeck vom 20. Juli 1863;

§ 67 Abs. 1 normirt wörtlich gleichlautend diesen Thatbestand.

Ebenso wenig kommen in Betracht, aus dem gleichen systematischen Grund und weiter auch wegen der Bezugnahme auf § 110 Rstgb.:

Entwurf u. s. w. vom 5. Dezember 1894, (sogen. Umsturzvorlage);

[§ 111a]. «Anpreisung und Als erlaubt Darstellen von Verbrechen, oder von den Vergehen der §§ 113 bis 115, 124, 125, 240, 242, 253, 305, 317, 321 Rstgb.»;

sowie, noch weiter gehend, schon

Entwurf zur Strafgesetznovelle u. s. w. vom 26. Februar 1876;

[§ 111]. «Als verdienstlich oder erlaubt Darstellen jeder strafbaren Handlung.»

Es wird nun selbstverständlich keineswegs bestritten, dass in den beiden genannten Richtungen, welche übrigens, wie gezeigt worden ist, von vielen Gesetzen unter demselben Gesichtspunkt betrachtet und in der nämlichen Bestimmung gefasst werden, in Praxi grosse Gefahren für den subjektiven Rechtsfrieden, namentlich das öffentliche Rechtsfriedensbewusstsein liegen; es leuchtet vielmehr ohne weiteres ein, wie leicht sowohl durch — kurz gesagt — beschimpfende Angriffe auf Fundamente des geordneten modernen Staatswesens und seines Unterbaues, der gesellschaftlichen Ordnung der Staatsangehörigen, als auch besonders durch das Anpreisen, Verherrlichen u. dgl. aller oder gewisser besonders schwerer Delicte, also gegen Gesetz und Ordnung verstossender Handlungen, das infolgedessen selbst eine Auflehnung gegen den gesicherten Bestand der Rechtsordnung bedeutet, schwere Verletzungen des Rechtsfriedensbewusstseins, — von den etwaigen dadurch weiter erfolgenden des Rechtsfriedenszustands ganz zu schweigen, — entstehen können und thatsächlich sehr häufig entstehen werden. Allein falsch ist es, wie jene Gesetze, gewissermassen in Umkehrung dieses Verhältnisses in solchen Handlungen das Prototyp der Rechtsfriedensbewusstseinsdelicte zu erblicken und sie einfach als die Verletzungen dieses Rechtsgutes hinzustellen; wie viel mehr also noch, durch sie begrifflich den Thatbestand seiner Verletzung zum adäquaten Ausdruck bringen zu wollen. Es ist dies eine Analogie zu dem früher gerügten Fehler des Gesetzbuchs in §. 241, welcher durch unwiderlegliche Gesetzesvermutung die Bedrohung mit einem Verbrechen zu der rechtsfriedensstörenden Bedrohung macht. Ueberdies ist noch speziell zu der zweiterwähnten Kategorie von Bestimmungen zu bemerken, dass sich in keiner Weise dabei das richtige Mass finden lässt: Den Inhalt der Rechtfertigung u. s. w. auf jede strafbare Handlung überhaupt auszudehnen, ist in seinen praktischen Konsequenzen geradezu unsinnig, man denke an die Anpreisung des Ankaufs von Seitengewehrtroddeln gemeiner Soldaten ohne schriftliche Erlaubnis des vorgesetzten Kommandeurs, (§ 370 Z. 3 Rstgb.), u. dgl.! Ihn andrerseits auf Verbrechen, Verbrechen und Vergehen, Verbrechen und gewisse Vergehen, od. ähnl. einzuschränken, ist durchaus willkürlich und ebenso verfehlt, wie z. B. jene andere Beschränkung auf speziell gemeingefährliche Verbrechen in § 126 Rstgb. Selbst ein Versuch eingehender Kasuistik wie in dem erwähnten § 111a der Umsturzvorlage kann hier nicht zum Ziele führen. — Auch da werden aus dem blosen Begriff des «Verbrechens» u. s. w. Eigenschaften abstrahirt, welche ihm in keiner Weise innewohnen.

Es muss vielmehr bei der subjektiven Seite der Rechtsfriedensmaterie genau so wie vorhin bei der objektiven, auf den Begriff rein an sich genommen zurückgegangen werden, und dieser durch einen fest bestimmten, thunlichst erschöpfenden praktischen Thatbestand der Bestimmungen zur Darstellung kommen.

Zu Grunde zu legen ist also die Hervorrufung einer Stimmung der Befürchtung des Betroffenen, in dem ihm von der Rechtsordnung zugesicherten Bestand von Rechten oder

Rechtsverhältnissen vor unbefugten Eingriffen und Verletzungen nicht mehr gesichert zu sein.

Dabei wird von der Drohung, — nicht Bedrohung! cf. oben § 11 princ., 13 princ., —, als dem geeignetsten und auch praktisch sehr häufigen Mittel solcher Verletzungen auszugehen sein, jedoch keineswegs in ausschliessender Weise, sondern unter Hervorhebung als vornehmstes Beispiel.

Im übrigen sei hervorgehoben, dass hier, bei der subjektiven Seite mit ihren rein intellektuellen und so elastischen Begriffen, im einzelnen notwendig ein gewisser Spielraum gelassen werden muss, dafür aber um so mehr, zur Vermeidung der früher bezeichneten Unzuträglichkeiten eines Kautschukparagraphen, die vorhandenen äusserlichen, konkreten Merkmale scharf und präzis aufgestellt werden müssen. Es darf wohl gehofft werden, dass durch die vorgeschlagene Fassung dem richterlichen Ermessen zur unbefangenen Gesetzesanwendung keine zu schwierige Aufgabe gestellt werden würde.

Zunächst bezüglich des Rechtsfriedensbewusstseins des Einzelnen ist der Hauptthatbestand darzustellen als die schuldhafte Verursachung der Befürchtung Jemandes, eine gewisse Rechtsverletzung zu erleiden, den verdienten Schutz seitens der Rechtsordnung in concreto nicht mehr zu geniessen. Dieser Inhalt ist Vorsichts halber näher zu detailliren, in Anlehnung an die entsprechende, früher für den objektiven Rechtsfriedenszustand gegebene Auflösung, und sodann in der einen Alternative der Begriff der Verletzung, um mögliche Chikanen und Härten auszuschliessen, nicht absolut zuzulassen, sondern die ganz unbedeutenden Eingriffe auszuschliessen; hierbei jedoch, da dies nur relative Gradunterscheidungen sein können, die Berücksichtigung der ganzen Lage des Falles in concreto vorzuschreiben, d. h. also des Orts, der Zeit, des ganzen Milieus u. s. w. und vor allem der Persönlichkeit der Beteiligten. Denn auch eine an sich unbedeutende Verletzung kann unter gewissen Umständen solcher Art einen sehr schweren Charakter annehmen, man denke an eine Ohrfeige oder ein Schimpfwort gegenüber einem Schwurgerichtspräsidenten in öffentlicher Sitzung, einem Lehrer vor seinen Schülern, einem

Offizier vor seiner Mannschaft u. dgl. Sodann erscheint, auch abgesehen von dieser — relativen — Schwere des zu erwartenden Uebels selbst, hier insofern ein dem mehrfach erwähnten zivilrechtlichen *metus nec vani hominis* analoger Begriff notwendig, als nicht jede, auch die unsinnigste Furcht vor einer vielleicht ganz lächerlichen Drohung u. s. w. den Thatbestand der strafbaren Friedensverletzung erfüllen soll, vielmehr dem Richter, auch wenn der Betroffene den rein internen Vorgang ihrer Wirkung bezeugt, doch noch daneben ein objektives Urteil darüber zu wahren ist, ob eine gewisse Geeignetheit, oder wenigstens keine vollständige Ungeeignetheit des Mittels zu dieser letzteren Wirkung bestand. Freilich ist hierbei die grösste Vorsicht anzuwenden und die Möglichkeit vorzubehalten, jeden auch nur einigermassen vernünftiger Weise annehmbaren Verletzungserfolg, der bekundet wird, zu berücksichtigen. Dabei ist, nach dem bewährten Vorgang älterer Gesetze, deren wichtigste früher bei Besprechung des positiven Bedrohungsdelictes erwähnt worden sind,[4]) welche neben den allgemeinen Verhältnissen auch die subjektiven des Betroffenen, seine Persönlichkeit im Vergleich zu der des drohenden u. s. w. Thäters beachteten, durch ein allerdings ganz kurz fassbares Merkmal, — «die für ihn nicht ganz unberechtigte Erwartung»......, — die weitere Möglichkeit offen zu halten, genügende Unterscheidungen auch je nach den konkreten Persönlichkeiten der Beteiligten zu machen und z. B. die einer sehr ängstlichen, vielleicht geistig etwas schwachen alten Frau durch einen roh auftretenden kräftigen Mann eingeflösste Befürchtung, Angst, trotz scheinbarer Unbegreiflichkeit vom rein objektiven Standpunkt aus, als den Thatbestand erfüllend anzuerkennen, und dagegen das In Aussicht Stellen u. dgl. eines an sich viel schwereren körperlichen Uebels seitens eines schwächlichen Menschen einem starken und vernünftigen gegenüber trotz dessen Behauptung erfolgter Aengstigung als ganz ungeeignet auszuschliessen.

---

[4]) cf. oben § 13 Anm. 31, sowie die auch daselbst erwähnte eingehendere Darstellung des Verfassers in der Abhandlung Zeitschrift a. a. O., S. 519 ff.

Auf der **subjektiven** Thatseite sodann erscheint auch hier, wie oben bei dem entsprechenden Friedenszustandsdelict, der blose Vorsatz nicht ausreichend, angesichts der zu grossen Tragweite; sondern es ist, einengend, das Erfordernis einer auf Erregung von Befürchtungen, von Furcht oder Schrecken oder wenigstens Aufregung gerichteten **Absicht** des Thäters aufzunehmen. Ausserdem aber erscheint es wohl notwendig, um Fälle blosen Mutwillens, ungeschickter Scherze oder überhaupt solche auszuschliessen, wo ein Schädigungszweck nicht vorliegt, wie z. B. beim Arzt, der um die eingebildeten Erscheinungen eines rein nervösen Leidens durch ein geistiges Aufrütteln auf natürlichem Wege zu heilen, den Kranken mit einem zwangsweisen, gegen seinen Willen gewaltsam durchzuführenden operativen Eingriff bedroht, u. dgl., die eben genannte Absicht dahin zu qualifiziren, dass sie eine **böswillige** sein muss. [Ueber die Frage der Antragsnatur des Delicts wird alsbald noch zu reden sein.]

Demgemäss wird folgende Fassung des Thatbestandes vorgeschlagen:

> «Wer bei einem Anderen, in der böswilligen Absicht, ihn in Furcht, Schrecken, oder Aufregung zu versetzen, insbesondere durch Drohungen die für ihn nicht ganz unberechtigte Erwartung hervorruft, dass er eine rechtswidrige und bei Berücksichtigung aller Umstände nicht unbedeutende Verletzung oder Uebel erleiden werde, oder sonst an der Ausübung eines ihm zustehenden Rechtes oder dem Genuss einer ihm von der Rechtsordnung gewährleisteten Befugnis verhindert oder wesentlich gestört sein werde»;

Als Strafe erscheint alternative Gefängnis- und Geldstrafe am Platze; bezüglich ersterer ist es jedenfalls notwendig, in Anbetracht der denkbaren ganz leichten Fälle es bei dem regelmässigen Minimum von einem Tage zu belassen, andrerseits erscheint mit Rücksicht auf besonders schwere Fälle, grosse Roheit u. s. w., das Maximum mit einem Jahr nicht zu hoch gegriffen. Die Geldstrafe ist passend auf bis zu sechs hundert Mark anzusetzen.

Von irgend einer Nebenstrafe kann wohl nicht die Rede sein.

Uebrigens erscheint es durchaus zweckmässig, die Strafverfolgung von einem Antrag des Verletzten abhängig zu machen: Die durch die Novelle vom 26. Februar 1876 vorgenommene Beseitigung dieses Erfordernisses bei dem Delict der Bedrohung nach § 241 Rstgb., welche ja in Praxi der Hauptfall des soeben aufgestellten Thatbestandes bleiben würde, ist doch wohl begrifflich, das Delict rein an sich genommen, und bei Berücksichtigung der sonstigen allgemeinen Stellungnahme des Gesetzbuchs zum Antragserfordernis unberechtigt und unverständlich. Denn, einerseits, ist die fragliche Verletzung nicht nur eine ganz interne, sondern sie betrifft auch ein sozusagen intimes, höchst persönliches und rein individuelles Rechtsgut, dessen Integrität oder Beschädigung in der Regel keineswegs mehr das öffentliche Interesse berührt, als es etwa bei der Beleidigung der Fall ist, welche ja überhaupt mit der gewöhnlichen Bedrohung vielfach an der Grenze zusammentrifft, und auch sonst in manchen Punkten der Bedrohung sehr ähnlich ist, wie z. B. bezüglich der Elastizität des überwiegend individuell beeinflussten Angriffsobjektes; von den Antragsdelicten des Ehebruchs und der einfachen Körperverletzung ganz zu schweigen. Und andrerseits geht ja bekanntlich das geltende Recht in der Einräumung eines entscheidenden Einflusses des Verletzten auf die Strafverfolgung weit über das Gebiet der internen, rein intellektuellen, gewissermassen konkret und für Dritte nicht erkennbaren Verletzungen hinaus, man denke an den Fall der Entführung, Körperverletzung, Sachbeschädigung u. a. m.

Es ist m. E. zweifellos, dass eine vernünftige Gesetzgebungspolitik, vorausgesetzt, dass sie etwa den oben aufgestellten Thatbestand der Verletzung des Rechtsfriedensbewusstseins als geeignet acceptiren wollte, ihn dann aus den eben erörterten Gründen auch zu denen zählen müsste, bei welchen sie das absolute Strafgerechtigkeitsprinzip des Staates vor einem als berechtigt anerkannten besonderen persönlichen Interesse des Verletzten an der Nichtuntersuchung der Sache,. Nichtverfolgung des Thäters, aus speziellen Zweckmässigkeitserwägungen zurücktreten lässt.

Auf dem Gebiet des öffentlichen Rechtsfriedensbewusstseins endlich ist im Parallelismus zu der entsprechenden objektiven Seite auszugehen von der Verletzung des Vertrauens der Allgemeinheit, im Verkehrsleben des Publikums, zu der unbedingten Herrschaft des Gesetzes und seiner Ordnung, und des dadurch bedingten Gefühls der Beruhigung. Infolge dessen ist der Hauptthatbestand in die Hervorrufung von Befürchtungen u. s. w. zu verlegen, dass die Rechtsordnung in einem ihrer Punkte werde verletzt werden;[5]) ob von dem Thäter selbst oder von einem Anderen, ist an sich gleichgültig, und bei der letzteren Alternative die Fälle bloser, wenn auch ungeschickter und schädlich wirkender Warnung u. dgl. auszuschliessen, ist Sache der Aufstellung entsprechender Einzelmerkmale, namentlich auch in subjektiver Beziehung. Selbstverständlich muss es sodann auch ganz gleichgültig bleiben, ob die angekündigte u. s. w. Rechtsverletzung nach der Meinung bezw. Absicht des Thäters wirklich eintreten wird oder soll, da ja auch die Erregung eines blinden Lärms, der aber als solcher nicht erkannt wird, in der gleichen Weise den Rechtsfrieden verletzt. Eine bereits angeführte Bestimmung des niederländischen Strafgesetzbuchs, welche sich allerdings in erster Linie eher unserem Delict des groben Unfugs nähert, betrifft ja unter anderem auch, jedenfalls in Anlehnung an jenen Gedanken, die Ruhestörung «durch falsche Alarmrufe». Im übrigen erscheint es hier, bei der öffentlichen Seite, nicht notwendig noch angebracht, eine — objektiv, bei nachheriger ruhiger Erwägung durch Unbeteiligte, — auch noch so unglaubhafte Befürchtung auszuschliessen. Nicht sowohl, weil etwa der Umstand, dass eine grosse Anzahl von Menschen eine Befürchtung hegte, den Nach-

---

5) Nur teilweise dem entsprechend, nämlich weiter gehend, spricht z. B. das bereits früher mit mehreren Bestimmungen zitirte italienische Strafgesetzbuch, in der Ueberschrift des 2. Kap. im V. Tit. *(Dei delitti contro l'ordine pubblico)*, allerdings auch bezüglich ausgedehnterer Thatbestände, u. a. *della «pubblica intimidazione»*.

weis erbrächte, dass diese dann eben natürlich, berechtigt gewesen ist; denn im Gegenteil ist ja wohl allgemein bekannt, dass gerade bei grossen Menschenansammlungen zumal aus niederen Volksschichten und namentlich zu Zeiten allgemeiner Erregung der Gemüter sehr leicht ganz unmotivirt und unbegreiflich, auf Grund der leichten Beweglichkeit und gegenseitigen Beeinflussbarkeit und Erhitzbarkeit der Mengen, die grössten Paniken mit schweren Folgen entstehen, man denke z. B. an das wohl unbeabsichtigte und jedenfalls ganz unschädliche Losgehen zweier Gewehre als unmittelbaren Anlass zum Ausbruch der Gewaltthätigkeiten in der Berliner Märzrevolution von 1848. — Aber gerade diese so zu sagen volkspsychologische Thatsache, welche hier nicht weiter ausgeführt zu werden braucht, erfordert andrerseits wieder besondere strafrechtliche Berücksichtigung. Eben weil die Menge, deren Rechtsfrieden ja hier geschützt werden soll, sich nun einmal bei oft ganz harmlosen Anlässen kopflos in die grösste Aufregung zu stürzen pflegt, darf die Erfüllung des Thatbestandes zweckmässiger Weise nicht davon abhängig gemacht werden, dass die Aufregung u. s. w. nicht ganz kopflos war. Diese strengere Auffassung, im Verhältnis zum Schutz des Rechtsfriedens des Einzelnen, findet überdies ihre vernünftige und durchaus zureichende Rechtfertigung in den ganz unvergleichbar bedenklicheren praktischen Folgen einer öffentlichen Beunruhigung, welche ja ganz unabhängig davon sind, ob diese vernünftig und berechtigt war oder nicht. Dagegen ist es vielleicht nützlich, um die mehr scheinbaren Erregungszustände, welche eben bei dieser Mobilität und Oberflächlichkeit des Volksgemütes oft ebenso rasch wieder vorüber gehen als sie entstanden sind und sich als ganz harmlos und unbedeutend herausstellen, durch das Erfordernis der Ernstlichkeit der Störung eine leichte Schranke zu ziehen.

Des weiteren erscheint es angezeigt, den gefürchteten u. dgl. Erfolg dahin zu konkretisiren, dass ein bestimmtes Ereignis, eine bestimmte Gefahr gegeben sein muss, weil sonst die Möglichkeit, jede Beunruhigung braver Staatsbürger, «dass irgend etwas so in der Luft liegt», heranzuziehen, der Bestimmung eine bedenkliche Tragweite geben würde, man denke besonders wieder an den schlimmen Missbrauch, der unliebsamen politischen Tendenzen gegenüber ohne weiteres damit getrieben werden könnte. Dass ausserdem dieses Ereignis als ein rechtswidriges näher eingeschränkt werden muss, ergibt unmittelbar der Begriff des Rechtsfriedens, des Vertrauens auf den gesicherten Bestand der Rechtsordnung als Schutzobjekt. Zwar wird auch die Hervorrufung der Erwartung nicht rechtswidriger (gesetzeswidriger) Ereignisse, vor allem z. B. eines Krieges, — eines auswärtigen, im Gegensatz zum Bürgerkrieg, welcher ja als Aufstand, Aufruhr, Hochverrat u. dgl. rechtswidrig ist, — ceteris paribus eine ebenso starke öffentliche Aufregung, Verwirrung, Schrecken u. s. w. zur Folge haben; allein ihre Berücksichtigung würde über den Rahmen unserer Materie hinausführen und den begrifflichen Schwerpunkt in bedenklicher Weise verschieben. Müsste doch, wenn durch eine derartige Verwischung des Grundgedankens nur die verursachte öffentliche Aufregung als solche ganz allgemein als Erfordernis aufgestellt würde, konsequenter Weise schliesslich jede, unter den noch darzulegenden subjektiven Momenten eines bestimmten *animus* u. s. w. erfolgende Wetterprophezeiung, eines schweren Hagelschlags bei der Landbevölkerung, oder das Behaupten einer Choleragefahr u. dgl., als Delict gegen das öffentliche Rechtsfriedensbewusstsein aufgefasst werden.

Endlich ist es auch ratsam, Vorsichts halber, zur Vermeidung eines etwaigen Missverständnisses, das Erfordernis der Zukünftigkeit des Ereignisses noch besonders hervorzuheben, weil ja zwar der Begriff der Befürchtung, nicht aber diejenigen des Schreckens oder der Aufregung die Beziehung auf ein bereits erfolgtes Ereignis ausschliessen. Es würde sonst z. B. jede auf offener Strasse unter einigermassen sensationellen Umständen applizirte Ohrfeige zugleich eine Verletzung des öffentlichen Rechtsfriedensbewusstseins darstellen, (was eventuell noch die praktische Folge haben könnte, dass die Verfolgung ohne Rücksicht auf das Antragrecht des direkt Verletzten eintreten würde); während begrifflich dies unter solchen Umständen nur dann der Fall sein dürfte, wenn dadurch zugleich die öffentliche Befürchtung geweckt wird, dass der Thäter noch zu weiteren Verletzungen schreiten werde.

Als besonders geeignetes und in Praxi häufigstes Mittel der Begehung wird auch hier die Drohung hervorzuheben sein. Daneben aber scheint ein anderes ebenfalls besondere Betonung zu verdienen, übrigens in Anlehnung an ältere Strafgesetze. Es enthält nämlich insbesondere, wie schon einmal angedeutet, (cf. oben § 9 extr.), der § 308 des österreichischen Strafgesetzbuchs 1852 als strafbaren Thatbestand

> «die Ausbreitung eines — [objektiv] — falschen Gerüchts ohne zureichende Gründe, es für wahr zu halten, oder die Ausstreuung oder Verbreitung einer so gearteten angeblichen Vorhersagung».

Eine eingehendere Detaillirung dieses Momentes findet sich in zwei schweizerischen Strafgesetzen:

> Polizeistrafgesetz für den Kanton Obwalden, (Unterwalden ob dem Wald), vom 1. Mai 1870;
>
> 34. Wer falsche, zur Beunruhigung der Bürger und Störung des öffentlichen Vertrauens, Friedens oder Kredites geeignete Nachrichten persönlichen oder sächlichen Inhalts, ohne zureichenden Grund selbe für wahr zu halten, ausstreut oder weiter verbreitet:[6])

Und sodann, mit allerdings recht vager und für unsere Begriffe kaum brauchbarer Fassung,

> *Codice penale per il cantone del Ticino, 1 Maggio 1873;*
>
> 193. § 1. *Chi con grida, suoni o spari, o con ogni altro mezzo capace di allarmare gli habitanti, facendo credere ad un pericolo imminente, perturba la quiete pubblica e semina lo spavento;*
>
> [eine geringe Strafschärfung soll eintreten, (§ 2): *se il falso allarme fu suscitato di nottetempo*].

Nun ist allerdings auch eine Formulirung wie die österreichische und die obwaldensche insofern recht bedenklich,

---

6) Hervorzuheben ist noch, dass die übrigens recht milde Strafsanktion jeweils abgestuft werden sollte «nach der mitverbundenen Böswilligkeit und Gefährde».

als ihr das sehr unbestimmte Merkmal der «zureichenden» Gründe für das Für wahr Halten eines Gerüchts den Stempel leicht missbräuchlicher Dehnbarkeit aufdrückt, man denke namentlich wieder an die politische Seite und an die bedenkliche Waffe, welche dadurch gegen eine oppositionelle Presse u. dgl. geschaffen wird. Des weiteren ist nicht verständlich, warum nicht auch durch die Ausstreuung oder Verbreitung eines objektiv wahren Gerüchtes, wenn es in geeigneter tendenziöser und gehässiger Weise, unter Berechnung besonders gefährlicher anderweitiger Umstände u. dgl. m. geschieht, eine strafbare Rechtsfriedensbewusstseinsverletzung soll herbeigeführt werden können. Freilich wird in solchen Fällen aus den angegebenen Gründen grosse Vorsicht notwendig sein. Indessen ist wohl, da jene Idee an sich sehr brauchbar erscheint, die nötige Zurückhaltung gewahrt, wenn ausser der besonderen für die ganze Bestimmung aufzustellenden subjektiven Thatseite eines besonders qualifizirten Vorsatzes, bei der Verbreitung nicht bewusst falscher Gerüchte noch das spezielle Merkmal der Böswilligkeit erfordert wird, das die schädigende, jede Verfolgung berechtigter Interessen ausschliessende Absicht zum Ausdruck bringt.

Im übrigen ist es wohl richtiger, den Begriff der Gerüchte durch den der Thatsachen zu ergänzen, sowie auch den der Fälschlichkeit durch den der Entstellung, (man vgl. z. B. § 263 Rstgb.!), dagegen von einer besonderen «Ausstreuung» neben der Verbreitung abzusehen, — eine besondere Unterscheidung dieser letzteren von der Ausbreitung war ja wohl nicht beabsichtigt, — und endlich bei der Fälschlichkeit und Entstellung nur die thatsächliche Wissentlichkeit zu berücksichtigen, nicht auch das Wissen Müssen, auf welch letzteres jene österreichische Bestimmung hinausläuft, und das zumal bei der neuerdings oft missbräuchlichen Anwendung des dolus eventualis, zu eben der bezeichneten bedenklichen Dehnbarkeit mitführen würde.

Auf Grund gerade dieses Hinweises auf die Begehung durch gewisse Verbreitungen wird z. B. auch, allerdings wegen der notwendigen Beschränkung auf zukünftige rechtswidrige

Ereignisse nur sehr teilweise, dem neuerdings in Grossstädten so sehr um sich greifenden Extrablätterschwindel bei ganz nichtigen Gelegenheiten, entgegengewirkt werden können, wie überhaupt gefährlichen Pressausschreitungen, ungesunden Sensationstreibereien u. dgl., ohne dass, bei der Bindung an jene verschiedenen einschränkenden Thatbestandsmerkmale, zu welchen noch die gleich zu entwickelnden auf der subjektiven Thatseite treten, ein, namentlich politisches, Knebelgesetz gegen die berechtigte Freiheit und Unabhängigkeit, ja sogar Ungebundenheit der Presse zu befürchten wäre.

In subjektiver Beziehung ist zunächst natürlich der Vorsatz des Thäters erforderlich, d. h. eine willentliche Vornahme der betreffenden Handlung, z. B. Drohung, in dem und trotz des Bewusstseins, dass dadurch nach dem natürlichen Lauf der Dinge in concreto eine Störung des öffentlichen Rechtsfriedensbewusstseins der gekennzeichneten Art entstehen werde. Allein dies erscheint noch nicht genügend, in Anbetracht des oben erwähnten Momentes einer gewissen Unberechenbarkeit und capriciösen Beweglichkeit der grossen Volksmenge, infolge deren in Fällen wirklich entstandener etwa sehr bedeutender Friedensstörungen leicht das Bestreben entstehen könnte, sie einem offenbar frivolen und luxuriösen Thäter mittels irgend einer vagen Begründung auch dann zum Vorsatz zuzurechnen, wenn vielleicht das deutliche Bewusstsein von der Geeignetheit seiner Handlung zu dem thatsächlich eingetretenen Erfolg daneben nicht ganz bestimmt feststellbar gewesen war. Es erscheint daher die Bindung an ein weiteres, auf eine gewisse Zielbewusstheit beim Thäter hindeutendes subjektives Merkmal zweckmässig, wenn auch wohl andrerseits das strenge Erfordernis vollkommener, den Erfolg durchaus deckender Absicht zu weit ginge. Am zutreffendsten dürfte hier der Begriff des Aufreizens sein: wohl gemerkt, nicht etwa, wie in zahlreichen Bestimmungen, jenes so gern verwendete bestimmte Aufreizen gegen die Staatsgewalt, gegen die bestehende Gesellschaftsordnung, zum Ungehorsam gegen die Gesetze u. s. w., wodurch ja sofort, wie früher erörtert wurde, ein fremdes Element und sogar ein ganz verschiedenes Angriffsobjekt in die Bestimmung gelegt wird, nämlich dasjenige der Staatsautorität u. dgl., sondern die Aufreizung absolut genommen, d. h. die bewusst und gewollt beunruhigende, aufregende, aufwiegelnde Hervorrufung einer gewissen, ganz allgemeinen, Erhitzung der Gemüter, die mit irgend welcher speziellen Opposition gegen eine bestimmte besondere Autorität, namentlich in politischer Beziehung, des «Umsturzes», nichts zu thun hat.

Es sei auf Grund dieser verschiedenen Erwägungen folgende Bestimmung vorgeschlagen:

> «Wer vorsätzlich und in aufreizender Weise die Oeffentlichkeit, insbesondere durch Drohungen oder durch böswillige Verbreitung von Thatsachen oder Gerüchten, oder Verbreitung falscher oder entstellter Thatsachen oder Gerüchte wider besseres Wissen, in ernstliche Furcht, Schrecken oder Aufregung versetzt in Betreff eines bestimmten zukünftigen rechtswidrigen Ereignisses.»

Als Strafe erscheint principaliter Gefängnis, und zwar wegen der Möglichkeit immerhin sehr schwerer Folgen, bis zum Betrage von zwei Jahren angemessen. Dagegen erübrigt es sich wohl, mit dem *Code pen. Ital.* cit. bei einem ähnlich gedachten, allerdings ganz verschieden gefassten Thatbestand, art. 255, einen erhöhten, übrigens recht strengen Strafrahmen, — Einschliessung von 3 Monaten bis zu 5 Jahren, anstatt solche bis zu 2½ Jahren, — für Fälle besonderer Gefährlichkeit nach Zeit, Ort und allgemeinen Umständen vorzusehen (*in luogo e tempo di pubblico concorso, ovvero in tempo di comune pericolo, di pubbliche commozioni o calamità, o di disastri;* al. 2 art. 255 cit.).

Dagegen ist es wohl angebracht, neben der Gefängnisstrafe Festungshaft, im gleichen Betrage zuzulassen, mit Rücksicht auf die Fälle der Begehung durch die Presse, in erklärlicher politischer Aufregung, bei einer parteilichen Polemik u. ähnl.

Für die jedenfalls, zumal mit Rücksicht auf einen unwesentlichen Erfolg, bestehende Möglichkeit besonders leichter Fälle, — diese engere Fassung, nicht die weiter gehende gewöhnliche der mildernden Umstände wird vorgeschlagen, — erscheint die Zulassung einer Geld= anstatt der Freiheitsstrafe angemessen, deren Betrag entsprechend auf bis zu tausend Mark zu normiren wäre.

Ausserdem ist wohl geboten, für die schwereren und nicht so zu sagen moralisch entschuldbaren Fälle, also neben der Gefängnisstrafe, angesichts der Gefährlichkeit solcher Handlungen und mit Rücksicht auf die Präventividee, als Nebenstrafe die Zulässigkeit von Polizeiaufsicht anheimzugeben.

C. § 23.

Schlussbemerkung.

Die hier versuchsweise vorgeschlagenen Bestimmungen über die Materie des Rechtsfriedens sind also zusammengestellt die folgenden:

Vergehen wider den privaten und öffentlichen Rechtsfriedenszustand und Rechtsfriedensbewusstsein.

§ a. *Wer böswillig einen Anderen durch Gewaltthätigkeit oder andere unmittelbare thätliche Einwirkung auf Personen oder Sachen, über welche dieser eine Verfügungsmacht hat, verhindert, ein ihm zustehendes Recht auszuüben oder eine ihm von der Rechtsordnung gewährleistete Befugnis zu geniessen, oder ihn bei dieser Ausübung oder diesem Genusse wesentlich stört, wird mit Gefängnis bis zu zwei Jahren oder mit Geldstrafe bis zu sechshundert Mark bestraft.*

[Abs. 2.] *In minder schweren Fällen kann statt der Gefängnisstrafe auf Haft erkannt werden.*

[Abs. 3.] *Der Versuch ist strafbar, wenn eine vollendete Gewaltthätigkeit der bezeichneten Art vorliegt.*

§ b. *Wer vorsätzlich in der Oeffentlichkeit durch das Begehen von Gewaltthätigkeiten oder durch das unmittelbare Herbeiführen von feindseligen Zusammenrottungen oder von Unruhen die Ruhe und Ordnung stört und dadurch Andere an der Ausübung ihnen zustehender Rechte oder an dem Genuss ihnen von der Rechtsordnung gewährleisteter Befugnisse verhindert, oder sie bei dieser Ausübung oder diesem Genusse wesentlich stört, wird wegen Störung des öffentlichen Rechtsfriedenszustandes mit Gefängnis nicht unter zwei Monaten bestraft; auch kann auf Zulässigkeit von Polizei-Aufsicht erkannt werden.*

[Abs. 2.] *Sind mildernde Umstände vorhanden, so tritt Gefängnisstrafe bis zu zwei Jahren ein.*

[Abs. 3.] *Der Versuch ist strafbar, wenn es auf die bezeichnete Weise zu einer Störung der Ruhe und Ordnung gekommen ist.*

---

§ c. *Wer vorsätzlich eine nahe liegende bestimmte Gefahr einer solchen Störung des öffentlichen Rechtsfriedenszustandes herbeiführt, wird mit Geldstrafe bis zu eintausend Mark oder mit Gefängnis bis zu Einem Jahre bestraft.*

---

§ d. *Wer bei einem Anderen, in der böswilligen Absicht, ihn in Furcht, Schrecken oder Aufregung zu versetzen, insbesondere durch*

Drohungen die für ihn nicht ganz unberechtigte Erwartung hervorruft, dass er eine rechtswidrige und bei Berücksichtigung aller Umstände nicht unbedeutende Verletzung oder Uebel erleiden werde, oder sonst an der Ausübung eines ihm zustehenden Rechtes oder dem Genuss einer ihm von der Rechtsordnung gewährleisteten Befugnis verhindert oder wesentlich gestört sein werde, wird mit Gefängnis bis zu Einem Jahre oder mit Geldstrafe bis zu sechshundert Mark bestraft.

[Abs. 2.] *Die Verfolgung tritt nur auf Antrag ein.*

§ e. *Wer vorsätzlich und in aufreizender Weise die Oeffentlichkeit, insbesondere durch Drohungen oder durch böswillige Verbreitung von Thatsachen oder Gerüchten, oder Verbreitung falscher oder entstellter Thatsachen oder Gerüchte wider besseres Wissen, in ernstliche Furcht, Schrecken oder Aufregung versetzt in Betreff eines bestimmten zukünftigen rechtswidrigen Ereignisses, wird mit Gefängnis bis zu zwei Jahren oder mit Festungshaft von gleicher Dauer bestraft.*

[Abs. 2.] *In besonders leichten Fällen tritt Geldstrafe bis zu eintausend Mark ein.*

[Abs. 3.] *Neben der Gefängnisstrafe kann auf Zulässigkeit von Polizei-Aufsicht erkannt werden.*

Es ist nun schliesslich noch von Interesse, zu untersuchen, welche Stellung diese oder etwaige ähnliche, geeignetere Bestimmungen im System des Reichsstrafgesetzbuchs einzunehmen hätten, und welche von den vorhandenen durch sie überflüssig und zu beseitigen wären.

Zunächst würde wohl unsere Materie an ihrem Teil berufen sein, in dem nun einmal vorhandenen Sammelsurium und Verlegenheitskategorie des Abschn. VII Rstgb., unter den Verbrechen und Vergehen wider die öffentliche Ordnung, — der Bindingschen «Rumpelkammer», — eine geordnete und in sich abgeschlossene Unterabteilung zu bilden; es wäre die Unterbringung an dieser Stelle wohl geeigneter, als etwa ein Anschluss an die Delicte gegen die persönliche Freiheit, für welchen nur die Anlehnung der Vergehen gegen den objektiven Rechtsfriedenszustand infolge des Begriffs der Gewaltthätigkeit spräche. Es ist seiner Zeit darauf hingewiesen worden, (cf. oben § 6, 2. Teil), wie ein entsprechender Gedanke, die Anknüpfung an § 240 Rstgb., den Gesetzgeber zu dem offenbaren Versehen der Einreihung des Bedrohungsdelictes in den Abschn. XVIII veranlasst hat.

Direkt erübrigt sodann würden in erster Linie die nach der jetzigen Gestaltung des positiven Rechts am meisten prinzipalen Rechtsfriedensdelicte, von welchen ja auch in verschiedenen Einzelheiten für die obigen Vorschläge ausgegangen worden ist, also die friedensstörende Androhung, die Aufreizung zum Klassenkampf und die Bedrohung; und zwar würden aufgehen: § 126 in § e, § 130 in § c, (eventuell auch in § b), und § 241 in § d.

Nicht minder aber würde sodann wohl der Kanzelmissbrauch, § 130 a, in seinem Doppelthatbestand Abs. 1 und 2, beseitigt. Denn auf derartige Handlungen dürfte sich stets ebenfalls § c anwenden lassen, wenn nicht sogar § b, eventuell und subsidiär auch regelmässig § e. Ausserdem kann jedoch wohl, auch vom prinzipiellen Standpunkt aus und ganz allgemein bezüglich des § 130 a angenommen werden, dass eine derartige Spezialbestimmung rücksichtlich der «Staatsangelegenheiten» und vor allem der Geistlichen u. s. w. heute nicht mehr von Nöten ist, falls sich nur in Praxi ein Ersatz dafür, durch irgend eine generelle Bestimmung, findet. Die früher erörterten besonderen kirchenpolitischen Zustände und Gefahren der Entstehungszeit, 1871 und die folgenden Jahre, rechtfertigten zweifellos, zumal es eben an einer umfassenden allgemeinen Bestimmung fehlte, ein solches Gelegenheits- und Ausnahmegesetz zur Abwehr gegen ganz bestimmte Tendenzen. Heute, wo diese zwar keineswegs geschwunden sind, — das werden sie auch wohl nie, so lange es einen Staat und eine Kirche gibt, — jedoch regelmässig sich nicht mehr in dieser akuten Weise Luft machen, erscheint ein derartiges Spezialamtsdelict ziemlich überflüssig, wie ja auch die bedeutende und konstante Abnahme von Verurteilungen auf Grund des § 130 a beweist; nach der Enstehungszeit derselben und ihrer mit der Reichsgründung und dem Kulturkampf zusammenhängenden Periode leidenschaftlicher Aeusserung der Opposition fand sich noch in den Jahren 1874 bis 1875 und folgenden in der lärmenden Agitation gewisser kirchlicher Kreise gegen die Civilehe ein bedeutendes Anwendungsgebiet für die Bestimmung. Seit dem Ausgang der siebziger Jahre aber veränderte sich die Sachlage allmählich doch so, dass man heute ruhig die Kanzeldelicte der Geistlichen, falls nichts neues in dieser Beziehung eintritt, ausschliesslich unter das, allerdings genügend weit zu fassende, gemeine Strafrecht stellen könnte. Etwaige speziell mit «Staatsangegenheiten» sich befassende Expektorationen von Hetzkaplänen werden, falls sie überhaupt einen beachtenswerten Erfolg in irgend einer Beziehung haben, durch die vorgeschlagenen Bestimmungen in der genannten Richtung eine genügende Repression finden.

Etwas anders liegen dagegen die Verhältnisse bei den übrigen Bestimmungen:

Zunächst § 125 Rstgb., betreffend das Vergehen und Verbrechen des Landfriedensbruchs. Zwar steht diese Bestimmung zu dem vorgeschlagenen § b in sehr naher Beziehung, indem sehr häufig in Praxi beider Thatbestände sich decken werden. Jedoch bestehen genügende Unterschiede, um beide neben einander aufrecht zu erhalten, insbesondere in dem Sinn, dass § b eine nützliche Ergänzung zu § 125 bilden würde: Einmal will zunächst Abs. 1 des letzteren nicht einen bestimmten Einzelthäter treffen, sondern er betrifft ein Teilnahmedelict, sieht eine Thätermenge vor, und ausserdem wird hier das Hauptgewicht auf erfolgte Gewaltthätigkeiten gegen Personen oder Sachen gelegt, während bei jenem § b dieser Umstand blos als — ein neben anderen vorgesehenes — Mittel zu einem weiteren Zweck des Thäters aufgenommen ist. Andrerseits wird gerade jener Fall eines Einzelthäters, welcher nicht als bloser Teilnehmer mit vielen Anderen zusammen handelt, sondern als der Thäter in Betracht kommt, welcher Andere als Mittel zum rechtsfriedensstörenden Erfolg benutzt, zweite Alternative des § b, in dem Abs. 2 § 125, dem Verbrechen des Landfriedensbruchs, aus guten Gründen als ein wegen des Hereinspielens anderer Rücksichten, namentlich der Auflehnung gegen die öffentlichen innerstaatlichen Ordnungsverhältnisse, also eines Momentes der Vergewaltigung der Staatsautorität, besonders schweres Delict aufgefasst, worauf ja auch bei der Erörterung des § b, bezüglich der Nichterhöhung des Strafrahmens hingewiesen worden ist. Sodann ist auch die zweite Alternative dieses qualifizirten Falles des Landfriedensbruchs, das Begehen von Gewaltthätigkeiten gegen Personen, oder die Plünderung, Vernichtung oder Zerstörung von Sachen, also Momente, die dem § b begrifflich ganz fremd sind, so erschwert, dass er weit über den prinzipiell von letzterem erforderten Thatbestand hinausgeht und einer besonderen, von § b verschiedenen Würdigung bedarf. — Im allgemeinen wird man also wohl sagen müssen, dass § 125 Rstgb. und der vorgeschlagene § b, namentlich auch dessen Abs. 3, die Versuchshandlungen, in ihrer objektiven Beziehung in mancher Hinsicht mit einander übereinstimmen, und zumal in Praxi nicht selten eine Handlung an sich unter die eine wie die andere Bestimmung subsumirt werden könnte, — in dieser Beziehung würde dann übrigens die subjektive Seite wohl regelmässig Ausschlag gebend sein, — dass aber im ganzen betrachtet begrifflich weder von einer Gesetzeskonkurrenz im allgemeinen, noch insbesondere davon die Rede sein kann, dass die eine Bestimmung als die weitere die andere, spezielle, mitumfasste; abgesehen natürlich davon, dass § b als die generelle Schutzbestimmung des objektiven öffentlichen Rechtsfriedenszustandes ex professo, diese ganze Materie betrifft, während § 125, der dies übrigens gar nicht in dieser Reinheit des Prinzips wollte, vielmehr nur in beschränktem Masse zu einer Funktion auf diesem Gebiete berufen ist. Vielmehr liegt das Verhältnis so, dass beide Bestimmungen in einem gewissen Parallelismus neben einander hergehen würden, sich gegenseitig ergänzend. Da ja, wie bereits hervorgehoben, bei dem Delict des Landfriedensbruchs noch ein besonderes, hier heterogenes Element der Richtung gegen die Staatsautorität wesentlich mitwirkt, so liegt darin auch kein Widerspruch, keine Inkonsequenz dawider, dass die vorgeschlagenen Rechtsfriedensbestimmungen als wie vollständig, so auch ausschliesslich diese Rechtsmaterie behandelnd postulirt und hier angekündigt worden sind. Es würde nur in § 125 diese Richtung auf den Rechtsfrieden prinzipiell mehr zurücktreten, wohl in keiner der beiden Beziehungen ein Schaden.

Unter den übrigen zu dem Kreis der Rechtsfriedensdelicte gehörigen Thatbeständen stand sodann noch in erster Linie, als prinzipal in dem früher gebrauchten Sinn, das Doppelverbrechen des § 10 Abs. 1 und 2 Sprengstoffgesetzes. Diese beiden Thatbestände würden stets, falls überhaupt irgend ein entsprechender Erfolg der Aufforderungs- u. s. w. handlungen erreicht wird, und übrigens nicht andrerseits schon eine Anstiftung zu den in Bezug genommenen §§ 5 und 6 Ges. anzunehmen ist, als spezielle Fälle unter den viel weiteren Thatbestand des § e fallen. Es wurde auch bereits oben ausgeführt, dass § 10 in weitem Masse Bestimmungen zum Schutz des öffentlichen Rechtsfriedensbewusstseins insofern enthält, als dessen Verletzung in einer Beziehung zu Sprengstoffverbrechen erfolgt, d. h. also, auf Grund der wie früher erwähnt dem ganzen Gesetz zu Grunde liegenden allgemeinen Präsumption: aus anarchistischen Bestrebungen hervorgeht. Nun wollte der Gesetzgeber aus guten Gründen gegen solche anarchistische

Verbrechen, wie durch die bereits gezeigte äusserst weitgehende Ausdehnung des strafbaren Thatbestandes, so auch durch die ganz unverhältnismässige Schärfe der Strafdrohungen besonders energisch vorgehen, so dass hiernach die in § e angesetzte Vergehensstrafe in keiner Weise genügen würde. Da wäre es zunächst wohl das einfachste, zu diesem Zweck an Stelle des besonderen doppelten § 10 Sprengstoffgesetzes im vorgeschlagenen § e am Schlusse des Abs. 1 die Worte einzufügen:

> «und, wenn es in Betreff einer der in den §§ 5 und 6 des Gesetzes gegen den verbrecherischen und gemeingefährlichen Gebrauch von Sprengstoffen bezeichneten strafbaren Handlungen geschieht, mit Zuchthaus.»

(Des weiteren wäre durch die Fassung des Abs. 2 § e für diese Fälle jede Strafminderung auszuschliessen.) — Auf diese Weise verfährt z. B. das französische Anarchistengesetz, die

Loi ayant pour objet de réprimer les menées anarchistes, du 28 Juillet 1894, welche in ihrem art. 2 in direkter Bezugnahme auf das früher erwähnte allgemeine Gesetz vom 29. Juli 1881 in der Fassung vom 12. Dezember 1893, abgesehen von den daselbst betroffenen Fällen von *provocation* und *apologie* zu den aufgezählten bestimmten Delicten noch mit Strafe bedroht

> «*tout individu qui sera convaincu d'avoir, dans un but de propagande anarchiste,*
>
> 1. *Soit par provocation, soit par apologie des faits spécifiés aux dits articles incité une ou plusieurs personnes à commettre* .... (nämlich jene selben Delicte.)

Gegen diese Methode sprechen jedoch, abgesehen davon, dass nun einmal im deutschen Strafrecht ein in sich abgeschlossenes Sprengstoffgesetz schon besteht, welchem man, angesichts der ganz besonderen, zumal ganz besonders gedachten Verhältnisse bei anarchistischen Verbrechen es wohl überlassen darf, auch eine Spezialbestimmung für die Materie des Rechtsfriedens aufzustellen, ohne Rücksicht auf den sonstigen organischen Zusammenhang der letzteren, gewissermassen ausser der Reihe, — man vgl. z. B. auch § 5 Abs. 3 Ges. mit § 211 Rstgb., — zwei Gründe: Einmal ist, wie bemerkt, § 10 Ges. nur ein spezieller Unterfall im Verhältnis zu dem vorgeschlagenen § e, sodass bei jener Einreihung auch noch viel weiter gehende Thatbestände dieses letzteren den bisherigen des § 10 gleichgestellt würden, was eine sehr bedeutende und wohl durchaus nicht angebrachte Erweiterung der gekennzeichneten grossen Strenge der Strafdrohung herbeiführen würde. Sodann aber will umgekehrt in einer Beziehung § 10, immer in jener Tendenz besonderer Strenge, kein besonderes Erfolgserfordernis aufstellen, wie es in § e geschehen ist, — die thatsächliche Erregung von Furcht u. s. w., — sondern begnügt sich mit der Normirung von Handlungen, die normaler Weise zu jenen Erfolgen führen müssen. Denn zweifellos setzt der Gesetzgeber durch unwiderlegliche praesumptio juris et de jure voraus, dass die betreffenden Handlungen, abgesehen von Fällen der gewöhnlichen Anstiftung, die ja an sich schon strafbar ist, wie auch von dem Gedanken, dass bei einem so schwer gewerteten Delict schon jede Gefahr einer Anstiftung, Verleitung, vorgebeugt werden soll, in der Form des erfolglosen Versuchs, Andere zu den betreffenden Sprengstoffverbrechen zu verleiten, — als Haupterfolg die Aufregung, Furcht und Schrecken in der Allgemeinheit zur Folge haben würden. Und des weiteren ist auch zuzugeben, dass in Praxi dieser Erfolg regelmässig eintreten wird. Wenn nun auch trotzdem m. E. diesem gesetzgeberischen Vorgehen nicht beizupflichten ist, vielmehr Fälle solcher erfolglosen Aufforderung, Verleitung, Anreizung, wenn sie auch auf dem Gebiet des Rechtsfriedens keinerlei Erfolg nach sich ziehen, besser ausserhalb des Thatbestandes, namentlich mit einer solchen Strafdrohung, blieben, so ist doch, falls man es bei dem bestehenden Recht des § 10 lassen will, in dieser Beziehung diese gesonderte, in diesem einen Punkt über den Thatbestand unseres § e hinausgreifende Normirung beizubehalten, eben für die allerdings gewiss nicht häufigen Fälle, wo ein Erfolg auf dem Gebiet des Rechtsfriedens, die Hervorrufung einer öffentlichen Aufregung, Furcht u. dgl. nicht feststellbar ist. Bedeutend ist also dieses letztere ebenfalls noch eine selbständige Normirung prinzipiell erfordernde Gebiet keineswegs.

Was nun schliesslich noch die übrigen Delicte aus dem Kreis der gegen den Rechtsfrieden gerichteten betrifft, nämlich die vier Uebertretungen, §§ 360 Z. 2 und 367 Z. 9 Rstgb., 56 Abs. 2 Z. 8 und 56b Abs. 2 Gew. O., welche früher als die zwar auch prinzipiellen, aber nebensächlichen, [nicht prinzipalen], Rechtsfriedensdelicte erörtert worden sind, (cf. oben § 16, auch § 10), so äussern naturgemäss die vorgeschlagenen Bestimmungen hier verhältnismässig nur eine sehr geringe Wirkung, und zwar mit Rücksicht auf ihren bei den betreffenden Ausführungen hervorgehobenen polizeilichen Präventivcharakter. Da es sich trotzdem ja um prinzipielle Rechtsfriedensdelicte handelt, insoweit nicht praktisch das Prinzip durch das letzterwähnte Moment verdeckt und in den Hintergrund gedrängt wird, und zwar, wie gezeigt wurde, um Gefährdungshandlungen auf dem Gebiet des öffentlichen objektiven Rechtsfriedens, so greift an sich, wenn wirklich die erforderte bestimmte Gefahr in concreto eingetreten ist, § c ein. Praktisch würde es auch, man denke besonders an unruhige Zeiten, bei den Verkäufen von Waffen u. s. w. leicht zur Anwendung desselben kommen, da er ja wohl regelmässig nach den Grundsätzen der Idealkonkurrenz der betreffenden einzelnen Uebertretungsbestimmung vorginge. Sonst aber, namentlich wenn dem Erfordernis der Bestimmtheit einer Gefahr nicht genügt werden kann, würde es bei der Anwendung dieser Einzelbestimmung sein Bewenden haben, was übrigens mit Rücksicht auf jenen besonderen Charakter derselben nicht befremdend sein und auch sonst keinen Nachteil haben könnte. Es läge, um eine ziemlich entsprechende Parallele heranzuziehen, ebenso wenig innerhalb unserer Aufgabe bezüglich der Materie des Rechtsfriedens, solche Polizeiübertretungen durch Absorption ihres Thatbestandes zu erübrigen, als man einer Codifikation des Gesamtgebietes der Körperverletzungen deshalb den Vorwurf unlogischer Unvollständigkeit machen dürfte, weil sie noch getrennt davon den besonderen § 367 Z. 10, die Uebertretung des Gebrauchs einer Waffe, (Messers), bei einer Schlägerei u. s. w., bestehen lässt.

Endlich ist noch eine accessorische Frage zu erwägen. Wie früher ausgeführt, zählt der § 23 Z. 3 des Reichspressgesetzes zu den Delicten, wegen deren Regelung eine besondere nicht richterliche Beschlagnahme der betreffenden Druckschriften zulässig ist, neben Aufforderung zum Hochverrat, Erregung öffentlichen Aergernisses u. a. m. auch die Aufreizung zum Klassenkampf, nach § 130 Rstgb. (Die verunglückten Vorschläge diesbezüglicher Erweiterungen durch die Umsturzvorlage sind ebenfalls erwähnt worden.) Auf Grund unserer obigen Vorschläge müsste nun die Hereinbeziehung dieses Falles abgeändert werden. Dabei hätte selbstverständlich an Stelle des § 130 der § b zu treten, ausserdem aber auch das entsprechende Gefährdungsdelict, § c. Dagegen wäre es wohl bedenklich und gegenüber dem Standpunkt berechtigter Pressfreiheit leicht zu Chikanen führend, auch noch § e aufzunehmen, der ja sonst, man denke namentlich an das hervorgehobene Mittel der Verbreitung von Gerüchten, für die Begehung durch die Presse besonders nahe liegt. Angesichts der Empfindlichkeit des Rechtsgutes des subjektiven Friedensbewusstseins bleiben Verletzungen dieser Bestimmung wohl zweifellos auch bezüglich der Thäterschaft der Presse besser dem gewöhnlichen Verfahren vorbehalten.

Wie der zuletzt gegebene Rückblick zeigt, hat die Behandlung der Rechtsfriedensmaterie nach der hier vertretenen Methode umfassender systematischer Zusammenstellung, — mögen auch die einzelnen Vorschläge als praktisch bedenklich oder sonst unhaltbar zu verwerfen sein, — den Vorzug nicht sowohl der Abkürzung, als den der prinzipiellen Vollständigkeit auf Grund der begrifflichen Elemente unseres Gebietes. Uebrigens wäre der Vorwurf der gewissermassen äusserlichen, numerischen Komplizirung oder Vermehrung der Strafvorschriften schon deshalb unangebracht, weil eben nach dem bisherigen Stand schon insofern von irgend welcher Vollständigkeit überhaupt keine Rede sein kann, als vor allem, wie früher erörtert, gleich das logisch zunächst liegende Gut, der objektive Rechtsfriedenszustand des Einzelnen, als solcher in keiner einzigen Bestimmung behandelt wird, das geltende Recht also nicht einmal die primitivste und begrifflich dem ganzen Aufbau zu Grunde liegende der in Betracht kommenden vier Seiten kennt.

Eines kurzen Eingehens bedarf noch eine namentlich bei den praktischen Vorschlägen des öfteren erwähnte und wohl zu beachtende Richtung der Frage, nämlich die politische. Beweisen doch gerade jene verschiedenen unglücklichen Versuche, von 1876 an, Tendenzbestrebungen politischer Art durch Bestimmungen im Anschluss an das Gut des Rechtsfriedens zu bekämpfen, wie leicht solche Bestimmungen, wenn sie irgend eine Handhabe dazu bieten, gerade in politischer Beziehung ausgenutzt werden. Insbesondere an missliebige Bewegungen sozialpolitischer Art ist dabei, so wie gegenwärtig, seit längerer Zeit schon und voraussichtlich noch sehr lange in die Zukunft hinein die Verhältnisse sich zugespitzt haben, zu denken. Nun ist wohl zur Genüge ausgeführt worden, dass es sich bei Aufstellung von Rechtsfriedensschutzbestimmungen nie und nimmer darum handeln kann, ein, kurz gesagt, wiederauferstandenes Sozialistengesetz, mit formeller Ausnahmegesetzqualität oder nicht, zu bringen, dass vielmehr auf das strengste jede Ausnahmebestimmung, welche im Ergebnis zu einem privilegium odiosum gegen eine missliebige Partei im Dienste irgend einer speziellen politischen Strömung führt, zu vermeiden ist; es dürfte auch ein vergebliches Unternehmen sein, die hier vorgeschlagenen Normirungen in einem solchen tendenziösen Sinn gebrauchen zu wollen. Daneben bleibt nun aber selbstverständlich, in politischer Beziehung, thatsächlich ein weites Gebiet offen, nämlich dasjenige des gemeinen Rechts, insofern nämlich politische Tendenzen, mögen sie nun sein welcher Art sie wollen, den Rechtsfrieden — objektiver oder namentlich subjektiver Art — im allgemeinen angreifen, wobei es also nicht auf dieselben als solche, als parteipolitische Aeusserungen ankommt, sondern als Angriff auf den Frieden im Recht Anderer überhaupt, wie jeder andere Angriff auch. Ins praktische übersetzt, auf der Grundlage gerade jetzt bestehender Strömungen im politischen Leben: Sozialdemokratische Hetzreden werden nicht unter die Bestimmungen, insbesondere wohl § e, fallen, weil sie sozialdemokratisch sind, oder weil sie antimonarchisch sind, oder weil sie den Umsturz der bestehenden Gesellschaftsordnung oder, wie naïve Leute noch glauben sollen, die Vernichtung aller Kulturerrungenschaften herbeiführen wollen, sondern vielmehr weil sie, — und nur wenn sie, — sich mit dem Empfinden, um blos die subjektive Seite zu berücksichtigen, der Anderen, namentlich der Oeffentlichkeit derartig in Widerspruch setzen, dass eine Verletzung des Rechtsfriedens eintritt, was natürlich unter besonderen Umständen genau ebenso z. B. auch durch extremkonservative, reaktionäre Agitationsbewegungen geschehen könnte. In keiner Weise würde also irgend ein politisches Element als solches für die vorgeschlagenen Bestimmungen eine Rolle spielen; da wo sogenannte politische Delicte von ihnen betroffen würden, würden sie es aus anderen, den allgemeinen Gesichtspunkten.

Was in erster Linie bezweckt war, ist die Aufdeckung eines doppelten Schadens in den Grundlagen unserer Materie selbst: Einmal der Mangel der Einheitlichkeit der Bestimmungen zum Schutz des Rechtsfriedens, ihre mehr accidentelle, nach ganz heterogenen Gesichtspunkten gruppirte Spaltung und, man darf wohl sagen Verzettelung im System des Gesetzes, namentlich in Folge ihrer Vermischung mit fremden Schutzobjekten oder doch beeinflussenden Gesichtspunkten. Und sodann, was auch mit diesem letzteren Punkt zusammenhängt, der Mangel an jeweiliger Vollständigkeit, begrifflicher Reinheit der verschiedenen logisch gegebenen Seiten des Rechtsfriedens, infolge sowohl casuistischen Stückwerks, begrifflich ungerechtfertigter Einschränkungen durch Bindung der Thatbestände an fremdartige Merkmale und ebenfalls wieder durch das Hereinziehen anderer Elemente, durch welches man gewissermassen zugleich einem Mitangriffsobjekt in dem betreffenden Delict den Strafschutz auch angedeihen lassen wollte. Und zwar dies obgleich, hiervon gingen wir aus bei der abstrakten Untersuchung der Grundbegriffe, der Rechtsfrieden in seiner doppelten Richtung, als Zustand und als Bewusstsein, sowie jeweils wiederum in privater und öffentlicher Richtung, ein neben den anderen gleichberechtigtes prinzipales und unabhängiges, nicht etwa accessorisches oder gar schon anderen immanentes Rechtsgut ist, welches so gut wie jedes andere seinen Platz im logischen System eines Strafgesetzes beansprucht und ausfüllt, für welches daher auch eine selbständige und prinzipielle Normirung zu postuliren ist.

Ausserdem sollte dann noch, in zweiter Linie und anhangsweise gezeigt werden, auf welche allgemeine Weise eine derartige Regelung nach Ansicht des Verfassers ungefähr zu erfolgen hätte.

Es sei nochmals betont, wie sehr gerade die auf einem derartigen Gebiet liegenden Verletzungen mit fortschreitender Entwickelung der Kultur und der Rechtsanschauungen der Neuzeit immer mehr an Bedeutung gewinnen, das Gut des Rechtsfriedens in seinen spezifischen Qualitäten sich immer mehr als ein selbständiges neben etwaigen anderen durch dieselben Handlungen verletzten materiellen Rechtsgütern differenzirt: Handelt es sich doch um ein eminent höchstpersönliches Gut, um ein Stück Individualität, und ausserdem, speziell bei der subjektiven Seite, um ein rein geistiges, ideelles Gut, ein internes Bewusstseinsinteresse; dass aber erstere Beziehung, die Betonung der Individualität und der persönlichen Unbeschränktheit nach allen Richtungen, neuerdings mehr und mehr im Zug der Zeit liegt, ist unverkennbar; ebenso, dass jede Erweiterung und Betonung der Kategorie rein ideeller Rechtsgüter eine Verfeinerung der Auffassung von Recht, Rechtsgut und Rechtsschutz bedeutet, diese aber bei dem innigen Zusammenhang des Strafrechts wie des Rechts überhaupt mit dem ganzen jeweiligen Kulturniveau der betreffenden Epoche, mit einer Verfeinerung und Hebung der Kultur und der Lebensanschauungen überhaupt Hand in Hand geht. Und hierzu kommt noch in thatsächlicher Beziehung, dass gerade neuerdings auch die Delicte gegen Bestimmungen des geltenden Rechts, welche derartige Güter der Individualität schützen, in ganz bedeutendem Masse zunehmen, wie übrigens andrerseits auch diejenigen gegen den öffentlichen Rechtsfriedenszustand.[1]) Dass und in welchem Sinn sich hier wichtige Aufgaben für die Gesetzgebung ergeben, ist im vorliegenden zu zeigen versucht worden.

Mögen diese verschiedenen Erörterungen an ihrem Teil dazu beitragen, dass von berufener Hand eine geeignete und, soweit es auf diesem schwierigen Gebiet überhaupt möglich ist, vollkommene Regelung des Problems des Rechtsfriedensschutzes, den Prinzipien moderner Strafrechtswissenschaft und den Bedürfnissen modernen Kulturlebens adäquat, durchgeführt werde.

1) Man vgl. auch die oben § 13 Anm. 32 erwähnten neuerlichen statistischen Angaben der Reichsregierung.

M. Du Mont-Schauberg, Strassburg.

FSC
www.fsc.org
MIX
Papier | Fördert
gute Waldnutzung
FSC® C083411

Kolibri 360 GmbH
Ferdinand-Jühlke-Straße 7
99095 Erfurt, Deutschland
produktsicherheit@kolibri360.de